CBAC Eduqas
TGAU

Cymdeithaseg

Canllaw Adolygu

Kathryn Bowman
Steve Tivey

Illuminate Publishing

CBAC Eduqas TGAU Cymdeithaseg – Canllaw Adolygu

Addasiad Cymraeg o *WJEC Eduqas GCSE Sociology – Revision Guide* a gyhoeddwyd yn 2019 gan Illuminate Publishing Ltd, P.O. Box 1160, Cheltenham, Swydd Gaerloyw GL50 9RW.

Archebion: Ewch i www.illuminatepublishing.com neu anfonwch e-bost at sales@illuminatepublishing.com

Ariennir yn Rhannol gan **Lywodraeth Cymru**
Part Funded by **Welsh Government**

Cyhoeddwyd dan nawdd Cynllun Adnoddau Addysgu a Dysgu CBAC

Data Catalogio Cyhoeddiadau y Llyfrgell Brydeinig

Mae cofnod catalog ar gyfer y llyfr hwn ar gael gan y Llyfrgell Brydeinig.

ISBN 978-1-912820-31-3

Argraffwyd gan Severn, Caerloyw

11/19

Polisi'r cyhoeddwr yw defnyddio papurau sy'n gynhyrchion naturiol, adnewyddadwy ac ailgylchadwy o goed a dyfwyd mewn coedwigoedd cynaliadwy. Disgwylir i'r prosesau torri coed a gweithgynhyrchu gydymffurfio â rheoliadau amgylcheddol y wlad y mae'r cynnyrch yn tarddu ohoni.

Gwnaed pob ymdrech i gysylltu â deiliaid hawlfraint y deunydd a atgynhyrchwyd yn y llyfr hwn. Os cânt eu hysbysu, bydd y cyhoeddwyr yn falch o gywiro unrhyw wallau neu hepgoriadau ar y cyfle cyntaf.

Mae'r deunydd hwn wedi'i gymeradwyo gan CBAC, ac mae'n cynnig cefnogaeth o ansawdd uchel ar gyfer cymwysterau CBAC. Er bod y deunydd wedi bod trwy broses sicrhau ansawdd CBAC, mae'r cyhoeddwr yn dal yn llwyr gyfrifol am y cynnwys.

Atgynhyrchir cwestiynau arholiad CBAC drwy ganiatâd CBAC.

Gosodiad y llyfr Cymraeg: John Dickinson Graphic Design

Dyluniad a gosodiad gwreiddiol: John Dickinson Graphic Design

Dyluniad y clawr: Nigel Harriss

Delwedd y clawr: Konstantin Faraktinov / Shutterstock.com

Cydnabyddiaeth ffotograffau:

Daw'r holl ddelweddau gan Shutterstock oni nodir yn wahanol.

Allwedd: b = brig, c = canol, g = gwaelod, ch = chwith, d = de

t4 Taras Dubov; t5 tommaso79; t6 b DGLimages, ch Annykos / Shutterstock.com; t7 Shaun Jeffers / Shutterstock.com; t8 b ESB Professional, g Jarek Pajewski; t9 Evgeny Atamanenko; t10 b Wavebreakmedia, g Odua Images; t11 ch Lolostock, d ABO PHOTOGRAPHY; t12 b Sarunyu L / Shutterstock.com, gch New Africa, gd Pe3k / shutterstock.com; t14 Chronicle / Alamy Stock Photo; t15 EvgeniiAnd; t16 Vectorfusionart; t18 MA PHOTOGRAPY / Shutterstock.com; t20 c ayelet-keshet, gch Drop of Light / Shutterstock.com; t21 MikeDotta; t22 Pathdoc; t23 Monkey Business Images; t24 M-SUR; t25 Lital Israeli; t26 Kichigin; t27 Wavebreakmedia; t28 Monkey Business Images; t29 Goodluz; t30 Rawpixel.com; t31 b Dotshock, g Yevhen Rehulian; t32 Swyddfa Ystadegau Gwladol, Mae'r holl gynnwys ar gael o dan delerau Trwydded Llywodraeth Agored fersiwn 3.0; t33 gerasimov_foto_174; t34 ch wavebreakmedia, d vvvita; t35 Monkey Business Images; t36 George Rudy; t37 Elnur; t38 SUPERMAO; t39 Voyagerix; t40 Rob Hainer; t42 Bell Photography 423; t43 Magdalenagalkiewicz / Shutterstock.com; t44 ch Iakov Filimonov, d Monkey Business Images; t46 De Visu; t47 b Lester Balajadia / Shutterstock.com, g Africa Studio; t48 Michaeljung; t49 Monkey Business Images; t52 DGLimages; t54 ProStockStudio; t55 y ddau gan Monkey Business Images; t56 Sylvie Bouchard; t58 Piotr Swat / shutterstock.com; t59 g Sudowoodo; t60 ch Sira Anamwong, d Natata / Shutterstock.com; t61 Nolte Lourens; t62 BadBrother; t63 Proxima Studio; t64 FrameStockFootages; t65 Ashva; t67 13FTStudio; t68 Aleutie; t69 Simon Booth; t71 c Hawlfraint D. Geraint Lewis © Trwy ganiatâd caredig Gwasg Gomer, g Monkey Business Images; t72 A Aleksii / Shutterstock.com; t73 Nito; t74 Couperfield; t75 HASPhotos / Shutterstock.com; t77 c Robert Kneschke, g Robert F. Balazik; t78 Ink Drop; t79 Marcelo Ricardo Daros; t80 Boxthedog; t81 Nomad_Soul; t82 Hans Christiansson / Shutterstock.com; t83 somsak suwanput; t84 Ysbrand Cosijn; t85 1000 Words / Shutterstock.com; t86 AkulininaOlga; t87 Nuvolanevicata; t88 Serghei Starus; t89 pathdoc; t90 Taras Dubov; t91 tommaso79; t92 Leighton Collins / Shutterstock.com; t94 Igor Sirbu; t95 Computer Earth; t96 Atstock Productions; t97 Etraveler; t99 Neo Edmund; t100 digitallife / Alamy Stock Photo; t101 Lukiyanova Natalia frenta; t102 Tero Vesalainen; t103 mama_mia; t104 Aleutie; t105 Pressmaster; t106 Iamnee; t107 Arthimedes; t108 Rawpixel.com; t109 Alexander Raths; t111 Iamnee; t112 Tribalium; t113 Zerbor; t115 g Rawpixel.com; t116 dzmitry_2015; t117 umiko; t119 Koldunov; t120 Chinnapong; t121 Monkey Business Images; t122 Smolaw; t124 wavebreakmedia.

Ar ochr chwith pob tudalen ddwbl, rydyn ni wedi rhoi'r cynnwys hanfodol ar gyfer y testun.

Rhoi sylw i'r fanyleb:
Tynnu sylw at rannau o'r fanyleb fydd yn cael eu trafod ar y dudalen ddwbl.

Cyswllt â'r gwerslyfr:
Cyfeirio'n ôl at werslyfr *CBAC Eduqas TGAU Cymdeithaseg*, lle gallwch chi adolygu cynnwys allweddol yn fwy manwl.

AA2 Cymhwyso:
Lle gallwch chi ymarfer eich gallu i gymhwyso eich gwybodaeth.

Datblygu ymhellach:
Syniadau a gweithgareddau i ddatblygu ac ehangu eich gwybodaeth.

---

90 **Rhywedd a throsedd**

AA1
Disgrifio

Pennod 5 Trosedd a gwyredd

Rhoi sylw i'r fanyleb

6.3 Patrymau ymddygiad troseddol a gwyrdroëdig: patrymau ymddygiad troseddol yn ôl rhywedd

6.4 Damcaniaethau ac esboniadau cymdeithasegol gwyredd ac ymddygiad troseddol: safbwynt gwrthdaro ffeministiaeth, rheolaeth gymdeithasol, gan gynnwys gwaith Heidensohn am gydymffurfiad benywaidd, menywod a thlodi gan gynnwys gwaith Carlen, thesis sifalri

Cyswllt â'r gwerslyfr

tt 222–223: Sut mae rheolaeth gymdeithasol yn effeithio ar lefelau trosedd a gwyredd gan fenywod?

tt 224–225: Sut mae tlodi'n effeithio ar lefelau trosedd a gwyredd gan fenywod?

tt 226–227: Ydy menywod yn cael eu trin yn deg gan rymoedd rheolaeth gymdeithasol?

AA2 Cymhwyso

Yn ôl erthygl mewn papur newydd, mae troseddau sy'n cael eu cyflawni gan fenywod ar gynnydd. Esboniwch y rhesymau posibl dros hyn gan ddefnyddio termau cymdeithasegol.

Datblygu ymhellach

Ydy trosedd gan fenywod wedi bod ar gynnydd ai peidio dros y blynyddoedd diwethaf?

Mae stereoteip y troseddwr nodweddiadol fel arfer yn berson gwrywaidd. Mae menywod yn cael eu cysylltu â rhai troseddau penodol, fel dwyn o siop.

Ffeministiaeth

Mae menywod yn llawer llai tebygol na dynion o gael eu harestio neu eu dyfarnu'n euog.	Mae'r ystadegau am drosedd yn dangos bod dynion yn cyflawni mwy o droseddau na menywod. Mae gwahaniaeth mawr yn nifer y dynion a'r menywod sydd yn y carchar. Dim ond 5 y cant o garcharorion y DU oedd yn fenywod yn 2017.
Mae menywod yn fwy tebygol o ddioddef rhai troseddau na dynion, yn enwedig camdriniaeth ddomestig ac ymosodiad neu aflonyddu rhywiol.	Mae menywod yn fwy tebygol o gael eu dyfarnu'n euog o droseddau penodol, gan gynnwys dwyn o siop, ond mae eu cyfraddau troseddu yn llawer is ar y cyfan. Mae dynion yn fwy tebygol na menywod o ddioddef ymosodiad.
Mae rhai'n credu mai'r prif reswm dros gyfraddau troseddu is menywod yw'r ffordd mae merched yn cael eu cymdeithasoli.	Mae rolau rhywedd traddodiadol wedi cymdeithasoli merched i fod yn dawel ac yn addfwyn. Dydy'r math hwn o bersonoliaeth ddim yn cyd-fynd â throseddu. Ar y llaw arall, gallai bechgyn gael eu cymdeithasoli i fod yn galed, yn ymosodol ac i gymryd risgiau, ac mae ymddygiad o'r fath yn fwy tebygol o arwain at drosedd.
Mae menywod hefyd yn cael eu rheoli mwy yn eu plentyndod, a hyd yn oed pan maen nhw'n oedolion.	Dydy merched ddim yn cael cymaint o ryddid â bechgyn i 'amddiffyn' eu hun. Hyd yn oed fel menywod, maen nhw'n destun mwy o reolaeth gymdeithasol. Er enghraifft, gallai menyw sydd ddim yn cydymffurfio â'r norm o fod yn fenyw 'dda' gael ei sancsiynu drwy ofni dod yn destun clecs neu ofni i bobl alw enwau arni. Mae hyn yn cadw llawer o fenywod dan reolaeth.

Cysyniadau cymdeithasegol, rhywedd a throsedd

Roedd menywod yn cael eu hanwybyddu gan lawer o gymdeithasegwyr. Otto Pollak oedd un o'r cyntaf i ddatblygu syniadau am drosedd gan fenywod.	Gwnaeth Pollak ddatblygu'r 'thesis sifalri', sef y syniad nad yw menywod yn cael eu cosbi mor llym gan gyfryngau rheolaeth gymdeithasol, fel athrawon, barnwyr a'r heddlu. Mae'r bobl hyn yn teimlo tosturi dros fenywod sy'n mynd i drafferth ac felly yn eu trin yn drugarog. Yn ôl y safbwynt hwn, dyma'r rheswm pam mae cynifer yn fwy o ddynion yn y carchar.
Gwnaeth Frances Heidensohn ddatblygu'r syniad bod menywod yn byw mewn byd sy'n cael ei reoli gan ddynion a bod rhaid iddyn nhw gydymffurfio â disgwyliadau'r gymdeithas.	Yn ôl Heidensohn, rydyn ni'n byw mewn patriarchaeth ac mae'n rhaid i fenywod ymddwyn yn unol â normau eu rôl. Mae menywod yn cyflawni llai o droseddau gan fod llai o gyfleoedd iddyn nhw gyflawni troseddau, oherwydd maen nhw'n destun llawer mwy o reolaeth gymdeithasol.
Un safbwynt gwahanol yw'r syniad o droi menywod yn ddiafoliaid.	Yn ôl y safbwynt hwn, mae menywod yn cael eu trin yn fwy llym gan gyfryngau rheolaeth gymdeithasol, mewn perthynas â rhai troseddau penodol. Mae menywod sy'n cyflawni troseddau sydd ddim yn cyd-fynd â syniadau am sut dylai menyw neu fam ymddwyn, yn cael eu trin yn hynod o llym gan y cyfryngau. Maen nhw'n cael eu troi'n ddiafoliaid am droseddau sy'n cynnwys unrhyw elfen o greulondeb. Fyddai hyn ddim yn digwydd i ddynion.
Mae troseddau treisgar yn cael eu cysylltu'n agos â dynion.	Yn aml, mae hyn yn gysylltiedig â syniadau am wrywdod. Mae disgwyl i ddynion fod yn ymosodol a chaled a gall trais gyd-fynd â hyn. Gallai'r argyfwng gwrywdod olygu bod angen i rai dynion 'brofi' eu gwrywdod mewn ffyrdd eraill, mwy fyth os nad ydyn nhw'n gallu ei brofi drwy ennill y prif gyflog.

Mae'r wybodaeth ar ochr dde'r dudalen yn cynnig syniadau gwerthuso a allai wella eich atebion.

AA3 Gwerthuso

Rhywedd a throsedd 91

Cryfderau'r thesis sifalri:

Mae llawer mwy o ddynion na menywod yn cael eu harestio a'u dyfarnu'n euog, ac mae canran llawer uwch o ddynion yn y carchar.

Efallai nad yw'r thesis yn hollol wir, ond roedd yn astudiaeth bwysig gan iddi arwain at astudiaethau o drosedd gan fenywod. Er i'r thesis gael ei greu gan ddyn, roedd yn gam ymlaen ac yn ddechrau ar drafodaeth bwysig.

Efallai bod rhyw werth i'r safbwynt bod bechgyn wedi cael eu trin yn wahanol yn yr ysgol yn draddodiadol. Efallai bod menywod yn cael eu trin yn fwy trugarog hefyd, os ydyn nhw'n feichiog neu'n famau yn barod.

Gwendidau'r thesis sifalri:

Doedd astudiaeth wreiddiol Pollak ddim yn seiliedig ar dystiolaeth.

Mae'n cynnig esgus am drosedd gan ddynion, ac mae'n ceisio dweud nad yw dynion mor euog ag y maen nhw'n ymddangos.

Doedd dim tystiolaeth go iawn i gefnogi safbwynt Pollack bod menywod yn well am guddio eu troseddau. Yn hytrach, roedd yn digwydd gweddu i'w ddamcaniaeth.

Cryfderau'r ddamcaniaeth am droi menywod yn ddiafoliaid:

Mae'r ddamcaniaeth hon yn herio'r thesis sifalri. Mae menywod yn cael eu trin yn waeth na dynion, yn enwedig gan y cyfryngau, os ydyn nhw'n euog o rai troseddau penodol.

Mae llawer o enghreifftiau yn y cyfryngau o droi menywod yn ddiafoliaid. Mae Myra Hindley, Rose West a Maxine Carr yn enghreifftiau o hyn.

Mae Pat Carlen yn awgrymu bod llysoedd yn trin menywod yn waeth os nad ydyn nhw'n cyd-fynd â'r stereoteip o fam dda a gwraig tŷ.

Gwendidau'r ddamcaniaeth am droi menywod yn ddiafoliaid:

Mae'r achosion lle mae menywod yn cael eu troi'n ddiafoliaid yn rhai eithafol.

Gallai'r nifer llai o fenywod sydd yn y carchar awgrymu bod menywod yn llai tebygol na dynion o gael eu dyfarnu'n euog a'u hanfon i'r carchar.

Mae dynion sy'n cyflawni troseddau creulon yn cael eu troi'n ddiafoliaid hefyd. Fodd bynnag, mae llai o fenywod yn gysylltiedig â throseddau o'r fath.

Mae cymdeithasegwyr yn dweud bod argyfwng gwrywdod wedi effeithio ar ddynion ifanc sy'n cael eu cau allan o'u rôl draddodiadol fel enillydd y prif gyflog. Mae dirywiad hefyd wedi bod yn y swyddi gwrywaidd traddodiadol, sef gwaith â llaw.

CYNGOR ADOLYGU

Yn aml, mae atebion i gwestiynau ar rywedd a throsedd yn cyfeirio at fenywod yn unig. Cofiwch gyfeirio at dystiolaeth, astudiaethau a hanesion am ddynion yn ogystal â menywod.

Cyngor Adolygu: Cyngor gwerthfawr i'ch helpu chi i baratoi ar gyfer yr asesiad.

Pobl allweddol

Mae **Pat Carlen** yn ffigur hanfodol y dylech chi wybod amdani; ceisiodd esbonio pam mae rhai menywod yn troi at drosedd. Mae menywod yn fwy tebygol o fyw mewn tlodi am wahanol resymau, gan gynnwys cyflog isel a bod yn rhiant sengl. Gwnaeth Carlen arsylwi a chyfweld â grŵp o 39 menyw rhwng 15 a 46 oed. Roedd ei gwaith ymchwil yn ansoddol a gwelodd fod gan drosedd bob math o ystyron gwahanol i fenywod. Roedd rhai yn troi at drosedd i gael cyffro ac eraill oherwydd eu problemau cyffuriau ac alcohol.

Pobl allweddol: Tynnu sylw at y bobl allweddol mae'n rhaid i chi wybod amdanyn nhw ar gyfer pob cydran.

Cofio'r cysylltiad

Mae cysylltiad agos rhwng y testun hwn, haenu cymdeithasol a chyfleoedd bywyd. Mae'n gysylltiedig iawn â'r teulu hefyd, a syniadau am rolau rhywedd traddodiadol.

Cofio'r cysylltiad: Eich annog chi i edrych ar y testunau mewn ffordd gyfannol ac ystyried y cysylltiad rhyngddyn nhw.

Gwirio eich gwybodaeth

1. Nodwch ddwy ffordd y gall rheolaeth gymdeithasol fod yn fwy llym i fenywod. (2 farc)
2. 'Mae menywod yn cael eu trin yn llai llym gan yr heddlu a'r llysoedd.' Ydych chi'n cytuno? (15 marc)

Gwirio eich gwybodaeth: Cwestiynau i brofi eich gwybodaeth a'ch dealltwriaeth gymdeithasegol, ac ymarfer y sgiliau mae arnoch chi eu hangen ar gyfer yr arholiadau ysgrifenedig.

AA1 Disgrifio

Rhoi sylw i'r fanyleb

1.1 Cysyniadau cymdeithasegol allweddol: diwylliant, normau, gwerthoedd, rolau, statws, hunaniaeth, sancsiynau, amrywiaeth ddiwylliannol

Cyswllt â'r gwerslyfr

tt 10–13: Cysyniadau cymdeithasegol allweddol

AA2 Cymhwyso

Dychmygwch eich bod chi'n ysgrifennu canllaw teithio ar gyfer Cymru. Meddyliwch beth i'w gynnwys i ddangos diwylliant Cymru – beth sy'n gwneud y wlad yn unigryw? Meddyliwch am holl nodweddion diwylliannol Cymru a rhowch enghreifftiau. Gofynnwch i'ch teulu a'ch ffrindiau – ydyn nhw'n cytuno â'ch enghreifftiau chi? Fydden nhw'n cynnwys rhywbeth gwahanol i esbonio diwylliant Cymru?

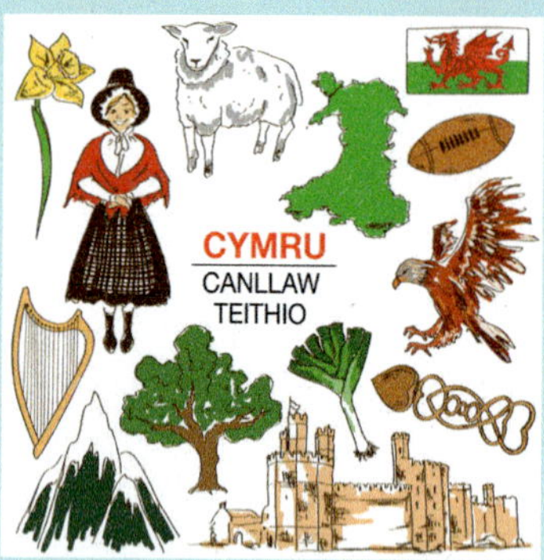

Beth fyddech chi'n ei gynnwys mewn canllaw teithio ar gyfer Cymru?

Datblygu ymhellach

Treuliodd Jemimah Wright gyfnod yn astudio llwyth yr Yanomami yn yr Amazonas. Gwelodd fod llawer o wahaniaethau rhwng eu normau a'u gwerthoedd nhw a rhai'r DU, o ran y ffordd maen nhw'n trin babanod, anableddau a genedigaethau lluosog. Darllenwch rai o'i chanfyddiadau i esbonio sut mae normau a gwerthoedd yn amrywio o ddiwylliant i ddiwylliant.

Beth sy'n gwneud diwylliant?

Mae llawer o bethau yn gwneud 'diwylliant'. Mae'r rhain yn cynnwys bwyd, iaith, dillad, crefydd, cerddoriaeth, hanes, celf, arferion, gwybodaeth, sgiliau, gwerthoedd, credoau, rolau, normau a rheolau.

Cyflwynwyd te prynhawn i Loegr yn yr 1840au ac erbyn hyn, mae'n rhan annatod o ddiwylliant Prydain.

Diwylliant	Ffordd o fyw sy'n cael ei rhannu gan grŵp o bobl. Mae'n cynnwys normau, credoau, gwerthoedd ac iaith.
Perthnasedd diwylliannol	Y syniad bod yr hyn sy'n arferol mewn un diwylliant yn wahanol mewn un arall.
Nodweddion diwylliannol cyffredin	Ymddygiad cymdeithasol sydd i'w weld ym mhob diwylliant.
Normau	Ymddygiad disgwyliedig mewn sefyllfa neu ddiwylliant penodol/rheolau cymdeithasol ar gyfer ymddygiad cywir. Er enghraifft, sut i fwyta â chyllell a fforc.
Gwerthoedd	Credoau sy'n cael eu rhannu, y mae cymdeithasau yn eu hystyried yn bwysig a gwerthfawr. Credoau a nodau mwy cyffredinol am sut i ymddwyn. Credoau cryf mae'r rhan fwyaf o bobl yn cytuno arnyn nhw.
Moesau	Syniadau ynghylch pa ymddygiad sy'n gywir ac yn anghywir.
Rolau	Ymddygiad disgwyliedig neu ran sy'n cael ei chwarae gan rywun mewn sefyllfa benodol.
Model rôl	Rhywun mae pobl eraill yn ei barchu neu'n ei edmygu.
Statws	Y parch mae pobl eraill yn ei roi i chi yn y gymdeithas. Eich safle yn y gymdeithas.
Hunaniaeth	Sut rydyn ni'n gweld ein hunain a sut mae pobl eraill yn ein gweld ni.

Sut mae normau a gwerthoedd yn cael eu trosglwyddo?

Ysgol	Teulu
Roedd Durkheim yn ystyried trosglwyddo normau a gwerthoedd y gymdeithas yn un o brif swyddogaethau addysg.	Mae plant yn dynwared aelodau o'r teulu.
Rheolaeth gymdeithasol ffurfiol – disgyblaeth mewn gwersi a gan staff.	Mae plant yn cael eu gwobrwyo am ymddygiad sy'n dderbyniol yn gymdeithasol.
Rheolaeth gymdeithasol anffurfiol – pwysau grŵp cyfoedion.	Mae plant yn cael eu cosbi am ymddygiad sy'n wyrdroëdig yn gymdeithasol.
	Mae G.P. Murdock yn credu bod y teulu yn trosglwyddo normau a gwerthoedd y gymdeithas i'r genhedlaeth nesaf.

Grŵp cyfoedion	Y cyfryngau
Mae grŵp cyfoedion plentyn neu unigolyn ifanc (ffrindiau, pobl o oedran tebyg) yn gyfrwng cymdeithasoli eilaidd. Efallai bod gan y grŵp cyfoedion ei normau a'i werthoedd ei hun, ac felly gallai ddylanwadu ar ddillad, cerddoriaeth ac ymddygiad aelodau'r grŵp, wrth i unigolion gydymffurfio i ffitio yn y grŵp.	Mae'r cyfryngau (y teledu, papurau newydd, cylchgronau, gwefannau gan gynnwys y cyfryngau cymdeithasol, radio ac ati) yn gyfrwng cymdeithasoli eilaidd arall. Mae'r modelau rôl maen nhw'n eu gweld yn y cyfryngau yn cael dylanwad ar blant yn arbennig, ac mae'n bosibl y byddan nhw'n copïo eu hymddygiad. Gall y ffordd mae'r cyfryngau'n cyflwyno ac yn labelu rhai grwpiau ddylanwadu ar y ffordd mae pobl yn meddwl amdanyn nhw hefyd.

Ydy normau'n cael eu dysgu drwy gymdeithasoli cynradd?

Y teulu yw'r prif gyfrwng cymdeithasoli cynradd. Dyma sut mae normau a gwerthoedd y gymdeithas yn dod yn rhan greiddiol ohonon ni.

Mae normau rhywedd yn cael eu dysgu yn y teulu drwy gyfrwng sianelu (*canalisation*) a manipiwleiddio.

Mae normau sy'n gysylltiedig ag ethnigrwydd yn cael eu dysgu yn y teulu. Sylwodd Ghuman fod rhieni Asiaidd cenhedlaeth gyntaf ym Mhrydain yn cymdeithasoli eu plant i gael gwerthoedd Asiaidd yn hytrach na gwerthoedd Prydeinig.

Mae'r broses gymdeithasoli'n parhau drwy gydol ein bywyd:

Mae normau'n cael eu dysgu drwy gyfryngau cymdeithasoli eilaidd hefyd.

Mae cyfryngau cymdeithasoli eilaidd yn ein haddysgu ni y bydd angen addasu'r normau y gwnaethon ni eu dysgu gan ein rhieni, o bosibl, wrth i ni gael ein rhoi mewn sefyllfaoedd newydd.

Efallai bydd rhaid newid y normau gafodd eu dysgu yn y cartref wrth i'r gymdeithas a'r oes newid.

Gwerthoedd

Mae gwerthoedd yn cyfeirio at yr hyn sy'n cael ei ystyried yn werthfawr ac yn werth gweithio amdano er mwyn ei gyflawni yn y gymdeithas. Fel normau, mae gwerthoedd yn cael eu dysgu a'u rhannu. Mae ein gwerthoedd yn dylanwadu ar y ffordd rydyn ni'n ymddwyn. Bydd ein gwerthoedd yn dangos pa ymddygiad sy'n dderbyniol er mwyn cyflawni'r hyn rydyn ni'n ei ystyried o werth. Weithiau, gallai pobl gael eu cymdeithasoli i gael gwerthoedd sydd ddim yn hawdd eu cyflawni. Mae'n bosibl y byddan nhw'n mynd yn groes i'r normau derbyniol er mwyn cyrraedd y nod, er enghraifft unigolyn di-waith sy'n dwyn er mwyn cael y ffôn clyfar diweddaraf

CYNGOR ADOLYGU

Mae'r Frenhines yn enghraifft o statws a bennwyd.

Statws yw eich safle yn y gymdeithas, a'r parch mae pobl eraill yn ei roi i chi. Gall statws gael ei bennu neu ei gyflawni. Mae statws a bennwyd yn cael ei roi ar adeg eich geni, o ganlyniad i rywbeth dydych chi ddim yn gallu ei newid. Rydych chi'n cael eich geni i'r safle cymdeithasol hwn. Un enghraifft o statws a bennwyd yw'r Frenhines. Etifeddodd hi ei statws gan ei thad ar ôl iddo farw. Mae statws a gyflawnwyd yn cael ei ennill drwy addysg a gwaith, ac mae'n seiliedig ar deilyngdod, sgiliau a gallu. Mae bod yn athletwr proffesiynol neu'n rheolwr ar gwmni mawr, neu gael dyrchafiad yn y gwaith, yn enghreifftiau o statws a gyflawnwyd. Ralph Linton ddatblygodd y cysyniad hwn.

CYNGOR ADOLYGU

Cofiwch nad oes marciau AA3 ar gael ar gyfer yr adran hon, felly fydd dim disgwyl i chi drafod/gwerthuso unrhyw un o'r cysyniadau. Ond rhaid i chi allu eu disgrifio a'u hesbonio o hyd.

Pobl allweddol

Mae **Ralph Linton** yn disgrifio diwylliant fel y ffordd o fyw sy'n cael ei rhannu gan aelodau cymdeithas, ac sy'n cael ei throsglwyddo o genhedlaeth i genhedlaeth. Mae'n rhywbeth sy'n cael ei ddysgu, ac yn ei farn ef, fyddai cymdeithas ddynol ddim yn bodoli hebddo.

Cofio'r cysylltiad

Er bod y tudalennau adolygu hyn yn ymwneud â chysyniadau cymdeithasegol allweddol, ceisiwch feddwl hefyd am ffyrdd o gyflwyno'r hyn rydych chi wedi'i ddysgu am gymdeithasoli cynradd ac eilaidd, y ddadl natur/magwraeth a phlant fferal. Ceisiwch feddwl sut mae'r pethau hyn yn gysylltiedig.

Gwirio eich gwybodaeth

1. Disgrifiwch ystyr 'diwylliant'. **(2 farc)**
2. Esboniwch sut mae normau yn cael eu dysgu drwy gyfryngau cymdeithasoli cynradd. **(4 marc)**
3. Esboniwch sut gall statws gael ei gyflawni. **(4 marc)**

Rhoi sylw i'r fanyleb

1.2 Dadleuon ynghylch caffael hunaniaeth: natur/magwraeth

1.2 Dadleuon ynghylch caffael hunaniaeth: amrywiaeth ddiwylliannol

Cyswllt â'r gwerslyfr

tt 14–15: Dadleuon ynghylch caffael hunaniaeth: natur/magwraeth

tt 14–15: Dadleuon ynghylch caffael hunaniaeth: amrywiaeth ddiwylliannol

AA2 Cymhwyso

Cafodd Edik ei ddarganfod mewn fflat yn Ukrain yn 1999. Roedd wedi cael ei fagu gan gŵn ac roedd yn byw mewn tlodi. Beth wnaeth ymchwilwyr ei ddysgu am ddadl natur/magwraeth o achos Edik? Beth sy'n wahanol a beth sy'n debyg am achos Edik ac achos Oxana Malaya?

Datblygu ymhellach

Mae llawer o wahaniaethau o ran beth mae credinwyr crefyddol yn ei gredu am y duw maen nhw'n ei addoli a sut maen nhw'n addoli eu duw. Lluniwch restr o'r gwahaniaethau rhwng credoau ac arferion Cristnogion, Mwslimiaid ac Iddewon. Sut gall y rhain gael eu defnyddio mewn cwestiwn ar amrywiaeth ddiwylliannol neu ddamcaniaeth magwraeth?

Mae'r ddadl natur/magwraeth yn trafod a yw ymddygiad yn cael ei bennu ymlaen llaw gan ein geneteg a DNA, ynteu'n cael ei ddysgu o ganlyniad i ffactorau amgylcheddol. Mae seicolegwyr yn tueddu i gefnogi damcaniaethau natur, ond mae cymdeithasegwyr yn tueddu i gytuno â damcaniaethau magwraeth. Mae'r drafodaeth natur/magwraeth yn fater cymhleth a byddai'r mwyafrif o bobl yn cytuno ei bod hi'n anodd iawn rhoi ateb pendant i'r cwestiwn. Mae llawer o bobl yn cytuno bod natur a magwraeth yn gweithio gyda'i gilydd ac mewn gwirionedd, mae'r ddadl yn ymwneud â pha un sy'n cynnig yr esboniad gorau neu sy'n cael y dylanwad mwyaf. A chithau'n astudio cymdeithaseg, mae angen i chi fod yn ymwybodol bod cymdeithasegwyr yn tueddu i gefnogi damcaniaethau magwraeth, gan gredu eu bod nhw'n fwy arwyddocaol.

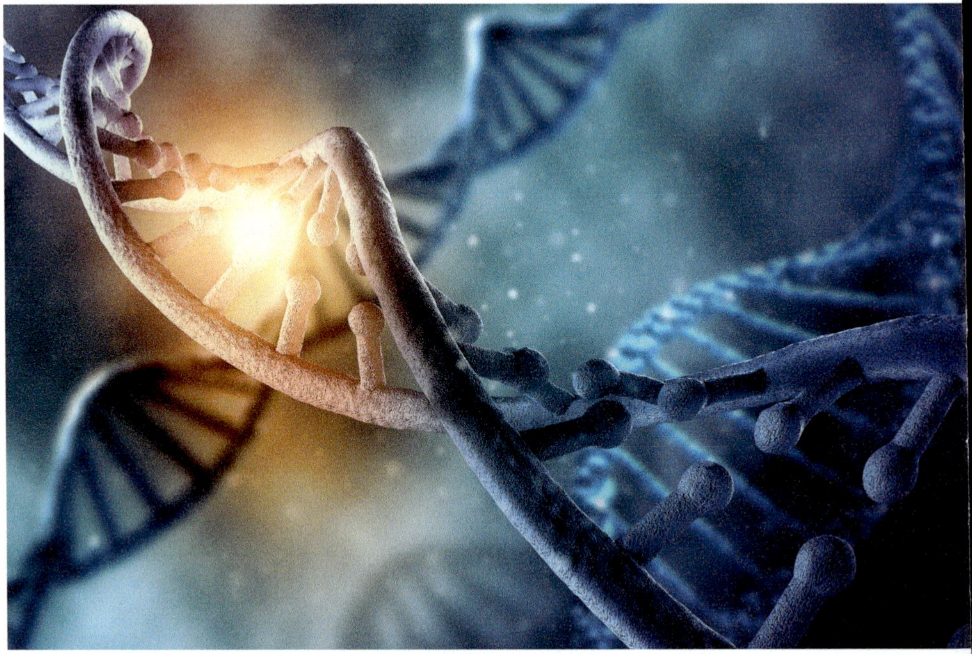

Ydy ein hymddygiad ni'n cael ei bennu gan ein DNA?

Amrywiaeth ddiwylliannol	Amrywiaeth ddiwylliannol yw'r gwahaniaeth rhwng diwylliannau ledled y byd. Mae pobl mewn diwylliannau gwahanol yn dilyn rheolau gwahanol, ac mae ganddyn nhw normau a gwerthoedd gwahanol.
Sut mae amrywiaeth ddiwylliannol yn cefnogi'r ddamcaniaeth magwraeth?	Mae'r amrywiaeth o ddiwylliannau gwahanol sy'n bodoli, er enghraifft y bwyd gwahanol mae pobl yn ei fwyta, y dillad gwahanol mae pobl yn eu gwisgo, yr ieithoedd gwahanol mae pobl yn eu siarad a'r crefyddau gwahanol maen nhw'n eu dilyn, yn awgrymu bod ymddygiad yn rhywbeth sy'n cael ei ddysgu yn hytrach na'n rhywbeth sy'n gynhenid. Pe bai'r ymddygiad hwn yn gynhenid, ni fyddai cymaint o wahaniaethau ledled y byd.

Mae pobl o ddiwylliannau gwahanol ledled y byd yn bwyta bwydydd gwahanol. Dyma un agwedd ar amrywiaeth ddiwylliannol.

Damcaniaeth natur	Damcaniaeth magwraeth
Mae ein hymddygiad yn gynhenid/naturiol.	Mae ein hymddygiad yn cael ei ddysgu drwy gyfryngau cymdeithasoli (fel y teulu), ac o ganlyniad i'n magwraeth yn y gymdeithas. Ein hamgylchedd cymdeithasol sy'n gyfrifol amdano.
Mae greddf pobl yn dystiolaeth bod rhai mathau o ymddygiad yn gynhenid.	Does gan blant fferal ddim sgiliau sylfaenol yn naturiol ac felly rhaid dysgu'r sgiliau hyn iddyn nhw – er enghraifft Oxana Malaya a Genie Wiley.
Mae rhai mathau o ymddygiad yn rhan o'n cyfansoddiad genetig/DNA. Ein genynnau ni sy'n pennu ein hymddygiad.	Mae amrywiaeth ddiwylliannol yn dangos bod diwylliannau ar draws y byd yn wahanol, felly rhaid i bobl ddysgu eu diwylliant.
Mae gefeilliaid yn aml yn rhannu'r un nodweddion.	Mae ymddygiad pobl wedi newid dros amser a thrwy gydol hanes.
Biolegwyr a rhai seicolegwyr sy'n cyflwyno'r ddadl hon ar y cyfan.	Cymdeithasegwyr sy'n cyflwyno'r ddadl hon ar y cyfan.
Mae'r rhan fwyaf o anifeiliaid sy'n rhannu'r un genynnau yn edrych ac yn ymddwyn yr un fath.	Mae greddf famol gan fenywod i fod, ond mae rhai mamau yn cam-drin eu babanod neu'n eu gadael nhw.
Mae gwyddonwyr yn awgrymu ein bod ni'n etifeddu nodweddion ymddygiad gan ein rhieni, yn union fel lliw gwallt.	Mae rhai pobl yn eu lladd eu hunain, sy'n tynnu'n groes i'r syniad bod gennym ni reddf gynhenid i'n cadw ein hun yn fyw.
Achos yr Efeilliaid Jim.	Achos Edik yn Ukrain.
Mae cysylltiad rhwng testosteron ac ymddygiad ymosodol – roedd llygod mawr benywaidd a gafodd ddos ychwanegol o destosteron mewn arbrawf yn fwy ymosodol na llygod mawr benywaidd eraill na chafodd yr un dos o destosteron.	

Mae Ann Oakley yn credu bod rolau fel bod yn wraig tŷ yn cael eu dysgu, ac o ganlyniad i fagwraeth.

CYNGOR ADOLYGU

Mae Indiaid Sioux Gogledd America yn dangos eu cyfoeth drwy roi eu heiddo i eraill. Maen nhw'n ennill statws yn eu cymdeithas ar sail yr hyn maen nhw'n ei roi i eraill, gan fod hyn yn ffordd o anrhydeddu cenedlaethau'r dyfodol. 'Economi rhoddion' yw'r enw ar hyn. Sut mae hyn yn cymharu â ffyrdd y byd Gorllewinol o ddangos cyfoeth? Fyddai hyn yn cefnogi ochr natur neu fagwraeth y ddadl, o ran normau a gwerthoedd?

Pobl allweddol

Mae **Ann Oakley** yn credu bod rolau benywaidd fel bod yn wraig tŷ a bod yn fam, o ganlyniad i fagwraeth yn hytrach na natur. Yn ei barn hi, mae'r rolau hyn yn cael eu dysgu a'u llunio'n gymdeithasol. Dydyn nhw ddim yn rhan o gyfansoddiad genetig menywod. Mae Oakley yn credu mai diwylliant ein cymdeithas sy'n pennu ymddygiad a disgwyliadau dynion a menywod yn y gymdeithas honno.

Cofio'r cysylltiad

Pan fyddwch chi'n meddwl am ddadl natur/magwraeth, ceisiwch feddwl hefyd am ffyrdd o gyflwyno'r hyn rydych chi wedi'i ddysgu am gymdeithasoli cynradd ac eilaidd ac enghreifftiau o blant fferal. Sut mae'r pethau hyn yn gysylltiedig?

Gwirio eich gwybodaeth

1. Disgrifiwch ystyr 'amrywiaeth ddiwylliannol'. **(2 farc)**
2. Esboniwch ddau reswm pam mae cymdeithasegwyr yn credu yn y ddamcaniaeth magwraeth. **(4 marc)**

AA1 Disgrifio

Rhoi sylw i'r fanyleb

1.3 Proses cymdeithasoli: cyfryngau cymdeithasoli (teulu)

Cyswllt â'r gwerslyfr

tt 16–17: Cymdeithasoli

AA2 Cymhwyso

Meddyliwch am eich magwraeth chi a'r ffordd i chi gael eich cymdeithasoli. Pwy neu beth sydd wedi dylanwadu arnoch chi ac ar eich credoau a'ch hunaniaeth, a'ch dealltwriaeth chi o'ch diwylliant, eich ethnigrwydd a'ch cenedligrwydd? Pwy neu beth oedd yn fwyaf dylanwadol? Pam?

Datblygu ymhellach

Cafodd Genie Wiley ei darganfod yn California yn yr 1970au, ac mae'n enghraifft adnabyddus i'w defnyddio wrth astudio'r ddadl natur/magwraeth a phlant fferal. Cafodd ei darganfod pan oedd yn 13 oed wedi'i chlymu wrth gadair poti. Ymchwiliwch i'w stori. Ym mha fath o amgylchiadau cafodd hi ei darganfod? Beth ddigwyddodd ar ôl iddi gael ei darganfod? Beth wnaeth y gwyddonwyr a oedd yn gweithio gyda hi ei ddarganfod ynglŷn â datblygiad pobl a chymdeithasoli cynradd?

Pobl allweddol

Dywedodd **Talcott Parsons** mai'r teulu yw un o'r sefydliadau pwysicaf a mwyaf sylfaenol yn ystod cymdeithasoli cynradd, oherwydd mae'n addysgu plant am normau a gwerthoedd eu diwylliant ac yn eu paratoi nhw ar gyfer bod yn oedolion. Yn ôl Parsons, os na fydd teuluoedd yn cymdeithasoli eu plant, fydd y plant hynny ddim yn gallu cymryd rhan yn y gymdeithas yn ddiweddarach yn eu bywyd. Y rheswm am hyn yw na fydd y normau a'r gwerthoedd priodol yn rhan greiddiol ohonyn nhw, a fyddan nhw ddim wedi dysgu hanfodion eu diwylliant.

Cymdeithasoli yw'r broses o ddysgu rheolau, normau a gwerthoedd disgwyliedig diwylliant arbennig.

Beth yw cymdeithasoli cynradd?

Y teulu yw grŵp cymdeithasol cyntaf plentyn, felly dyma lle mae'r dysgu cynharaf, neu'r cymdeithasoli cynradd, yn digwydd. Mae cymdeithasoli cynradd yn broses barhaus sy'n digwydd yn y teulu ac sy'n parhau drwy gydol ein bywyd. Dyma sut bydd ein teulu yn ein haddysgu ni am agweddau, sgiliau, gwybodaeth, normau a gwerthoedd. Dyma sut mae plant yn dysgu sut i ymddwyn a beth i'w gredu, ac mae'n bwysig oherwydd gallwn ni ddim gweithredu yn y gymdeithas heb y broses hon.

Mae cymdeithasoli cynradd yn broses sy'n digwydd yn y teulu.

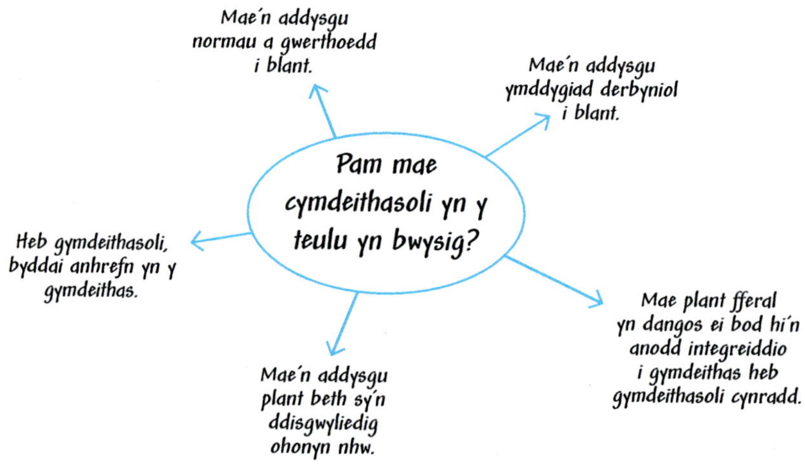

Sut mae cymdeithasoli cynradd yn addysgu normau a gwerthoedd y gymdeithas i blant?

Y teulu yw'r prif gyfrwng cymdeithasoli cynradd ac felly, mae plant yn dysgu normau sy'n gysylltiedig â'u diwylliant yn ogystal â'u rhywedd, eu hethnigrwydd, eu cenedligrwydd, eu hoedran a'u dosbarth cymdeithasol. Mae plant yn dysgu'r normau a'r gwerthoedd hyn drwy gyfrwng manipiwleiddio (rhieni yn rheoli ymddygiad y plant), sianelu (cyfeirio plant at ddiddordebau neu deganau penodol ac ati), sancsiynau negyddol a chadarnhaol (gwobrau a chosbau), enwau llafar (e.e. 'merch dda', 'bachgen cryf'), modelau rôl a dynwared (plant yn copïo eu rhieni).

Mae plant yn dysgu normau a gwerthoedd gan eu rhieni, sy'n bod yn fodelau rôl.

Mae cymdeithasoli cynradd yn bwysig iawn yn y blynyddoedd cynnar:

Dydy plant fferal fel Oxana Malaya ddim yn gallu integreiddio i'r gymdeithas oherwydd dydyn nhw erioed wedi dysgu'r normau a'r gwerthoedd sylfaenol.

Bydd plant yn aml yn dynwared yr oedolion o'u cwmpas ac yn derbyn y normau a'r gwerthoedd sy'n cael eu dangos iddyn nhw.

Heb yr hanfodion sylfaenol (iaith, sut i gerdded, cwrteisi, hylendid ac ati) bydd pobl yn ei chael hi'n anodd symud ymlaen at gymdeithasoli eilaidd.

Wrth i blentyn dyfu'n hŷn, daw cyfryngau cymdeithasoli eraill yn bwysig:

Efallai bydd y teulu'n cael llai o ddylanwad wrth i chi dyfu'n hŷn ac wrth i gyfryngau cymdeithasoli eilaidd gael dylanwad arnoch chi.

Mae pobl ifanc yn treulio llawer o amser yn yr ysgol, felly mae'n ddylanwadol iawn.

Mae'r cyfryngau yn gyfrwng cymdeithasoli pwerus iawn – yn enwedig o ran delwedd y corff, trais a rolau rhywedd.

Dydy pob plentyn ddim yn cael ei fagu mewn ffordd sy'n glynu wrth stereoteipiau rhywedd.

Ydy cymdeithasoli cynradd yn ffordd effeithiol o gymdeithasoli?

Cyfeiriwch at waith Ann Oakley a Fiona Norman sy'n cael ei grybwyll yn y bennod hon.

Bydd plant yn dynwared eu rhieni sy'n fodelau rôl i'w plant.

Mae normau, gwerthoedd a diwylliant y gymdeithas yn dod yn rhan greiddiol o blentyn am y tro cyntaf drwy'r teulu.

Sut mae cymdeithasoli cynradd yn effeithio ar gymdeithasoli rhywedd?

Mae rhai cymdeithasegwyr yn credu bod y ddadl hon yn gorsymleiddio'r sefyllfa, a gallai gael ei hystyried yn rhy benderfyniaethol.

Dydy pob plentyn ddim yn derbyn y stereoteipiau rhywedd sy'n cael eu defnyddio i'w gymdeithasoli.

Mae llawer o blant yn cael eu magu mewn cartrefi ffeministaidd, ac felly dydyn nhw ddim yn cael eu magu mewn ffordd sy'n dilyn stereoteipiau rhywedd.

CYNGOR ADOLYGU

Mae Ann Oakley yn credu mai'r teulu yw'r prif gyfrwng cymdeithasoli rhywedd. Yn ei barn hi, y teulu yw'r sefydliad lle mae plant yn dysgu'r normau a'r gwerthoedd sy'n gysylltiedig â'u rhywedd. Drwy ei gwaith ymchwil, nododd y prif ffyrdd mae plant yn dysgu eu rolau rhywedd, yn ogystal â'r normau a'r gwerthoedd sy'n gysylltiedig â beth mae cymdeithas yn credu sy'n wrywaidd ac yn fenywaidd, a'r gwahaniaethau diwylliannol rhwng y pethau hyn. Mae pedair prif ffordd yn bodoli, sef manipiwleiddio, sianelu, enwau llafar (*verbal appellations*) a rhoi gweithgareddau a thasgau gwahanol i fechgyn a merched eu gwneud yn y cartref. Mae Fiona Norman yn cefnogi'r syniad bod stereoteipiau rhywedd yn cael eu dysgu a'u hatgyfnerthu yn y cartref. Mae hi'n dweud bod bechgyn a merched yn cael eu hannog i chwarae gyda theganau penodol ar gyfer eu rhywedd, maen nhw'n gwisgo dillad gwahanol ac yn cymryd rhan mewn gweithgareddau gwahanol.

Cofio'r cysylltiad

Ceisiwch feddwl am ffyrdd o gyflwyno'r hyn rydych chi wedi'i ddysgu am reolaeth gymdeithasol anffurfiol, amrywiaeth ddiwylliannol a sancsiynau. Sut mae'r pethau hyn yn gysylltiedig â chymdeithasoli cynradd?

Gwirio eich gwybodaeth

1. Disgrifiwch ystyr 'cymdeithasoli cynradd'. **(2 farc)**
2. Esboniwch pam mae cymdeithasoli yn y teulu yn bwysig. **(4 marc)**

Cymdeithasoli eilaidd

AA1 Disgrifio

Rhoi sylw i'r fanyleb

1.3 Proses cymdeithasoli: cyfryngau cymdeithasoli

Cyswllt â'r gwerslyfr

tt 16–17: Cymdeithasoli

tt 18–19: Cyfryngau cymdeithasoli eilaidd

Beth yw cyfryngau cymdeithasoli?

Cyfryngau cymdeithasoli yw'r bobl neu'r grwpiau sy'n chwarae rhan yn y broses gymdeithasoli ac sy'n helpu i addysgu normau a gwerthoedd i ni, er enghraifft addysg, gwaith, y cyfryngau, cyfoedion a chrefydd.

Beth yw cymdeithasoli eilaidd?

Cymdeithasoli eilaidd yw'r broses o ddysgu ymddygiad disgwyliedig, normau, gwerthoedd a diwylliant gan rwydweithiau cymdeithasol a chyfryngau cymdeithasoli y tu allan i'r teulu. Mae'n digwydd yn ystod ein plentyndod hwyr a phan rydyn ni'n oedolion. Mae cymdeithasoli eilaidd yn gorgyffwrdd â chymdeithasoli cynradd ac yn adeiladu arno. Mae cymdeithasoli eilaidd yn broses gydol oes sy'n digwydd y tu allan i'r cartref. Dyma sut bydd plant ac oedolion yn dysgu sut i ymddwyn a gweithredu mewn sefyllfaoedd arbennig, er enghraifft yn yr ysgol ac yn y gweithle.

AA2 Cymhwyso

Gwyliwch rai o'r rhaglenni teledu i blant sy'n boblogaidd heddiw. Sut mae'r rhaglenni hyn yn dysgu normau, gwerthoedd a rolau rhywedd i blant? A oes unrhyw stereoteipiau yn cael eu hatgyfnerthu wrth i'r plant eu gwylio nhw?

Gall ffilmiau i blant atgyfnerthu stereoteipiau rhywedd. Cymharwch siâp corff Mr a Mrs Incredible yn y ffilm Disney boblogaidd, a'r math o gorff sydd gan y cymeriadau hyn.

Beth yw cymdeithasoli ffurfiol ac anffurfiol?

Cymdeithasoli anffurfiol yw'r hyn mae rhywun yn ei ddysgu am ei ddiwylliant, normau a gwerthoedd, ymddygiad ac ati, yn ei fywyd pob dydd. Mae'n digwydd ar hap. Cymdeithasoli ffurfiol yw pan fydd pobl neu sefydliadau yn gwneud ymdrech fwriadol i newid y ffordd mae pobl eraill yn ymddwyn.

Datblygu ymhellach

Mae gwaith yn gyfrwng cymdeithasoli eilaidd. Pan fyddwch chi'n mynd i'r gwaith, rydych chi'n mynd drwy broses ailgymdeithasoli o ran rheolau, normau, codau gwisg ac ati. Sut a pham mae'r broses ailgymdeithasoli yma yn digwydd?

Mae'r gweithle yn gyfrwng cymdeithasoli eilaidd.

Pa mor bwerus yw'r cyfryngau fel cyfrwng cymdeithasoli eilaidd?

Mae'r cyfryngau'n gyfrwng cymdeithasoli pwysig:

Mae hysbysebu yn gyfrwng pwerus iawn sy'n dylanwadu ar agweddau cymdeithasol tuag at rywedd, dosbarth cymdeithasol, oedran ac ati.	Mae rhai yn dadlau bod y cyfryngau yn cael dylanwad uniongyrchol ar y bobl sy'n eu gwylio, yn enwedig o ran normau sy'n gysylltiedig â thrais.	Yn ôl Susie Orbach a Naomi Wolf, gall y cyfryngau ddylanwadu ar ein syniad ni o'r normau sy'n gysylltiedig â delwedd corff menywod, oherwydd y ffordd maen nhw'n cynrychioli ac yn portreadu menywod ifanc, a allai arwain, yn eu barn nhw, at anhwylderau bwyta.
Gall hysbysebion fel 'Mums go to Iceland' a menywod yn hyrwyddo cynnyrch fel hylif golchi llestri, atgyfnerthu normau cymdeithasol sy'n ymwneud â rolau rhywedd.	Mae rhai'n dadlau bod y ffilm arswyd *Child's Play 3* wedi sbarduno dau fachgen deg oed i lofruddio James Bulger, bachgen bach dwyflwydd oed yn Lerpwl, Glannau Mersi.	Mae'r cyfryngau yn tueddu i gyflwyno cynrychioliadau wedi'u stereoteipio o leiafrifoedd ethnig. Er enghraifft, bydd y papurau poblogaidd yn tueddu i gynrychioli lleiafrifoedd ethnig fel bygythiad i'r gymdeithas.

Gallai pobl ymateb yn wahanol i negeseuon y cyfryngau:

Mae Jock Young yn credu bod gweld effaith trais yn y cyfryngau, a'r poen a'r dioddefaint mae'n ei achosi i ddioddefwyr a'u teuluoedd, yn gwneud i bobl fod yn llai tebygol o ymddwyn yn dreisgar.	Dydy model y chwistrell hypodermig ddim yn ystyried ffactorau cymdeithasol a seicolegol eraill.	Afiechydon meddwl cymhleth yw anhwylderau bwyta, ac maen nhw'n cael eu hachosi gan lawer o ffactorau seicolegol a biolegol.
Daeth astudiaeth yn St Helena gan Charlton *et al* i'r casgliad nad oedd dim gwahaniaeth yn ymddygiad plant cyn ac ar ôl i'r teledu gael ei gyflwyno i'r drefedigaeth.	Dydy pawb sy'n gweld trais yn y cyfryngau ddim yn troi yn bobl dreisgar. Yn ôl Cumberbatch, does dim cysylltiad rhwng gweld trais yn y cyfryngau ac ymddwyn yn dreisgar yn y byd go iawn.	Mae rhai cymdeithasegwyr fel Joke Hermes yn credu y gall pobl wrthod negeseuon y cyfryngau, ac felly wrthod dylanwadau sy'n ymwneud â rolau rhywedd.

Mae crefydd yn gyfrwng cymdeithasoli pwysig:

Mae crefydd yn rhoi cod moesol i bobl ei ddilyn, er enghraifft y Deg Gorchymyn mewn Cristnogaeth. Dyma'r normau a'r gwerthoedd y bydd Cristnogion yn eu dilyn.	Mae crefyddau'n gyfryngau rheolaeth gymdeithasol anffurfiol. Maen nhw'n atgyfnerthu'r normau sy'n gysylltiedig â gweithredoedd da neu ddrwg. Bydd y rhai sydd wedi bod yn gyfiawn yn cael eu gwobrwyo yn y bywyd ar ôl marwolaeth; bydd y rhai sydd wedi pechu yn cael eu cosbi am dragwyddoldeb.	Gall crefydd atgyfnerthu dosbarth cymdeithasol a safle pobl yn y gymdeithas oherwydd gallai pobl gredu bod y safle hwnnw wedi'i ordeinio gan Dduw. Mae'r emyn Cristnogol 'Rhagluniaeth fawr y nef' yn cefnogi hyn gyda'r geiriau "Llywodraeth faith y byd sydd yn ei llaw, mae'n tynnu yma i lawr, yn codi draw."

Mae'n bosibl bod crefydd bellach yn cael llai o ddylanwad fel cyfrwng cymdeithasoli:

Mae swyddogaethwyr fel Parsons yn anwybyddu ochr negyddol crefydd, sy'n gallu achosi gwrthdaro a chymdeithasau rhanedig.	20 mlynedd yn ôl, roedd dros 1 miliwn yn fwy o bobl yn mynd i'r eglwys ac yn dod yn aelodau o'r eglwys. Mae llai o gyplau yn dewis priodi yn yr eglwys erbyn hyn hefyd.	Mae seciwlareiddio wedi effeithio ar safbwyntiau'r gymdeithas am faterion fel ysgaru a chyd-fyw.

CYNGOR ADOLYGU

Ym marn Frank Furedi, mae ein hagwedd ni fel cymdeithas at stereoteipiau rhywedd ac addysg yn anghywir. Mae'n credu bod bechgyn yn cael eu cymdeithasoli i gredu nad yw astudio yn nodwedd wrywaidd. Mae hefyd yn credu bod gennym ni ddisgwyliadau isel ar gyfer bechgyn, o safbwynt eu haddysg. Er bod y stereoteipiau rhywedd hyn yn rhai anymwybodol ar y cyfan, dywed Furedi eu bod nhw'n ddylanwadol ac yn bwerus iawn gan fod y credoau hyn yn dod yn rhan greiddiol o agwedd y plant. Mae hyn yn pwysleisio pwysigrwydd cymdeithasoli cynradd ac eilaidd, oherwydd ar ôl cyfnod TGAU, mae 30,000 yn fwy o ferched nag o fechgyn yn dewis sefyll arholiadau Safon Uwch.

Cofio'r cysylltiad

Er bod y tudalennau adolygu hyn yn ymwneud â chymdeithasoli eilaidd, ceisiwch feddwl hefyd am ffyrdd o gyflwyno'r hyn rydych chi wedi'i ddysgu am reolaeth gymdeithasol ffurfiol ac anffurfiol, addysg a'r cyfryngau. Sut mae'r pethau hyn yn gysylltiedig?

Gwirio eich gwybodaeth

1. Disgrifiwch ystyr 'sianelu'. **(2 farc)**
2. Nodwch ddau gyfrwng cymdeithasoli eilaidd. **(2 farc)**

AA1 Disgrifio

Rhoi sylw i'r fanyleb

1.2 Dadleuon ynghylch caffael hunaniaeth: natur/magwraeth

Cyswllt â'r gwerslyfr

tt 14–15: Dadl 'natur/magwraeth'
tt 20–21: Plant fferal a diffyg cymdeithasoli

Beth yw plentyn fferal?

Plentyn sydd wedi cael ei esgeuluso gan ei deulu, neu sydd wedi cael ei fagu gan anifeiliaid a/neu ar ei ben ei hun heb gyswllt â phobl yw plentyn fferal. Gallwn ni rannu achosion o blant fferal yn dri math – plant sydd wedi cael eu magu ar eu pen eu hun, plant sydd wedi cael eu caethiwo a phlant sydd wedi cael eu magu gan anifeiliaid.

Pa astudiaethau achos gallaf eu defnyddio yn fy atebion?

Enw	Gwlad	Pam mae'n cael ei ystyried yn fferal?
Genie Wiley	UDA	Esgeulustod difrifol
Oxana Malaya	Ukrain	Wedi'i magu gan gŵn
John Ssebunya	Uganda	Wedi'i fagu gan fwncïod yn y jyngl
Danielle Lierow	UDA	Esgeulustod difrifol
Edik	Ukrain	Wedi'i fagu gan gŵn
Kamala ac Amala	India	Yn byw yn y goedwig
Shamdeo	India	Yn byw yn y goedwig ac wedi'i fagu gan fleiddiaid
Vanya Yudin	Rwsia	Wedi'i drin fel aderyn gan ei fam
Marina Chapman	Colombia	Wedi'i magu gan fwncïod
Isabelle	UDA	Wedi'i chadw mewn ystafell dywyll gan ei mam
Maria Isabel Quaresma Dos Santos	Portiwgal	Wedi'i chadw mewn cwt ieir

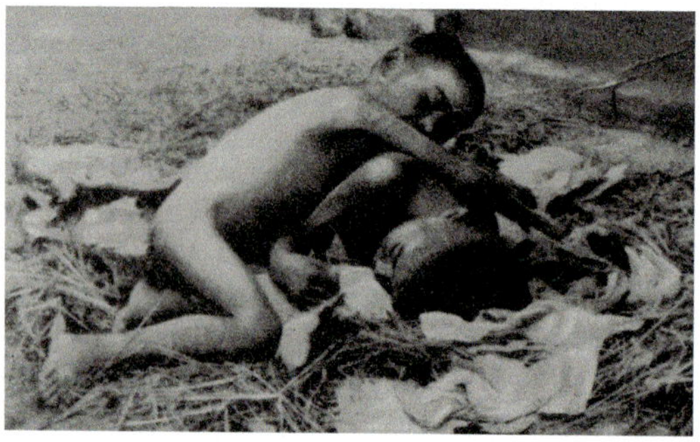

Ar ôl byw gyda bleiddiaid, roedd Kamala ac Amala yn arfer cysgu ar y llawr.

AA2 Cymhwyso

Ymchwiliwch i rai o'r astudiaethau achos yn y tabl. I ba gategori o blant fferal fyddai'r rhain yn perthyn? Crynhowch y straeon i ychydig frawddegau gan ddisgrifio sut cafodd y plant eu magu a beth ddigwyddodd iddyn nhw ar ôl cael eu darganfod. Esboniwch sut gallan nhw gael eu defnyddio yn y ddadl natur/magwraeth, a hefyd i esbonio pwysigrwydd cymdeithasoli cynradd.

Pam gallai plant fferal ei chael hi'n anodd integreiddio i'r gymdeithas?

- Efallai na fyddan nhw'n gallu siarad, felly fyddan nhw ddim yn gallu cyfathrebu â phobl eraill.
- Efallai na fyddan nhw'n cerdded fel pobl eraill.
- Gallai pobl eraill godi ofn arnyn nhw, felly efallai na fyddan nhw'n awyddus i gymysgu â phobl.
- Fyddan nhw ddim wedi dysgu normau a gwerthoedd y gymdeithas.
- Efallai na fyddan nhw'n bwyta fel pobl eraill yn eu cymdeithas.

Datblygu ymhellach

Cafodd John Ssebunya ei ddarganfod pan oedd yn chwe blwydd oed, yn byw yn y jyngl yn Uganda. Roedd wedi ffoi o'i gartref ar ôl gweld ei dad yn llofruddio ei fam ac roedd yn poeni y byddai ei dad yn ei ladd ef hefyd. Rhoddodd mwncïod y jyngl fwyd iddo, ac mae'n honni eu bod nhw wedi'i ddysgu i ddringo coed a dod o hyd i'w fwyd ei hun. Pan gafodd ei ddarganfod, cafodd ei anfon i gartref i blant amddifad lle gofalwyd amdano. Beth ddigwyddodd iddo ar ôl cael ei achub? Esboniwch sut gall stori John gael ei defnyddio yn y ddadl natur/magwraeth.

Mae achosion plant fferal yn cefnogi'r ddamcaniaeth magwraeth:

Mae plant fferal yn cropian ar eu pedwar, yn bwyta cig amrwd a does ganddyn nhw ddim sgiliau iaith.

Er bod Genie wedi dysgu geiriau, doedd hi ddim yn gallu creu brawddegau gyda nhw.

Er iddi gael ei hachub, mae Oxana Malaya yn dal i gyfarth a chwyrnu fel y cŵn a'i magodd hi.

Pobl allweddol

Cafodd **Oxana Malaya** ei darganfod yn blentyn fferal wyth oed yn Ukrain yn 1991. Roedd hi wedi byw'r rhan fwyaf o'i bywyd gyda chŵn mewn cwt ci gan fod ei rhieni, a oedd yn gaeth i alcohol, yn ei hanwybyddu hi. Mabwysiadodd nifer o arferion y cŵn, fel chwyrnu, cyfarth ac arogli ei bwyd. Roedd hi'n ei chael yn anodd deall a dysgu iaith. Roedden nhw'n byw mewn ardal dlawd iawn, lle'r oedd cŵn gwyllt yn crwydro'r strydoedd ac yn gofalu amdani. Dysgodd eu hymddygiad a'u harferion, ac yn ôl pob sôn, mae cyswllt â phobl yn dal i achosi anhawster iddi. Mae Oxana Malaya yn dystiolaeth o ddamcaniaeth magwraeth oherwydd ni chafodd hi ei chymdeithasoli gan bobl ac roedd hi'n ymddwyn fel ci.

Ydy achos pob plentyn fferal yn cefnogi damcaniaeth magwraeth?

Cofio'r cysylltiad

Wrth ysgrifennu am blant fferal, ceisiwch feddwl am ffyrdd o gyflwyno'r hyn rydych chi wedi'i ddysgu am y ddadl natur/magwraeth a chymdeithasoli cynradd. Sut mae'r pethau hyn yn gysylltiedig?

CYNGOR ADOLYGU

Pan oedd yn saith oed, cafodd Danielle Lierow ei hachub o ddwylo ei mam a oedd wedi'i hesgeuluso hi'n ddifrifol. Roedd hi wedi cael ei chadw mewn ystafell fach dywyll, ar ei phen ei hun. Doedd hi ddim yn gwybod sut i chwarae na cherdded na siarad. Doedd hi erioed wedi bod yn yr ysgol nac wedi gweld meddyg. Doedd hi ddim yn gallu bwyta'n iawn oherwydd iddi gael ei bwydo â photel yn unig, felly doedd hi ddim yn gallu bwyta bwyd solet. Dywedodd y swyddog a ddaeth o hyd iddi mai dyma oedd yr achos gwaethaf o esgeuluso plentyn iddo ei weld mewn 27 mlynedd. Yn ddiweddarach, cafodd Danielle ei mabwysiadu gan deulu sydd wedi addysgu rhai sgiliau bywyd sylfaenol iddi, ond dydy hi erioed wedi gallu dysgu siarad. Mae Danielle yn enghraifft dda i'w defnyddio wrth ysgrifennu am bwysigrwydd cymdeithasoli cynradd.

Gwirio eich gwybodaeth

1. Disgrifiwch ystyr 'plentyn fferal'. **(2 farc)**
2. Esboniwch pam mae rhai plant yn fferal. **(2 farc)**
3. Esboniwch ddau reswm pam gallai plant fferal ei chael hi'n anodd integreiddio i'r gymdeithas. **(4 marc)**
4. Esboniwch sut mae astudio plant fferal yn ein helpu ni i ddeall damcaniaeth magwraeth. **(4 marc)**

Rhoi sylw i'r fanyleb

1.3 Proses cymdeithasoli: sut mae cyfryngau cymdeithasoli'n trosglwyddo diwylliant a hunaniaeth, er enghraifft rhywedd

Cyswllt â'r gwerslyfr

tt 16–17: Cymdeithasoli
tt 18–19: Cyfryngau cymdeithasoli eilaidd

AA2 Cymhwyso

Yn ôl Cumberbatch, mae menywod ddwywaith yn fwy tebygol o gael eu dangos yn gwneud gwaith tŷ mewn hysbysebion, a dynion ddwywaith yn fwy tebygol o gael eu cynrychioli mewn gwaith cyflogedig. Sylwch sut mae dynion a menywod yn cael eu portreadu yn yr hysbysebion y byddwch chi'n eu gweld yr wythnos hon. Oes gwahaniaeth yn y ffordd mae dynion a menywod yn cael eu portreadu?

Datblygu ymhellach

Mae ymgyrch genedlaethol o'r enw Let Toys Be Toys yn rhoi pwysau ar y diwydiant teganau i roi'r gorau i gategoreiddio teganau plant yn ôl rhywedd. Mae wedi bod yn llwyddiannus iawn ac mae rhai brandiau mawr ar y stryd fawr wedi cael gwared ar arwyddion 'bechgyn' a 'merched' o'u siopau. Pam maen nhw'n credu bod hyn yn fater mor bwysig? Beth maen nhw wedi'i wneud i sicrhau llwyddiant? Sut gallech chi ddefnyddio enghreifftiau o'r ymgyrch hon i gefnogi atebion am gymdeithasoli cynradd ac eilaidd?

Beth yw hunaniaeth rhywedd?

Hunaniaeth rhywedd yw'r ffordd rydyn ni'n meddwl amdanon ni ein hun a sut mae pobl eraill yn meddwl amdanon ni ar sail ein rhywedd.

Beth yw cymdeithasoli rhywedd?

Cymdeithasoli rhywedd yw pan fydd plant yn dysgu sut i ymddwyn mewn ffordd sy'n briodol i'w rhywedd, ym marn y gymdeithas. Er enghraifft, efallai bydd merched yn cael eu hannog i chwarae â doliau a phramiau. Mae'n broses barhaus sy'n digwydd yn y teulu a thrwy gyfryngau cymdeithasoli eraill, ac mae'n parhau drwy gydol ein bywyd.

Cymdeithasoli cynradd: sut mae rolau rhywedd yn cael eu llunio a'u rheoli'n gymdeithasol?

Modelau rôl/dynwared – mae'n bosibl y bydd bechgyn yn copïo eu tadau sy'n gwneud gwaith cynnal a chadw yn y cartref, gan fod hyn yn cael ei ystyried yn weithgaredd gwrywaidd yn ein cymdeithas ni.	Yr iaith sy'n cael ei defnyddio – dweud wrth blant nad yw bechgyn yn crio neu alw merch yn angel.	Dillad – pinc i ferched a glas i fechgyn.
Manipiwleiddio – gwobrwyo bachgen am fod yn dda am chwarae pêl-droed neu wisgo merch mewn dillad 'prydferth'. Mae rhieni yn annog plant i ymddwyn mewn ffordd maen nhw'n ei hystyried yn briodol o ran eu rhywedd.	Sancsiynau cadarnhaol – eu gwobrwyo am ymddwyn mewn ffordd briodol o ran eu rhywedd.	Sancsiynau negyddol – eu cosbi am beidio ag ymddwyn mewn ffordd briodol o ran eu rhywedd.
Sianelu – cyfeirio merch at ddawnsio bale neu chwarae gyda doliau a phramiau gan fod y gweithgareddau hyn yn cael eu hystyried yn fenywaidd.	Mae rhieni yn rhoi teganau a llyfrau i'w plant sy'n cael eu hystyried yn norm ar gyfer y rhywedd hwnnw.	Enwau llafar – 'merch dda' neu 'fachgen drwg,' er enghraifft.

Rheolau, cyrffyw ac ati.

Beth mae merched bach yn ei ddysgu am y normau a'r gwerthoedd sy'n gysylltiedig â'u rhywedd pan maen nhw'n cael eu hannog i wisgo fel tylwythen deg neu dywysoges?

Cymdeithasoli eilaidd: sut mae rolau rhywedd yn cael eu llunio a'u rheoli'n gymdeithasol?

Cyfrwng cymdeithasoli eilaidd	Sut mae pobl yn cael eu cymdeithasoli i'w rolau rhywedd	
Ysgol	• Gwisg ysgol – mewn rhai ysgolion, dim ond bechgyn sy'n cael gwisgo trowsus • Dewis o bynciau – mae bechgyn yn fwy tebygol o astudio pynciau gwyddoniaeth ac mae merched yn tueddu i astudio ieithoedd a'r celfyddydau • Arferion gwahanol i ferched a bechgyn – mae merched yn chwarae pêl-rwyd a bechgyn yn chwarae rygbi	• Mae dysgu wedi dod yn broffesiwn benywaidd – mae menywod yn fwy tebygol o fod yn athrawon dosbarth, sy'n rhoi modelau rôl cadarnhaol i ferched • Damcaniaeth labelu • Cyngor gyrfaoedd
Grŵp cyfoedion	• Pwysau gan gyfoedion i gydymffurfio â normau cymdeithasol ynghylch rhywedd, er enghraifft y dillad sy'n cael eu gwisgo • Yr angen i ymaddasu a dynwared	• Sancsiynau a gwobrau anffurfiol am ddilyn/peidio â dilyn rolau rhywedd yn y grŵp cyfoedion
Y cyfryngau torfol	• Dynwared rolau rhywedd wedi'u stereoteipio, er enghraifft mae ar fenywod eisiau edrych yn 'rhywiol' a bod yn denau, ac mae ar ddynion eisiau corff cyhyrog • Portreadau wedi'u stereoteipio, er enghraifft 'Mums go to Iceland'	• Modelau rôl – er enghraifft, mae menywod mewn ffilmiau Hollywood yn aml yn cael eu cyflwyno fel pobl wan, y mae arnyn nhw angen arwr cryf gwrywaidd i'w hachub • Rhaglenni teledu/gwefannau/gemau rhyngweithiol i blant
Y gweithle	• Sancsiynau a gwobrau • Gallai mathau o swyddi gymdeithasoli pobl i rolau rhywedd, er enghraifft efallai bydd disgwyl i fenyw weithio ym maes gofal plant a bydd disgwyl i ddyn weithio ym maes mecaneg	• Incwm, gwaith amser llawn/rhan amser a'r nenfwd gwydr
Crefydd	• Normau, gwerthoedd a chredoau • Ffigurau sanctaidd allweddol • Codau gwisg	• Disgwyliadau o ran ymddygiad a chodau moesol

Ymchwil Margaret Mead i rolau rhywedd

Astudiaeth gynradd oedd astudiaeth Mead, a thrwy ei gwaith ymchwil gwelodd fod gan y llwythau yn Guinea Newydd syniadau gwahanol i bobl y Gorllewin am rywedd.

Roedd gan lwyth y Tchambuli rolau rhywedd a oedd i'r gwrthwyneb i'r hyn rydyn ni, o bosibl, wedi arfer â nhw – roedd y dynion yn dawel ac yn emosiynol, roedden nhw'n eistedd o gwmpas yn hel straeon ac yn ymbincio ac yn cael eu hystyried yn fregus. Roedd y menywod yn awdurdodol ac yn gofalu am yr arian. Dangosodd yr astudiaeth fod rolau rhywedd yn cael eu dysgu yn hytrach na'u bod yn rhywbeth cynhenid.

Yn ei hastudiaethau, gwelodd Mead fod gwahaniaethau rhywedd rhwng pob llwyth, sy'n awgrymu bod diwylliant yn cael dylanwad ar rywedd.

Pobl allweddol

Roedd **Margaret Mead** yn anthropolegydd a astudiodd lwythau yn Guinea Newydd, gan siarad â nhw am eu diwylliannau. Doedd Mead ddim yn gallu siarad eu hiaith, ac mae'r astudiaeth yn llai dibynadwy oherwydd hynny. Roedd ei gwaith ymchwil yn seiliedig ar arsylwi agored – roedden nhw'n gwybod eu bod nhw'n cael eu gwylio, felly gallan nhw fod wedi newid eu hymddygiad.

CYNGOR ADOLYGU

Efeilliaid a gafodd eu geni yng Nghanada yn 1965 oedd Brian a Bruce Reimer. Yn saith mis oed, cafodd y bechgyn eu henwaedu. Roedd nam ar yr offer ac yn anffodus cafodd pidyn Bruce ei ddinistrio. Ni chafodd lawdriniaeth i ailadeiladu ei bidyn. Cysylltodd y rhieni â seicolegydd o'r enw Dr John Money, yn y gobaith y byddai'n gallu eu helpu nhw. Ei gyngor ef oedd magu Bruce fel merch. Dechreuodd y teulu alw'r plentyn yn Brenda, a chafodd sawl triniaeth i wneud i'w organau cenhedlu edrych yn fwy tebyg i rai merch. Roedd Dr Money yn gobeithio defnyddio achos Bruce/Brenda i ddangos bod hunaniaeth rhywedd yn rhywbeth sy'n cael ei ddysgu, ac yn ymwneud â magwraeth yn hytrach na natur. Wrth i Brenda dyfu, roedd hi'n ymddwyn mewn ffordd wrywaidd iawn, ac roedd yn well ganddi ymladd a dringo na chwarae gyda doliau. Roedd hi'n cael anhawster â'i hunaniaeth ac yn y pen draw, cafodd wybod y gwir gan ei rhieni pan oedd hi'n 13 oed. Aeth Brenda yn ôl i fod yn wryw a galw ei hun yn David.

Cofio'r cysylltiad

Meddyliwch am yr hyn rydych chi wedi'i ddysgu am ffeministiaeth, addysg a'r cyfryngau a sut mae'r pethau hyn yn gysylltiedig â chymdeithasoli rhywedd.

Gwirio eich gwybodaeth

1. Disgrifiwch ystyr 'rhywedd'. **(2 farc)**
2. Disgrifiwch ystyr 'rolau rhywedd'. **(2 farc)**
3. Nodwch ac esboniwch ddwy ffordd mae plant yn cael eu cymdeithasoli i rolau rhywedd. **(4 marc)**
4. Esboniwch sut gallai plant ddysgu rolau rhywedd yn yr ysgol. **(5 marc)**

AA1 Disgrifio

Rhoi sylw i'r fanyleb

1.3 Proses cymdeithasoli: sut mae cyfryngau cymdeithasoli'n trosglwyddo diwylliant a hunaniaeth, er enghraifft rhywedd, dosbarth a hunaniaeth ethnig

Cyswllt â'r gwerslyfr

tt 28–29: Hunaniaeth dosbarth, ethnig a chenedlaethol

AA2 Cymhwyso

Yn Lloegr, mae Ofsted bellach yn asesu ysgolion am y ffordd maen nhw'n addysgu 'Gwerthoedd Prydeinig' i'w disgyblion. Beth yw'r Gwerthoedd Prydeinig hyn? Ydyn nhw'n cael eu haddysgu yn eich ysgol chi? Ydy'r gwerthoedd hyn yn cael eu haddysgu mewn ffordd gynnil neu fel rhan o'r cwricwlwm cudd?

Mae Ofsted bellach yn asesu ysgolion am ba mor dda maen nhw'n addysgu 'Gwerthoedd Prydeinig.'

Datblygu ymhellach

Mae Richard Weight yn credu bod hunaniaeth genedlaethol yn ymwneud â llwyddiannau emosiynol a diwylliannol. Felly, er enghraifft, byddai tîm rygbi Cymru yn uno cenedl Cymru.

Beth yw hunaniaeth?

Hunaniaeth yw'r ffordd rydyn ni'n gweld ein hunain a sut mae pobl eraill yn ein gweld ni. Mae'n cael ei llunio gan ein teulu, ein profiadau bywyd a'r bobl rydyn ni'n dod ar eu traws nhw o ddydd i ddydd, boed hynny yn y cartref, yn yr ysgol neu yn y gwaith.

	Hunaniaeth dosbarth	Hunaniaeth ethnig	Hunaniaeth genedlaethol
Y teulu	Y defnydd o god cyfyngedig (*restricted code*) a chod cymhleth (*elaborated code*).	Y bwyd sy'n cael ei fwyta yn y cartref, crefydd y teulu, y dillad sy'n cael eu gwisgo, er enghraifft penwisg.	Yr iaith sy'n cael ei siarad yn y cartref, y gwyliau sy'n cael eu dathlu, y ffilmiau mae'r teulu yn eu gwylio gyda'i gilydd, er enghraifft ffilmiau Bollywood.
Yr ysgol	Drwy roi pobl mewn set a ffrwd, drwy labelu a thrwy ddisgwyliadau athrawon.	Efallai bydd ysgol yn addysgu iaith y wlad. Er enghraifft, mae plant yn dysgu Cymraeg yn yr ysgol yng Nghymru.	Drwy wasanaethau, gwyliau ysgol ar gyfer gwyliau cenedlaethol, ac yng Nghymru, drwy fodloni pwyslais Estyn ar addysgu Gwerthoedd Cymreig.
Y cyfryngau	Yn cael ei hatgyfnerthu drwy operâu sebon, rhaglenni dogfen a'r newyddion.	Bydd rhai lleiafrifoedd ethnig, o bosibl, yn cael eu portreadu mewn ffordd negyddol.	Bydd digwyddiadau chwaraeon cenedlaethol yn cael eu darlledu ar y teledu. Mae achlysuron pwysig fel Sul y Cofio yn cael eu dangos ar y teledu.

Ydy tîm rygbi Cymru yn dod â ni at ein gilydd fel un genedl?

Mae sawl hunaniaeth genedlaethol yn bodoli ym Mhrydain:

Rydyn ni'n byw mewn cymdeithas amlddiwylliannol sy'n cynnwys sawl symbol ac ethnigrwydd gwahanol.

Gall amser ac oedran wneud gwahaniaeth i'r diffiniad o hunaniaeth genedlaethol – pe baech chi'n gofyn i rywun yn ei arddegau ac i bensiynwr beth mae'n ei olygu i fod yn Gymro heddiw, byddai'r ateb yn wahanol.

Mae nifer o wahaniaethau a hunaniaethau rhanbarthol i'w cael. Er enghraifft, mae gan Lanelli acen wahanol iawn i Gaernarfon, ac mae gan y dref ei chaneuon traddodiadol ei hun, fel 'Sosban Fach'.

Ydy hi'n anodd disgrifio hunaniaeth genedlaethol?

Mae llawer o bobl yn cefnogi'r timau pêl-droed cenedlaethol ag angerdd mawr.

Yn ôl Michael Schudson, mae bod yn Seisnig yn ganolog i hunaniaeth ddiwylliannol Prydain. Yn yr un modd, ydy bod yn Gymreig yn ganolog i hunaniaeth ddiwylliannol Cymru?

Mae nifer o draddodiadau ac arferion cenedlaethol i'w cael, er enghraifft Eisteddfod Genedlaethol Cymru yn wythnos gyntaf mis Awst.

Ydyn ni'n dysgu rhan o'n hunaniaeth genedlaethol drwy gwricwlwm ethnoganolog?

Datblygu ymhellach

Mae gan rai pobl hunaniaeth genedlaethol ddeuol, sy'n gallu achosi gwrthdaro yn yr unigolyn o ran ei ddiwylliant a'r ffordd mae'n ei weld ei hun. Mae Orin Begum yn gyfreithiwr corfforaethol ac yn fardd a gafodd ei geni yn Bangladesh ond ei magu yn Nwyrain Llundain, lle mae hi'n byw o hyd. Mae hi wedi ysgrifennu cerdd am ei phrofiadau o fyw o fewn dau ddiwylliant gwahanol iawn. Chwiliwch am gopi o'i cherdd 'Brown Girl' a darllenwch hi. Meddyliwch am yr anawsterau y gall ein hunaniaeth/hunaniaethau cenedlaethol eu creu.

Pobl allweddol

Mae **Michael Schudson** yn dweud ein bod ni'n cael ein cymdeithasoli i'n hunaniaeth a'n diwylliant cenedlaethol drwy'r cyfryngau a thrwy addysg. Er enghraifft, mae'r cwricwlwm ysgol yn ethnoganolog ac rydyn ni'n dysgu am gerddoriaeth, llenyddiaeth a chelfyddyd ein cenedl. Mae'r cyfryngau yn ein cymdeithasoli ni i'n hunaniaeth genedlaethol drwy ddangos digwyddiadau cenedlaethol fel priodasau brenhinol, angladdau brenhinol a gwasanaethau Sul y Cofio ym mis Tachwedd. Mae Schudson hefyd yn credu bod symbolau fel darnau arian a baneri yn ein cymdeithasoli ni i'n hunaniaeth genedlaethol. Efallai bod hyn i gyd yn wir am hunaniaeth Prydain, ond i ba raddau mae'n wir am hunaniaeth Cymru?

Cofio'r cysylltiad

Cofiwch beth rydych chi wedi'i ddysgu am gymdeithasoli cynradd ac eilaidd a'r cwricwlwm cudd, a sut mae'r pethau hyn yn gysylltiedig â hunaniaeth.

Gwirio eich gwybodaeth

1. Esboniwch beth yw ystyr 'hunaniaeth'. **(2 farc)**
2. Disgrifiwch sut gall ysgolion annog teimlad o hunaniaeth genedlaethol. **(4 marc)**
3. Disgrifiwch y gwahaniaeth rhwng hil ac ethnigrwydd. **(4 marc)**
4. Disgrifiwch sut gall y teulu helpu i greu hunaniaeth unigolyn. **(5 marc)**

AA1 Disgrifio

Rhoi sylw i'r fanyleb

1.3 Proses cymdeithasoli: rheolaeth gymdeithasol anffurfiol a ffurfiol

Cyswllt â'r gwerslyfr

tt 30–31: Rheolaeth gymdeithasol

AA2 Cymhwyso

Meddyliwch am ddiwrnod arferol yn eich bywyd – pa sancsiynau cadarnhaol a negyddol rydych chi wedi'u derbyn? Pa gyfryngau cymdeithasoli wnaeth roi'r sancsiynau hynny i chi? Pa rai oedd yn ffurfiol a pha rai oedd yn anffurfiol? Pa rai oedd y mwyaf effeithiol a'r lleiaf effeithiol a pham?

Datblygu ymhellach

Mae carchardai a sefydliadau troseddwyr ifanc yn gyfryngau rheolaeth gymdeithasol ffurfiol. Mae sefydliad o'r enw End Child Imprisonment yn ymgyrchu i gau'r holl garchardai i blant a sefydliadau troseddwyr ifanc. Pam mae rhai pobl yn credu nad yw carchardai i blant yn fath effeithiol o reolaeth gymdeithasol yn y DU heddiw?

Mae'r heddlu yn gyfrwng rheolaeth gymdeithasol ffurfiol.

Beth yw rheolaeth gymdeithasol?

Mae rheolaeth gymdeithasol yn disgrifio'r ffyrdd gwahanol mae'r gymdeithas yn ceisio sicrhau bod ei haelodau'n cadw at gyfreithiau, rheolau a normau.

Beth yw rheolaeth gymdeithasol anffurfiol?

Mae rheolaeth gymdeithasol anffurfiol yn seiliedig ar reolau heb eu hysgrifennu y mae disgwyl i bobl eu dilyn. Maen nhw'n cael eu gorfodi gan bwysau cymdeithasol, a all fod yn bwerus iawn.

Cyfrwng rheolaeth gymdeithasol anffurfiol	Sut mae'r cyfrwng yn rheoli aelodau
Teulu	Drwy sancsiynau fel atal plant rhag gadael y tŷ neu ddweud y drefn. Efallai bydd plant bach yn cael eu hanfon i eistedd ar 'y gris camfihafio'.
Ffrindiau	Gall grwpiau o ffrindiau gau aelodau eraill allan o weithgareddau neu o'r grŵp ei hun.
Y gymuned leol	Anghymeradwyaeth pobl eraill yn y gymuned leol.
Ysgol	Anghymeradwyaeth rhieni, beirniadaeth a phwysau gan grŵp cyfoedion. Cadw disgyblion yn y dosbarth neu eu cadw ar eu pen eu hun, rhybuddion.

Mae cael eich cau allan o grŵp cyfoedion yn fath o reolaeth gymdeithasol anffurfiol.

Beth yw rheolaeth gymdeithasol ffurfiol?

Mae rheolaeth gymdeithasol ffurfiol yn seiliedig ar reolau a chyfreithiau ysgrifenedig. Mae'r rheolau hyn wedi'u hysgrifennu gan y cyfryngau cymdeithasoli ac mae'r sancsiynau wedi'u nodi'n glir. Mae gan gyfryngau rheolaeth gymdeithasol ffurfiol lawer o rym, a gallan nhw orfodi pobl i gydymffurfio gan eu bod nhw'n aml yn gallu arwain at ganlyniadau difrifol a negyddol.

Cyfrwng rheolaeth gymdeithasol ffurfiol	Sut mae'r cyfrwng yn rheoli'r gymdeithas
Yr heddlu	Yn gorfodi'r gyfraith, yn cadw trefn yn y gymdeithas ac yn ymchwilio i droseddau.
Llywodraeth	Yn llunio deddfau sy'n llywodraethu ac yn rheoli ein hymddygiad.
Llysoedd	Y llysoedd sy'n penderfynu pa sancsiynau bydd troseddwyr yn eu derbyn.
Carchardai a sancsiynau eraill	Yn cosbi troseddwyr ac yn atal pobl eraill rhag troseddu.

Gall cyfryngau rheolaeth gymdeithasol ffurfiol fod yn bwerus:

Mae ganddyn nhw lawer o rym a rheolaeth yn y gymdeithas a gallan nhw arwain at ganlyniadau negyddol difrifol iawn y mae ar bobl eu hofn.

Y llywodraeth sy'n deddfu ac yn gweithredu'r cyfreithiau mae'n rhaid i bobl eu dilyn.

Y llysoedd sy'n gweithredu'r gyfraith a gallan nhw ddedfrydu pobl i'r carchar.

Ydy carchardai'n gweithio?

Gall cyfryngau rheolaeth gymdeithasol anffurfiol fod yn bwerus:

Gall pobl dynnu'n groes i'r cyfryngau rheolaeth gymdeithasol ffurfiol – er enghraifft, terfysgoedd Croydon.

Pe bai cyfryngau rheolaeth gymdeithasol ffurfiol eraill yn effeithiol, ni fyddai angen carchardai.

Mae gan y teulu berthynas agosach â phobl ac mae'n fwy hyblyg, felly mae'n fwy effeithiol.

Menywod yn y carchar

Mae'r carchar yn fath o reolaeth gymdeithasol ond cwestiwn sy'n cael ei ofyn yn aml yw 'ydy carchardai'n gweithio?' Elusen genedlaethol yw Women in Prison, sy'n credu bod system cyfiawnder troseddol y DU yn methu yn ei dyletswydd tuag at fenywod. Gwnaeth yr elusen ganfod bod menywod yn fwy tebygol o aildroseddu na dynion sy'n cael dedfrydau tebyg, a'u bod nhw ddwywaith yn fwy tebygol na dynion o fod angen cymorth iechyd meddwl yn y carchar. Mae Women in Prison yn credu na ddylai menywod sydd ddim yn berygl i'r gymdeithas gael eu carcharu. Yn 2017, roedd 84 y cant o fenywod yn y carchar wedi cyflawni troseddau di-drais, fel lladrad a thrin a thrafod nwyddau wedi'u dwyn, a doedd gan 26 y cant ddim euogfarnau blaenorol. Mae gwaith ymchwil gan yr elusen hon wedi canfod bod 48 y cant o fenywod yn cael eu dyfarnu'n euog o drosedd arall cyn pen blwyddyn ar ôl gadael y carchar. Ydy'r carchar yn fath effeithiol o reolaeth gymdeithasol neu a oes dewis arall mwy addas?

CYNGOR ADOLYGU

Mae carchardai yn enghraifft o reolaeth gymdeithasol ffurfiol. Dydyn nhw ddim bob amser yn cael eu hystyried yn fath effeithiol o reolaeth gymdeithasol am amryw o resymau – er enghraifft, mae'r gost fesul carcharor yn uchel iawn i'r llywodraeth. Hefyd, dydy cyfraddau aildroseddu carcharorion sy'n cael eu rhyddhau o ddedfrydau dan glo ddim yn awgrymu bod carchardai yn gweithio. Mae gan lawer o garcharorion broblemau iechyd meddwl, felly efallai nad carchar yw'r ddedfryd fwyaf addas, ac mae problem gorlenwi ddifrifol yng ngharchardai'r DU.

Cofio'r cysylltiad

Meddyliwch am yr hyn rydych chi wedi'i ddysgu am drosedd a gwyredd a sut mae'r pethau hyn yn gysylltiedig â rheolaeth gymdeithasol.

Gwirio eich gwybodaeth

1. Disgrifiwch ystyr 'rheolaeth gymdeithasol'. **(2 farc)**
2. Nodwch ddau gyfrwng rheolaeth gymdeithasol. **(2 farc)**
3. 'Mae cyfryngau rheolaeth gymdeithasol ffurfiol yn fwy effeithiol na chyfryngau rheolaeth gymdeithasol anffurfiol.' Ydych chi'n cytuno? **(15 marc)**
4. 'Mae sancsiynau negyddol yn llawer mwy effeithiol na gwobrau cadarnhaol.' Ydych chi'n cytuno? **(15 marc)**

AA1 Disgrifio

Rhoi sylw i'r fanyleb

2.1 Amrywiaeth deuluol a mathau gwahanol o deuluoedd yn y DU ac mewn cyd-destun byd-eang: beth yw teulu? mathau o deuluoedd lleiafrifoedd ethnig, mathau o deuluoedd global, polisi teulu un plentyn yn China

Cyswllt â'r gwerslyfr

tt 34–35: Beth yw teulu?
tt 36–37: Teuluoedd ar draws y byd
tt 38–39: Gwahanol fathau o deuluoedd ym Mhrydain heddiw

AA2 Cymhwyso

Pam gwnaeth China gyflwyno polisi teulu un plentyn yn 1979? Pa broblemau cymdeithasol a moesegol achosodd hyn yng nghymdeithas China? Pam gallai cyplau yn China fod yn amharod i gael mwy nag un plentyn heddiw?

Datblygu ymhellach

Pa bryderon sydd gan lywodraeth China, o bosibl, am gyfradd genedigaethau isel y wlad, a'r boblogaeth sy'n heneiddio?

Y teulu cnewyllol yw'r math delfrydol o deulu yn ôl swyddogaethwyr.

Teuluoedd ac aelwydydd	
Roedd 27.2 miliwn o aelwydydd yn y DU yn 2017.	Mae nifer yr aelwydydd wedi cynyddu 6 y cant ers 2007, yn debyg i'r twf ym mhoblogaeth y DU yn ystod y cyfnod hwn.
Mae teuluoedd ac aelwydydd yn cael eu hystyried yn gysyniadau gwahanol.	Grŵp o bobl sy'n perthyn drwy waed neu briodas yw teulu. Grŵp o bobl sy'n byw gyda'i gilydd yw aelwyd, ond sydd ddim o reidrwydd yn perthyn drwy waed na phriodas.
Mae sawl math gwahanol o deulu.	Gallai'r teulu fod yn gwpl priod, yn bartneriaid sifil neu'n gwpl sy'n cyd-fyw gyda phlant neu heb blant, neu'n rhiant sengl gydag o leiaf un plentyn, sy'n byw yn yr un cyfeiriad. Gallai'r plant fod yn ddibynnol neu ddim yn ddibynnol. Gallai teuluoedd adluniedig neu deuluoedd wedi'u blendio gynnwys cwpl gyda phlant o berthynas flaenorol yn ogystal â'u plant eu hunain.
Gall aelwydydd fodoli ar sawl ffurf hefyd.	Gallai aelwyd fod yn unigolyn sy'n byw ar ei ben ei hun neu'n grŵp o bobl (sydd ddim o reidrwydd yn perthyn) sy'n byw yn yr un cyfeiriad ac sy'n rhannu cyfleusterau coginio ac ystafell fyw, lolfa neu ardal fwyta. Yn ôl arolwg diweddar gan y Swyddfa Ystadegau Gwladol, gall aelwyd gynnwys un teulu, mwy nag un teulu neu ddim teulu o gwbl yn achos grŵp o bobl sydd ddim yn perthyn i'w gilydd.
Y teulu cnewyllol yw'r math mwyaf cyffredin o deulu yn y DU.	Mae'n cynnwys rhiant gwrywaidd, rhiant benywaidd a'u plant, naill ai eu plant biolegol eu hunain neu blant wedi'u mabwysiadu. Dyma'r math o deulu sy'n cael ei ffafrio gan wleidyddion a'r cyfryngau.

Teuluoedd ar draws y byd	
Mae amlbriodas (*polygamy*) yn cyfeirio at unrhyw briodas lle mae gan rywun sawl partner cyfreithiol ar yr un pryd.	Y math mwyaf cyffredin yw pan fydd gan un dyn sawl gwraig, er bod y gwrthwyneb (amlwriaeth) hefyd yn bodoli. Mae'n aml i'w ganfod mewn cymdeithasau traddodiadol, ond dim ond ymhlith y bobl fwyaf cyfoethog.
Mae priodasau wedi'u trefnu yn golygu bod rhieni yn dewis cymar eu plentyn.	Mae'r rhain yn aml yn cael eu trefnu rhwng dau deulu o statws tebyg ac maen nhw'n ffordd o gryfhau cysylltiadau teuluol yn hytrach nag uno dau gariad.
Yn 1979, dechreuodd China gyfyngu ar faint teuluoedd oherwydd maint y boblogaeth.	Mae China yn raddol wedi dechrau dod â'r polisi teulu un plentyn i ben oherwydd pryder ynglŷn â'r boblogaeth sy'n heneiddio a'r gyfradd genedigaethau isel. Erbyn hyn, gall cyplau yn China gael dau o blant os ydyn nhw'n dymuno.

Cryfderau diffiniad swyddogaethwyr o'r teulu:

Mae swyddogaethwyr fel G. P. Murdock a Talcott Parsons a chymdeithasegwyr y Dde Newydd yn credu mai'r teulu cnewyllol yw'r un delfrydol a'r un sy'n gweithio orau.	Mae Murdock yn awgrymu bod y teulu cnewyllol yn cyflawni pedair swyddogaeth – rhywiol, atgenhedlu, economaidd a chymdeithasoli.	Mae Parsons yn awgrymu dwy swyddogaeth – cymdeithasoli cynradd a sefydlogi personoliaethau oedolion.
Mae'r swyddogaeth rywiol yn golygu bod ysfa rywiol pobl yn cael ei bodloni orau, mewn ffordd sefydlog, mewn perthynas fonogamaidd. Mae hyn hefyd yn cyfrannu at greu cenhedlaeth newydd o blant drwy atgenhedlu.	Mae'r angen economaidd am fwyd a lloches yn cael ei fodloni yn fwyaf effeithlon mewn teulu cnewyllol.	Mae cymdeithasoli yn y teulu cnewyllol yn helpu i addysgu normau a gwerthoedd sylfaenol.

Gwendidau diffiniad swyddogaethwyr o'r teulu:

Mae swyddogaethwyr wedi cael eu beirniadu am gynnig darlun delfrydol o'r teulu.	Dydy Murdock ddim yn cyfeirio at aelwydydd eraill ar wahân i'r teulu nac at anghytgord a phroblemau mewn perthnasoedd teuluol.	Mae syniadau Murdock am y teulu yn ethnoganolog ac yn seiliedig ar y syniad mai'r diwylliant Gorllewinol yw'r ddelfryd.
Mae ffeministiaid yn dadlau bod y teulu cnewyllol yn rhy batriarchaidd a gormesol.	Dydy swyddogaethwyr ddim yn edrych ar faterion sy'n ymwneud â gwrthdaro, dosbarth a thrais mewn perthynas â'r teulu. Mae'r materion hyn yn digwydd ym mhob teulu, gan gynnwys y teulu cnewyllol.	Dydy swyddogaethwyr ddim yn ystyried newidiadau cyfreithiol fel priodasau rhwng cyplau o'r un rhyw a chaniatáu i gyplau di-briod fabwysiadu.

Gwirio eich gwybodaeth

1. Disgrifiwch ystyr 'teulu adluniedig'. **(2 farc)**
2. Amlinellwch safbwynt swyddogaethwyr am y teulu cnewyllol. **(4 marc)**
3. Esboniwch beth mae cymdeithasegwyr yn ei olygu yn ôl y term amrywiaeth deuluol. **(4 marc)**
4. Esboniwch pam mae cynnydd wedi bod mewn partneriaethau sifil. **(4 marc)**

CYNGOR ADOLYGU

Mae ffeministiaid radicalaidd yn credu bod pob cymdeithas wedi'i hadeiladu ar batriarchaeth ac mai'r rhaniad pwysicaf yn y gymdeithas yw rhywedd – y rhaniad rhwng dynion a menywod. Mae ffeministiaid radicalaidd yn credu mai dynion yw'r gelyn gan eu bod nhw'n gormesu ac yn ecsbloetio menywod ac yn defnyddio'r teulu i ddominyddu menywod a chynnal eu grym yn y gymdeithas. Maen nhw'n credu bod dynion yn defnyddio'r teulu i gyflawni hyn ac felly rhaid cael gwared ar sefydliad y teulu. Mae Germaine Greer yn cefnogi'r safbwynt hwn gan ddweud bod y teulu yn rhoi menywod dan anfantais. Dywed y dylai aelwydydd menywod yn unig gael eu ffurfio yn lle'r teulu heterorywiol, sef 'aelwydydd gwreig-gynefinol (*matrilocal*)' yn ôl Greer.

Cofio'r cysylltiad

Er bod y tudalennau adolygu hyn yn ymwneud â mathau gwahanol o deuluoedd, ceisiwch feddwl hefyd am ffyrdd o gyflwyno safbwyntiau cymdeithasegol gwahanol a meddwl sut maen nhw'n gysylltiedig.

Pobl allweddol

Roedd **G.P. Murdock** yn swyddogaethwr a astudiodd 250 o gymdeithasau. Roedd yn credu bod y teulu yn gyffredin dros y byd ac mai'r teulu cnewyllol yw'r math delfrydol. Honnodd fod y teulu cnewyllol yn cyflawni pedair swyddogaeth – rhywiol, atgenhedlu, economaidd a chymdeithasoli.

Mae sawl math gwahanol o deulu yn y DU heddiw.

Newid ym mhatrymau priodi: ydy priodas yn dal ar drai?

Rhoi sylw i'r fanyleb

2.2 Newidiadau cymdeithasol a strwythurau teuluol: cyfraddau ysgaru a monogami cyfresol, cyd-fyw, teuluoedd rhiant sengl, oedran priodi hŷn, byw yn sengl

Cyswllt â'r gwerslyfr

tt 40–41: Newid ym mhatrymau priodi
tt 48–49: Mwy o bobl yn byw'n sengl

AA2 Cymhwyso

Gwnaeth Sue Sharpe ganfod bod y mwyafrif o bobl rhwng 11 ac 16 oed yn ystyried priodi 'yn ddewis yn hytrach nag yn anghenraid'. Ydych chi'n cytuno â'r gosodiad hwn? Pam? Lluniwch restr o'r rhesymau posibl pam nad yw priodi yn cael ei ystyried yn anghenraid erbyn hyn. Gofynnwch i'ch ffrindiau a'ch teulu am eu barn nhw am ganfyddiad Sue Sharpe. Ydyn nhw'n cytuno â hi? Ydy cenedlaethau gwahanol yn ateb yn wahanol? Pam?

Datblygu ymhellach

Ydy'r cyfryngau torfol yn dylanwadu ar agweddau pobl tuag at briodas? Meddyliwch am yr operâu sebon, y ffilmiau a'r cyfresi sydd ar y teledu heddiw – pa enghreifftiau o deuluoedd, perthnasoedd a phriodasau sydd i'w gweld? Ai priodas yw'r norm? Siaradwch â'ch rhieni a'ch tad-cu a mam-gu/taid a nain – ydyn nhw'n credu bod y perthnasoedd a'r teuluoedd sydd i'w gweld yn y cyfryngau wedi newid ers iddyn nhw fod yn blant ac yn eu harddegau? Ydyn nhw'n gallu rhoi enghreifftiau i chi?

Priodas ar drai

Mae nifer y bobl sy'n dewis priodi wedi lleihau dros y 50 mlynedd diwethaf.	Yn 2001, cynhaliwyd y nifer lleiaf o briodasau yn y DU ers dechrau cadw cofnodion. Yn ystod yr un cyfnod, mae cynnydd wedi bod yn nifer yr oedolion sy'n cyd-fyw.
Yn ôl Anthony Giddens, mae pobl yn fwy tebygol o gyd-fyw gyda sawl phartner yn hytrach na phriodi am oes.	Monogami cyfresol yw'r enw ar hyn. Mae cyd-fyw yn cael ei ystyried yn ddewis hirdymor yn lle priodi. Mae Giddens yn cefnogi hyn gan ddweud bod pobl yn disgwyl mwy gan berthnasoedd ac felly'n llai tebygol o dderbyn priodas 'wag'.
Mae newidiadau cymdeithasol eraill wedi cyfrannu at y lleihad yn nifer y bobl sy'n dewis priodi.	Efallai bod effaith ffeministiaeth wedi gwneud priodas yn llai atyniadol. Hefyd, fel sydd i'w weld yn y cyfryngau, efallai bod ar bobl ofn ysgaru, sy'n eu hargyhoeddi i beidio â phriodi yn y lle cyntaf.
Mae priodas yn cael ei ystyried yn ddewis erbyn hyn.	Mae seciwlareiddio (dim ond 8 y cant o bobl sy'n mynd i'r eglwys yn rheolaidd) yn golygu bod yr agwedd grefyddol ar briodi yn llai pwysig. Ffactorau eraill sy'n cyfrannu at y newid hwn mewn safbwyntiau am briodi yw'r newid mewn rolau rhywedd (menywod yn rhoi blaenoriaeth i'w gyrfaoedd), agweddau cymdeithasol (priodi ddim yn cael ei ystyried yn bwysig) a chost priodasau (£20–£25k ar gyfartaledd). Mae'n bosibl bod cost tai bellach yn flaenoriaeth yn hytrach na thalu am briodas, os yw'r dewis rhwng priodi neu roi blaendal ar dŷ.

Priodasau modern

Fodd bynnag, yn 2011, roedd 65 y cant o gyplau yn dal yn briod.	Mae priodas yn dal i gael ei hystyried yn ddigwyddiad pwysig ym mywyd rhywun, fel mae'r swm o arian mae pobl yn fodlon ei wario ar briodas yn ei ddangos.
Mae mathau newydd o deuluoedd yn priodi, er bod priodas ar drai mewn teuluoedd cnewyllol.	Mae teuluoedd adluniedig yn dal yn briod. Mae'r Ddeddf Priodas (2013) yn golygu y gall cyplau o'r un rhyw briodi erbyn hyn hefyd.
Mae rhai yn ystyried bod priodas ar drai gan fod pobl yn oedi cyn priodi, yn hytrach na'n peidio â phriodi o gwbl.	Mae'r oedran mae pobl yn priodi, ar gyfartaledd, wedi bod yn codi'n gyson. Mae'r mwyafrif o bobl yn priodi ar ryw adeg yn eu bywyd. Gall cyd-fyw fod yn gyfnod i baratoi yn hytrach na dewis arall yn lle priodi, yn debyg iawn i gyfnod prawf. Hefyd, mae'n bwysig nodi bod y rhan fwyaf o aelwydydd yn dal i gael eu harwain gan gwpl priod.
Mae newidiadau cymdeithasol yn golygu bod modd cael rhai o fanteision priodas y tu allan i briodas erbyn hyn.	Mae cynnydd wedi bod yn nifer y genedigaethau y tu allan i briodas, sydd bellach yn fwy derbyniol yn gymdeithasol (mae'r rhieni yn ddi-briod yn achos 50 y cant o'r genedigaethau sy'n cael eu cofrestru). Enillodd Siobhan McLaughlin achos llys yn ymwneud â budd-dal gwraig weddw, gan ddangos bod cyplau sy'n cyd-fyw yn gydradd â chyplau priod.

Gwahaniaethau eraill

Mae gwahaniaethau o hyd rhwng statws pobl sy'n cyd-fyw a chyplau priod. Er enghraifft, os bydd un partner mewn perthynas sy'n cyd-fyw yn marw heb ewyllys, ni fydd y partner sy'n goroesi yn etifeddu dim byd yn awtomatig.

Dydy pob cwpl ddim yn dewis priodi. Pam bydden nhw'n dod i'r penderfyniad hwn, o bosibl?

Canlyniadau cadarnhaol y posibilrwydd bod priodas ar drai:

Mae'r ffaith bod priodas ar drai yn rhywbeth cadarnhaol ym marn ffeministiaid, gan fod priodas yn sefydliad patriarchaidd.

Maen nhw hefyd yn credu bod y ffaith bod priodas ar drai yn cyd-fynd â'r cynnydd mewn hawliau a chyfleoedd i fenywod.

Gallai fod o ganlyniad i'r ffaith bod gan fenywod bellach y cyfle i fod yn fwy llwyddiannus yn eu gyrfaoedd.

Mae Marcswyr yn credu bod priodi yn ddewis prynwriaethol.

Efallai ei fod yn dangos bod pobl yn gwerthfawrogi anghenion emosiynol yn fwy, ac felly maen nhw'n llai tebygol o briodi.

Canlyniadau negyddol y posibilrwydd bod priodas ar drai:

Yn ôl swyddogaethwyr, mae'r ffaith bod priodas ar drai yn golygu cymdeithasoli cynradd llai effeithiol, a dydy hyn ddim yn rhywbeth cadarnhaol.

Maen nhw hefyd yn credu bod hyn yn golygu dirywiad mewn moesoldeb, sy'n golygu mwy o blant trafferthus.

Mae swyddogaethwyr yn credu bod dirywiad y teulu wedi cael effaith negyddol ar gymdeithas.

Yn 2015, roedd 56 y cant o briodasau cyplau o'r un rhyw rhwng dwy fenyw.

Gwirio eich gwybodaeth

1. Disgrifiwch ystyr 'cyd-fyw'. **(2 farc)**
2. Nodwch ddwy ffordd y gallai seciwlareiddio fod wedi arwain at y ffaith bod priodas ar drai ym Mhrydain heddiw. **(4 marc)**
3. Esboniwch pam mae priodas ar drai ym Mhrydain heddiw. Dylech chi archwilio o leiaf dau reswm yn eich ymateb. **(8 marc)**
4. 'Mae hi'n argyfwng ar y teulu.' Ydych chi'n cytuno â'r safbwynt hwn? **(15 marc)**

CYNGOR ADOLYGU

Mae arolwg gan y Swyddfa Ystadegau Gwladol yn dangos bod nifer y priodasau rhwng dynion a menywod yn y DU wedi gostwng i'r lefel isaf erioed yn 2015. Gwelwyd y gostyngiad mwyaf ymhlith dynion a menywod dan 20 oed ond, mewn gwrthgyferbyniad â hyn, mae cynnydd yn nifer y dynion 50 oed a hŷn sy'n dewis priodi. Un o'r rhesymau pam mae priodas ar drai yw'r gost gynyddol sy'n gysylltiedig â phriodasau, ac mae un astudiaeth yn awgrymu y bydd priodas arferol yn costio dros £32,000 erbyn 2028.

Cofio'r cysylltiad

Pan fyddwch chi'n meddwl am briodas ar drai, ceisiwch feddwl hefyd am ffyrdd o gyflwyno newidiadau yn y gyfradd ysgaru, cyd-fyw, byw'n sengl a theuluoedd un rhiant.

Pobl allweddol

Mae **Arolwg Dosbarth Prydain** yn credu mai'r unig reswm y bydd pobl yn dewis priodi yw os gallan nhw ddod o hyd i bartner sy'n rhoi boddhad personol iddyn nhw. Mae'r angen am agosatrwydd, cwmni a boddhad emosiynol wedi cael ei gydnabod fel rhywbeth sy'n llawer pwysicach na'r normau cymdeithasol sy'n gysylltiedig â phriodi.

AA1 Disgrifio

Rhoi sylw i'r fanyleb

2.1 Amrywiaeth deuluol a mathau gwahanol o deuluoedd yn y DU

Cyswllt â'r gwerslyfr

tt 38–39: Gwahanol fathau o deuluoedd ym Mhrydain heddiw
tt 42–43: Amrywiaeth deuluol
tt 44–45: Rhesymau dros amrywiaeth deuluol

AA2 Cymhwyso

Ymchwiliwch i astudiaeth Peter Wilmott yng Ngogledd Llundain, a'i syniad am y tri math o deulu estynedig. Beth yw enwau'r mathau hyn o deuluoedd a sut maen nhw'n cael eu disgrifio? Ydych chi'n gallu adnabod eich teulu chi yn unrhyw un o'r disgrifiadau hyn?

Datblygu ymhellach

Meddyliwch am y ffilmiau a'r rhaglenni teledu rydych chi'n eu gwylio – pa fathau o deuluoedd estynedig gallwch chi eu hadnabod?

Mae tua 2 filiwn o rieni sengl ym Mhrydain heddiw.

Amrywiaeth deuluol

Mae amrywiaeth deuluol yn cyfeirio at y mathau gwahanol o deuluoedd ym Mhrydain heddiw.	Mae Rhona a Robert Rapoport yn honni bod amrywiaeth wrth galon bywyd teuluol. Maen nhw'n dweud ein bod ni'n byw mewn cymdeithas blwralaidd. Mae'r mathau gwahanol o deuluoedd yn cynnwys teuluoedd cnewyllol, un rhiant, adluniedig, heb blant, estynedig, polyn ffa, partneriaeth sifil a chyd-fyw.
Dydy pob math o deulu ddim yr un mor gyffredin.	Gyda 12.9 miliwn o deuluoedd, teulu cwpl priod neu gwpl mewn partneriaeth sifil yw'r mwyaf cyffredin o hyd yn 2017, a teulu cwpl sy'n cyd-fyw yw'r un sy'n tyfu gyflymaf, yn ôl y Swyddfa Ystadegau Gwladol.
Mae partneriaethau sifil a theuluoedd o'r un rhyw yn dod yn fwyfwy cyffredin.	Mae'r rhesymau dros hyn yn cynnwys newidiadau cyfreithiol, seciwlareiddio, agweddau cymdeithasol sy'n newid, y cyfryngau, y mudiad hawliau hoyw a'r ffaith bod cyplau cyfunrywiol bellach yn gallu cael plant drwy IVF, drwy fabwysiadu neu drwy drefniadau benthyg croth (*surrogacy*).
Mae cyplau o'r ddau ryw yn fwy tebygol o fod yn briod na chyplau o'r un rhyw.	Y rheswm mwyaf tebygol dros hyn yw'r ffaith mai dim ond yn ddiweddar iawn y cafodd partneriaethau sifil a phriodasau ar gyfer cyplau o'r un rhyw eu cyflwyno.

Math o deulu	**Miloedd 2017** Gyda phlant dibynnol		
	Gyda phlant dibynnol	**Heb blant dibynnol[2]**	**Cyfanswm y teuluoedd**
Teulu cwpl priod[1]	4,944	7,890	12,834
Teulu cwpl priod o'r ddau ryw	4,938	7,862	12,800
Teulu cwpl priod o'r un rhyw[3]	6	28	34
Teulu cwpl mewn partneriaeth sifil[4]	8	47	55
Teulu cwpl sy'n cyd-fyw[1]	1,251	2,040	3,291
Teulu cwpl o'r ddau ryw sy'n cyd-fyw	1,246	1,943	3,190
Teulu cwpl o'r un rhyw sy'n cyd-fyw	4	97	101
Teulu un rhiant	1,781	1,037	2,817
Pob teulu	7,983	11,014	18,997

Nodiadau:
1. Mae teuluoedd cwpl priod a chwpl sy'n cyd-fyw yn cynnwys cyplau o'r ddau ryw a chyplau o'r un rhyw.
2. Mae gan deuluoedd heb blant dibynnol naill ai blant sydd ddim yn ddibynnol neu ddim plant o gwbl.
3. Cafodd priodasau rhwng cyplau o'r un rhyw eu cyflwyno yng Nghymru a Lloegr ym mis Mawrth 2014.
4. Cafodd partneriaethau sifil eu cyflwyno yn y DU ym mis Rhagfyr 2005.

Manylion y mathau o deuluoedd yn y DU, 2017 (Ffynhonnell: Arolwg o'r Llafurlu, y Swyddfa Ystadegau Gwladol).

Rhesymau dros amrywiaeth deuluol

Mae llawer o newidiadau wedi bod o ran normau a gwerthoedd.	Mae newidiadau o ran patrymau priodas, ysgaru a chyd-fyw wedi effeithio ar amrywiaeth deuluol.
Mae tueddiadau eraill fel seciwlareiddio cynyddol wedi cael effaith hefyd.	Dydy crefydd ddim mor bwysig bellach, ac nid yw'n cael yr un dylanwad ar bobl.
Mae'r newid yn safle menywod wedi arwain at fwy o amrywiaeth deuluol.	Cyflwynwyd newidiadau cyfreithiol fel y Ddeddf Cyflog Cyfartal ac mae gyrfaoedd menywod wedi dod yn bwysicach.
Mae ffactorau economaidd wedi cyfrannu at amrywiaeth deuluol.	Mae'r Ddeddf Cyflog Cyfartal hefyd yn golygu bod menywod yn fwy annibynnol yn economaidd. Mae'r system les yn golygu nad oes rhaid i rieni sengl briodi am resymau economaidd.

Cryfderau safbwynt Rhona a Robert Rapoport am amrywiaeth deuluol:

Maen nhw'n credu nad oes math 'cywir' o deulu ac nad yw Prydain bellach yn cael ei dominyddu gan un math o deulu.

Maen nhw'n credu bod y newid yn y mathau o deuluoedd yn gadarnhaol gan ei fod yn rhoi mwy o ddewis i bobl yn eu bywyd.

Maen nhw'n ystyried gwahaniaethau o ran dosbarth a diwylliant, ac oedran y bobl yn y teulu.

Gwendidau safbwynt Rhona a Robert Rapoport am amrywiaeth deuluol:

Maen nhw'n dweud bod teuluoedd yn aelwydydd ond nad yw aelwydydd o reidrwydd yn deuluoedd.

Dydyn nhw ddim yn ystyried y cynnydd yn nifer yr aelwydydd sengl.

Roedden nhw'n defnyddio ffynonellau eilaidd, data eilaidd a gwaith cymdeithasegwyr eraill.

Cryfderau safbwynt Robert Chester am amrywiaeth deuluol:

Mae Robert Chester yn cydnabod bod rhywfaint o gynnydd wedi bod mewn amrywiaeth deuluol ac nid yw'n credu bod hyn yn rhywbeth negyddol.

Mae'n credu bod y graddau mae amrywiaeth deuluol i'w gweld wedi cael ei orliwio, ac mai'r teulu cnewyllol yw'r prif fath o deulu o hyd, ond bod y dyn a'r fenyw yn chwarae rôl yr un mor bwysig (teulu neo-gonfensiynol). Mae Somerville yn cefnogi ei safbwynt.

Yn ei farn ef, er bod yr ystadegau yn dangos bod y teulu cnewyllol traddodiadol yn dirywio, dydyn nhw ddim yn rhoi ystyriaeth i'r boblogaeth sy'n heneiddio a'r cynnydd anorfod yn nifer y dynion a gwragedd gweddw sydd ddim yn byw mewn teuluoedd cnewyllol rhagor.

Gwendidau safbwynt Robert Chester am amrywiaeth deuluol:

Mae nifer y bobl sy'n byw mewn teuluoedd cnewyllol yn lleihau.

Gwnaeth Boulton ganfod mai menywod yw'r prif ofalwyr o hyd, er bod dynion yn helpu mwy gyda gofal plant.

Nododd Arolwg Agweddau Cymdeithasol Prydain fod menywod yn dal i wneud y rhan fwyaf o'r gwaith tŷ.

Gall byw gyda theulu estynedig helpu rhieni yn ariannol a gall gynnig help ymarferol gyda gofal plant.

Cofio'r cysylltiad

Er bod y tudalennau adolygu hyn yn ymwneud ag amrywiaeth deuluol, ceisiwch feddwl hefyd am ffyrdd o gyflwyno'r mathau gwahanol o deuluoedd a'r gwahanol safbwyntiau cymdeithasegol am y teulu. Sut mae'r pethau hyn yn gysylltiedig?

Pobl allweddol

Mae **Robert Chester** yn gymdeithasegydd sy'n dadlau mai'r teulu cnewyllol yw'r prif fath o deulu o hyd. Dywed fod hyn i'w weld yn y ffaith bod y mwyafrif o bobl yn priodi a ddim yn ysgaru, bod cyd-fyw yn aml yn dal i fod yn gyfnod prawf ar gyfer priodas, bod gan y rhan fwyaf o bobl brofiad o deulu cnewyllol a bod pobl sydd wedi ysgaru yn aml yn ailbriodi.

Gwirio eich gwybodaeth

1. Disgrifiwch ystyr 'amrywiaeth deuluol'. **(2 farc)**
2. Amlinellwch ddwy ffordd y gall bywyd teuluol amrywio rhwng grwpiau ethnig. **(4 marc)**
3. Esboniwch y cynnydd mewn teuluoedd un rhiant ym Mhrydain heddiw. Dylech chi archwilio o leiaf dau reswm yn eich ymateb. **(8 marc)**
4. Gwerthuswch y safbwynt bod newid mewn normau a gwerthoedd wedi cyfrannu at fwy o amrywiaeth mewn bywyd teuluol heddiw. **(15 marc)**

AA1 Disgrifio

Rhoi sylw i'r fanyleb

2.1 Amrywiaeth deuluol a mathau gwahanol o deuluoedd: teulu rhiant sengl

2.2 Newidiadau cymdeithasol a strwythurau teuluol: teuluoedd rhiant sengl

Cyswllt â'r gwerslyfr

tt 46–47: Mwy o deuluoedd un rhiant

AA2 Cymhwyso

Ysgrifennwch frawddeg ar gyfer pob un o'r rhesymau dros y cynnydd mewn teuluoedd un rhiant, gan esbonio sut gallai pob ffactor arwain at gynnydd mewn teuluoedd un rhiant.

Datblygu ymhellach

Dywedodd J. K. Rowling, awdur *Harry Potter*, "Rwy'n fwy balch o'm blynyddoedd fel mam sengl nag unrhyw ran arall o fy mywyd." Pa rwystrau byddai J. K. Rowling, o bosibl, wedi gorfod eu hwynebu a'u goresgyn yn y gymdeithas fel rhiant sengl?

Mae swyddogaethwyr yn credu mai'r teulu cnewyllol yw'r math gorau o deulu neu gymdeithas. Mae Murdock wedi crynhoi barn swyddogaethwyr am y teulu wrth ddweud "Does dim un gymdeithas wedi llwyddo i ddod o hyd i ddewis digonol i ddisodli'r teulu cnewyllol…"

Teuluoedd un rhiant	
Rhiant sy'n gofalu am blentyn neu blant heb gymorth rhiant arall yn y cartref yw rhiant sengl.	Gallai hyn fod oherwydd ysgariad neu'r teulu yn chwalu, marwolaeth un rhiant neu ddewis ymwybodol gan riant i fagu ei blentyn ar ei ben ei hun.
Mae tua 2 filiwn o deuluoedd un rhiant ym Mhrydain – maen nhw'n cyfrif am tua 25 y cant o deuluoedd sydd â phlant dibynnol.	Yn 1971, 8 y cant oedd y ffigur hwn. Gwelwyd cynnydd yn nifer yr aelwydydd teulu un rhiant yn y DU o 2.3 miliwn yn 1996 i 2.7 miliwn yn 2017. Mae rhai ffigurau'n awgrymu bod nifer y teuluoedd un rhiant wedi treblu ers 1971. Mae canran teuluoedd un rhiant y DU ymhlith yr uchaf yn Ewrop.
Fodd bynnag, allwn ni ddim ystyried ystadegau ar eu pen eu hun.	Efallai bydd plant yn dechrau eu bywyd mewn teulu un rhiant, ond yna'n byw gyda dau riant ymhen amser os bydd y rhiant sengl yn cael partner newydd. Yn ôl Gingerbread, yr elusen i rieni sengl, mae rhieni yn sengl am tua pum mlynedd ar gyfartaledd.
Mae cyswllt rhwng tlodi a theuluoedd un rhiant.	Mae 47 y cant o blant mewn teulu un rhiant yn byw mewn tlodi cymharol, sef tua dwywaith y risg o dlodi cymharol â phlant mewn teulu cwpl (24 y cant).

Pam mae cynnydd wedi bod yn nifer y teuluoedd un rhiant?	
Mae ysgariad yn fwy cyffredin ac mae hyn yn ei dro yn arwain at fwy o deuluoedd un rhiant.	Mae newidiadau fel disgwyliadau uwch ar gyfer priodas a newidiadau cyfreithiol wedi cyfrannu at gynnydd yn y gyfradd ysgaru.
Mae newid wedi bod yn y normau a'r gwerthoedd sy'n ymwneud â rhieni sengl.	Mae llai o stigma yn gysylltiedig â bod yn deulu un rhiant. Mae tueddiadau fel seciwlareiddio yn golygu nad yw crefydd bellach yn dylanwadu cymaint ar bobl, a dydy pobl ddim yn credu y dylai plant gael eu geni o fewn priodas yn unig.
Mae ffyrdd eraill o gael plant, heb briodi na chyd-fyw â phartner.	Mae gan y DU gyfraddau uchel o feichiogrwydd yn yr arddegau. Mae datblygiadau meddygol fel IVF wedi galluogi menywod i gael babanod heb bartner a does ar fenywod ddim ofn y canlyniadau.
Mae newidiadau economaidd wedi gwneud gwahaniaeth i rieni sengl.	Mae'r Ddeddf Cyflog Cyfartal a'r wladwriaeth les wedi cyfrannu at hyn.

Mae tua 2 filiwn o deuluoedd un rhiant ym Mhrydain heddiw.

Mae swyddogaethwyr yn credu bod teuluoedd un rhiant yn 'broblem'. Ydy hyn yn gywir?

Dydy teuluoedd un rhiant ddim yn gallu cymdeithasoli'n iawn na darparu modelau rôl.

Mae cymdeithasegydd y Dde Newydd, Charles Murray, yn rhoi'r bai ar haelioni'r wladwriaeth les.

Mae Murray yn credu mai teuluoedd un rhiant heb dad yn ben ar yr aelwyd sy'n gyfrifol am y cynnydd yn y cyfraddau troseddu ymhlith dynion ifanc.

Mae swyddogaethwyr yn credu bod teuluoedd un rhiant yn 'broblem'. Ydy hyn yn anghywir?

Mae ystadegau'r Swyddfa Gartref yn awgrymu nad oes gwahaniaeth rhwng cyfraddau troseddu plant o deuluoedd un rhiant a phlant o deuluoedd dau riant.

Gallai sefydliadau eraill yn y gymdeithas gyflawni swyddogaethau'r teulu hefyd, felly dydy teulu un rhiant ddim dan anfantais.

Bydd torri budd-daliadau yn arwain at gynnydd mewn tlodi a mwy o broblemau cymdeithasol, gan gynnwys cynnydd mewn troseddu.

Mae ffeministiaid yn credu bod teuluoedd un rhiant yn 'broblem'. Ydy hyn yn gywir?

Mae teuluoedd un rhiant yn rhoi rhyddid ac annibyniaeth i fenywod.

Mae'r wladwriaeth les yn galluogi menywod i ddianc rhag camdriniaeth ddomestig.

Awgrymodd Jesse Bernard fod priodas ddwywaith yn well i ddynion nag i fenywod.

Mae ffeministiaid yn credu bod teuluoedd un rhiant yn 'broblem'. Ydy hyn yn anghywir?

Mae Faust a McKibben yn dweud bod teuluoedd sydd wedi ysgaru yn cael eu hystyried yn wyrdroëdig ac yn fygythiad i'r drefn gymdeithasol.

Gall diffyg model rôl gwrywaidd mewn teulu fod yn rhywbeth negyddol.

Mae ffeministiaeth yn anwybyddu ochr gadarnhaol y teulu.

Menyw yw'r penteulu yn achos dros 80 y cant o deuluoedd un rhiant.

CYNGOR ADOLYGU

Mae rhai pobl yn ystyried rhieni sengl yn broblem i'r gymdeithas. Gwelodd Rodgers a Pryor fod plant o deuluoedd un rhiant yn fwy tebygol o fyw mewn tlodi a thai gwael, perfformio'n is yn yr ysgol, bod yn sâl, dod yn rhiant yn ifanc a defnyddio cyffuriau, ysmygu ac yfed.

Cofio'r cysylltiad

Wrth i chi ysgrifennu am deuluoedd un rhiant, meddyliwch am ffyrdd o gyflwyno'r hyn rydych chi wedi'i ddysgu am ysgaru a'r ffaith bod priodas ar drai. Sut mae'r pethau hyn yn gysylltiedig?

Pobl allweddol

Mae **Allan a Crow** yn credu bod nifer cynyddol y teuluoedd un rhiant o ganlyniad i gynnydd yn nifer y priodasau sy'n chwalu a chynnydd yn nifer y menywod di-briod sy'n rhoi genedigaeth. Maen nhw'n dweud bod hyn oherwydd y newid mewn agweddau, a bod cymdeithas bellach yn fwy parod i dderbyn y mathau gwahanol o deuluoedd.

Gwirio eich gwybodaeth

1. Disgrifiwch ystyr 'teulu un rhiant'. **(2 farc)**
2. Esboniwch ddau reswm dros y cynnydd mewn teuluoedd un rhiant. **(8 marc)**

AA1 Disgrifio

Rhoi sylw i'r fanyleb

2.2 Newidiadau cymdeithasol a strwythurau teuluol: byw yn sengl

Cyswllt â'r gwerslyfr

tt 48–49: Mwy o bobl yn byw'n sengl

AA2 Cymhwyso

Edrychwch ar y rhestr o'r pethau sy'n costio mwy i rywun sengl nag i rywun mewn cwpl (tudalen 31, dan y pennawd 'Ydy'r ffaith bod mwy o bobl yn byw'n sengl yn negyddol?', y golofn ar y dde). Ysgrifennwch frawddeg am bob un yn esbonio pam mae'n costio mwy. Yn eich barn chi, beth arall sy'n costio mwy i rywun sengl?

Yn 2016, roedd tua 7.7 miliwn o bobl yn byw ar eu pen eu hun yn y DU.

Datblygu ymhellach

Mae'r ffaith bod mwy o bobl yn byw'n sengl wedi creu nifer o broblemau i'r gymdeithas – mae wedi creu mwy o alw am dai, ac mae'n gostus o ran budd-daliadau'r wladwriaeth, y GIG a gwasanaethau cymdeithasol. Ymchwiliwch i hyn ac esboniwch y rhesymau pam mae byw'n sengl yn gostus o ran y ffactorau hyn.

Aelwydydd sengl	
Mae aelwydydd sengl yn dod yn fwyfwy cyffredin yn y DU.	Mae 29 y cant o aelwydydd y DU yn rhai sengl. Gallan nhw fod o ganlyniad i ysgariad, marwolaeth neu berthynas yn chwalu, neu gallan nhw fod yn ddewis personol.
Yn 2017, roedd 3.9 miliwn o bobl rhwng 16 a 64 oed yn byw ar eu pen eu hun.	Dynion oedd y gyfran fwyaf (58.5 y cant). Yn yr un modd, roedd 3.8 miliwn o bobl dros 65 oed yn byw ar eu pen eu hun, ond menywod oedd y gyfran fwyaf (66.5 y cant).

Pam mae mwy o bobl yn byw ar eu pen eu hun?	
Mae'r ffaith bod priodas ar drai wedi cyfrannu at hyn.	Mae pobl yn priodi'n hwyrach yn eu bywyd ac felly'n byw ar eu pen eu hun am amser hirach. Mae pobl yn dewis byw ar eu pen eu hun cyn priodi neu gyd-fyw. Mae cynnydd wedi bod yn y gyfradd ysgaru hefyd, gydag un rhiant yn byw ar ei ben ei hun.
Mae newid wedi bod mewn agweddau cymdeithasol tuag at fyw'n sengl.	Mae llai o stigma yn gysylltiedig â byw'n sengl.
Mae disgwyliad oes hirach wedi cael effaith (mae tua hanner yr aelwydydd sengl dros 60 oed).	Mae hyn yn arbennig o wir yn achos menywod – mae menywod yn byw am ddegawdau, yn hytrach na blynyddoedd, ar ôl eu partneriaid. Mae'r newid yn rôl menywod yn golygu y gall menywod fforddio byw ar eu pen eu hun erbyn hyn, a bod yn annibynnol yn ariannol.

Mae newidiadau o ran cyflogaeth a theithio wedi cael effaith.	Efallai bod rhaid i bobl fyw ar eu pen eu hun oherwydd symudedd daearyddol cynyddol a newidiadau mewn patrymau cyflogaeth. Oherwydd y cynnydd yn nifer y mudwyr rhyngwladol, er enghraifft myfyrwyr sy'n symud i'r DU o wledydd eraill, mae mwy o bobl sydd ddim yn byw gyda'u teulu.
Mae mwy o ddulliau atal cenhedlu ar gael.	Gall menywod fyw fel teulu person sengl yn hytrach na dod yn deulu un rhiant (neu fath arall o deulu).

Ydy'r ffaith bod mwy o bobl yn byw'n sengl yn gadarnhaol?

Gall pobl fforddio byw ar eu pen eu hun.

Yn achos pobl ifanc, cyfnod yw hwn cyn iddyn nhw gyd-fyw, priodi a/neu ddechrau teulu cnewyllol.

Mae gwahaniaeth rhwng bod yn unig a bod ar eich pen eich hun – byddai pobl sydd wedi ysgaru neu wahanu yn dweud ei bod hi'n unig byw gyda'r person anghywir.

Mae'r chwyldro cyfathrebu wedi galluogi pobl i fwynhau manteision bywyd cymdeithasol, hyd yn oed pan maen nhw'n byw ar eu pen eu hun.

Ar ei phen ei hun ond ddim yn unig.

Ydy'r ffaith bod mwy o bobl yn byw'n sengl yn negyddol?

Mae wedi creu mwy o alw am dai.

Mae pobl sy'n byw ar eu pen eu hun yn fwy tebygol o fod angen y GIG neu'r gwasanaethau cymdeithasol. Mae'n ddrud o ran y wladwriaeth les.

Yn ôl astudiaeth gan Good Housekeeping Institute, gall byw'n sengl gostio hyd at £2000 y flwyddyn yn fwy i bobl. Gall gwyliau, yswiriant, aelodaeth campfa, y dreth gyngor, tocynnau trên ac awyren a hyd yn oed ewyllysiau gostio mwy i rywun sengl.

Mae biliau'r cartref i gyd yn costio mwy i berson sengl.

CYNGOR ADOLYGU

Mae nifer o fanteision yn gysylltiedig â byw'n sengl. Mae'r rhain yn cynnwys rhyddid personol, annibyniaeth bersonol, preifatrwydd a mwy o gyfleoedd i ddilyn gyrfa. Mae anfanteision byw'n sengl yn cynnwys unigrwydd, cael eich cau allan o ddigwyddiadau ar gyfer cyplau a stigma cymdeithasol. Mae rhai cymdeithasegwyr yn dadlau mai un anfantais arall yw'r analluu i gael plant, ond mae nifer o bobl sengl bellach yn cael plant drwy ddulliau IVF neu drwy fabwysiadu.

Cofio'r cysylltiad

Er bod y tudalennau adolygu hyn yn ymwneud â mwy o bobl yn byw'n sengl, ceisiwch feddwl hefyd am ffyrdd o gyflwyno'r newid yn y gyfradd ysgaru, cyd-fyw a theuluoedd un rhiant.

Pobl allweddol

Cymdeithasegydd sydd wedi ymchwilio i flaenoriaethau menywod yn yr 1970au a'r 1990au yw **Sue Sharpe**. Yn yr 1970au, dangosodd ei chanfyddiadau bod blaenoriaethau menywod yn ymwneud yn fwy â phriodas a phlant, ond yn yr 1990au roedden nhw'n ymwneud yn fwy â chydraddoldeb a chael gyrfa dda.

Gwirio eich gwybodaeth

1. Disgrifiwch ystyr 'byw'n sengl'. **(2 farc)**
2. Esboniwch ddau reswm dros y ffaith bod mwy o bobl yn byw'n sengl yn y DU. **(8 marc)**
3. 'Dydy priodas ddim yn bwysig bellach.' Ydych chi'n cytuno? **(15 marc)**

Rhoi sylw i'r fanyleb

2.2 Newidiadau cymdeithasol a strwythurau teuluol: cyfraddau ysgaru

Cyswllt â'r gwerslyfr

tt 50–51: Newidiadau yn y gyfradd ysgaru
tt 52–53: Safbwyntiau cymdeithasegol am ysgariad

Newidiadau o ran ysgaru

Mae bron i un briodas o bob dwy yn dod i ben gydag ysgariad.	Yn ôl y Swyddfa Ystadegau Gwladol, mae tua 43 y cant o briodasau yn dod i ben gydag ysgariad. Roedd 13 ysgariad bob awr yng Nghymru a Lloegr yn 2012.
Gall pobl ysgaru am amrywiol resymau, ac ar amrywiol gyfnodau yn eu priodas.	Mae bron i hanner yr achosion o ysgaru yn digwydd yn ystod deng mlynedd gyntaf y briodas. Mae 65 y cant o'r holl achosion o ysgaru yn cael eu dyfarnu i fenywod. Mae un ysgariad o bob saith yn cael ei ganiatáu o ganlyniad i odineb (*adultery*).
Ar gyfartaledd, mae dynion yn ysgaru yn 45 oed a menywod yn 42 oed.	Yn 2012, roedd 67 y cant o'r achosion o ysgaru yn y DU yn ymwneud â phriodasau cyntaf. Yn achos 9 y cant o gyplau sy'n ysgaru, mae'r ddau bartner wedi bod drwy ysgariad o'r blaen. Roedd gan 48 y cant o gyplau a wnaeth ysgaru o leiaf un plentyn dan 16 oed yn byw yn y teulu.
Mae rhesymau cyfreithiol dros y cynnydd yn nifer yr achosion o ysgaru.	Yn 1969, cyflwynodd y Ddeddf Diwygio Ysgariad y cysyniad y gallai priodas chwalu yn anadferadwy. Roedd Deddf Achosion Priodasol 1984 yn golygu y gallai pobl ysgaru ar ôl blwyddyn. Mae ysgaru yn haws ac yn rhatach erbyn hyn, ac mae gan ddynion a menywod yr hawl i wneud cais am ysgariad. Mae cyflwyno cymorth cyfreithiol i helpu pobl sydd ar incwm isel yn rheswm cyfreithiol arall pam mae ysgaru bellach yn haws ac yn rhatach. Mae'r rhesymau pam gall dyn neu fenyw ysgaru yn gyfreithiol wedi newid, felly mae'n haws cael ysgariad.
Mae rhesymau ariannol yn gysylltiedig â'r cynnydd yn nifer yr achosion o ysgaru hefyd.	Mae'r wladwriaeth les a'r ffaith bod ysgaru yn rhatach wedi cael effaith. Mae menywod yn llai dibynnol yn ariannol ar ddynion hefyd.

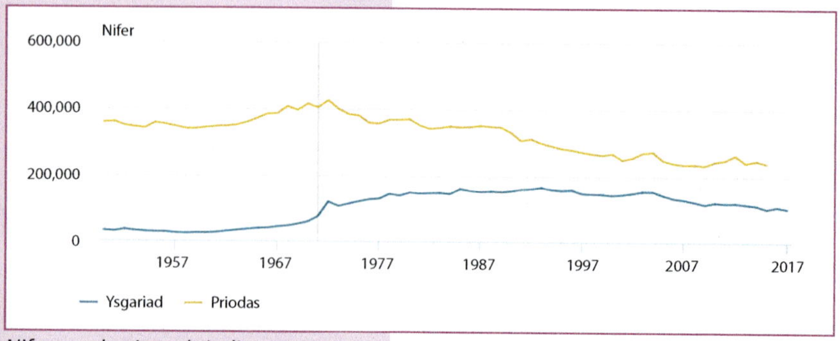

Nifer yr achosion o briodi ac ysgaru ymhlith cyplau o'r ddau ryw, rhwng 1950 a 2017. (Ffynhonnell: y Swyddfa Ystadegau Gwladol).

Safbwyntiau am ysgariad

Gallwn ni wneud cysylltiad rhwng y cynnydd mewn achosion o ysgaru a safbwyntiau ffeministaidd, a'r ffaith bod menywod yn mwynhau mwy o ryddid.	Menywod sy'n gwneud cais am hyd at dri chwarter yr achosion o ysgaru. Mae mwy o gyfleoedd gwaith i fenywod erbyn hyn. Mae newidiadau cyfreithiol fel y Ddeddf Cyflog Cyfartal a'r Ddeddf Gwahaniaethu ar sail Rhyw wedi cael effaith.
Mae seciwlareiddio wedi chwarae rhan hefyd.	Mae crefydd yn cael llai o ddylanwad ar bobl yn y gymdeithas, felly dydy addunedau crefyddol sy'n cael eu gwneud gerbron Duw, fel "tra byddwn ni'n dau byw" a "ni ddylai unrhyw un wahanu'r hyn y mae Duw wedi'i gysylltu" ddim yn cael dylanwad ar bobl.
Mae newid mewn agweddau cymdeithasol at ysgaru yn golygu bod pobl yn llai ofnus ohono.	Mae llai o stigma yn gysylltiedig ag ysgaru; mae'n fwy derbyniol yn gymdeithasol. Mae gweld aelodau o'r teulu brenhinol a sêr enwog yn priodi ac yn ysgaru yn gosod y safon i'r gymdeithas.
Mae gan bobl ddisgwyliadau uwch ar gyfer priodas, felly maen nhw'n llai tebygol o aros mewn priodas wael.	Unwaith yn rhagor, mae enghreifftiau yn y cyfryngau, gan gynnwys y teulu brenhinol, yn gosod y safon o ran beth dylai pobl ei ddisgwyl o briodas dda. Yn y gorffennol, roedd pobl yn priodi am resymau economaidd. Erbyn hyn, mae'n ymwneud yn fwy â chariad a hapusrwydd.
Mae cynnydd mewn disgwyliad oes yn arwain yn anochel at gynnydd mewn achosion o ysgaru.	Gall priodasau bara'n hirach; mae mwy o amser i bethau fynd o'i le mewn priodas. Dydy pobl ddim yn teimlo mwyach na allan nhw ysgaru ar ôl rhyw oedran penodol.

AA2 Cymhwyso

Beth yw effeithiau ysgaru ar wŷr a gwragedd, ar blant ac ar y teulu yn gyffredinol?

Cryfderau'r safbwynt ffeministaidd am ysgariad:

Dydy ysgariad ddim yn negyddol oherwydd mae'n golygu bod menywod yn torri'n rhydd rhag gorthrwm y teulu cnewyllol patriarchaidd.

Mae Jesse Bernard yn honni bod y cynnydd yn y gyfradd ysgaru yn dangos bod menywod yn dod yn fwy hyderus ynghylch gwrthod patriarchaeth mewn priodas.

Mae Wendy Sigle-Rushton yn dweud bod mamau sy'n gweithio yn fwy tebygol o ysgaru na mamau sydd ddim yn gweithio oherwydd ffactorau fel y baich deuol.

Gwendidau'r safbwynt ffeministaidd am ysgariad:

Dydy ysgaru ddim bob amser o fantais i'r fenyw – gall teuluoedd un rhiant fod yn fwy tebygol o fyw mewn tlodi.

Dydy swyddogaethwyr ddim yn cytuno bod ysgaru yn fanteisiol, oherwydd dydyn nhw ddim yn credu y bydd plant yn cael yr un lefel o gymdeithasoli cynradd.

Yn ôl Cooke a Gash, doedd dim tystiolaeth i gefnogi safbwynt Sigle-Rushton bod menywod sy'n gweithio yn fwy tebygol o ysgaru na menywod sydd ddim yn gweithio.

Cryfderau safbwynt y Dde Newydd am ysgariad:

Mae ysgariad yn tanseilio'r teulu cnewyllol traddodiadol, sy'n hanfodol ar gyfer y gymdeithas.

Mae ysgariad yn creu isddosbarth o rieni sengl sy'n ddibynnol ar y wladwriaeth les.

Mae Murray yn dadlau bod y wladwriaeth les yn gwobrwyo pobl sy'n cael plant heb orfod talu amdanyn nhw. Mae'n galw hyn yn 'gymhelliad croes'.

Gwendidau safbwynt y Dde Newydd am ysgariad:

Mae swyddogaethwyr yn dadlau bod pobl yn ailbriodi ar ôl ysgaru ac felly dydyn nhw ddim wedi gwrthod priodas fel sefydliad o fewn y gymdeithas.

Mae teuluoedd un rhiant yn fwy tebygol o fyw mewn tlodi. Mae gwaith ymchwil Rodgers a Pryor yn ategu hyn.

Rhaid i rieni absennol dalu taliadau cynhaliaeth plant. Mae'r llywodraeth hefyd yn rhoi cymorth i alluogi rhieni sengl i weithio, ar ffurf credyd treth plant er enghraifft.

Yn ôl arolwg diweddar gan yr Adran Gwaith a Phensiynau, dydy 90 y cant o rieni sengl ddim eisiau hawlio budd-daliadau, a byddai 55 y cant yn ceisio gwaith pe bai gofal dydd digonol ar gael.

Mae cyflwyno cymorth cyfreithiol wedi golygu bod ysgaru bellach yn haws ac yn rhatach nag erioed o'r blaen.

CYNGOR ADOLYGU

Yn 2004, rhoddodd y Ddeddf Partneriaeth Sifil ganiatâd i bartneriaethau sifil gael eu diddymu yn gyfreithiol am yr un rhesymau â phriodas – rhaid i'r llys fod yn fodlon bod y berthynas wedi chwalu'n anadferadwy. Yn 2014, daeth priodasau rhwng cyplau o'r un rhyw yn gyfreithiol ac mae'r un seiliau ar gyfer ysgaru yn berthnasol i gyplau o'r un rhyw a chyplau o'r ddau ryw.

Mae pum sail benodol ar gyfer ysgaru: godineb, ymddygiad afresymol, encilio (*desertion*), gwahanu am dros ddwy flynedd (os yw'r ddau barti yn cytuno) neu wahanu am dros bum mlynedd hyd yn oed heb gytundeb.

Cofio'r cysylltiad

Gallech chi hefyd sôn am effaith ysgariad ar bobl wahanol ac ar y gymdeithas yn gyffredinol.

Pobl allweddol

Mae **Talcott Parsons** yn swyddogaethwr sy'n credu bod y cynnydd yn yr achosion o ysgaru yn cael effaith negyddol. Dadleuodd fod cyplau priod, sydd â rhaniad llafur eglur, yn gallu cynnig cysur a chefnogaeth emosiynol i'w gilydd. Mae'n debyg i'r teimlad o gael 'baddon cynnes' a fyddai'n ymlacio ac yn cysuro pobl ar ôl iddyn nhw ddioddef straen bywyd modern.

Gwirio eich gwybodaeth

1. Disgrifiwch ystyr 'seciwlareiddio'. **(2 farc)**
2. Amlinellwch y safbwynt ffeministaidd am y rhesymau dros y newid yn y gyfradd ysgaru. **(4 marc)**
3. Esboniwch ddau reswm cyfreithiol dros y cynnydd yn y gyfradd ysgaru. **(4 marc)**
4. Trafodwch y rhesymau dros y newidiadau yn y gyfradd ysgaru yn y DU. **(15 marc)**

Ydy'r teulu yn dirywio? Ydy teuluoedd cnewyllol dan fygythiad?

AA1
Disgrifio

Rhoi sylw i'r fanyleb

2.2 Newidiadau cymdeithasol a strwythurau teuluol: cyd-fyw, teuluoedd rhiant sengl, oedran priodi hŷn

2.5 Beirniadaethau am y teulu: tor priodas ac ysgariad, dirywiad y teulu traddodiadol

Cyswllt â'r gwerslyfr

tt 54–55: Newidiadau i faint y teulu
tt 56–57: Ydy'r teulu yn dirywio?

Pobl allweddol

Mae **Brenda Almond** yn credu bod y teulu traddodiadol yn darnio ac yn chwalu. Mae nifer o resymau dros hyn, er enghraifft, llai o bobl yn priodi, mwy o achosion o ysgariad, a newidiadau technolegol fel IVF sy'n golygu bod plant yn cael eu magu gan oedolion sydd ddim yn rhieni biolegol iddyn nhw. Mae Almond yn credu mai'r darnio teuluol hwn yw achos llawer o'r problemau yn y gymdeithas heddiw.

Ydy'r teulu yn dirywio?

Mae hyn yn dibynnu ar eich diffiniad o deulu – teulu cnewyllol neu unrhyw fath o deulu?	Yn ôl ystadegau swyddogol, mae nifer y teuluoedd cnewyllol yn lleihau, felly mae'r teulu traddodiadol yn dirywio.	Mae effaith y mudiad hawliau hoyw, newidiadau cyfreithiol i berthnasoedd un rhyw, newidiadau mewn agweddau cymdeithasol, newidiadau o ran mabwysiadu a newidiadau technolegol (IVF, benthyg croth) yn golygu bod cynnydd yn nifer y teuluoedd cyfunrywiol. Mae'r rhain yn fath o deulu hefyd.
Mae sawl ffactor yn berthnasol i'r newid – dydy un newid ddim yn digwydd ar ei ben ei hun.	Mae stigma cymdeithasol, dylanwad y cyfryngau a seciwlareiddio i gyd yn cael effaith.	Yn 2017, roedd tua 28 y cant o aelwydydd yn rhai sengl. Mae cyfran yr aelwydydd sengl wedi cynyddu'n sylweddol ers yr 1970au cynnar. Nid teulu yw aelwyd, ond gall aelwyd gynnwys teulu.
Mae llai o bobl yn dewis priodi.	Teulu cwpl sy'n cyd-fyw yw'r math sy'n tyfu'n fwyaf cyflym, felly dydy'r teulu ddim yn dirywio.	Mae teulu lle nad yw'r rhieni wedi priodi yn dal i fod yn deulu.

Ydy teuluoedd cnewyllol dan fygythiad?

Mae mwy o bobl yn dewis byw ar eu pen eu hun neu fel cwpl heb blant.	Roedd nifer y bobl mewn teuluoedd gyda phlant wedi lleihau o 52 y cant yn 1961 i 36 y cant yn 2009.	Yn ôl Rapoport a Rapoport, er bod y teulu cnewyllol yn opsiwn o hyd, mae opsiynau eraill ar gael hefyd. Dydyn nhw ddim yn gweld yr opsiynau hyn fel bygythiad i'r teulu cnewyllol, ond yn hytrach fel cam cadarnhaol tuag at ddewis personol.
Teulu cwpl priod neu gwpl mewn partneriaeth sifil yw'r mwyaf cyffredin o hyd yn 2017.	Mae teuluoedd cwpl sy'n cyd-fyw wedi bod yn fwy cyffredin na theuluoedd un rhiant yn y DU yn ystod y blynyddoedd diwethaf. Yn ôl Chester, mae mwyafrif y cyplau sy'n cyd-fyw yn bwriadu priodi, felly byddan nhw'n ffurfio teulu cnewyllol.	Mae'r Swyddfa Ystadegau Gwladol yn dweud bod "tuedd gynyddol i gyd-fyw yn hytrach na phriodi, neu i gyd-fyw cyn priodi."

Mae pob math o deuluoedd i'w cael erbyn hyn.

Cryfderau'r safbwynt bod teuluoedd cnewyllol dan fygythiad:

Mae mwy o achosion o ysgaru erbyn hyn. Mae 43 y cant o briodasau yn dod i ben gydag ysgariad.	Mae twf wedi bod yn nifer y teuluoedd heb blant. Mae hyn yn mynd law yn llaw â'r ffaith bod dulliau atal cenhedlu bellach yn fwy derbyniol.	Mae'r newid yn rôl dynion wedi cael effaith, ynghyd â'r cynnydd yn nifer y menywod yn y gweithle a'r newid yn eu statws yn y gymdeithas.
Mae mwy o gyplau'n cyd-fyw nag erioed o'r blaen.	Mae effaith y mudiad hawliau hoyw a newidiadau cyfreithiol i berthnasoedd o'r un rhyw, yn ogystal â seciwlareiddio, wedi newid safbwyntiau am deuluoedd.	Yn ôl arolwg gan y Swyddfa Ystadegau Gwladol yn 2015, mae maint y teulu arferol wedi cyrraedd ei lefel isaf erioed, gyda menywod yn cael 1.9 o blant ar gyfartaledd.
Mae'r Dde Newydd yn credu bod y teulu yn dirywio gan eu bod nhw'n credu mai'r teulu cnewyllol yn unig yw'r math 'cywir' o deulu.	Newid mewn normau a gwerthoedd, fel safbwyntiau am rieni sengl a rhieni yn eu harddegau.	Mae'r newid mewn agweddau cymdeithasol wedi dod law yn llaw â newid yn y ffordd mae rhieni'n cael plant, e.e. drwy fabwysiadu neu drwy newidiadau technolegol fel IVF neu fenthyg croth.

Gwendidau'r safbwynt bod teuluoedd cnewyllol dan fygythiad:

Gall teuluoedd sy'n chwalu ddod yn rhan o deuluoedd adluniedig.	Yn achos teuluoedd estynedig, mae newidiadau technolegol yn golygu bod modd cysylltu'n rheolaidd a rhoi cefnogaeth o bell.	Mae twf y Dyn Newydd a'r gŵr tŷ wedi golygu mwy o ryddid i fenywod.
Mae mwyafrif y bobl sy'n cyd-fyw yn priodi yn y pen draw. Mae cyd-fyw yn dal i fod yn gyfnod prawf ar gyfer priodas, yn aml.	Mae teuluoedd cyfunrywiol yn fath o deulu.	Er bod llai o blant mewn teulu, mae'n dal i fod yn deulu.
Gall fod yn ethnoganolog. Gall pwysigrwydd y teulu estynedig mewn cymunedau eraill, fel yn niwylliannau De Asia, fod yn wahanol.	Mae teuluoedd un rhiant a rhieni yn eu harddegau yn fathau o deuluoedd.	Mae ffigurau'r Swyddfa Ystadegau Gwladol yn dangos bod 19 miliwn o deuluoedd yn y DU yn 2017, cynnydd o 15 y cant o'r 16.6 miliwn yn 1996.

CYNGOR ADOLYGU

Gallwch chi hefyd sôn am y gwahaniaethau teuluol ymysg lleiafrifoedd ethnig. Mae gan deuluoedd Affricanaidd-Caribïaidd gyfran uwch o aelwydydd un rhiant. Yn 2012, roedd dros hanner y teuluoedd â phlant dibynnol, lle'r oedd person du yn ben arnyn nhw, yn deuluoedd un rhiant.

Mae aelwydydd Bangladeshaidd, Pacistanaidd ac Indiaidd yn tueddu i gynnwys tair cenhedlaeth, ond mae'r rhan fwyaf ohonyn nhw yn deuluoedd cnewyllol yn hytrach nag yn deuluoedd estynedig, mewn gwirionedd.

Mae aelwydydd Asiaidd mawr yn dangos y gwerth sy'n cael ei roi ar deuluoedd estynedig mewn diwylliannau Asiaidd.

Cofio'r cysylltiad

Wrth feddwl am ddirywiad y teulu cnewyllol, ceisiwch feddwl hefyd am ffyrdd o gyflwyno newidiadau yn y gyfradd ysgaru, cyd-fyw, safbwyntiau cymdeithasegol am y teulu a gwahaniaethau rhwng grwpiau ethnig a diwylliannau gwahanol.

Gall plant feithrin perthynas agos gyda'u tad-cu a mam-gu/taid a nain pan maen nhw'n byw mewn teulu estynedig.

Gwirio eich gwybodaeth

1. Disgrifiwch ystyr 'teulu cnewyllol'. **(2 farc)**
2. Nodwch ddau reswm dros y cynnydd yn nifer y teuluoedd un rhiant heddiw. **(4 marc)**
3. Esboniwch ddau reswm pam mae'r teulu, o bosibl, yn mynd drwy gyfnod o newid. **(0 marc)**
4. 'Mae'r cynnydd yn y gyfradd ysgaru yn cyd-fynd â'r dirywiad yn y teulu cnewyllol traddodiadol.' Ydy'r gosodiad hwn yn gywir? **(15 marc)**

Newidiadau i rolau priodasol a newid yn rôl dynion

AA1 Disgrifio

Rhoi sylw i'r fanyleb

2.3 Newidiadau cymdeithasol a pherthnasoedd teuluol: rolau priodasol ar wahân ac ar y cyd, teuluoedd cymesur, rhannu llafur domestig, y Dyn Newydd

Cyswllt â'r gwerslyfr

tt 58–59: Newidiadau i rolau priodasol
tt 60–61: I ba raddau mae rolau priodasol wedi newid?
tt 62–63: Newid yn rôl dynion yn y gymdeithas ac yn y teulu

AA2 Cymhwyso

Ymchwiliwch i astudiaethau Young a Wilmott o deuluoedd dosbarth gweithiol yn Nwyrain Llundain, astudiaeth Norman Henriques a Clifford Slaughter o deuluoedd y pyllau glo ac astudiaeth Jeremy Tunstall o deuluoedd pysgotwyr y dyfnfor. Beth mae'r astudiaethau hyn yn ei addysgu i chi am rolau priodasol? Sut gallech chi gymhwyso'r astudiaethau hyn at gwestiwn TGAU am rolau priodasol?

Datblygu ymhellach

Mae'r llywodraeth wedi cyflwyno sawl menter yn ddiweddar i helpu mamau i fynd yn ôl i'r gwaith. Mae'r rhain yn cynnwys rhannu absenoldeb rhiant a gwell darpariaeth gofal plant. Sut mae'r mentrau hyn gan y llywodraeth yn gweithio, ac a ydyn nhw'n cael eu hystyried yn llwyddiannus? Os nad ydyn nhw, pam?

Beth mae Young a Wilmott yn ei olygu yn ôl rolau priodasol ar y cyd?

Mae swyddogaethwyr fel Talcott Parsons yn credu bod rolau priodasol ar wahân yn 'naturiol' yn y teulu, er enghraifft menywod yn wraig tŷ ac yn gofalu am y plant a dynion yn ennill cyflog. Mae angen y rolau ar wahân hyn er mwyn i'r teulu weithio'n iawn.

Rolau priodasol	
Mae rolau priodasol wedi newid dros y 50 mlynedd diwethaf.	Mae newid wedi bod o rolau priodasol ar wahân i rolau integredig – rhannu penderfyniadau, gwneud tasgau tebyg yn y cartref, rhannu nifer o ddiddordebau a gweithgareddau.
Yn yr 1960au, sylwodd Hannah Gavron bod mwy o rolau priodasol nag yn y gorffennol bellach yn cael eu rhannu mewn aelwydydd.	Yn 1975, cyfeiriodd Michael Young a Peter Wilmott at dwf y teulu cymesur – y syniad bod awdurdod a thasgau domestig yn cael eu rhannu rhwng cyplau sy'n briod neu sy'n cyd-fyw. Mae hyn yn debyg i rolau priodasol integredig. Mae dynion bellach yn gwneud mwy o dasgau domestig ac mae menywod yn dechrau ennill cyflog. Mae rhywfaint o dystiolaeth bod dynion yn gwneud mwy o ran gofal plant. Mae dynion yn canolbwyntio mwy ar y cartref.
Mae Young a Wilmott hefyd yn arddel safbwynt 'Llwybr Cynnydd' (*March of Progress*) ac yn dweud bod bywyd yn gwella yn y teulu, a bod perthnasoedd priodasol yn dod yn fwy cyfartal a democrataidd.	Mae Jonathan Gershuny yn cefnogi hyn drwy ddweud bod y ffaith bod menywod yn mynd allan i weithio wedi arwain at rannu mwy o dasgau domestig. Yn ogystal, mae menywod sy'n gweithio yn tueddu i wneud llai o dasgau domestig na'r rhai sydd ddim mewn gwaith cyflogedig.
Beirniadodd Ann Oakley safbwynt Young a Wilmott am y safbwynt cymesur, gan honni mai ychydig yn unig o dasgau domestig yr oedd yn rhaid i ddynion eu gwneud er mwyn ystyried bod ganddyn nhw rolau priodasol integredig.	Gwelodd Caroline Gatrell fod menywod sy'n gweithio yn dal i wneud y rhan fwyaf o'r gwaith tŷ. Mae Stephen Edgell yn cefnogi hyn ymhellach yn ei astudiaeth, lle gwelodd nad oedd rolau priodasol ar y cyd gan unrhyw un o'r teuluoedd yn ei sampl.
Mae'n bosibl gorliwio'r newid o ran gwaith tŷ a gofal plant.	Mae Arolwg Agweddau Cymdeithasol Prydain hefyd yn awgrymu mai'r partner benywaidd yn hytrach na'r partner gwrywaidd sy'n dal i fod yn gyfrifol am y rhan fwyaf o'r gwaith tŷ a'r gofal plant. Dangosodd y canlyniadau raniad llafur eglur iawn mewn aelwydydd.
Ychwanegodd Duncombe a Marsden y syniad o waith emosiynol at lafur domestig.	Mae'r gwaith emosiynol sydd gan y fenyw wedi arwain at shifft driphlyg o waith tŷ, gwaith cyflogedig a gwaith emosiynol. Mae Dale Southerton yn cefnogi hyn drwy honni mai'r fenyw sy'n gorfod cynllunio a rheoli'r amser mae'r teulu yn ei dreulio gyda'i gilydd.
Y Dyn Newydd/y fenyw yn ennill y prif gyflog. Perthnasoedd awdurdod anghyfartal yn y cartref rhwng y gŵr a'r wraig.	Datgelodd adroddiad gan y Sefydliad Ymchwil Polisi Cyhoeddus (*IPPR: Institute for Public Policy Research*) yn 2015 fod traean o famau sy'n gweithio yn ennill y prif gyflog yn eu teulu. Dyma gynnydd mawr o'i gymharu â'r sefyllfa ugain mlynedd yn ôl.
Efallai bod 'argyfwng gwrywdod'.	Mae rhywfaint o bryder yn y gymdeithas bod dynion yn ansicr ynglŷn â'u hunaniaeth a'r hyn mae'n ei olygu i 'fod yn wryw' yn sgil colli swyddi gwrywaidd traddodiadol a'r twf yn nifer y menywod sy'n ennill y prif gyflog yn y teulu.

Ydy'r safbwynt swyddogaethol am rolau priodasol yn gadarnhaol?

Mae Talcott Parsons yn credu bod rhaniad llafur eglur rhwng cyplau priod: mae gan y gŵr rôl gyfryngol (*instrumental role*) ond mae gan y wraig rôl fynegiannol (*expressive role*).

Mae gan ddynion a menywod rolau gwahanol ac ar wahân yn y cartref oherwydd dyma sydd ei angen ar gymdeithas i redeg yn esmwyth.

Yn ôl astudiaeth Young a Wilmott, mae'r teulu wedi dod yn fwy cyfartal a chymesur.

Ydy'r safbwynt swyddogaethol am rolau priodasol yn negyddol?

Mae Marcswyr yn honni bod gan ddynion a menywod rolau gwahanol oherwydd dyma sydd ei angen ar gyfalafiaeth i weithio'n effeithiol.

Mae Marcswyr hefyd yn credu bod y cyfryngau'n cefnogi'r ideoleg gyfalafol hon drwy ymgyrchoedd hysbysebu a rolau sy'n cael eu chwarae mewn operâu sebon ac ati.

Does dim rheswm biolegol dros y gwahaniaethau mewn rolau priodasol.

Ydy'r safbwynt ffeministaidd am rolau priodasol yn gadarnhaol?

Dydy'r rhaniad llafur mewn cymdeithas batriarchaidd ddim yn naturiol, ac mae o fudd i ddynion yn unig.

Mae Delphy a Leonard yn credu yn y syniad o'r baich deuol – mae menywod yn gweithio am gyflog y tu allan i'r cartref ac yna'n gorfod gwneud gwaith tŷ pan maen nhw'n dod adref. Dyma dystiolaeth bellach o sut mae menywod yn cael eu hecsbloetio.

Mae Hannah Gavron yn credu bod gan fenywod ddisgwyliadau uchel ar gyfer priodas, ac mae hyn yn eu harwain i deimlo bod eu priodas yn debyg i garchar.

Ydy'r safbwynt ffeministaidd am rolau priodasol yn negyddol?

Mae 33 y cant o bobl Prydain yn credu y dylai mamau plant bach (cyn oedran ysgol) aros gartref – dyna draean y boblogaeth.

Mae swyddogaethwyr a'r Dde Newydd yn dweud bod ffeministiaid yn canolbwyntio'n ormodol ar ochr negyddol y teulu.

Maen nhw'n anwybyddu'r ffaith bod rhai menywod yn mwynhau gofalu am eu plant a rhedeg y cartref teuluol, ac yn dewis gwneud hynny.

CYNGOR ADOLYGU

Yn ôl Arolwg Agweddau Cymdeithasol Prydain (2018), mae'r bwlch rhwng barn pobl hen ac ifanc am rolau rhywedd wedi newid yn sylweddol. Yn 1991, roedd 11 y cant o bobl dros 75 oed yn anghytuno â'r safbwynt mai dynion ddylai ennill prif gyflog y teulu a menywod ddylai ofalu am y cartref, o'i gymharu â 67 y cant o bobl rhwng 18 a 34 oed. I'r gwrthwyneb, yn 2017 roedd 47 y cant o bobl dros 75 oed yn credu hyn, o'i gymharu â 75 y cant o bobl rhwng 18 a 34 oed. Mae'r newid agwedd hwn yn helpu i esbonio'r symud oddi wrth rolau priodasol ar wahân, a thuag at syniad Young a Wilmott am y teulu cymesur.

Pobl allweddol

Yn ôl **Hannah Gavron** (1996), mae menywod yn 'wragedd caeth' oherwydd maen nhw'n teimlo bod priodas yn debyg i garchar. Roedd hi'n credu bod menywod yn teimlo'n 'gaeth' gan fod y rhaniad llafur anghyfartal yn y cartref yn groes i'w disgwyliadau uchel ar gyfer priodas a rhyddid.

Yn y DU, mae dynion yn treulio 34 munud ar gyfartaledd ar waith tŷ a choginio am bob awr mae menywod yn ei threulio.

Gwirio eich gwybodaeth

1. Esboniwch beth yw ystyr 'y shifft driphlyg'. **(2 farc)**
2. Disgrifiwch beth mae Young a Wilmott yn ei olygu yn ôl y 'teulu cymesur'. **(4 marc)**
3. Disgrifiwch y gwahaniaethau rhwng rolau priodasol integredig ac ar wahân. **(8 marc)**
4. 'Mae'r teulu yn dal i fod yn batriarchaidd.' Ydych chi'n cytuno â'r safbwynt hwn? **(15 marc)**

Rhoi sylw i'r fanyleb

2.3 Newidiadau cymdeithasol a pherthnasoedd teuluol: newidiadau mewn normau cymdeithasol, patrymau magu plant a theuluoedd plant ganolog

Cyswllt â'r gwerslyfr

tt 64–65: Newid yn rôl plant

AA2 Cymhwyso

Mae ffactorau fel rhywedd, dosbarth ac ethnigrwydd yn golygu bod profiadau plentyndod pobl yn wahanol. Esboniwch beth allai arwain at hyn, gan roi enghreifftiau.

Datblygu ymhellach

Mae Sarah Womack wedi mynegi llawer o safbwyntiau am blentyndod a phrofiadau plant heddiw. Mae hi'n credu bod plentyndod bellach yn dod i ben yn 11 oed a bod merched mor ifanc â 5 oed yn poeni am eu siâp a'u pwysau. Sut gallech chi ddefnyddio canfyddiadau Womack mewn cwestiynau ar Blentyndod Gwenwynig a Llwybr Cynnydd?

Plentyndod	
Nid cyfnod o ddatblygiad yn unig yw plentyndod. Mae hefyd yn lluniad cymdeithasol.	Dydy plentyndod ddim yn brofiad sy'n gyffredin i bawb – mae gan ddiwylliannau gwahanol normau a gwerthoedd gwahanol. Mae plentyndod yn newid ac mae rhai yn credu ei fod dan fygythiad.
Mae newidiadau cyfreithiol wedi effeithio ar blant a phlentyndod.	Mae gan blant bellach nifer o hawliau sydd wedi'u cynnwys mewn deddfau, er enghraifft Confensiwn y Cenhedloedd Unedig ar Hawliau'r Plentyn. Mae Deddf Plant 1989 yn nodi bod rhaid gofyn i'r plentyn gyda pha riant byddai'n well ganddo fyw pan fydd rhieni yn ysgaru. Mae plant yn cael eu hamddiffyn yn gyfreithiol rhag cosb gorfforol, camdriniaeth a llafur plant.
Mae teuluoedd plant ganolog ar gynnydd.	Mae safle plant yn y teulu wedi dod yn llawer mwy amlwg dros y ganrif ddiwethaf. Mewn rhai teuluoedd, mae bywyd yn troi o amgylch yr hyn mae'r plentyn ei eisiau a'i angen. Mae mwy o amser ac adnoddau'n cael eu rhoi i'r plant.
Mae'r lleihad ym maint teuluoedd gorffenedig wedi effeithio ar y ffordd mae plant yn cael eu trin.	Wrth i deuluoedd fynd yn llai, maen nhw wedi dod yn fwy plant ganolog.
Mae'r safbwynt Llwybr Cynnydd am blentyndod yn awgrymu bod plentyndod wedi bod yn gwella'n raddol.	Mae plentyndod yn y DU wedi gwella dros amser. Mae'n well heddiw nag yr oedd yn y gorffennol. Mae llafur plant bellach yn anghyfreithlon ac addysg i blant yn orfodol. Mae plant yn cael eu gwerthfawrogi, eu hamddiffyn a'u haddysgu mwy ac mae eu hiechyd yn well. Mae rhieni yn llai awdurdodaidd ac mae'r berthynas rhwng rhieni a phlant yn fwy democrataidd.

Problemau plentyndod modern	
Mae prynwriaeth yn effeithio ar blentyndod modern.	Yn ôl Marcswyr, dyma agwedd negyddol ar fod yn blant ganolog. Mae'r cyfryngau a hysbysebwyr yn targedu plant sy'n defnyddio pŵer plagio (*pester power*) i berswadio eu rhieni i brynu cynnyrch. Mae hyn yn bwydo'r economi gyfalafol. Mae David Buckingham yn dweud bod plant wedi dod yn rym economaidd pwysig.
Mae Sue Palmer wedi gweithio ar broblemau plentyndod gwenwynig ac iechyd meddwl.	Mae'r system addysg bresennol yn rhoi llawer mwy o straen ar blant nawr nag yn y gorffennol. Mae arolwg diweddar gan fudiad y Girl Guides yn honni bod 69 y cant o ferched a menywod rhwng 11 a 21 oed yn dweud mai arholiadau a phrofion yw'r prif achos straen yn eu bywyd. Mewn arolwg gan *ASCL* (*Association of School and College Leaders*) dywedodd 90 y cant o benaethiaid ysgol bod yr arholiadau TGAU newydd wedi cael effaith niweidiol ar iechyd meddwl disgyblion, gan arwain at byliau o banig, nosweithiau di-gwsg, hunan-niweidio ac ystyried hunanladdiad. Mae adroddiad gan gymdeithas plant yn honni bod 22 y cant o blant 14 oed wedi hunan-niweidio yn ystod y 12 mis diwethaf.
Mae twf y cyfryngau cymdeithasol wedi cael effaith ar straen plentyndod.	Dywedodd 59 y cant o ferched a menywod rhwng 11 a 21 oed bod pwysau gan y cyfryngau cymdeithasol yn 'brif achos straen' arall.

Mae digon o ymchwil i gefnogi'r ddamcaniaeth bod cysylltiad rhwng treulio llawer o amser o flaen sgrin a gordewdra ymhlith plant.

Cefnogaeth ar gyfer damcaniaeth Plentyndod Gwenwynig Sue Palmer:

Yn 2007, gwnaeth Ofcom wahardd hysbysebion bwyd sothach sy'n targedu plant, mewn ymateb i'r broblem gynyddol yn sgil gordewdra ymhlith plant.

Mae Postman yn credu nad yw plant yn ddiniwed mwyach, nac yn rhydd rhag cyfrifoldebau. Mae'n credu bod y cysyniad o blentyndod yn diflannu. Y teledu sydd ar fai am hyn yn ei farn ef, ac mae'n dweud nad yw plant yn cael eu hamddiffyn rhag byd oedolion.

Yn 2015, amcangyfrifwyd bod plant yn treulio chwech awr a hanner y dydd ar gyfartaledd ar sgrin, o'i gymharu â thair awr yn 1995.

Tystiolaeth yn erbyn damcaniaeth Plentyndod Gwenwynig Sue Palmer:

Yn ôl ymchwil Buckingham, does dim tystiolaeth i awgrymu bod hysbysebion bwydydd sothach ar y teledu yn achosi gordewdra.

Ydy hyn yn enghraifft o banig moesol?

Mae Sarah DeWatt yn credu nad oes sail i bardduo sgriniau, a'u bod nhw'n gallu cynnig llawer o fanteision i blant, gan gynnwys addysg ac annog sgwrs gyda'u rhieni.

Cefnogaeth ar gyfer y safbwynt Llwybr Cynnydd:

Mae plant yn cael gwell addysg – mae £64 biliwn yn cael ei wario ar addysg yn y DU bob blwyddyn.

Mae cyfreithiau yn gwarchod plant rhag camdriniaeth a llafur plant.

Mae mwy o deuluoedd plant ganolog yn bodoli.

Tystiolaeth yn erbyn y safbwynt Llwybr Cynnydd:

Mae'n anwybyddu ochr dywyll plentyndod – bwlio ac ati.

Mae plant yn dal i gael eu cam-drin – mae tua 28,000 o blant ar gynllun amddiffyn plant yn y DU. Yn ôl amcangyfrif gan yr *NSPCC*, mae 1 plentyn o bob 5 yn cael ei gam-drin yn ddifrifol yn ystod ei blentyndod.

Mae anghydraddoldeb ymhlith plant yn y DU o ran y cyfleoedd sydd ar gael iddyn nhw.

Gwirio eich gwybodaeth

1. Disgrifiwch ystyr teulu 'plant ganolog'. **(2 farc)**
2. Esboniwch beth mae cymdeithasegwyr yn ei olygu yn ôl y term 'Plentyndod Gwenwynig'. **(4 marc)**
3. Esboniwch sut mae'r berthynas rhwng rhieni a phlant wedi newid yn ystod y 50 mlynedd diwethaf. Dylech chi archwilio o leiaf dau reswm yn eich ymateb. **(8 marc)**

CYNGOR ADOLYGU

Dywed Womack mai plant y gorllewin yw'r rhai mwyaf anhapus. Plant y DU sydd â'r perthnasoedd gwaethaf â'u rhieni a'u ffrindiau. Mae mwy o deuluoedd yn chwalu, mwy o amddifadedd a mwy o risg o ganlyniad i alcohol, cyffuriau a rhyw anniogel nag yn unrhyw un o wledydd cyfoethog eraill y byd. Yn 2012–13, roedd 3.7 miliwn o blant yn y DU yn cael eu hystyried yn blant sy'n byw mewn tlodi. Gwnaeth Womack ganfod hefyd bod 31 y cant o blant yn cael eu cam-drin yn gorfforol gan blant eraill.

Pobl allweddol

Mae **Sue Palmer** wedi gweithio ar Blentyndod Gwenwynig – y syniad bod cyfuniad o dechnoleg, llai o chwarae yn yr awyr agored, masnacheiddio plentyndod a natur gystadleuol y system addysg bresennol yn niweidio plant. Maen nhw'n bwyta mwy o fwydydd wedi'u prosesu, mae ar rieni ofn paedoffilyddion a herwgydio, ac mae cynnydd mewn gordewdra a phroblemau iechyd meddwl ymhlith plant.

Mae **Philippe Aries** yn honni bod y syniad presennol am blentyndod yn ddatblygiad cymharol newydd. Dim ond yn ystod y 300 mlynedd diwethaf mae wedi dod i'r amlwg. Cyn hyn, doedd plentyndod ddim yn bodoli fel statws ar ei ben ei hun. Roedd plant yn cael eu gweld fel 'oedolion bach' ac yn cyflawni rolau a chyfrifoldebau oedolion cyn gynted ag yr oedden nhw'n gallu gwneud hynny'n gorfforol. Fodd bynnag, mae **Linda Pollack** wedi beirniadu Aries am ddefnyddio paentiadau yn unig fel tystiolaeth.

Gwnaeth Molly Russell, merch ysgol 14 oed, ei lladd ei hun yn 2017. Daeth ei theulu o hyd i ddeunydd pryderus am iselder a hunanladdiad ar ei chyfrif Instagram. Ydy hyn yn enghraifft sy'n cefnogi damcaniaeth Plentyndod Gwenwynig Sue Palmer?

Rhoi sylw i'r fanyleb

2.4 Damcaniaethau cymdeithasegol am rôl y teulu

Cyswllt â'r gwerslyfr

tt 72–73: Y safbwynt Marcsaidd am y teulu
tt 74–77: Y safbwynt ffeministaidd am y teulu
tt 78–79: Crynodeb o ddamcaniaethau cymdeithasegol am y teulu

AA2 Cymhwyso

Ymchwiliwch i'r pum math o amrywiaeth deuluol sy'n cael eu disgrifio gan Rapoport a Rapoport. Ysgrifennwch frawddeg yn esbonio pob un yn eich geiriau eich hun.

Datblygu ymhellach

Cymharwch safbwynt consensws swyddogaetholdeb â safbwyntiau gwrthdaro ffeministiaeth a Marcsaeth am y teulu. Beth maen nhw'n ei ddweud? Pa feirniadaethau sy'n cael eu gwneud am bob un? Gyda pha safbwynt rydych chi'n cytuno fwyaf a pham?

Damcaniaethau gwahanol am y teulu	
Swyddogaethol	Mae swyddogaethwyr yn credu bod y teulu yn galluogi'r gymdeithas i weithio, yn union fel organ yn y corff dynol. Y teulu yw conglfaen sylfaenol y gymdeithas, sy'n helpu i gynnal trefn a chydlyniad cymdeithasol. Mae Talcott Parsons yn disgrifio dwy o swyddogaethau allweddol y teulu: 1) cymdeithasoli cynradd a 2) sefydlogi personoliaethau oedolion. Mae Murdock yn dweud bod y teulu yn cyflawni pedair swyddogaeth hanfodol i fodloni anghenion y gymdeithas a'i haelodau.
Y Dde Newydd	Y teulu cnewyllol traddodiadol a'i werthoedd sydd orau i'r gymdeithas. Mae plant a'r gymdeithas ehangach yn elwa ar deuluoedd sefydlog sydd â rolau priodasol traddodiadol. Mae'r cynnydd mewn teuluoedd un rhiant a theuluoedd adluniedig yn arwain at gynnydd mewn problemau cymdeithasol, gan gynnwys troseddu.
Marcsaidd	Mae'r teulu yn bodloni anghenion cyfalafiaeth, yn hytrach nag anghenion aelodau'r teulu a'r gymdeithas gyfan. Mae hyn yn helpu i gynnal anghydraddoldeb dosbarth. Y tair swyddogaeth sydd gan y teulu i hybu cyfalafiaeth yw: 1) etifeddu eiddo, 2) swyddogaethau ideolegol a 3) uned prynwriaeth (mae hysbysebwyr yn annog teuluoedd i gystadlu â'u cymdogion drwy brynu'r cynnyrch diweddaraf, mae'r cyfryngau'n targedu plant sy'n defnyddio pŵer plagio i berswadio eu rhieni i brynu mwy o bethau). Roedd Friedrich Engels yn credu bod y teulu wedi datblygu er mwyn i ddynion allu rheoli menywod a phlant, ac i'w galluogi nhw i drosglwyddo eu heiddo i'w plant.
Ffeministaidd	Mae'r teulu cnewyllol yn batriarchaidd, yn gwasanaethu anghenion dynion ac yn ormesol. Mae dynion yn elwa ar deuluoedd ar draul menywod. Mae Delphy a Leonard yn ffeministiaid radicalaidd sy'n dweud bod y teulu yn batriarchaidd oherwydd: 1) mae menywod yn cael eu hecsbloetio'n economaidd – mae eu llafur yn cael ei ddefnyddio gan eu gwŷr, 2) mae'r teulu yn hierarchaidd, gyda dynion ar y brig a 3) mae'r teulu patriarchaidd yn adlewyrchu cymdeithas batriarchaidd.
Ôl-fodernaidd	Mae strwythurau teuluol yn amrywio. Does dim un math o deulu sy'n dominyddu. Amrywiaeth deuluol yw'r norm erbyn hyn. Mae gan bobl fwy o ddewis.

Mae swyddogaethwyr yn credu mai'r teulu yw conglfaen sylfaenol y gymdeithas.

Cefnogaeth ar gyfer y safbwynt Marcsaidd am y teulu:

Mae Engels yn credu bod priodas yn digwydd er mwyn i eiddo gael ei drosglwyddo i'r etifeddion cywir. Mae gan y teulu swyddogaeth economaidd.

Mae'r teulu yn atgynhyrchu anghydraddoldeb yn y gymdeithas gan ei fod yn helpu'r economi gyfalafol. Mae'r teulu yn prynu cynnyrch ac mae hyn o fantais i'r *bourgeoisie* sy'n gwneud elw.

Mae Zaretsky yn credu bod y teulu fel sefydliad yn sicrhau parhad cyfalafiaeth drwy ddefnyddio cynnyrch cyfalafiaeth a gwneud elw ar gyfer y *bourgeoisie*.

Tystiolaeth yn erbyn y safbwynt Marcsaidd am y teulu:

Mae'r safbwynt Marcsaidd yn anwybyddu rhesymau eraill dros briodi, fel ffurfio teulu. Does dim tystiolaeth uniongyrchol i gefnogi safbwynt Engels chwaith.

Mae menywod yn dod yn fwyfwy annibynnol yn ariannol a dydyn nhw ddim yn dibynnu ar ddynion yn yr un modd ag yn y gorffennol, am resymau ariannol.

Mae'r ddamcaniaeth hon yn rhagdybio mai'r dyn sy'n ennill cyflog a bod pob menyw yn wraig tŷ. Dydy hyn ddim yn berthnasol i bob teulu yn y DU.

Cefnogaeth ar gyfer y safbwynt ffeministaidd am y teulu:

Mae Delphy a Leonard yn dweud bod y teulu yn sefydliad patriarchaidd lle mae dynion yn dominyddu ac yn ecsbloetio menywod.

Yn ôl canfyddiadau Greer, mae dynion yn elwa mwy ar briodas na menywod – mae menywod sengl yn fwy tebygol o fod yn hapusach na menywod priod.

Mae Ann Oakley yn beirniadu damcaniaeth Young a Wilmott am y teulu cymesur – er bod 72 y cant o ddynion yn honni eu bod nhw'n helpu gyda'r gwaith tŷ, gallai hyn olygu gwneud un dasg yn unig.

Tystiolaeth yn erbyn y safbwynt ffeministaidd am y teulu:

Efallai bod teuluoedd cyfartal yn bodoli lle mae'r ddau bartner yn gweithio. Mae mwy o fenywod yn annibynnol yn ariannol ac mae ganddyn nhw fwy o rym yn y teulu nag y mae rhai ffeministiaid yn ei awgrymu.

Dywed Hakim y gall anghydraddoldeb menywod yn y teulu fod yn ddewis personol. Gallai menywod ddewis bod yn wraig tŷ gan eu bod nhw'n mwynhau hynny.

Mae ffeministiaeth yn rhagdybio bod pob teulu yn batriarchaidd a bod pob menyw yn wasaidd (*subservient*).

Safbwynt	Beirniadaeth
Swyddogaethol	Beirniadaethau am Murdock – gall sefydliadau a mathau eraill o deuluoedd gyflawni'r swyddogaethau.
Marcsaidd	Mae'n anwybyddu amrywiaeth deuluol a'r ffaith bod menywod yn gweithio. Mae'n anwybyddu manteision y teulu cnewyllol, er enghraifft dau riant i gefnogi'r plant.
Ffeministaidd	Mae'n anwybyddu amrywiaeth y bywyd teuluol modern gan ragdybio bod pawb yn byw mewn teuluoedd cnewyllol, heterorywiol. Mae'n rhoi darlun negyddol iawn o fywyd teuluol – ac yn ei orliwio o bosibl. Mae menywod yn cael eu portreadu fel dioddefwyr goddefol sy'n cael eu hecsbloetio.
Ôl-fodernaidd	Mae'n gorliwio'r newid cymdeithasol sy'n digwydd yn y gymdeithas. Chester – mae'r mwyafrif o oedolion yn dal i briodi a chael plant. Mae'r mwyafrif o blant yn cael eu magu gan eu rhieni biolegol. Mae'r mwyafrif o bobl yn byw mewn aelwyd sy'n cael ei rhannu gan gwpl priod, heterorywiol. Mae'r mwyafrif o briodasau yn parhau hyd at farwolaeth.
Y Dde Newydd	Dydy'r canfyddiadau ddim yn cael eu croeswirio. Byddai defnyddio dau neu dri dull arall yn helpu i fod yn fwy sicr ynglŷn â chanfyddiadau'r ymchwil. Byddai hyn yn rhoi darlun mwy llawn sydd yn ddibynadwy ac yn ddilys. Gwnaeth Eileen Barker ddefnyddio cyfweliadau anstrwythuredig i'w helpu i lunio rhagdybiaethau ar gyfer ei sesiynau arsylwi cyfranogol.

CYNGOR ADOLYGU

Dywed Dobash a Dobash mai priodas a'r teulu cnewyllol yw'r brif ffynhonnell o orthrwm i fenywod. Mae trais domestig felly yn anochel gan ei fod yn cynnal y grym sydd gan ddynion dros fenywod. Gwnaethon nhw gyfweld â menywod mewn llochesau yn Glasgow a Chaeredin, a chanfod bod y rhan fwyaf o'r menywod yn credu y byddai'r gamdriniaeth yn dod i ben ar ôl iddyn nhw briodi eu partneriaid. Anaml y byddai'r menywod hyn yn ymateb i'r ymosodiadau corfforol. Roedd Dobash a Dobash yn credu bod hyn yn dangos bod trais domestig yn ymwneud â chadw menywod yn israddol a sicrhau goruchafiaeth dynion. Enw arall ar hyn yw ochr dywyll y teulu.

Cofio'r cysylltiad

Er bod y tudalennau adolygu hyn yn ymwneud â safbwyntiau cymdeithasegol gwahanol am y teulu, ceisiwch feddwl hefyd am ffyrdd o gyflwyno rhywedd a'r teulu. Sut mae'r pethau hyn yn gysylltiedig?

Pobl allweddol

Mae **Ann Oakley** yn ffeminist sy'n dadansoddi'r 'teulu confensiynol'. Dyma ei chanfyddiadau: 1) mae disgwyl i fenywod wneud gwaith di-dâl, 2) mae syniad y teulu confensiynol yn bwerus, 3) mae pobl yn disgwyl hapusrwydd, ond gall y teulu cnewyllol achosi straen a 4) mae mwy o amrywiaeth deuluol yn y dosbarth canol. Myth yw'r teulu cymesur, menywod sy'n dal i wneud y rhan fwyaf o'r gwaith tŷ.

Gwirio eich gwybodaeth

1. Disgrifiwch ystyr y 'teulu cnewyllol traddodiadol'. **(2 farc)**
2. Esboniwch pam mae swyddogaethwyr yn dadlau bod teuluoedd cnewyllol yn bwysig. **(4 marc)**
3. 'Mae'r teulu yn rhywbeth sy'n gwneud lles i'r aelodau ac i'r gymdeithas.' Ydych chi'n cytuno â'r safbwynt hwn? **(15 marc)**
4. 'Prif ddiben y teulu yw atgyfnerthu a chynnal cyfalafiaeth.' Ydych chi'n cytuno â'r safbwynt hwn? **(15 marc)**

AA1 Disgrifio

Rhoi sylw i'r fanyleb

3.2 Prosesau mewn ysgolion: prosesau mewn ysgolion yn effeithio ar gyflawniad addysgol

3.3 Patrymau cyflawniad addysgol: patrymau cyrhaeddiad yn ôl dosbarth cymdeithasol

3.4 Ffactorau sy'n effeithio ar gyflawniad addysgol: dosbarth cymdeithasol

Cyswllt â'r gwerslyfr

tt 82–83: Gwahaniaethau mewn cyrhaeddiad rhwng dosbarthiadau cymdeithasol

Pam mae mynd i ysgol fonedd fel Coleg Eton yn golygu bod gennych chi well siawns o fynd i Rydychen neu Gaergrawnt?

AA2 Cymhwyso

Ar gyfer pob un o'r ffactorau yn yr ysgol a'r ffactorau y tu allan i'r ysgol, ysgrifennwch ychydig o frawddegau i esbonio sut mae'r ffactor penodol hwnnw yn cael effaith ar gyflawniad addysgol disgyblion. Yn eich barn chi, pa un o'r ffactorau hyn sy'n cael yr effaith fwyaf? Esboniwch y rhesymau dros eich ateb.

Datblygu ymhellach

Honnodd astudiaeth ddiweddar gan y Sefydliad Astudiaethau Cyllid fod y llywodraeth yn gwario mwy o arian ar addysg plant o gefndiroedd mwy difreintiedig nag ar ddisgyblion dosbarth canol.Y rheswm yw am fod y llywodraeth wedi cyflwyno mentrau fel y Grant Datblygu Disgyblion (y Grant Amddifadedd Disgyblion gynt), sy'n rhoi arian ychwanegol i ysgolion ar gyfer plant sy'n gymwys i gael prydau ysgol am ddim oherwydd incwm isel. Pam mae hyn yn digwydd? Pa effaith gallai hyn ei chael ar gyflawniad addysgol?

Sut mae dosbarth cymdeithasol yn effeithio ar gyflawniad addysgol?

Mae rhai cymdeithasegwyr yn dadlau bod y dosbarth gweithiol yn tangyflawni oherwydd diffyg yn y diwylliant dosbarth gweithiol.	Mae tlodi yn achosi i bobl dangyflawni yn addysgol, er enghraifft oherwydd diffyg adnoddau sylfaenol. Mae'r arholiadau TGAU diwygiedig newydd wedi creu mwy o fwlch rhwng disgyblion difreintiedig a'u cyfoedion.
Mae disgyblion o gefndiroedd proffesiynol yn fwy tebygol o fynd ymlaen i addysg bellach ac addysg uwch.	Yn ôl Ymddiriedolaeth Sutton, anfonodd Coleg Eton (ysgol fonedd adnabyddus) 211 o ddisgyblion i Rydychen a Chaergrawnt dros gyfnod o dair blynedd, ond ni anfonwyd dim disgyblion i'r prifysgolion blaenllaw hyn gan dros 1300 o ysgolion y wladwriaeth.
Yn ôl Stephen Aldridge, mae plant dosbarth canol yn cyflawni'n well yn yr ysgol na phlant dosbarth gweithiol gyda'r un *IQ*.	Mae disgyblion o gefndiroedd dosbarth gweithiol yn fwy tebygol o astudio pynciau galwedigaethol, a disgyblion dosbarth canol yn fwy tebygol o astudio ar gyfer Safon Uwch. Mae disgyblion o gefndiroedd difreintiedig yn llai tebygol o allu darllen pan maen nhw'n dechrau yn yr ysgol.
Yn ôl canfyddiadau astudiaeth ddiweddar gan *UCL* a Choleg y Brenin, Llundain, cefndir dosbarth yw'r ffactor pwysicaf wrth bennu llwyddiant academaidd.	Roedd yr astudiaeth hon yn cymharu graddau TGAU disgyblion yn ardaloedd mwy cyfoethog y wlad â rhai yn yr ardaloedd mwy difreintiedig. Gwelwyd bod disgyblion dosbarth canol yn cael graddau uwch p'un a oedden nhw'n byw mewn ardal gyfoethog neu ardal ddifreintiedig.

Pam nad yw disgyblion dosbarth gweithiol yn cyflawni cystal â disgyblion dosbarth canol? Ffactorau yn yr ysgol:

Gall rhagdybiaethau a strwythurau ysgolion effeithio ar blant dosbarth gweithiol cyn iddyn nhw hyd yn oed ddechrau astudio.	Mae'n bosibl y bydd disgyblion dosbarth gweithiol yn cael eu labelu'n negyddol yn ôl stereoteipiau eu hathrawon. Gall hyn arwain at broffwydoliaeth hunangyflawnol. Gwelodd Stephen Ball fod disgyblion yn y bandiau uchaf yn dod o'r dosbarthiadau cymdeithasol uwch.
Gall isddiwylliannau gwrth-ysgol, fel y trafodwyd gan Paul Willis, fod yn bwysig.	Gall disgyblion dosbarth gweithiol deimlo eu bod nhw wedi'u hymyleiddio a bod athrawon yn edrych i lawr arnyn nhw. Yna, byddan nhw'n edrych i lawr arnyn nhw eu hunain – gall hyn, yn ei dro, effeithio ar eu perfformiad yn yr ysgol.
Gall ansawdd yr ysgol a'r math o ysgol mae plant yn mynd iddi gael effaith.	Mae methiannau yn y system addysg ei hun – er enghraifft, mae llawer o ysgolion sy'n tangyflawni wedi'u lleoli mewn ardaloedd sy'n ddosbarth gweithiol yn bennaf.
Gall cyfraddau cadw athrawon gael effaith negyddol. Mae prinder athrawon yn y wlad hon ar hyn o bryd, felly efallai byddai'n well gan athrawon addysgu mewn ysgolion mwy dosbarth canol, a allai gael ei ystyried yn 'haws'.	Yn ôl Howard Becker, mae athrawon yn aml yn bobl dosbarth canol, felly efallai eu bod nhw'n ystyried disgyblion dosbarth canol yn rhai 'delfrydol'. Gall yr enghraifft hon o labelu arwain disgyblion dosbarth gweithiol i gredu nad ydyn nhw'n ddigon da, a bydd hyn yn effeithio ar eu cyflawniad addysgol.

Pam nad yw disgyblion dosbarth gweithiol yn cyflawni cystal â disgyblion dosbarth canol? Ffactorau y tu allan i'r ysgol:

Gall amddifadedd materol ac anfantais ariannol olygu nad oes gan ddisgyblion yr adnoddau sylfaenol sydd eu hangen arnyn nhw – er enghraifft, llyfrau, canllawiau adolygu ac arian ar gyfer teithiau addysgol.	Mae Barry Sugarman yn credu bod disgyblion dosbarth canol yn deall manteision boddhad gohiriedig, ond mae'n well gan ddisgyblion dosbarth gweithiol gael boddhad yn y fan a'r lle. Maen nhw'n cael y gwobrau ar unwaith ac felly efallai byddan nhw'n gadael yr ysgol ar y cyfle cyntaf er mwyn ennill arian.
Mae'n bosibl bod gan rieni dosbarth gweithiol ddisgwyliadau is ar gyfer eu plant, a'u bod nhw'n rhoi llai o werth ar addysg na rhieni dosbarth canol.	Efallai bod elfen o dynghediaeth (*fatalism*) yn effeithio ar eu cyflawniad – efallai na fydd disgyblion dosbarth gweithiol yn teimlo eu bod nhw'n debygol o gyflawni yn eu haddysg ac mae hyn, yn ei dro, yn arwain at broffwydoliaeth hunangyflawnol.

Mae amddifadedd diwylliannol yn ffactor arall sy'n gallu cael effaith negyddol ar ddisgyblion dosbarth gweithiol.

Efallai na fydd disgyblion dosbarth gweithiol yn ymweld ag amgueddfeydd ac orielau celf nac yn trafod materion cyfoes a gwleidyddiaeth yn y cartref i'r un graddau â disgyblion dosbarth canol. Mae'r diffyg cyfalaf diwylliannol hwn yn golygu eu bod nhw dan anfantais.

Mae Basil Bernstein yn credu bod disgyblion dosbarth gweithiol yn defnyddio cod cyfyngedig (*restricted code*) yn hytrach na chod cymhleth (*elaborated code*) y dosbarth canol.

Mae hyn yn golygu eu bod nhw dan anfantais wrth gyfathrebu ag athrawon a darllen testunau, papurau arholiad ac ati. Mae plant dosbarth gweithiol hefyd yn llai tebygol o fynd i'r feithrinfa, sy'n golygu eu bod nhw'n colli allan ar hanfodion addysg o'r dechrau'n deg.

AA3 Gwerthuso

Cefnogaeth ar gyfer y ddadl bod dosbarth cymdeithasol yn effeithio ar gyrhaeddiad addysgol:

Dangosodd adroddiad gan Ofsted yn 2000 fod dosbarth cymdeithasol yn cael ddwywaith yn fwy o effaith nag ethnigrwydd ar gyrhaeddiad addysgol.

Yn 2015/2016 roedd disgyblion a oedd yn gymwys i gael prydau ysgol am ddim yn llai tebygol o ennill graddau A* i C yn eu harholiadau TGAU Saesneg a Mathemateg o'u cymharu â'r disgyblion eraill: 39 y cant o'i gymharu â 67 y cant.

Ar gyfartaledd, mae disgyblion o gefndiroedd dosbarth is yn sgorio'n is yn eu profion TASau a'u harholiadau TGAU, ac maen nhw'n fwy tebygol o gael eu rhoi yn y ffrydiau neu'r bandiau is.

Mae disgyblion sy'n gymwys i gael prydau ysgol am ddim yn llai tebygol o fynd i'r brifysgol neu o fynd i'r rhai mwyaf blaenllaw.

Tystiolaeth yn erbyn y ddadl bod dosbarth cymdeithasol yn effeithio ar gyrhaeddiad addysgol:

Dydy'r ddadl ddim yn ystyried ethnigrwydd na rhywedd.

Dydy'r ddadl ddim yn ystyried cynlluniau addysg gydadferol (e.e. Grant Datblygu Disgyblion).

Byddai rhyngweithiadwyr yn dadlau bod y ddadl hon yn anwybyddu effaith labelu gan athrawon.

Dydy'r ddadl ddim yn ystyried cysyniad meritocratiaeth.

Mae diwylliant dosbarth gweithiol yn wahanol, nid yn ddiffygiol.

Mae Hans Eysenck yn credu ei bod hi'n anodd bod yn siŵr ai *IQ* ynteu ffactorau cymdeithasol sy'n pennu cyflawniad addysgol.

Ydy dosbarth cymdeithasol disgybl yn effeithio ar ei ganlyniadau arholiad?

CYNGOR ADOLYGU

Mae gwaith ymchwil diweddar gan Ymddiriedolaeth Sutton wedi canfod bod arferion rhianta da, ymgysylltiad rhieni ac amgylchedd sy'n ysgogi yn y cartref, yn cael mwy o effaith ar gyflawniad nag incwm y teulu. Gall darllen i blant pob dydd, sefydlu trefn reolaidd ar gyfer amser gwely ac arferion rhianta da, oresgyn rhywfaint o'r effaith y gall incwm isel ei chael ar gyrhaeddiad addysgol plentyn.

Pobl allweddol

Gwnaeth **Helen Connor** a **Sara Dewson** ganfod bod angen boddhad yn y fan a'r lle ar deuluoedd dosbarth gweithiol; felly maen nhw'n dewis peidio â mynd ymlaen i addysg bellach. Mae teuluoedd dosbarth canol yn gohirio boddhad gan eu bod nhw'n gallu cynnal eu teuluoedd – sy'n golygu eu bod nhw'n fwy tebygol o fynd ymlaen i'r brifysgol. Mae hyn yn gysylltiedig â'r syniad o gyfalaf diwylliannol hefyd.

Cofio'r cysylltiad

Pan fyddwch chi'n trafod dosbarth cymdeithasol a chyflawniad addysgol, ceisiwch feddwl hefyd am ffyrdd o gyflwyno ethnigrwydd a rhywedd. Sut mae'r pethau hyn yn gysylltiedig? Mewn gwirionedd, dylai gwahaniaethau dosbarth cymdeithasol gael eu hystyried ar y cyd â rhywedd a/neu ethnigrwydd.

Gwirio eich gwybodaeth

1. Disgrifiwch ystyr 'boddhad yn y fan a'r lle'. **(2 farc)**
2. Esboniwch ddwy ffordd y gallai cefndir cartref disgybl ddylanwadu ar ei gyflawniad yn yr ysgol. **(4 marc)**
3. Nodwch ddau ffactor yn yr ysgol a allai effeithio ar gyflawniad disgybl dosbarth gweithiol. **(4 marc)**
4. 'Dosbarth cymdeithasol sy'n cael y dylanwad mwyaf ar gyflawniad addysgol disgybl.' Ydy'r gosodiad hwn yn gywir? Yn eich ateb, cofiwch gyfeirio at ddeunydd ac unrhyw ffactorau perthnasol eraill sy'n cefnogi eich barn. **(15 marc)**

Amddifadedd diwylliannol, cyfalaf diwylliannol a ffactorau diwylliannol

Rhoi sylw i'r fanyleb

3.3 Patrymau cyflawniad addysgol: patrymau cyrhaeddiad yn ôl dosbarth cymdeithasol

3.4 Ffactorau sy'n effeithio ar gyflawniad addysgol: ffactorau diwylliannol

Cyswllt â'r gwerslyfr

tt 84–87: Pwysigrwydd ffactorau diwylliannol
tt 90–91: Pwysigrwydd ysgolion a'r hyn sy'n digwydd ynddyn nhw

AA2 Cymhwyso

Beth mae Basil Bernstein yn ei olygu pan mae'n sôn am y cod cyfyngedig a'r cod cymhleth? Sut mae'r gwahaniaethau rhwng iaith y dosbarth gweithiol ac iaith y dosbarth canol yn effeithio ar gyflawniad addysgol?

Pa fanteision sydd gan blant dosbarth canol o ganlyniad i'w cefndir cymdeithasol?

Datblygu ymhellach

Chwiliwch eich canolfan blant leol. Pa weithgareddau a chyrsiau sy'n cael eu cynnal yno? Pwy sy'n gymwys i fynd i'r ganolfan? Pa feysydd sy'n ymwneud â bywydau teuluoedd mae canolfannau plant yn canolbwyntio arnyn nhw? Sut mae gwaith y ganolfan blant yn helpu i fynd i'r afael ag effaith amddifadedd diwylliannol a materol?

Cofio'r cysylltiad

Er bod y tudalennau adolygu hyn yn ymwneud ag amddifadedd diwylliannol, ceisiwch feddwl hefyd am ffyrdd o gyflwyno'r gwahaniaethau rhwng cyflawniad addysgol y dosbarthiadau cymdeithasol gwahanol, amddifadedd materol ac ethnigrwydd.

Amddifadedd diwylliannol

Mae cymdeithasegwyr yn credu y gallai gwahaniaethau diwylliannol effeithio ar gyrhaeddiad.	Amddifadedd diwylliannol yw'r syniad bod plant dosbarth gweithiol yn methu oherwydd bod eu gwerthoedd yn israddol i rai plant dosbarth canol – dydy diwylliant dosbarth gweithiol ddim wedi'i anelu at lwyddiant addysgol.
Yn ôl astudiaeth gan y Ganolfan Astudiaethau Hydredol yn 2007, erbyn eu pen-blwydd yn dair oed, mae plant o gefndiroedd llai breintiedig eisoes flwyddyn y tu ôl i blant o gefndiroedd mwy breintiedig.	Mae'r bwlch yn parhau i dyfu wrth iddyn nhw fynd yn hŷn. Byddai llawer o gymdeithasegwyr yn dadlau mai amddifadedd diwylliannol sy'n gyfrifol am hyn.

Ffactorau diwylliannol yn yr ysgol

Fel mae Paul Willis wedi ei ddangos, gall isddiwylliannau gwrth-ysgol gael effaith negyddol.	Gall disgyblion sy'n cyflawni'n uchel mewn ysgolion dosbarth gweithiol gael eu bwlio oherwydd eu llwyddiant.
Gall rhoi disgyblion mewn setiau a ffrydiau gael effaith hefyd.	Gall plant dosbarth gweithiol gael eu labelu yn 'dwp' – gall hyn arwain at broffwydoliaeth hunangyflawnol.
Pobl dosbarth canol yn bennaf sy'n rheoli'r system addysg.	Mae profion yn cael eu hystyried yn bethau sydd wedi'u creu ar gyfer y dosbarth canol – er enghraifft, mae'r prawf 11+ yn Lloegr yn cael ei feirniadu am ddangos gormod o duedd tuag at y dosbarth canol. Mae ysgolion yn tueddu i ddysgu cyfalaf diwylliannol y dosbarth canol; er enghraifft, cerddoriaeth glasurol.

Ffactorau diwylliannol y tu allan i'r ysgol

Mae J. W. B. Douglas yn dweud mai diddordeb rhieni yw'r ffactor pwysicaf sy'n effeithio ar gyflawniad.	Y ddadl yw bod rhieni dosbarth canol yn disgwyl mwy o'u plant ac mae ganddyn nhw fwy o ddiddordeb yn eu cynnydd. Mae rhieni dosbarth canol yn fwy tebygol o fynd i nosweithiau agored.
Mae rhieni dosbarth canol yn gwybod sut i 'weithio'r system'.	Gallan nhw ddal eu tir wrth anghytuno gydag athrawon am addysg eu plant, maen nhw'n gwybod pa lyfrau i'w prynu, ac ati.
Mae cyfalaf diwylliannol yn fwy tebygol o gael ei drosglwyddo mewn teuluoedd dosbarth canol.	Mae disgyblion dosbarth canol yn fwy tebygol o gael cyfleoedd i ymweld â'r llyfrgell ac amgueddfeydd, i fynd ar deithiau ac i fod yn berchen ar lyfrau yn y cartref. Mae plant dosbarth canol yn fwy tebygol o gael rhieni sy'n darllen papurau newydd safonol, ac sy'n gwerthfawrogi ac yn trafod y celfyddydau.

Ydy rhieni dosbarth canol yn fwy tebygol o helpu eu plant gyda'u gwaith cartref a'u hastudiaethau?

Cefnogaeth ar gyfer y ddadl bod diwylliant dosbarth gweithiol yn effeithio ar gyrhaeddiad addysgol:

Mae Sue Palmer a Melanie Phillips yn cefnogi hyn drwy ddweud nad yw pobl dosbarth gweithiol yn rhieni da. Maen nhw'n trosglwyddo gwerthoedd sy'n achosi i blant fethu yn yr ysgol.

Mae Douglas yn honni bod rhieni dosbarth gweithiol, o bosibl, yn llai tebygol o fynd i nosweithiau rhieni.

Mae plant dosbarth gweithiol yn cael trafferth addasu i normau a gwerthoedd dosbarth canol yr ysgol.

Tystiolaeth yn erbyn y ddadl bod diwylliant dosbarth gweithiol yn effeithio ar gyrhaeddiad addysgol:

Efallai bod rhieni dosbarth gweithiol yn llai tebygol o fynd i nosweithiau agored a nosweithiau rhieni oherwydd bod rhaid iddyn nhw weithio shifftiau anghyfleus, yn hytrach na bod arnyn nhw ddim eisiau mynd.

Efallai bod rhieni dosbarth gweithiol wedi cael profiadau negyddol yn yr ysgol a bod hyn wedi effeithio ar eu hawydd nhw i fynd i ddigwyddiadau fel nosweithiau rhieni.

Mae ôl-fodernwyr yn dadlau nad oes dosbarth gweithiol amlwg mwyach.

Byddai Marcswyr yn dweud mai dioddefwyr anghydraddoldeb cymdeithasol yw'r dosbarth gweithiol mewn gwirionedd, ac nid achos tangyflawniad addysgol eu plant.

Mae gan sawl ysgol sy'n cynnwys disgyblion dosbarth gweithiol yn bennaf, systemau llai effeithiol o gyfathrebu a chysylltu â rhieni.

Cefnogaeth ar gyfer y ddadl bod amddifadedd diwylliannol yn effeithio ar gyflawniad addysgol:

Mae rhieni dosbarth canol yn fwy tebygol o fynd â'u plant i amgueddfeydd ac orielau celf ac ati.

Mae rhieni dosbarth canol yn fwy tebygol o ddarllen papurau newydd safonol a thrafod materion cyfoes gyda'u plant.

Mae dulliau rhianta dosbarth canol yn rhoi mwy o bwyslais ar bwysigrwydd addysg nag y mae'r diwylliant dosbarth gweithiol.

Tystiolaeth yn erbyn y ddadl bod amddifadedd diwylliannol yn effeithio ar gyflawniad addysgol:

Mae Nell Keddie yn disgrifio 'amddifadedd diwylliannol' fel myth gan ddweud bod disgyblion dosbarth gweithiol yn wahanol yn ddiwylliannol yn hytrach na'u bod nhw'n wynebu amddifadedd diwylliannol.

Mae'r ddamcaniaeth hon yn trin diwylliant dosbarth gweithiol yn israddol. Byddai llawer o bobl, fodd bynnag, yn dweud ei fod yn wahanol, nid yn israddol.

Dydy'r ddadl ddim yn ystyried y cysylltiadau ag amddifadedd materol.

Cryfderau dadl Basil Bernstein bod gwahaniaethau dosbarth o ran patrymau iaith yn effeithio ar gyflawniad addysgol:

Y cod cymhleth sy'n cael ei ddefnyddio gan y dosbarthiadau canol yw'r iaith sy'n cael ei defnyddio gan athrawon – mae hyn o fantais i ddisgyblion dosbarth canol.

Mae iaith lafar ac ysgrifenedig yn bwysig er mwyn llwyddo yn yr ysgol.

Mae iaith 'gywir' yn cael ei hannog a'i chanmol gan athrawon. Felly, gan fod plant dosbarth canol yn fwy tebygol o gael eu magu yn gweld ac yn defnyddio'r math hwn o iaith, mae'n siŵr y byddan nhw'n ei chael hi'n haws setlo a gwneud beth sy'n ofynnol.

Gwendidau dadl Basil Bernstein bod gwahaniaethau dosbarth o ran patrymau iaith yn effeithio ar gyflawniad addysgol:

Mae'n anwybyddu amrywiaeth ac amrywiadau rhwng y dosbarthiadau cymdeithasol gwahanol.

Does ganddo ddim llawer o dystiolaeth i gefnogi ei ddamcaniaeth.

Mae'n rhagdybio bod pob person dosbarth canol yn siarad mewn cod cymhleth.

CYNGOR ADOLYGU

Mae Barry Sugarman (1970) yn credu mai agwedd y dosbarth gweithiol, er enghraifft tynghediaeth a'r duedd i ddewis boddhad yn y fan a'r lle, yw'r rheswm pam maen nhw'n tangyflawni yn addysgol. Mae'n dweud bod yr agweddau hyn yn arwain at weld disgyblion dosbarth gweithiol yn gadael yr ysgol ar y cyfle cyntaf er mwyn cael swydd ac ennill cyflog ar unwaith. Mae damcaniaeth Sugarman wedi cael ei beirniadu, fodd bynnag, oherwydd roedd yn ysgrifennu ar adeg pan roedd hi'n arferol i blant dosbarth gweithiol fynd allan i weithio i ennill arian er mwyn cyfrannu at y teulu.

Pobl allweddol

Astudiodd **Basil Bernstein** ddisgyblion mewn ysgol yn Nwyrain Llundain. Yn ôl ei ganfyddiadau, doedd disgyblion dosbarth gweithiol ddim yn gyfforddus â'r iaith oedd yn cael ei defnyddio ac a oedd yn ofynnol yn yr ysgol. Mae'n credu bod pobl dosbarth canol yn gallu defnyddio iaith mewn ffordd wahanol i bobl dosbarth gweithiol ac mae hyn o fantais iddyn nhw. Felly, mae pobl dosbarth gweithiol dan anfantais yn yr ysgol gan fod ysgolion yn dibynnu ar ddiwylliant ac iaith dosbarth canol. Yr iaith sy'n cael ei defnyddio gan y dosbarth canol yw'r iaith sy'n cael ei defnyddio gan athrawon, mewn gwerslyfrau ac mewn arholiadau. Mae **Chris Gaine** a **Rosalyn George** yn beirniadu'r syniad hwn gan honni nad oedd Bernstein wedi darparu llawer o dystiolaeth ar gyfer y ddamcaniaeth hon.

Gwirio eich gwybodaeth

1. Disgrifiwch ystyr 'cyfalaf cymdeithasol'. **(2 farc)**
2. Amlinellwch ffyrdd y gall amddifadedd diwylliannol effeithio ar gyflawniad addysgol. **(8 marc)**
3. Nodwch ac esboniwch ddau ffactor y tu allan i'r ysgol a allai effeithio ar dangyflawniad y dosbarth gweithiol. **(8 marc)**
4. 'Gall cefndir plentyn fod yn anfanteisiol i'w gyflawniad addysgol.' Ydych chi'n cytuno? **(15 marc)**

AA1 Disgrifio

Rhoi sylw i'r fanyleb

3.3 Patrymau cyflawniad addysgol: patrymau cyrhaeddiad yn ôl dosbarth cymdeithasol

3.4 Ffactorau sy'n effeithio ar gyflawniad addysgol: cyfraniad ffactorau materol

Cyswllt â'r gwerslyfr

tt 88–89: Pwysigrwydd ffactorau materol ac amddifadedd materol

tt 90–91: Pwysigrwydd ysgolion a'r hyn sy'n digwydd ynddyn nhw

AA2 Cymhwyso

Datblygwyd y rhaglen deledu Sesame Street o fenter addysg gydadferol (compensatory education) yn America. Beth oedd yr amcanion? Pa sgiliau roedd y rhaglen am eu datblygu mewn plant mwy tlawd? Oedd Sesame Street yn fath effeithiol o addysg gydadferol? Beth yw barn beirniaid y cynllun?

Datblygu ymhellach

Mae Diane Reay wedi ysgrifennu llyfr o'r enw *Miseducation: Inequality, education and the working classes*, am yr anghydraddoldeb rhwng y dosbarthiadau yn system addysg Prydain. Mae hi'n credu bod plant dosbarth gweithiol yn cael llai o addysg na disgyblion dosbarth canol – hyd yn oed os ydyn nhw yn yr un ysgol ac yn yr un adeilad. Byddai Reay yn enghraifft wych i'w defnyddio mewn traethawd ar ddosbarth a chyflawniad addysgol a/neu amddifadedd materol ac addysg. Darllenwch rai o'i chyfweliadau neu ei llyfr, a gwnewch yn siŵr eich bod chi'n cynnwys rhai brawddegau am ei gwaith ymchwil a'i chanfyddiadau yn eich ateb arholiad.

Sut gall amddifadedd materol effeithio ar gyflawniad addysgol? Ffactorau yn yr ysgol:

Gallai plant dosbarth gweithiol dangyflawni o'u cymharu â phlant dosbarth canol oherwydd diffyg adnoddau ac arian.	Datgelodd ymchwil gan *UCL* fod £12,000 y flwyddyn ar gyfartaledd yn cael ei wario ar ddisgybl cynradd mewn addysg breifat, o'i gymharu â £4,800 y flwyddyn ar gyfartaledd ar ddisgybl yn un o ysgolion y wladwriaeth. Gall hyn olygu dosbarthiadau mwy o faint a llai o adnoddau.
Gall diffyg arian ar gyfer ysgolion effeithio ar beth mae ysgolion yn gallu ei ddarparu y tu allan i oriau ysgol hefyd.	Efallai nad oes cyfleusterau cyn-ysgol ar gael mewn llawer o ardaloedd dosbarth gweithiol, fel y dinasoedd mewnol.
Mae gan ysgolion yn yr ardaloedd tlotaf gyfleusterau o ansawdd is a throsiant staff uchel fel arfer. Mae ymchwil wedi dangos y gall hyn gael effaith negyddol ar ddatblygiad plentyn.	Yn ôl Jan Flaherty, roedd amddifadedd materol a phroblemau ariannol yn ffactor pwysig wrth ystyried presenoldeb gwael plant iau yn yr ysgol. Yn 2006, dim ond 33 y cant o'r disgyblion a oedd yn cael prydau ysgol am ddim gafodd bump neu fwy o gymwysterau TGAU A*–C, o'i gymharu â 61 y cant o'r disgyblion nad oedden nhw'n cael prydau ysgol am ddim.

Sut gall amddifadedd materol effeithio ar gyflawniad addysgol? Ffactorau y tu allan i'r ysgol:

Gallai plant dosbarth gweithiol dangyflawni oherwydd diffyg adnoddau ac arian.	Efallai nad oes ganddyn nhw gyfrifiadur na mynediad at y rhyngrwyd, dim teganau na llyfrau addysgol, ac na allan nhw fforddio tiwtoriaid preifat. Gallai deiet gwael eu gwneud yn sâl ac arwain at absenoldeb.
Mae'n bosibl y bydd rhaid i fyfyrwyr hŷn weithio wrth iddyn nhw astudio. Gwnaeth Tess Ridge ganfod bod plant o gefndiroedd tlotach yn gwneud swyddi fel gwarchod plant a rowndiau papur.	Yn ôl Helen Connor a Sara Dewson, mae ar blant dosbarth gweithiol ofn bod yn faich ar deuluoedd sy'n ei chael hi'n anodd yn barod, felly maen nhw'n mynd i weithio, sy'n rhoi llai o amser iddyn nhw astudio.
Gall y sefyllfa tai gael effaith niweidiol.	Gall yr ardal lle mae plant yn byw gyfyngu ar eu dewis o ysgol – dethol drwy forgais. Efallai eu bod nhw'n byw mewn tai heb fan astudio digonol – gall gorlenwi olygu nad oes lle i blant astudio na gwneud eu gwaith cartref. Gall tai gwael arwain at salwch ac absenoldeb o'r ysgol, e.e. oherwydd tamprwydd neu oerfel.
Gall plant o gefndiroedd mwy breintiedig fforddio mynd i'r prifysgolion gwell.	Er enghraifft, mae hi 15–19 y cant yn ddrutach byw yn ninas Coventry na dinas gyffredin yn y DU, ond mae rhieni dosbarth canol yn barod i dalu hynny er mwyn i'w plant allu mynd i Brifysgol Warwick.

Ydy'r gallu i dalu am diwtor preifat yn rhoi mantais i blentyn?

Cefnogaeth ar gyfer y ddadl bod amddifadedd materol yn effeithio ar gyflawniad addysgol:

Mae A. Gibson ac S. Asthana yn dweud bod cyswllt rhwng incwm isel yn y cartref a chyflawniad addysgol gwael.

Dydy plant o gefndiroedd llai breintiedig ddim yn gallu fforddio tiwtor preifat nac addysg breifat.

Mae Payne yn dweud bod rhieni dosbarth canol i fyfyrwyr Safon Uwch yn gallu ac yn fodlon talu am diwtoriaid preifat ar gyfer eu plant.

Dydy teuluoedd incwm isel ddim yn gallu fforddio cynnal eu plant yn y brifysgol.

Yn ôl Halsey, diffyg cefnogaeth ariannol yw'r prif reswm pam nad yw disgyblion dosbarth gweithiol yn aros ymlaen yn yr ysgol.

Gwelodd J. W. B. Douglas nad yw plant sy'n byw mewn amodau anfoddhaol yn gwneud cystal mewn profion ysgol â phlant o gefndiroedd mwy cyfoethog.

Cynlluniwyd Sesame Street *yn wreiddiol fel math o addysg gydadferol.*

Tystiolaeth yn erbyn y ddadl bod amddifadedd materol yn effeithio ar gyflawniad addysgol:

Mae llawer o blant o gefndiroedd tlawd yn cyflawni'n uchel ym myd addysg.

Bydd rhieni sydd wedi cael addysg, waeth beth yw eu hincwm, yn annog ac yn ysgogi eu plant i wneud yn dda.

Gall addysg gydadferol helpu i leihau effaith negyddol amddifadedd materol.

Mae'n rhy benderfyniaethol.

Dydy'r ddadl ddim yn ystyried ffactorau eraill fel amddifadedd diwylliannol.

Cyflwynodd y llywodraeth y Grant Datblygu Disgyblion er mwyn helpu plant o deuluoedd incwm is.

Pam mae plant sydd â rhieni dosbarth canol a dosbarth uwch yn fwy tebygol o fynd i'r brifysgol?

CYNGOR ADOLYGU

Gwnewch ymchwil pellach i astudiaeth Alasdair Forsyth ac Andy Furlong ynglŷn â pham mae myfyrwyr tlotach yn fwy tebygol o roi'r gorau i'w cwrs yn y brifysgol. Mae'r astudiaeth yn awgrymu bod ffactorau eraill yn cyfrannu at yr anfantais hon. Beth yw'r ffactorau hyn? Sut mae'r astudiaeth wedi cael ei beirniadu?

Pobl allweddol

Edrychodd **Alasdair Forsyth** ac **Andy Furlong**, o Brifysgol Glasgow, ar y rhwystrau a oedd yn wynebu disgyblion dosbarth gweithiol mewn addysg. Yn ôl y canfyddiadau, ofn dyled, pryderon parhaus am arian a chost addysg sy'n atal disgyblion dosbarth gweithiol rhag mynd ymlaen i addysg uwch. Roedden nhw'n edrych ar y 'costau cudd' (gwisg ysgol, teithiau, llyfrau, offer ac ati). Efallai bydd angen i fyfyrwyr dosbarth gweithiol gael swydd rhan amser ar yr un pryd â dilyn cwrs astudio, ac efallai byddan nhw'n poeni am ad-dalu'r benthyciad myfyrwyr ar ôl iddyn nhw orffen eu cwrs. Mae hyn yn golygu eu bod dan anfantais yn eu haddysg.

Gwirio eich gwybodaeth

1. Disgrifiwch ystyr 'incwm'. **(2 farc)**
2. Disgrifiwch ystyr 'amddifadedd materol'. **(2 farc)**
3. Esboniwch ddau reswm pam mae plant sydd â rhieni dosbarth canol yn fwy tebygol o fynd ymlaen i addysg uwch na phlant sydd â rhieni dosbarth gweithiol. **(8 marc)**
4. 'Y cartref a'r teulu sy'n cael y dylanwad mwyaf ar gyflawniad addysgol disgybl.' Ydych chi'n cytuno? Pam? **(15 marc)**

Labelu a phroffwydoliaeth hunangyflawnol

Rhoi sylw i'r fanyleb

3.2 Prosesau mewn ysgolion: prosesau mewn ysgolion yn effeithio ar gyflawniad addysgol; labelu, gan gynnwys gwaith Hargreaves

Cyswllt â'r gwerslyfr

tt 92–93: Disgwyliadau athrawon a labelu gan athrawon

tt 94–95: Effeithiau labelu gan athrawon ar gyrhaeddiad

AA2 Cymhwyso

Ymchwiliwch i astudiaeth Robert Rosenthal a Lenore Jacobson 'Pygmalion in the Classroom'. Nod yr astudiaeth hon oedd profi damcaniaeth proffwydoliaeth hunangyflawnol. Beth oedd canfyddiadau'r astudiaeth? Sut gallwch chi ddefnyddio'r astudiaeth hon mewn cwestiwn arholiad am labelu, proffwydoliaeth hunangyflawnol a disgwyliadau athrawon?

Datblygu ymhellach

Beth yw ystyr 'effaith yr eurgylch' (*halo effect*)? Sut gall hyn olygu bod gan ddisgyblion dosbarth canol sydd ddim mor ddeallus fantais dros ddisgyblion dosbarth gweithiol deallus?

Ydy athrawon yn labelu'r disgyblion yn eu dosbarth?

Beth yw damcaniaeth labelu?

Howard Becker sy'n gyfrifol am y syniad o ddamcaniaeth labelu. Damcaniaeth ryngweithiadol yw hon sy'n helpu i esbonio tangyflawniad addysgol.

Y syniad yw bod pobl yn cael eu labelu, ac yna mae pobl eraill yn ymddwyn fel pe bai'r labeli hynny'n wir. Gall y labeli hyn effeithio ar ein hymddygiad.

Mae Becker yn dweud mai damcaniaeth labelu yw'r ffordd mae hunaniaeth ac ymddygiad unigolyn yn cael eu categoreiddio a'u disgrifio gan bobl eraill yn y gymdeithas.

Mewn geiriau eraill, mae'n golygu rhoi ystyr neu ddiffiniad i rywun, er enghraifft, mae Emily yn ddisgybl deallus neu mae Grace yn creu helynt.

Mae astudiaethau yn dangos y gallai athrawon labelu disgyblion ar sail stereoteipiau sy'n seiliedig ar eu dosbarth, ethnigrwydd, rhywedd ac ati.

Gwnaeth Becker gyfweld â 60 o athrawon uwchradd yn Chicago, a chanfod eu bod nhw'n beirniadu disgyblion yn eu dosbarth yn ôl pa mor agos roedden nhw'n ffitio i ddelwedd y 'disgybl delfrydol'. Roedden nhw'n edrych ar bersonoliaeth, iaith a dosbarth cymdeithasol disgyblion, yn ogystal â sut roedden nhw'n edrych. Roedd athrawon yn gweld plant dosbarth canol fel rhai a oedd yn fwyaf tebyg i'r 'ddelfryd'.

Beth yw'r cysylltiad rhwng labelu ac ethnigrwydd?

Daeth Cecile Wright o hyd i dystiolaeth bod athrawon mewn ysgolion cynradd yn ystyried plant lleiafrifol ethnig heb fod yn wyn yn wahanol i blant gwyn, ac felly yn eu trin nhw'n wahanol. Sylwodd David Gilborn ar ganlyniadau tebyg mewn ysgolion uwchradd.

Roedd bechgyn Affricanaidd-Caribïaidd yn fwy tebygol o gael eu labelu fel plant ymosodol ac roedd plant Asiaidd yn fwy tebygol o gael eu labelu yn 'broblem'. Yn ôl canfyddiadau David Gilborn, mae athrawon yn labelu disgyblion du yn negyddol.

Fodd bynnag, dydy pob disgybl ddim yn gwireddu disgwyliadau athrawon.

Gwnaeth Margaret Fuller ganfod bod rhai merched du mewn ysgol gyfun yn gwrthod y label negyddol sy'n cael ei roi iddyn nhw, gan weithio'n hynod o galed a llwyddo. Dyma un enghraifft o broffwydoliaeth hunan-negyddu, lle mae'r disgybl yn gwrthod derbyn y label mae'r athro wedi'i roi iddo. Yn hytrach, mae'n defnyddio'r gefnogaeth mae'n ei chael gan bobl eraill, fel ei rieni neu athrawon eraill, i brofi'r athro yn anghywir.

Beth yw proffwydoliaeth hunangyflawnol?

Proffwydoliaeth hunangyflawnol yw'r syniad bod rhywbeth yn dod yn wir oherwydd bod rhywun wedi dweud y byddai'n digwydd.

Ar ôl i label negyddol gael ei roi i unigolyn, bydd yr unigolyn hwnnw yn gwireddu disgwyliadau'r label. Mae disgwyliadau athrawon o'u disgyblion yn tueddu i ddod yn wir.

Er enghraifft, efallai bod 'Tomos' yn dod o deulu dosbarth gweithiol, ac oherwydd hynny, bydd ei athrawon yn ei weld fel stereoteip – rhywun sydd ddim mor ddeallus â disgybl arall o deulu dosbarth canol.

Efallai bydd Tomos yn colli pob cymhelliant ac yn meddwl nad oes pwynt gweithio'n galed yn yr ysgol. Efallai na fydd yn ymddwyn yn dda yn yr ysgol oherwydd iddo gael ei labelu yn ddisgybl 'drwg'. Gallai hyn olygu bod Tomos yn cael ei roi mewn setiau is yn yr ysgol, lle na fydd yn cael yr un gwaith â'r plant yn y setiau uwch a lle mae'r disgwyliadau yn is. Mae'n bosibl y bydd Tomos yn credu na fydd byth yn cyflawni yn yr ysgol, ac felly'n gadael yr ysgol heb unrhyw gymwysterau TGAU.

Cefnogaeth ar gyfer y ddadl bod labelu yn effeithio ar gyflawniad addysgol:

Gall labelu effeithio ar agwedd disgybl at yr ysgol, ei ymddygiad ac yn y pen draw, lefel ei gyflawniad addysgol.

Gallai athrawon ffurfio stereoteipiau o'u 'disgybl delfrydol' a thrin disgyblion yn wahanol yn dibynnu ar sut maen nhw'n eu gweld nhw.

Gall labelu negyddol olygu bod disgyblion yn cael eu rhoi mewn setiau neu ffrydiau is. Yn ôl canfyddiadau Stephen Ball, mae'r disgyblion yn y setiau uwch yn fwy tebygol o ddod o gefndiroedd dosbarth canol.

Efallai bydd athrawon yn canmol rhai disgyblion yn fwy nag eraill, ac yn rhoi tasgau haws neu anoddach iddyn nhw. Efallai bod gan athrawon ddisgwyliadau uwch neu is ar gyfer disgybl ar sail y label maen nhw wedi'i roi iddo.

Cynhaliodd Ray Rist astudiaeth lle'r oedd yn arsylwi athro a oedd yn defnyddio cefndir y disgyblion, a sut roedden nhw'n edrych, i'w rhoi nhw mewn grwpiau. Cafodd y disgyblion mwy dosbarth canol eu rhoi mewn grŵp yn agosach at yr athro a'u hannog yn fwy. Cafodd y disgyblion mwy dosbarth gweithiol eu rhoi i eistedd ymhellach oddi wrth yr athro a rhoddwyd deunydd darllen llai heriol iddyn nhw.

Tystiolaeth yn erbyn y ddadl bod labelu yn effeithio ar gyflawniad addysgol:

Dydy pob athro ddim yn gweld disgyblion dosbarth canol fel y 'disgybl delfrydol', fel yr honnodd Becker.

Yn ôl astudiaeth gan Amelia Hempel-Jorgensen, mae syniad ysgolion gwahanol am y 'disgybl delfrydol' yn amrywio, gan ddibynnu ar ddosbarth cymdeithasol yr ysgol. Mewn ysgol dosbarth gweithiol yn bennaf, cafodd y 'disgybl delfrydol' ei ddiffinio fel un tawel, goddefol ac ufudd. Ond, mewn ysgol dosbarth canol yn bennaf, diffiniwyd y 'disgybl delfrydol' yn nhermau ei bersonoliaeth a'i allu academaidd yn hytrach na'i ymddygiad.

Dydy labelu a phroffwydoliaeth hunangyflawnol ddim yn esbonio pam mae ffactorau eraill fel tlodi ac amddifadedd diwylliannol yn gallu effeithio ar gyflawniad addysgol hefyd.

Mae rhai cymdeithasegwyr yn dadlau bod damcaniaeth labelu yn rhy benderfyniaethol. Mae astudiaeth Fuller uchod, a'r cysyniad o broffwydoliaeth hunan-negyddu, yn helpu i gefnogi hyn.

Hyd yn oed os oes gan athrawon 'ddisgybl delfrydol', dydy'r ddamcaniaeth hon ddim yn esbonio pam mae gan athrawon y stereoteipiau hyn yn y lle cyntaf.

Mae cwestiynau wedi'u codi am ansawdd a gweinyddiaeth astudiaeth Rosenthal a Jacobson.

Ydy labelu yn gallu arwain at broffwydoliaeth hunangyflawnol?

Cofio'r cysylltiad

Ceisiwch feddwl am ffyrdd o gyflwyno dosbarth cymdeithasol, ethnigrwydd, rhywedd ac isddiwylliant gwrth-ysgol wrth ysgrifennu am labelu a phroffwydoliaeth hunangyflawnol.

CYNGOR ADOLYGU

Dangosodd astudiaeth yn 2010 gan Brifysgol Caint fod plant wir yn credu bod merched yn perfformio'n well na bechgyn yn yr ysgol. Mae hyn yn ei dro wedi dod yn broffwydoliaeth hunangyflawnol. Mae bechgyn yn colli diddordeb mewn astudiaethau academaidd a darllen llyfrau, gan gredu bod y stereoteip hwn yn wir. Dywedodd Bonny Hartley, arweinydd yr astudiaeth, "os yw rôl y disgybl sy'n tangyflawni yn cael ei rhoi i fechgyn, byddan nhw'n chwarae'r rôl sy'n cael ei rhoi iddyn nhw."

Pobl allweddol

Gwnaeth **David Hargreaves** astudio athrawon mewn dwy ysgol uwchradd. Mae'n credu iddyn nhw lunio barn am ddisgyblion ar sail eu hymddygiad, eu gallu a'u potensial. Dim ond yn ddiweddar roedd y disgyblion hyn wedi cyrraedd yr ysgol, felly doedd gan yr athrawon ddim llawer o wybodaeth i seilio'r farn honno arni. Mae Hargreaves yn credu bod eu syniadau nhw yn seiliedig ar yr ardal lle roedd myfyrwyr yn byw. Dros amser, daeth yr argraffiadau cyntaf hyn yn labeli a allai, yn eu tro, arwain at broffwydoliaeth hunangyflawnol.

Gwirio eich gwybodaeth

1. Disgrifiwch ystyr 'proffwydoliaeth hunangyflawnol'. **(2 farc)**
2. Esboniwch sut gallai damcaniaeth labelu arwain at broffwydoliaeth hunangyflawnol. **(4 marc)**
3. Esboniwch ddau reswm pam gallai damcaniaeth labelu arwain at dangyflawniad addysgol disgyblion. **(6 marc)**
4. 'Bydd labelu disgybl yn negyddol bob amser yn arwain at dangyflawni.' Ydych chi'n cytuno â'r safbwynt hwn? **(15 marc)**

Rhoi sylw i'r fanyleb

3.2 Prosesau mewn ysgolion: prosesau mewn ysgolion yn effeithio ar gyflawniad addysgol

3.3 Patrymau cyflawniad addysgol: patrymau cyrhaeddiad yn ôl ethnigrwydd

3.4 Ffactorau sy'n effeithio ar gyflawniad addysgol: ethnigrwydd

Cyswllt â'r gwerslyfr

tt 96–101: Gwahaniaethau mewn cyrhaeddiad mewn grwpiau ethnig

AA2 Cymhwyso

Edrychwch ar y siartiau sy'n dangos canran y disgyblion gafodd raddau A–C mewn arholiadau TGAU Saesneg a Mathemateg yn ôl ethnigrwydd: https://www.ethnicity-facts-figures.service.gov.uk/education-skills-and-training/11-to-16-years-old/percentage-achieving-a-c-in-english-and-maths/latest.*

Beth sydd i'w ddysgu o'r ffigurau hyn? Pa gwestiynau byddai cymdeithasegwyr am eu gofyn, o bosibl, ar ôl edrych ar y siartiau hyn? Beth yw rhai o'r atebion posibl i'r cwestiynau hyn?

Datblygu ymhellach

Mae astudiaeth ddiweddar gan *UCL* yn dangos bod disgyblion du yn fwy tebygol na disgyblion gwyn o fod yn y setiau isaf mewn gwersi Mathemateg. Gan ddefnyddio'r hyn rydych chi'n ei wybod am ddosbarth, ethnigrwydd, labelu a ffrydio, esboniwch pam mae rhai ymchwilwyr yn credu bod hyn yn dystiolaeth bod hiliaeth sefydliadol yn dal i fodoli mewn ysgolion heddiw.

Cefndir ethnig a gwahaniaethau mewn cyflawniad addysgol

Gall cefndir ethnig plentyn effeithio ar ei gyflawniad addysgol.	Yn gyffredinol, mae plant o gefndiroedd Indiaidd a Tsieineaidd yn cyflawni'n well yn yr ysgol na grwpiau ethnig eraill. Yn 2015–16, disgyblion Tsieineaidd oedd y mwyaf tebygol o gael graddau A*–C mewn TGAU Mathemateg a Saesneg, a disgyblion Sipsiwn/Roma oedd y lleiaf tebygol. Mae plant Bangladeshaidd ac India'r Gorllewin yn tueddu i danberfformio.
Mae graddau disgyblion o rai grwpiau lleiafrifol ethnig ym Mhrydain, fel grwpiau Tsieineaidd, Indiaidd, Du Affricanaidd a Bangladeshaidd, wedi gwella'n sylweddol dros y ddau ddegawd diwethaf.	Maen nhw'n cyflawni'n uwch na'r cyfartaledd cenedlaethol, sy'n awgrymu bod symudedd cymdeithasol yn gwella ar gyfer grwpiau ethnig sydd wedi'i chael hi'n anodd sicrhau graddau TGAU da yn draddodiadol.

Ffactorau y tu allan i'r ysgol	Ffactorau yn yr ysgol
Dosbarth cymdeithasol, yr iaith sy'n cael ei siarad yn y cartref, disgwyliadau rhieni, amddifadedd materol/tlodi, amddifadedd diwylliannol, diffyg modelau rôl gwrywaidd oherwydd y gyfradd uwch o deuluoedd Affricanaidd-Caribïaidd un rhiant	Labelu, disgwyliadau athrawon, y cwricwlwm cudd, hiliaeth, diffyg athrawon du, cwricwlwm ethnoganolog, isddiwylliant gwrth-ysgol posibl

Rhesymau dros lefelau gwahanol o gyflawniad addysgol

Gall y disgwyliadau fod yn wahanol ar gyfer grwpiau lleiafrifol ethnig gwahanol – mae hyn yn gysylltiedig â damcaniaeth labelu.	Yn ôl David Gillborn, mae'n bosibl y bydd athrawon yn labelu disgyblion du yn negyddol. Gallai plant Affricanaidd-Caribïaidd gael eu hystyried yn her i awdurdod ac maen nhw'n fwy tebygol o gael eu gwahardd. Gallan nhw gael eu hystyried yn llai academaidd na phlant o gefndiroedd ethnig eraill. Mae athrawon yn disgwyl llai, felly dydy disgyblion du ddim yn cael eu hannog cymaint â disgyblion eraill. I'r gwrthwyneb, mae'n bosibl bod gan athrawon ddisgwyliadau uchel ar gyfer disgyblion Asiaidd oherwydd maen nhw'n tueddu i gael eu hystyried yn ddisgyblion mwy galluog a gweithgar. Gall dwy ochr y geiniog arwain at broffwydoliaethau hunangyflawnol.
Cwricwlwm cudd/ ethnoganolog – mae ysgolion wedi'u strwythuro mewn ffordd arbennig sy'n cynnwys agweddau fel gwasanaethau ysgol, hanes ac iaith sy'n cyd-fynd â diwylliant y mwyafrif.	Mae'r cwricwlwm yn addas i ddiwylliannau gwyn, dosbarth canol. Mae disgyblion yn dysgu ieithoedd Ewropeaidd, mae gwersi hanes yn canolbwyntio ar ddiwylliant gwyn, mae gwyliau ysgol yn cyfateb i amseroedd penodol, yn enwedig gwyliau crefyddol. Gallai gwerslyfrau gynnwys safbwyntiau sy'n stereoteipio neu sy'n anwybyddu cyfraniadau pobl ddu. Gall profion *IQ* fod yn ethnoganolog – weithiau dydy'r cwestiynau ddim yn profi eich deallusrwydd, ond yn hytrach eich gwybodaeth ddiwylliannol. Fodd bynnag, efallai bod rhai pethau wedi gwella wrth i amlddiwylliannaeth gynyddu – er enghraifft, mwy o sylw i ddiwylliannau gwahanol.
Does dim llawer o athrawon lleiafrifol ethnig mewn ysgolion.	Mae llai o fodelau rôl ar gael, ac maen nhw'n llai tebygol o fod mewn safleoedd o awdurdod. Efallai bydd athrawon lleiafrifol ethnig wedi'u cyfyngu i addysgu pynciau penodol, er enghraifft cynnig cefnogaeth iaith i athrawon dosbarth. Gallai hyn roi'r argraff bod yr ysgol yn brofiad 'gwyn', sy'n cyfyngu ar siawns disgyblion lleiafrifol ethnig o lwyddo.
Gall polisïau ac agweddau'r ysgol fod yn hiliol. Gall hyn gynnwys hiliaeth fwriadol ac anfwriadol.	Gall yr agwedd hon gael ei dangos gan athrawon yn ogystal â disgyblion eraill. O ganlyniad i agwedd athrawon, efallai bydd rhai disgyblion du yn fwy tebygol o gael eu rhoi mewn setiau neu ffrydiau is, neu o sefyll papurau arholiad lefel is. Rhaid ystyried rôl gwahaniaethu wrth roi disgyblion mewn setiau hefyd – mae disgyblion lleiafrifol ethnig yn fwy tebygol o gael eu rhoi mewn setiau is.
Mae llawer o grwpiau ethnig mewn dosbarthiadau cymdeithasol is, ac felly yn dioddef amddifadedd materol sy'n gysylltiedig â hynny, fel tai gwael a diffyg adnoddau.	Er enghraifft, roedd y plant Bangladeshaidd a oedd yn tangyflawni yn tueddu i ddod o gartrefi mwy tlawd, ar gyfartaledd.

Cefnogaeth ar gyfer y ddadl bod ethnigrwydd yn effeithio ar gyflawniad addysgol:

Mae rhai grwpiau lleiafrifol ethnig yn perfformio'n dda iawn yn eu harholiadau TGAU a Safon Uwch, ond mae grwpiau lleiafrifol ethnig eraill yn tanberfformio.

Ar gyfartaledd, roedd disgyblion Tsieineaidd, Asiaidd a grwpiau ethnig cymysg wedi sgorio'n uwch na'r cyfartaledd cenedlaethol ar gyfer mesur 'Attainment 8' yn Lloegr yn 2018.

Roedd disgyblion gwyn a disgyblion du wedi sgorio'n is na'r cyfartaledd cenedlaethol ar gyfer mesur 'Attainment 8' yn Lloegr yn 2018.

Disgyblion o'r grwpiau ethnig Sipsiwn/Roma a Theithwyr Gwyddelig gafodd y sgôr cyfartalog isaf ar gyfer mesur 'Attainment 8' yn Lloegr yn 2018.

Tystiolaeth yn erbyn y ddadl bod ethnigrwydd yn effeithio ar gyflawniad addysgol:

Mae disgyblion o gefndiroedd Indiaidd, Tsieineaidd a Bangladeshaidd sy'n gymwys i gael prydau ysgol am ddim yn perfformio'n well na disgyblion gwyn sy'n cael prydau ysgol am ddim.

Gwelodd Margaret Fuller fod merched Affricanaidd-Caribïaidd yn Llundain yn gwrthod eu labeli negyddol ac yn gweithio'n galed er mwyn llwyddo.

Mae gan rai ysgolion mewn ardaloedd dinas fewnol dosbarth gweithiol lawer o ddisgyblion lleiafrifol ethnig ar y gofrestr. Efallai na fydd yr ysgolion hyn yn gwneud cystal ag ysgolion yn yr ardaloedd mwy dosbarth canol sy'n gallu denu athrawon o ansawdd gwell, o bosibl, sydd â gwell adnoddau ac sy'n cael mwy o gefnogaeth gan rieni. Mae'n bosibl mai dosbarth cymdeithasol yw'r ffactor hollbwysig yma, nid ethnigrwydd.

Cefnogaeth ar gyfer y ddadl bod gwahaniaethau iaith yn effeithio ar gyflawniad addysgol:

Gall iaith fod yn broblem i deuluoedd o fewnfudwyr pan fyddan nhw'n cyrraedd y DU.

I lawer o blant o deuluoedd sydd wedi mewnfudo, prif iaith y cartref yw iaith eu gwlad enedigol fel arfer. Felly, maen nhw'n astudio drwy gyfrwng iaith 'dramor'.

Mae Carl Bereiter a Siegfried Engelmann yn dweud bod iaith yn rhwystr mawr o safbwynt cyflawniad addysgol.

Tystiolaeth yn erbyn y ddadl bod gwahaniaethau iaith yn effeithio ar gyflawniad addysgol:

Mae Saeeda Shah o Brifysgol Caerlŷr yn dweud efallai bod geirfa Saesneg rhai plant lleiafrifol ethnig yn gyfyngedig iawn wrth ddechrau yn yr ysgol, gan nad ydyn nhw'n siarad Saesneg yn y cartref. Ond ar ôl dechrau yn yr ysgol, maen nhw'n datblygu iaith yn gyflym iawn, ac mae'n ymddangos eu bod nhw'n gwneud cynnydd mwy cyflym o ran cyrhaeddiad addysgol wedi hyn, o'u cymharu â disgyblion gwyn Prydeinig.

Mae Adroddiad Swann yn dweud nad yw iaith yn ffactor mawr o safbwynt cyflawniad addysgol.

Mae Heidi Mirza yn dweud bod plant Indiaidd yn gwneud yn dda iawn er nad Saesneg yw iaith y cartref yn aml.

Cefnogaeth ar gyfer y ddadl bod disgwyliadau rhieni yn effeithio ar gyflawniad addysgol:

Gallwn ni ddadlau bod rhieni rhai grwpiau lleiafrifol ethnig yn dangos llai o ddiddordeb yn addysg eu plant na rhieni grwpiau eraill.

Mae rhai cymdeithasegwyr yn credu bod rhai plant du yn cael eu magu gydag agwedd dyngedfenyddol (*fatalistic*).

Mae rhai cymdeithasegwyr yn credu nad yw rhai grwpiau lleiafrifol ethnig yn rhoi gwerth ar addysg.

Tystiolaeth yn erbyn y ddadl bod disgwyliadau rhieni yn effeithio ar gyflawniad addysgol:

Datgelodd astudiaeth gan Awdurdod Addysg Llundain Fewnol fod teuluoedd Indiaidd yn rhoi pwysau ar eu plant i lwyddo, ac mae hyn wedi cael effaith gadarnhaol ar eu perfformiad.

Mewn sawl ardal, gwnaeth rhieni Affricanaidd-Caribïaidd sefydlu ysgolion Sadwrn gan eu bod nhw'n poeni am dangyflawniad eu plant.

Yn ôl Ken Pryce, mae gan rieni Affricanaidd-Caribïaidd ddyheadau uchel iawn ar gyfer eu plant.

Mae Ghazali Bhatti yn dweud bod gan rai rhieni Asiaidd sydd ddim wedi cael llawer o addysg eu hun, ddyhead cryf i roi mwy o help llaw i'w plant o ran eu haddysg.

Mae llawer o rieni lleiafrifol ethnig yn aberthu llawer i dalu am diwtoriaid preifat ar gyfer eu plant, er gwaethaf adnoddau cyfyngedig.

Pobl allweddol

Mae **Cecile Wright** yn dweud y gallai plant Asiaidd gael eu heithrio o drafodaethau yn yr ystafell ddosbarth, ac felly gallai pobl wahaniaethu yn eu herbyn nhw oherwydd rhagdybiaethau athrawon ynglŷn â safon eu Saesneg. Mae'n bosibl bod bechgyn Affricanaidd-Caribïaidd yn cael mwy o sylw negyddol gan athrawon na'u cyfoedion gwyn. Bydd hyn i gyd yn cyfrannu at anfantais disgyblion o gefndir lleiafrifol ethnig yn y byd addysg.

Cofio'r cysylltiad

Pan fyddwch chi'n ysgrifennu am ethnigrwydd, ceisiwch feddwl hefyd am ffyrdd o gyflwyno dosbarth cymdeithasol, gan fod cysylltiad agos rhwng y ddau beth. Meddyliwch am effaith prydau ysgol am ddim ac amddifadedd materol. Sut mae'r pethau hyn yn gysylltiedig ag ethnigrwydd a chyflawniad addysgol?

Gwirio eich gwybodaeth

1. Disgrifiwch ystyr 'ethnoganolog'. **(2 farc)**
2. Esboniwch ddau reswm pam byddai disgyblion lleiafrifol ethnig, o bosibl, yn ffurfio isddiwylliant gwrth-ysgol neu'n ymuno ag isddiwylliant o'r fath. **(5 marc)**
3. Amlinellwch ffyrdd y gall gwerthoedd rhieni ac ethnigrwydd ddylanwadu ar agwedd plentyn at addysg. **(8 marc)**
4. 'Ffactorau yn yr ysgol yw prif achos gwahaniaethau yng nghyflawniad addysgol disgyblion o grwpiau ethnig gwahanol.' Ydych chi'n cytuno? Pam? **(15 marc)**

AA1 Disgrifio

Rhoi sylw i'r fanyleb

3.2 Prosesau mewn ysgolion: prosesau mewn ysgolion yn effeithio ar gyflawniad addysgol; isddiwylliannau gwrth-ysgol gan gynnwys gwaith Willis

Cyswllt â'r gwerslyfr
tt 102–103: Isddiwylliannau gwrth-ysgol

Beth yw isddiwylliant gwrth-ysgol?

Grŵp mewn ysgol sy'n gwrthod addysg ac awdurdod yr athrawon yw isddiwylliant gwrth-ysgol.	Dydy aelodau'r grwpiau hyn ddim yn rhoi gwerth ar addysg nac yn gweld unrhyw bwrpas i addysg. Byddan nhw'n mynd yn groes i normau a gwerthoedd yr ysgol.
Pam byddai plentyn yn ffurfio isddiwylliant gwrth-ysgol, neu'n ymuno ag un?	Gallai fod mewn ymateb i'r labeli negyddol sy'n cael eu rhoi iddyn nhw yn yr ysgol. Gallan nhw ennill statws ymhlith eu ffrindiau drwy fod yn anghwrtais neu gamymddwyn, drwy fod yn absennol neu 'chwarae'r ffŵl'. Mae'n ffordd o wrthryfela yn erbyn system sy'n dweud wrthyn nhw nad ydyn nhw'n mynd i gyflawni. Ymchwiliodd Paul Lacey i effeithiau rhoi disgyblion mewn setiau is a gwelodd fod ffrydio yn gallu arwain at ffurfio isddiwylliannau gwrth-ysgol ymysg disgyblion.
Sut mae perthyn i isddiwylliant gwrth-ysgol yn effeithio ar gyflawniad addysgol?	Gall y disgyblion hynny sy'n ymuno ag isddiwylliant gwrth-ysgol wrthod gwerthoedd yr ysgol, amharu ar wersi a bod yn absennol o'r ysgol. Mae hyn yn golygu nad ydyn nhw'n gallu llwyddo yn eu haddysg, a byddan nhw'n gadael yr ysgol heb lawer o gymwysterau, os o gwbl.

AA2 Cymhwyso

Oes yna isddiwylliannau gwrth-ysgol yn eich ysgol chi? Ydych chi'n gallu adnabod unrhyw grwpiau o ddisgyblion sydd efallai wedi gwrthod addysg ac awdurdod yr athrawon? Sut maen nhw'n ymddwyn? Gyda pha ddosbarth cymdeithasol fyddech chi'n eu cysylltu nhw?

Datblygu ymhellach

Cymdeithasegydd neo-Farcsaidd yw Paul Willis, sy'n credu bod gan y system addysg duedd yn erbyn disgyblion dosbarth gweithiol. Ysgrifennodd lyfr o'r enw *Learning to Labour: How Working Class Kids Get Working Class Jobs*. Yn ei astudiaeth, bu'n arsylwi 12 o fechgyn dosbarth gweithiol yn yr ysgol. Arsylwodd eu tadau yn y gwaith hefyd, a gwelodd fod ymddygiad ac agwedd y bechgyn yn ddrych o ymddygiad ac agwedd eu tadau. Ewch ati i ddarllen rhagor am astudiaeth Willis, a lluniwch nodiadau ar sail eich gwaith ymchwil – bydd hyn yn ddefnyddiol iawn mewn cwestiwn arholiad ar addysg a dosbarth cymdeithasol.

Cefnogaeth ar gyfer y ddadl bod isddiwylliannau gwrth-ysgol yn effeithio ar gyflawniad addysgol:

Mae statws yn cael ei ennill drwy amharu ar wersi ac osgoi gwaith ysgol.

Yn ôl Colin Lacey, mae bechgyn yn y ffrydiau is yn tueddu i wrthod y safonau ymddygiad mae'r ysgol yn eu disgwyl, gan fod yr ysgol wedi'u labelu nhw yn 'fethiant'.

Gwnaeth David Hargreaves ganfod bod disgyblion yn y setiau is yn cael eu labelu fel rhai oedd yn 'creu helynt' ac roedden nhw'n gwrthryfela yn erbyn gwerthoedd yr ysgol.

Roedd Máirtín Mac an Ghaill yn athro mewn dau goleg dinas fewnol. Gwelodd fod bechgyn Affricanaidd-Caribïaidd yn ffurfio isddiwylliannau gwrth-ysgol mewn ymateb i'r hiliaeth sefydliadol roedden nhw'n ei hwynebu yn y coleg.

Tystiolaeth yn erbyn y ddadl bod isddiwylliannau gwrth-ysgol yn effeithio ar gyflawniad addysgol:

Mae Tony Sewell yn credu mai lleiafrif yn unig o fechgyn Affricanaidd-Caribïaidd sy'n rhan o isddiwylliant gwrth-ysgol.

Mae Peter Woods yn awgrymu bod disgyblion yn newid o fod yn rhan o isddiwylliant gwrth-ysgol i fod yn rhan o isddiwylliant o blaid yr ysgol, ac amrywiadau eraill, yn ystod y flwyddyn ysgol.

Cefnogaeth ar gyfer astudiaeth Paul Willis sy'n dangos bod isddiwylliannau gwrth-ysgol yn effeithio ar gyflawniad addysgol:

Roedd y bechgyn yn yr astudiaeth, sef 'the lads', yn credu bod yr ysgol ar gyfer plant dosbarth canol.

Doedd gan y bechgyn hyn ddim diddordeb yn yr ysgol. Yr unig beth o ddiddordeb iddyn nhw oedd cael hwyl.

Gall yr astudiaeth hon fod yn berthnasol heddiw wrth edrych ar bobl *NEET* (pobl sydd ddim mewn addysg, cyflogaeth na hyfforddiant) a thangyflawniad ymhlith bechgyn gwyn, dosbarth gweithiol.

Tystiolaeth yn erbyn astudiaeth Paul Willis sy'n dangos bod isddiwylliannau gwrth-ysgol yn effeithio ar gyflawniad addysgol:

Mae sawl problem foesegol. Er enghraifft, gwelodd Willis y bechgyn yn ymladd, yn ymddwyn yn hiliol ac yn fandaleiddio eiddo'r ysgol ond ni wnaeth unrhyw beth ynglŷn â hyn.

Defnyddiodd Willis sampl bach o 12 bachgen gwyn – mae'r gynrychioldeb yn wael.

Dydy'r astudiaeth ddim yn ddibynadwy oherwydd byddai'n anodd ei hailadrodd heddiw.

Mae'r astudiaeth wedi dyddio.

Mae rhai pobl yn credu bod Willis wedi rhamanteiddio'r bechgyn hyn fel 'arwyr dosbarth gweithiol'. Bechgyn rhywiaethol (*sexist*) a gwrthgymdeithasol oedden nhw mewn gwirionedd.

CYNGOR ADOLYGU

Mewn gwrthgyferbyniad â'r isddiwylliant gwrth-ysgol, mae rhai disgyblion sy'n derbyn ac yn dilyn rheolau'r ysgol, ac sy'n bresennol yn rheolaidd, yn ffurfio isddiwylliant o blaid yr ysgol. Efallai bydd y disgyblion hyn sy'n cydymffurfio ac sy'n ystyried yr ysgol yn rhywbeth cadarnhaol, yn cael eu hystyried yn 'ddisgyblion delfrydol' gan yr athrawon. Gallai hyn arwain at broffwydoliaeth hunangyflawnol wrth i'r disgyblion hyn ennill statws ymhlith eu cyfoedion a'u hathrawon am weithio'n galed, ymddwyn yn dda a chael llwyddiant academaidd.

Cofio'r cysylltiad

Yn eich atebion, ceisiwch feddwl am ffyrdd o gyflwyno dosbarth cymdeithasol mewn perthynas â chyflawniad addysgol ac isddiwylliannau mewn ysgolion.

Pobl allweddol

Gwnaeth **Paul Willis** astudio grŵp o fechgyn mewn ysgol gyfun oedd yn galw eu hunain yn 'the lads'. Roedden nhw'n gwrthod yr ysgol a'i gwerthoedd ac roedd yn ymddangos mai eu hunig ddiddordeb oedd gadael yr ysgol cyn gynted â phosibl. Yr unig beth o ddiddordeb iddyn nhw oedd cael hwyl, felly roedden nhw'n amharu ar wersi, yn camymddwyn ac yn bwlio'r disgyblion hynny yr oedd arnyn nhw eisiau gweithio a gwneud yn dda. Roedd y bechgyn hyn yn gallu ennill statws ymhlith eu cyfoedion drwy ffurfio'r isddiwylliant gwrth-ysgol hwn ac ymddwyn yn y ffordd sy'n cael ei disgrifio uchod. Dyma'r astudiaeth fwyaf adnabyddus yng nghyd-destun isddiwylliannau gwrth-ysgol.

Gwirio eich gwybodaeth

1. Disgrifiwch ystyr 'isddiwylliant gwrth-ysgol'. **(2 farc)**
2. Gan ddefnyddio enghreifftiau, esboniwch pam mae rhai disgyblion yn ffurfio isddiwylliannau gwrth-ysgol. **(8 marc)**

Rhoi sylw i'r fanyleb

3.1 Damcaniaethau cymdeithasegol am rôl addysg: damcaniaeth ffeministaidd am addysg yn gweud i batriarchaeth barhau

3.3 Patrymau cyflawniad addysgol: patrymau cyrhaeddiad yn ôl rhywedd

3.5 Ffactorau sy'n effeithio ar gyflawniad addysgol: rhywedd

Cyswllt â'r gwerslyfr

tt 106–109: Gwahaniaethau mewn cyrhaeddiad rhwng bechgyn a merched

AA2 Cymhwyso

Mae'r llywodraeth wedi cyflwyno nifer o fentrau a pholisïau i gynyddu nifer y menywod sy'n dilyn pynciau a gyrfaoedd STEM. Mae enghreifftiau yn cynnwys WISE (Women into Science and Engineering) a GIST (Girls in Science and Technology). Beth mae'r mentrau hyn yn ei wneud i annog mwy o fenywod i faes STEM a pha mor llwyddiannus ydyn nhw?

Datblygu ymhellach

Mae bwlch cyflog o 13 y cant rhwng arweinwyr gwrywaidd a benywaidd mewn ysgolion heddiw. Pa ffactorau allai gyfrannu at hyn? Pa effaith gallai hyn ei chael ar gyflawniad addysgol merched?

Mae mentrau fel GIST *a* WISE *wedi ceisio annog mwy o fenywod i ddilyn gyrfa mewn meysydd fel gwyddoniaeth a thechnoleg.*

Merched a phynciau STEM

Mae STEM yn golygu Gwyddoniaeth, Technoleg, Peirianneg a Mathemateg (*STEM: Science, Technology, Engineering and Mathematics*).	Mae angen mynd i'r afael â'r gwahaniaeth rhwng nifer y bechgyn a'r merched sy'n astudio pynciau STEM, er mwyn i ferched gael cyfle cyfartal yn y farchnad swyddi sy'n newid yn barhaus. Mae astudiaeth ddiweddar gan y Sefydliad Symudedd Cymdeithasol (*the Social Mobility Foundation*) yn dangos y bydd y farchnad swyddi gwyddoniaeth a thechnoleg yn tyfu ddwywaith mor gyflym â swyddi eraill. Os na fydd y bwlch yn cael ei leihau, mae pryder y bydd bwlch sgiliau yn y DU a allai, yn ei dro, effeithio ar yr economi.
Yn ôl canfyddiadau astudiaeth ddiweddar ym Mhrifysgol Dundee, does bron dim gwahaniaeth rhwng cyrhaeddiad merched a bechgyn.	Yn hytrach, y broblem yw bod pynciau STEM yn cael eu hystyried yn bynciau i fechgyn yn draddodiadol. Dangosodd canlyniadau Safon Uwch 2018 fod merched yn fwy tebygol o roi'r gorau i bynciau STEM ar ôl TGAU – cafodd 55 y cant o'r holl arholiadau Safon Uwch eu sefyll gan ferched yn 2018, ond dim ond 43 y cant o'r arholiadau Safon Uwch mewn pynciau STEM gafodd eu sefyll gan ferched.
Does dim llawer o fenywod mewn swyddi STEM.	Mae tua hanner gweithlu'r DU yn fenywod. Eto i gyd, maen nhw'n cyfrif am 14.4 y cant yn unig o'r bobl sy'n gweithio mewn swyddi STEM.

Pam mae bechgyn yn tangyflawni o'u cymharu â merched?

Mae Harris yn credu bod bechgyn yn dioddef fwyfwy o ddiffyg hunan-barch a diffyg cymhelliant.	Mae bechgyn yn ymddangos yn llai parod i wneud ymdrech i oresgyn anawsterau er mwyn deall eu gwaith. Mae bechgyn yn llai tebygol o weithio'n galed yn gyson na merched, ac mae pethau eraill yn tynnu eu sylw yn haws. Mewn meysydd fel gwaith cwrs, mae bechgyn yn ei chael hi'n anoddach trefnu eu hamser yn effeithiol.
Mae merched yn fwy parod i wneud gwaith cartref a threulio mwy o amser arno.	Mae merched yn meddwl mwy am eu dyfodol a phwysigrwydd cymwysterau i gyflawni hyn, ond dydy hi ddim yn ymddangos bod bechgyn yn poeni rhyw lawer.
Mae Moir a Moir yn honni bod ysgolion wedi dod yn rhy 'gyfeillgar i ferched'.	Mae bechgyn bellach yn cael eu gorfodi i ddysgu mewn ffyrdd sydd ddim yn addas ar eu cyfer nhw. Gall hyn gynnwys pwyslais ar sgiliau llafar ac amgylchedd sydd ddim yn gystadleuol.
Mae Orly Katz yn dweud bod pwysau gan gyfoedion, ofn cael eu gwawdio a'r angen i ffitio i mewn, i gyd yn cyfrannu at roi'r argraff nad yw bechgyn yn 'trio'.	Gallai diffyg hunan-barch ymhlith bechgyn fod yn gysylltiedig â'r delweddau o ddynion di-glem sydd i'w gweld mewn hysbysebion, comedïau sefyllfa, operâu sebon ac ati. Gallai'r diffyg hunan-barch hwn fod yn gysylltiedig â'r lleihad mewn swyddi gwrywaidd traddodiadol hefyd, sy'n golygu bod bechgyn yn ansicr ynglŷn â'u dyfodol, a bod ganddyn nhw ddiffyg cymhelliant.

Ffactorau yn yr ysgol	Ffactorau y tu allan i'r ysgol
Rhyngweithio rhwng yr athro a'r disgybl	Cymdeithasoli
Cwricwlwm yn gwahaniaethu rhwng y ddau ryw	Marchnad swyddi/cyfleoedd swyddi yn newid
Cyflwyno'r Cwricwlwm Cenedlaethol	Dirywiad y sector gweithgynhyrchu ac argyfwng gwrywdod
Y cwricwlwm cudd	Y gyfraith/newidiadau cyfreithiol
Adnoddau	Y mudiad ffeministaidd
Gwaith cartref/gwaith cwrs	Blaenoriaethau merched
Modelau rôl/ffemineiddio addysgu	Polisïau cyfle cyfartal
Mentrau gan y llywodraeth	Newidiadau yn y teulu – mwy o aelwydydd yn ennill dau gyflog
Ysgolion un rhyw (*single-sex schooling*)	Anogaeth wahaniaethol gan rieni
Mae bechgyn yn fwy tebygol o ffurfio isddiwylliannau gwrth-ysgol (Paul Willis)	Mae merched yn fwy tebygol o dreulio amser yn y cartref yn adolygu, ond mae bechgyn yn fwy tebygol o dreulio amser yn cymryd rhan mewn chwaraeon (Angela McRobbie)
Mae merched yn cael llai o sylw yn yr ystafell ddosbarth ac mae bechgyn yn dominyddu trafodaethau'r ystafell ddosbarth (Michelle Stanworth)	
Mae bechgyn yn dominyddu'r offer mewn pynciau ymarferol fel Addysg Gorfforol a Gwyddoniaeth	

Cefnogaeth ar gyfer y ddadl bod rhywedd yn effeithio ar gyflawniad addysgol:

Yn yr 1980au, roedd bechgyn yn perfformio'n well na merched. Heddiw, mae merched yn cyflawni'n well na bechgyn mewn arholiadau TGAU a Safon Uwch. Mae merched yn gwneud yn well o tua 8 pwynt ar lefel TGAU.

Yn 2015–2016, ar draws pob grŵp ethnig, roedd merched yn fwy tebygol o ennill graddau A*–C mewn TGAU Saesneg a Mathemateg na bechgyn. Cafodd 67 y cant o ferched y graddau hyn, o'i gymharu â 59 y cant o fechgyn.

Mae tua 30 y cant yn fwy o fenywod na dynion yn y brifysgol, ond mae dynion yn tueddu i gyflawni'n well na menywod yn y brifysgol. Mae mwy o ddynion yn cael graddau dosbarth cyntaf a graddau PhD.

Mae merched yn cael gwell canlyniadau TGAU a Safon Uwch na bechgyn.

Tystiolaeth yn erbyn y ddadl bod rhywedd yn effeithio ar gyflawniad addysgol:

Mae llawer o'r astudiaethau sy'n cael eu defnyddio wedi dyddio. Mae hyfforddiant i athrawon yn well erbyn hyn o ran ymwybyddiaeth o anghydraddoldeb rhwng y ddau ryw, ac mae llawer mwy o gydbwysedd yn y cwricwlwm ac mewn adnoddau.

Mae rhai o'r astudiaethau yn seiliedig ar samplau anghynrychiadol. Dim ond un ysgol gwnaeth astudiaeth Stanworth ei defnyddio, felly dydy hi ddim yn bosibl i ni wneud cyffredinoliadau ar sail hyn.

Mae llawer o bolisïau wedi'u cynllunio i gynyddu nifer y merched sy'n astudio pynciau STEM.

Yn ôl adroddiad gan yr Adran Addysg a Sgiliau yn 2007, "Mae dadansoddiad o'r data cyflawniad yn dangos bod ffactorau eraill neu gyfuniad o ffactorau, fel ethnigrwydd a dosbarth cymdeithasol, yn cael mwy o effaith ar gyflawniad addysgol na rhywedd ar ei ben ei hun."

Myth yw dweud bod yn well gan fechgyn athrawon gwrywaidd. Mae sawl astudiaeth wedi dangos bod y mwyafrif o ddisgyblion yn blaenoriaethu gallu'r athro a pha mor glên ydyw, yn hytrach na rhywedd yr athro, er bod mwy o athrawon benywaidd na rhai gwrywaidd.

Cofio'r cysylltiad

Er bod y tudalennau adolygu hyn yn ymwneud â rhywedd a chyflawniad addysgol, ceisiwch feddwl hefyd am ffyrdd o gyflwyno damcaniaethau ffeministaidd am addysg.

Mae'n bosibl bod yn well gan fechgyn dreulio amser hamdden yn cymryd rhan mewn chwaraeon. Efallai bod merched yn dewis treulio amser yn darllen neu'n cyfathrebu â'u ffrindiau. Ydy hyn yn effeithio ar eu cyflawniad addysgol?

CYNGOR ADOLYGU

Dangosodd ymchwil gan yr Adran Addysg, a gyhoeddwyd ym mis Chwefror 2019, fod 59 y cant o fechgyn yn dweud mai pwnc STEM oedd eu hoff wers o'i gymharu â 32 y cant yn unig o ferched. Mae Nick Gibb, y gweinidog ysgolion, am newid agwedd merched at y pynciau hyn er mwyn i fwy o fenywod ddilyn gyrfaoedd mewn peirianneg, adeiladu a gweithgynhyrchu.

Pobl allweddol

Yn ôl **Melissa Tarris**, Athro ym Mhrifysgol Caeredin, "does bron dim menywod ag arbenigedd yn cael eu dangos i blant." Dangosodd astudiaeth ddiweddar mai dim ond 29 o 328 o academyddion mewn llyfrau stori i blant sy'n fenywod. Mae 25 y cant o Athrawon a 45 y cant o staff academaidd prifysgolion y DU yn fenywod, ond dim ond 9 y cant o academyddion mewn llyfrau stori i blant sy'n fenywod. Pan gafodd Tarris ei phenodi'n Athro, dywedodd ei mab ei hun wrthi nad oedd hi'n gallu bod yn Athro gan nad oedd hi'n ddyn. Mae Tarris yn credu y dylai cyhoeddwyr llyfrau herio stereoteipiau rhywedd.

Gwirio eich gwybodaeth

1. Disgrifiwch ystyr 'ffemineiddio addysg'. **(2 farc)**
2. Amlinellwch sut gallai ysgolion gymdeithasoli plant i'w rolau rhywedd. **(6 marc)**
3. Dewiswch un ffactor yn yr ysgol ac amlinellwch sut gallai esbonio pam mae merched yn gwneud yn well na bechgyn. **(6 marc)**
4. Amlinellwch pam mae merched, o bosibl, yn llai tebygol na bechgyn o ddewis pynciau STEM. **(6 marc)**

AA1 Disgrifio

Rhoi sylw i'r fanyleb

3.4 Ffactorau sy'n effeithio ar gyflawniad addysgol: mathau o ysgolion

Cyswllt â'r gwerslyfr

tt 110–111: Gwahanol fathau o ysgolion
tt 112–113: Dewis rhieni a chystadleuaeth rhwng ysgolion

AA2 Cymhwyso

Edrychwch ar y graff sy'n dangos sgoriau cynnydd darllen, ysgrifennu a mathemateg gwahanol fathau o ysgolion: https://www.telegraph.co.uk/education/0/academies-pros-cons/.

Beth gallwch chi ei ddysgu am gyflawniad addysgol disgyblion o ran darllen, ysgrifennu a mathemateg mewn ysgolion gwahanol?

Datblygu ymhellach

Edrychwch ar y graff sy'n dangos y pwyntiau cyfartalog a sgoriwyd fesul ymgeisydd ar gyfer myfyrwyr Safon Uwch yn Lloegr, yn ôl math o sefydliad (2018): https://assets.publishing.service.gov.uk/government/uploads/system/uploads/attachment_data/file/772074/2018_provisional_A_level_and_other16-18_results_in_England_-_update.pdf (tudalen 13).

Pa fath o ysgolion wnaeth berfformio'n well ar lefel Safon Uwch yn 2018? Beth yw rhai o'r rhesymau cymdeithasegol sy'n esbonio hyn?

CYNGOR ADOLYGU

Gwnaeth ymchwil yn 2016 ddangos bod ysgolion un rhyw yn gweithio i ferched gan fod merched sy'n mynd i'r ysgolion hyn yn perfformio'n well na merched mewn ysgolion cymysg. Hyd yn oed ar ôl ystyried ffactorau eraill fel dosbarth cymdeithasol, mae merched sy'n cael eu dysgu ar wahân yn dal i gael graddau uwch. Mae'r rhesymau sydd wedi'u hawgrymu dros hyn yn cynnwys y ffaith bod merched yn dysgu mewn ffordd wahanol i fechgyn. Hefyd, does dim stereoteipiau rhywedd negyddol, felly gall merched fod yn fwy hyderus ynddyn nhw'u hunain.

Addysg 5–16 yn y DU

Mae gan bob plentyn rhwng 5 ac 16 oed yn y DU yr hawl i gael addysg am ddim.

Y mathau mwyaf cyffredin o ysgolion yw ysgolion cymunedol, ysgolion cyfun, academïau ac ysgolion gramadeg. Mae astudiaethau yn dangos bod rhai mathau o ysgolion yn rhoi mantais i blant o ran eu cyflawniad addysgol. Mae llywodraeth y DU wedi ceisio cynnig mwy o ddewis i rieni o ran y math o ysgol y gallan nhw benderfynu anfon eu plant iddi. Mae hyn wedi arwain at amrywiaeth o fathau gwahanol o ysgolion yn y DU.

Ydy'r math o ysgol mae disgybl yn mynd iddi yn cael effaith ar ei gyflawniad addysgol?

Mathau o ysgolion

Ysgolion annibynnol	Dydy'r llywodraeth ddim yn rhedeg yr ysgolion hyn nac yn talu amdanyn nhw. Mae rhieni yn talu arian i'r ysgolion, sy'n cael eu rhedeg fel busnesau.
Ysgolion cyfun	Dydy'r ysgolion hyn ddim yn dethol eu disgyblion. Maen nhw'n cael eu hariannu gan y wladwriaeth, ac maen nhw dan reolaeth y llywodraeth. Dydyn nhw ddim dan ddylanwad grwpiau crefyddol na grwpiau busnes. Maen nhw'n tueddu i fod yn eithaf mawr.
Ysgolion gramadeg	Ysgolion sy'n cael eu hariannu gan y wladwriaeth yw'r rhain, ond maen nhw'n dethol y mwyafrif o'u disgyblion ar sail eu gallu academaidd. Yn aml, rhaid sefyll arholiad i gael eich derbyn.
Ysgolion ffydd	Ysgolion sy'n cael eu rhedeg gan grefydd benodol yn hytrach na'r llywodraeth yw'r rhain. Rhaid iddyn nhw ddilyn y Cwricwlwm Cenedlaethol ond gallan nhw ddewis beth i'w ddysgu o ran astudiaethau crefyddol.
Academïau	Ysgolion y wladwriaeth yw'r rhain, sy'n cael eu hariannu'n uniongyrchol gan y llywodraeth yn hytrach na'r cyngor lleol. Maen nhw'n cael eu rhedeg gan gyrff elusennol unigol o'r enw ymddiriedolaethau academi. Maen nhw'n annibynnol ar y cyngor lleol. Nid yw'r math hwn o ysgol yn bodoli yng Nghymru.
Ysgolion rhydd	Math o academi yw'r rhain; dydyn nhw ddim yn gwneud elw, maen nhw'n cael eu hariannu gan y wladwriaeth a does dim rhaid talu i fynd iddyn nhw. Dydyn nhw ddim yn cael eu rheoli gan Awdurdodau Lleol (ALl). Yn hytrach, ymddiriedolaethau elusennol, nid er elw, sy'n eu rhedeg. Nid yw'r math hwn o ysgol yn bodoli yng Nghymru.

AA3 Gwerthuso

Math o ysgol	Manteision	Anfanteision
Annibynnol	• Fel arfer yn cael canlyniadau llawer uwch nag ysgolion y wladwriaeth. Dros ddwywaith yn fwy tebygol o gael A* mewn arholiadau Safon Uwch. Mae disgyblion yn fwy tebygol o fynd i brifysgolion blaenllaw fel Rhydychen neu Gaergrawnt. Dim ond 7 y cant o ddisgyblion y DU sy'n mynd i ysgolion bonedd, ond maen nhw'n cyfrif am 45 y cant o fyfyrwyr Rhydychen a Chaergrawnt. • Mae maint dosbarthiadau'r ysgolion hyn fel arfer yn llai – gall yr athro roi mwy o amser a sylw i'r disgyblion. • Mae'r canlyniadau uwch hefyd o ganlyniad i ddiwylliant academaidd, gwell cyfleusterau a gweithgareddau allgyrsiol a gwell disgyblaeth.	• Efallai bydd rhaid i ddisgyblion deithio pellter hir i fynd i'r ysgol, neu hyd yn oed aros y nos yno. Gallan nhw roi llawer o bwysau ar ddisgyblion i berfformio'n dda yn academaidd. • Maen nhw fel arfer ar gael i ddisgyblion dosbarth canol yn unig oherwydd costau uchel y ffioedd ysgol. Yn ôl amcangyfrif, mae 14 blynedd o addysg breifat yn costio £286,000 ar gyfartaledd. Maen nhw'n helpu i atgynhyrchu anghydraddoldeb cymdeithasol. • Efallai na fyddan nhw'n darparu ar gyfer disgyblion llai galluog, disgyblion anabl na disgyblion AAA.

Math o ysgol	Manteision	Anfanteision
Cyfun	• Yn darparu ar gyfer plant o bob gallu a chefndir – cyfle cyfartal. Yn ceisio dileu rhwystrau cymdeithasol. • Maen bosibl bod ganddyn nhw well adnoddau a chyfleusterau oherwydd yr arian maen nhw'n ei gael. Mae llawer o ddisgyblion yn mynd i'r ysgolion hyn, felly maen nhw'n cael mwy o arian. Mae ysgolion mawr yn rhatach eu rhedeg fesul disgybl. • Dim arholiad mynediad, felly dim rhwystr i gydraddoldeb cymdeithasol.	• Llawer o ddisgyblion, felly efallai na fydd athrawon yn dod i adnabod disgyblion unigol. • Mae parhau â'r drefn setiau a ffrydiau yn anfantais, gan fod disgyblion o'r dosbarthiadau cymdeithasol is yn aml yn y setiau is. Mae ymchwil yn awgrymu nad ydyn nhw'n cael addysg o'r un ansawdd â disgyblion sydd yn y setiau uwch. • Yn cynnig dewis cyfyngedig i rieni. Mae rhaniadau dosbarth yn dal i fodoli mewn dalgylchoedd.
Gramadeg	• Mae disgyblion mwy galluog yn cael eu herio mewn amgylchedd o gyflawniad uchel. • Maen nhw'n rhoi cyfle i ddisgyblion abl o deuluoedd incwm isel lwyddo a chael addysg o safon uchel – gwell symudedd cymdeithasol. • Yn tueddu i gael canlyniadau academaidd gwych. Gan fod yr amgylchedd yn fwy academaidd, mae disgyblion mwy abl yn llai tebygol o gael eu bwlio am fod arnyn nhw eisiau gweithio'n galed.	• Yn fanteisiol i rieni a disgyblion dosbarth canol. • Mae gan blant mwy cyfoethog well siawns o gael eu derbyn oherwydd gall eu rhieni fforddio talu am diwtoriaid preifat a deunyddiau eraill fydd yn eu helpu i basio'r arholiad mynediad. • Yn atgyfnerthu rhaniad cymdeithasol gan fod y rhan fwyaf o'r disgyblion yn rhai dosbarth canol. Gwelodd Ymddiriedolaeth Sutton mai dim ond 3 y cant o ddisgyblion ysgolion gramadeg sy'n cael prydau ysgol am ddim.
Ffydd	• Yn tueddu i gael canlyniadau uwch na'r cyfartaledd. • Yn cynnig addysg grefyddol sy'n cefnogi cred grefyddol bersonol disgyblion. • Mae'n well gan rai rhieni yr ethos a'r addysg grefyddol sydd ar gael mewn ysgol ffydd. Maen nhw'n rhoi teimlad cryf o hunaniaeth i'r disgyblion.	• Gallan nhw allgáu rhai grwpiau o bobl ac atgyfnerthu ynysu cymdeithasol. Yn gallu arwahanu cymdeithas. Yn gallu creu rhaniadau. • Dydy'r plant sy'n mynd i ysgol ffydd ddim yn gwbl gynrychiadol o'r ardal leol. Gallai rhai pobl wahaniaethu wrth gyflogi neu ddyrchafu staff. • Yn fanteisiol i rieni dosbarth canol sy'n gwybod sut i 'chwarae'r system' a gallan nhw rentu cartref ger yr ysgol neu fynd i'r eglwys yn unswydd er mwyn bodloni meini prawf mynediad.
Academi	• Mae statws academi yn arwain at ymreolaeth. Rhyddid rhag cyfyngiadau'r Cwricwlwm Cenedlaethol. • Yn ceisio llenwi'r bylchau mewn ardaloedd lle nad oes digon o leoedd ysgol i blant. Mae'r rhyddid o ran y gyllideb yn golygu mwy o reolaeth wrth ddynodi arian yn yr ysgol. • Yn ceisio hybu ysgolion sy'n ei chael hi'n anodd mewn ardaloedd dinas fewnol difreintiedig. Yn derbyn mwy o arian fesul disgybl nag ysgolion cyfun y wladwriaeth.	• Mae rhai athrawon a rhieni yn gweld hyn fel cam tuag at breifateiddio'r system addysg. • Gallan nhw gael eu hystyried yn niweidiol i'r ysgolion presennol o'u cwmpas. • Mae rhai pobl yn honni eu bod nhw'n rhoi rhwydd hynt i noddwyr crefyddol addysgu testunau fel creadigaeth yn hytrach na bioleg. • Mae pryderon wedi'u codi am gyflogau staff. Gwelwyd bod cyfarwyddwyr nifer o ymddiriedolaethau academi yn ennill mwy na rhai o'r is-gangellorion prifysgol sy'n cael eu talu orau yn y DU. • Gallan nhw gyflogi staff sydd ddim wedi cael eu hyfforddi. • Fel rheol, mae ganddyn nhw lai o blant sy'n cael prydau ysgol am ddim.
Rhydd	• Maen nhw'n cael mwy o arian fesul disgybl nag ysgolion cyfun y wladwriaeth ac maen nhw'n rhydd rhag cyfyngiadau'r Cwricwlwm Cenedlaethol. • Mae rhai pobl yn dadlau eu bod nhw'n codi safonau pob ysgol, yn rhannol drwy greu mwy o gystadleuaeth yn lleol. • Yn rhoi mwy o ddewis i rieni o ran y mathau o ysgolion y gallan nhw anfon eu plant iddyn nhw.	• Yn ôl Angela Rayner AS, Ysgrifennydd Gwladol yr Wrthblaid dros Addysg, "dydyn nhw ddim yn gwella safonau, nac yn grymuso staff na rhieni." • Does dim rhaid i athrawon fod yn rhai cymwys. • Maen nhw'n dargyfeirio arian o ysgolion presennol yn y gymuned, ond bydd ganddyn nhw lai o blant sy'n cael prydau ysgol am ddim, fel arfer. • Maen nhw wedi arwain at ormod o leoedd ysgol – mae llawer yn agor ar ôl llenwi dim ond 60 y cant o'r lleoedd sydd ar gael.

Pobl allweddol

Mae **Diane Reay** yn Athro ym mhrifysgol Caergrawnt ac yn ferch i löwr. Roedd hi'n cael prydau ysgol am ddim a chafodd ei magu ar stad cyngor. Mae hi'n credu bod plant dosbarth gweithiol yn cael llai o bob dim ym myd addysg, gan gynnwys parch. Mae Reay yn honni iddi orfod gweithio ddwywaith mor galed â'r plant dosbarth canol yn ei dosbarth i gael yr un canlyniadau, gan fod rhieni disgyblion dosbarth canol yn cyfrannu llawer tuag at addysg eu plant drwy gyfrwng adnoddau a gweithgareddau ychwanegol.

"Hyd yn oed mewn ysgol gyfun, pan mae pawb yn yr un adeilad, mae'r dosbarth gweithiol yn dal i gael llai o addysg na'r dosbarth canol… mae'r disgyblion hyn mewn setiau is, ac yn cael athrawon llai profiadol."

Cofio'r cysylltiad

Er bod y tudalennau adolygu hyn yn ymwneud â mathau o ysgolion yn y DU heddiw, ceisiwch feddwl hefyd am ffyrdd o gyflwyno rhai damcaniaethau am addysg. Er enghraifft, beth fyddai swyddogaethwr neu Farcsydd yn ei feddwl am bob ysgol wahanol a pham?

Gwirio eich gwybodaeth

1. Disgrifiwch ystyr 'ysgol annibynnol'. **(2 farc)**
2. Enwch a disgrifiwch ddau fath gwahanol o ysgol yn y DU heddiw. **(4 marc)**
3. Disgrifiwch un math o ysgol y gallai disgyblion 11–16 oed fynd iddi ac esboniwch fanteision y math hwn o ysgol. **(5 marc)**

AA1 Disgrifio

Rhoi sylw i'r fanyleb

3.1 Damcaniaethau cymdeithasegol am rôl addysg: damcaniaeth swyddogaethol am addysg; damcaniaeth Farcsaidd am addysg yn gwasanaethu anghenion cyfalafiaeth; damcaniaeth ffeministaidd am addysg

Cyswllt â'r gwerslyfr

tt 114–115: Y safbwynt swyddogaethol am addysg
tt 116–117: Y safbwynt Marcsaidd am addysg
tt 118–119: Y safbwynt ffeministaidd am addysg

AA2 Cymhwyso

Ymchwiliwch i'r rhesymau pam mae Bowles a Gintis yn dweud bod cysylltiad rhwng yr ysgol a'r gweithle, ac ysgrifennwch y rhesymau hyn i lawr. Pa enghreifftiau penodol o'r diwrnod ysgol a'r diwrnod gwaith fyddai'n cefnogi'r pwyntiau hyn? Meddyliwch am y diwrnod ysgol a sut mae'n cael ei drefnu, sut mae disgyblion yn cael eu cymell a'u gwobrwyo, yr hierarchaeth yn yr ysgol, cystadleuaeth a meritocratiaeth.

Datblygu ymhellach

Edrychwch ar TED Talk Syr Ken Robinson am sut mae ysgolion yn lladd creadigrwydd (https://www.ted.com/talks/ken_robinson_says_schools_kill_creativity). Sut gallwch chi gysylltu hyn â Marcsaeth a rôl addysg?

Mae Syr Ken Robinson yn credu bod ysgolion yn lladd creadigrwydd. Gwrandewch ar ei TED Talk i ddarganfod pam mae'n credu hyn.

Rôl addysg	
Yn ôl y swyddogaethwr Talcott Parsons, mae gan addysg dair swyddogaeth.	1. Addysgu'r sgiliau sydd eu hangen ar gyfer gwaith. 2. Dynodi'r bobl gywir ar gyfer y swyddi cywir/math o ddethol cymdeithasol. 3. Cyfrwng cymdeithasoli eilaidd/helpu i gymdeithasoli plant i werthoedd cymdeithas/creu diwylliant sy'n cael ei rannu. Mae'n rhoi pwyslais ar feritocratiaeth, fel nad oes dim anghydraddoldebau annheg. Mae'n helpu i gadw trefn gymdeithasol. Mae'r system addysg yn fanteisiol i'r gymdeithas gyfan.
Mae Marcswyr hefyd yn credu bod gan addysg dair swyddogaeth.	1. Addysgu'r sgiliau sydd eu hangen ar gyfer gwaith a pharatoi pobl ar gyfer y byd gwaith mewn cymdeithas gyfalafol. 2. Cyfiawnhau anghydraddoldeb. 3. Trosglwyddo ideoleg y dosbarth llywodraethol er mwyn cynnal cyfalafiaeth. Mae addysg er budd y dosbarth llywodraethol neu'r *bourgeoisie*. Mae addysg yn cynhyrchu gweithwyr ufudd er mwyn cynnal y system economaidd.
Mae ffeministiaid yn credu bod y system addysg yn batriarchaidd a'i bod yn atgyfnerthu rolau a normau rhywedd.	Mae addysg yn ymwneud ag atgynhyrchu patriarchaeth. Dynion sy'n dominyddu'r prif swyddi mewn ysgolion – penaethiaid ac ati. Mae panig moesol ynglŷn â thangyflawniad bechgyn – mae'r sylw hwn yn adlewyrchu cymdeithas batriarchaidd lle mae dynion yn dominyddu. Mae merched a bechgyn yn tueddu i ddewis pynciau gwahanol i'w hastudio.

Pwy yw'r bobl allweddol?	
Mae'r swyddogaethwr Emile Durkheim yn dweud bod addysg yn trosglwyddo normau a gwerthoedd er mwyn integreiddio pobl i'r gymdeithas.	Ym marn Durkheim, mae'r ysgol yn fersiwn llai o'r gymdeithas lle mae plant yn dysgu rhyngweithio ag aelodau eraill. Bydd eu profiad yn yr ysgol yn eu paratoi nhw ar gyfer y rolau y byddan nhw'n eu chwarae fel oedolion ac yn y gweithle.
Mae'r swyddogaethwr Parsons yn dweud mai addysg yw'r bont rhwng y teulu a'r byd ehangach.	Mae Parsons hefyd yn dweud bod addysg yn trefnu pobl yn eu rolau addas a phriodol.
Mae'r Marcsydd Louis Althusser yn credu bod addysg yn cymdeithasoli plant dosbarth gweithiol i dderbyn eu statws sy'n is na'r dosbarth canol. Mae'r cymdeithasegwyr Marcsaidd Sam Bowles a Herb Gintis yn dweud bod cysylltiad rhwng yr ysgol a gwaith.	Mae disgyblion yn cael eu haddysgu i dderbyn hierarchaeth yn yr ysgol – mae hierarchaeth yn y gwaith hefyd. Mae disgyblion yn cael eu cymell gan raddau i wneud gwaith diflas – mae gweithwyr yn cael eu gwobrwyo â chyflog i wneud gwaith diflas. Mae'r diwrnod ysgol wedi'i rannu yn unedau – yn yr un modd â'r diwrnod gwaith. Yn yr ysgol a'r gwaith, mae gwaseidd-dra (*subservience*), neu ddilyn y rheolau, yn rhywbeth sy'n cael ei wobrwyo.
Spender	Mae Spender yn dweud bod athrawon yn rhoi math gwahanol o sylw i fechgyn a merched. Fel arfer, mae merched yn cael eu canmol am y ffordd maen nhw'n edrych, eu hymddygiad da a'u gwaith taclus.
Anne Colley	Gwnaeth Anne Colley ganfod bod gwahaniaethau yn y pynciau mae merched a bechgyn yn dewis eu hastudio, er gwaethaf cyflwyno'r Cwricwlwm Cenedlaethol. Gwelodd fod merched yn tueddu i ddewis celf a drama, a bod bechgyn yn tueddu i ddewis Addysg Gorfforol a TGCh.
A. Stables ac F. Wikeley	Mae Stables a Wikeley yn cefnogi ymchwil Colley ymhellach, gan eu bod nhw hefyd wedi canfod tystiolaeth o wahaniaethau rhywedd wrth ddewis pynciau. Roedd yn well gan fechgyn astudio Addysg Gorfforol, technoleg a gwyddoniaeth, ac roedd yn well gan ferched astudio celf, Saesneg a drama.

Cryfderau a gwendidau'r safbwynt swyddogaethol:

Mae swyddogaethwyr yn canolbwyntio ar agweddau cadarnhaol y system addysg.

Dydy addysg ddim yn feritocrataidd – mae'r gwahaniaethau mewn cyrhaeddiad o ran dosbarth, rhywedd ac ethnigrwydd yn dangos hyn.

Mae pwy rydych chi'n ei adnabod yn dal i fod yn bwysicach na beth rydych chi'n ei wybod mewn rhai rhannau o'r gymdeithas.

Mae Marcswyr yn dadlau bod swyddogaethwyr yn anwybyddu ochr negyddol y system addysg. Maen nhw'n beirniadu swyddogaethwyr fel Durkheim am ragdybio bod y normau a'r gwerthoedd sy'n cael eu hybu yn yr ysgol yr un fath â rhai'r gymdeithas yn gyffredinol.

Mae swyddogaethwyr yn anwybyddu ochr negyddol addysg, er enghraifft bwlio.

Cryfderau a gwendidau'r safbwynt Marcsaidd:

Mae Marcsaeth yn helpu i esbonio pam mae anghydraddoldeb yn y gymdeithas.

Yn ôl Paul Willis, dydy addysg ddim yn cynhyrchu gweithlu ufudd. Mae bodolaeth isddiwylliannau gwrth-ysgol yn dystiolaeth o hyn.

Gall anwybyddu effeithiau eraill, fel effaith rhywedd, a gall ragdybio bod pobl yn ddioddefwyr goddefol.

Mae rhai pobl wedi awgrymu bod Marcswyr yn gorbwysleisio'r cysylltiad rhwng yr ysgol a'r gweithle.

Beth mae Marcswyr yn ei gredu am rôl y system addysg?

Cryfderau a gwendidau'r safbwynt ffeministaidd:

Er bod addysg merched wedi gwella, mae llawer o fenywod yn dal i fethu torri drwy'r nenfwd gwydr.

Mae rhai ffeministiaid yn dadlau bod rolau rhywedd traddodiadol yn dal i gael eu hatgyfnerthu yn yr ysgol, er enghraifft drwy'r chwaraeon sy'n cael eu cynnig mewn gwersi Addysg Gorfforol.

Fodd bynnag, mae canolbwyntio ar rywedd yn anwybyddu effeithiau dosbarth ac ethnigrwydd.

Gwirio eich gwybodaeth

1. Disgrifiwch ystyr 'meritocratiaeth'. **(2 farc)**
2. Esboniwch ddwy ffordd mae ysgolion ac addysg yn paratoi disgyblion ar gyfer y gweithle cyfalafol. **(4 marc)**
3. Amlinellwch yr ymagwedd swyddogaethol at addysg. **(5 marc)**
4. Amlinellwch yr ymagwedd Farcsaidd at addysg. **(5 marc)**

CYNGOR ADOLYGU

Mae swyddogaethwyr yn dweud bod addysg yn feritocrataidd, sy'n golygu bod disgyblion yn cael eu gwobrwyo am eu hymdrech a'u gwaith caled. Bydd disgyblion clyfar sy'n gweithio'n galed yn llwyddo. Mae swyddogaethwyr yn credu bod y disgyblion hynny sy'n pasio eu harholiadau yn haeddu gwneud hynny. Mae hyn, yn ei dro, yn eu paratoi nhw ar gyfer y byd gwaith, lle mae gwaith caled ac ymdrech yn cael eu gwobrwyo unwaith eto.

Pobl allweddol

Mae'r cymdeithasegwyr Marcsaidd **Sam Bowles** a **Herb Gintis** yn dadlau mai prif rôl addysg mewn cymdeithasau cyfalafol yw atgynhyrchu gweithlu ufudd a fydd yn derbyn anghydraddoldeb. Dyma'r math o weithlu mae ar gyfalafiaeth ei angen er mwyn gallu parhau i fod yn gymdeithas gyfalafol. Mae ar y *bourgeoisie* angen gweithlu sy'n gweithio'n galed, sy'n derbyn awdurdod ac sydd ddim yn cwyno os bydd yn cael ei ecsbloetio. Mae ysgolion yn cyflawni hyn drwy'r cwricwlwm cudd (yr hyn rydych chi'n ei ddysgu yn yr ysgol, ond sydd ddim yn cael ei addysgu'n ffurfiol) – mae'r normau a'r gwerthoedd mae disgyblion yn eu dysgu yn yr ysgol yn cyfateb i normau a gwerthoedd y gweithle. Mae disgyblion yn derbyn hierarchaeth ac awdurdod ac maen nhw'n cael eu cymell gan wobrau allanol. Yr enw ar hyn yw'r 'egwyddor cyfatebiaeth' (*correspondence principle*).

Cofio'r cysylltiad

Pan fyddwch chi'n ysgrifennu am ddamcaniaethau am addysg, ceisiwch hefyd feddwl am ffyrdd o gyflwyno'r gwahaniaethau mewn cyrhaeddiad rhwng merched a bechgyn wrth edrych ar ffeministiaeth.

Ydy addysg yn helpu menywod i dorri drwy'r nenfwd gwydr?

Dadl gwrthdaro yn erbyn consensws am haenu cymdeithasol

Rhoi sylw i'r fanyleb

5.1 Damcaniaethau cymdeithasegol am haenu: dadl gwrthdaro yn erbyn consensws am haenu cymdeithasol; safbwynt consensws swyddogaetholdeb; safbwyntiau gwrthdaro Marcsaeth, Weber a ffeministiaeth

Cyswllt â'r gwerslyfr

tt 126–127: Safbwyntiau swyddogaethol am haenu cymdeithasol
tt 128–129: Safbwyntiau Marcsaidd am haenu cymdeithasol
tt 130–131: Beth ddywedodd Weber am haenu cymdeithasol?
tt 132–133: Safbwyntiau ffeministaidd am haenu cymdeithasol

Ar beth rydych chi'n sylwi wrth edrych ar y pyramid dosbarth cymdeithasol?

AA2 Cymhwyso

Yn eich barn chi, beth fyddai'n digwydd yn y DU pe bai pob swydd yn talu cyflog cyfartal? Ar hyn o bryd, mae rhai swyddi yn cael cyfraddau tâl uwch o'u cymharu ag eraill – pêl-droedwyr proffesiynol, llawfeddygon, cyfreithwyr ac ati. Gall athrawon hyd yn oed ennill mwy na'r cyflog cyfartalog yn y DU! Allai'r system weithio? Beth fyddai'n dda amdani? Beth na fyddai mor dda amdani?

Safbwynt consensws

Mae haenu cymdeithasol yn ffordd o weld yr anghydraddoldebau gwahanol yn y gymdeithas fel haenau gwahanol, fel yr haenau mewn treiffl.	Safbwynt swyddogaethwyr yw'r safbwynt consensws. Maen nhw'n cymharu'r ffordd mae'r gymdeithas yn gweithio â'r ffordd mae'r corff dynol yn gweithio. Mae holl rannau gwahanol y gymdeithas yn chwarae rôl (swyddogaeth) er mwyn i'r gymdeithas weithio.
Yn ôl y safbwynt consensws, mae rhyw fath o anghydraddoldeb ym mhob cymdeithas.	Yn union fel y mae'r galon a'r ymennydd yn helpu i gadw'r corff yn iach, felly hefyd mae rhannau gwahanol y gymdeithas. Mae anghydraddoldeb yn chwarae rôl allweddol er mwyn i'r gymdeithas weithio ac i gadw'r gymdeithas yn iach.
Roedd K. Davis a W. E. Moore yn swyddogaethwyr allweddol.	Mae cael gwobrau anghyfartal yn rhywbeth sy'n gadarnhaol i'r gymdeithas gan fod hyn yn ysgogi pobl i anelu am y swyddi gorau a phwysicaf. Mae ofn tlodi neu ofn methu hefyd yn ysgogi pobl i weithio'n galed.
Mae anghydraddoldeb yn deg ac yn angenrheidiol.	'Pennu rôl' yw'r enw mae Davis a Moore yn ei roi ar y broses o gyfateb pobl â'r swyddi cywir. Heb y broses hon, ni all y gymdeithas ddisgwyl gweld y bobl orau yn y swyddi allweddol, fel prif swyddog gweithredol, meddyg neu Brif Weinidog.

Safbwynt gwrthdaro

Mae safbwyntiau gwrthdaro yn credu bod anghydraddoldeb yn annheg, ac ni fydd pawb yn cytuno ar bethau.	Mae tri phrif safbwynt gwrthdaro: Marcsaeth, ffeministiaeth a safbwyntiau Max Weber.
Yn ôl Marcsaeth, mae ein cymdeithas ni yn un annheg sy'n seiliedig ar wrthdaro rhwng y dosbarth llywodraethol a'r dosbarth gweithiol.	Mae Marcswyr yn credu bod cymdeithasau wedi bod yn seiliedig ar anghydraddoldeb erioed. Anghydraddoldeb dosbarth yw'r anghydraddoldeb pwysicaf o ran cyfalafiaeth. Mae'r dosbarth llywodraethol yn ecsbloetio'r dosbarth gweithiol, gan wneud elw ar sail eu dioddefaint. Roedd Marx yn credu y byddai'r system hon yn dymchwel.
I ffeministiaid, yr anghydraddoldeb pwysicaf yw'r anghydraddoldeb hwnnw rhwng dynion a menywod.	Mae ffeministiaid fel Ann Oakley a Sylvia Walby yn dadlau bod dynion yn dominyddu'r gymdeithas. 'Patriarchaeth dominyddu' (*domination patriarchy*) yw'r enw maen nhw'n ei roi ar hyn. Mae ffeministiaid yn poeni am anghydraddoldeb o ran cyflogau, grym, cyfleoedd bywyd ac ecsbloetio gan ddynion.
Un o'r prif ddadleuon yn y rhan hon o'r maes llafur yw ydy anghydraddoldeb yn deg ac yn hanfodol i'r gymdeithas?	Mae'r brif ddadl rhwng swyddogaethwyr sy'n credu bod ar gymdeithas angen anghydraddoldeb, a'r damcaniaethwyr gwrthdaro. Mae Marcswyr yn arbennig yn credu bod cymdeithas decach, heb anghydraddoldeb, yn bosibl. Byddai ffeministiaid hefyd yn dweud bod modd lleihau'r anghydraddoldeb rhwng dynion a menywod.

Pobl allweddol

Roedd gan **Max Weber** safbwynt gwahanol am haenu cymdeithasol, ond safbwynt gwrthdaro oedd hwn hefyd. Roedd yn credu bod dosbarth cymdeithasol unigolyn, ar sail ei swydd, yn rhan bwysig o anghydraddoldeb. Fodd bynnag, roedd hefyd yn credu bod y grwpiau roedd pobl yn perthyn iddyn nhw, a'u safle yn y farchnad (faint o arian roedden nhw'n gallu ei ennill) yn effeithio ar eu safle yn y system haenu cymdeithasol.

Dadl gwrthdaro yn erbyn consensws am haenu cymdeithasol

Cryfderau'r safbwynt consensws (swyddogaethol):

Mae anghydraddoldeb yn angenrheidiol. Hebddo, fyddai neb eisiau gwneud y swyddi sy'n achosi straen ac sy'n gofyn am lawer o hyfforddiant, fel bod yn feddyg.

Dydy gwledydd sydd wedi rhoi cynnig ar gomiwnyddiaeth, fel Rwsia a Dwyrain yr Almaen, ddim wedi llwyddo. Roedd rhai grwpiau yn parhau i ddal gafael ar rym a braint. Roedd y mwyafrif o bobl yn dlawd iawn. Mae hyn yn profi bod anghydraddoldeb yn angenrheidiol.

Mae Davis a Moore yn dadlau bod pobl yn cael eu geni â lefelau gallu gwahanol. Mae gwobrau anghyfartal yn helpu i gyfateb y swydd gywir â'r unigolyn cywir.

Gwendidau'r safbwynt consensws (swyddogaethol):

Mae anghydraddoldeb hyd yn oed yn fwy amlwg yn y DU ers argyfwng ariannol 2008. Ydy'r bobl gyfoethog iawn wir angen gwobrau mor enfawr?

Mae Marcswyr yn dadlau bod cyfalafiaeth yn gwneud anghydraddoldeb yn angenrheidiol oherwydd mae'n ein cymdeithasoli ni i fod yn farus ac i fod angen gwobrau mawr.

Awgrymodd erthygl am ddata treth yn *The Economist* ym mis Mehefin 2018 fod yr 1 y cant sy'n ennill y cyflogau uchaf yn cael hyd at ddegfed rhan o gyfanswm incwm aelwydydd, cyfran uwch nag yn ystod y blynyddoedd blaenorol. Mae wedi cynyddu yn ystod y deng mlynedd diwethaf. Oes angen y fath anghydraddoldeb?

Cryfderau'r safbwynt gwrthdaro (Marcsaidd):

Mae syniadau fel 'rhwydwaith y cyn-ddisgyblion' (*old boys' network*) yn dangos bod anghydraddoldeb yn annheg ac nad yw'n gwneud lles i'r gymdeithas. Dydy'r bobl orau ddim bob amser yn cael y swyddi gorau. Mae cysylltiadau a dylanwad bob amser yn helpu.

Mae llawer o dystiolaeth sy'n awgrymu bod mwy o anghydraddoldeb bellach yn y DU, yn enwedig ers argyfwng ariannol 2008. Ym mis Ebrill 2018, adroddodd *The Independent* fod mwy o bobl yn defnyddio banciau bwyd nag erioed o'r blaen.

Hyd yn oed os nad yw comiwnyddiaeth Farcsaidd yn gweithio, mae Marcswyr yn gofyn cwestiynau pwysig am gyfalafiaeth yn y DU. Oes angen y fath anghydraddoldeb?

Gwendidau'r safbwynt gwrthdaro (Marcsaidd):

Mae comiwnyddiaeth wedi methu ym mhobman bron lle rhoddwyd cynnig arni. Mae gwledydd fel Cuba a Viet Nam hyd yn oed, lle mae comiwnyddiaeth wedi parhau, wedi'i chael hi'n anodd ar adegau.

Gallai'r gymdeithas ddymchwel heb anghydraddoldeb. Byddai neb yn gwneud y swyddi mwyaf anodd.

Mae Peter Saunders, cymdeithasegydd y Dde Newydd, yn dweud mai'r ffordd orau o drefnu'r gymdeithas yw gyda gwobrau anghyfartal. Mae'r dosbarth canol yn cael y swyddi gorau ac mae hyn oherwydd eu bod nhw'n etifeddu talent a deallusrwydd gan eu rhieni, yn ogystal â'r cymhelliant i weithio'n galed.

Cryfderau'r safbwynt gwrthdaro (ffeministaidd):

Mae cyfleoedd bywyd menywod wedi gwella, e.e. Deddf Cyflog Cyfartal 1970.

Mae gwella cyfleoedd bywyd menywod yn gwneud lles i'r gymdeithas oherwydd gwastraff talent yw peidio â defnyddio gallu menywod.

Mae ffeministiaid wedi datgelu'r ffordd mae menywod wedi cael eu cam-drin a'u hecsbloetio yn y teulu cnewyllol.

Gwendidau'r safbwynt gwrthdaro (ffeministaidd):

Mae newidiadau sy'n gwneud menywod yn fwy cyfartal wedi cael effaith ar ddynion, sef yr 'argyfwng gwrywdod'.

Mae'r Dde Newydd yn dadlau y byddai'n wael i'r gymdeithas pe bai menywod yn gweithio oriau hir. Mae'n dadlau hefyd y byddai'r menywod hyn yn gwneud cam â'u plant.

Mae'r Dde Newydd a swyddogaethwyr yn dadlau bod natur menywod yn eu gwneud nhw'n fwy addas i wneud gwaith tŷ a gofalu am blant.

CYNGOR ADOLYGU

Yn y cwestiynau 9-marc am haenu cymdeithasol a gwahaniaethu, bydd angen i chi ddefnyddio'r tri sgil. Bydd y cryfderau a'r gwendidau sydd i'w gweld yma yn rhoi syniadau i chi ar sut i ennill marciau ar gyfer AA3 Gwerthuso. Bydd pob cwestiwn yn yr arholiad rhywfaint yn wahanol, ond bydd rhai o'r cryfderau a'r gwendidau hyn yn ddefnyddiol.

Faint o anghydraddoleb sy'n angenrheidiol ar gyfer y gymdeithas?

Cofio'r cysylltiad

Sut mae'r damcaniaethau'n gysylltiedig â'r cyfryngau, iechyd, addysg a throsedd? Mae'r damcaniaethau hyn yn ymwneud â'r holl destunau.

Gwirio eich gwybodaeth

1. Disgrifiwch ystyr 'haenu cymdeithasol'. **(2 farc)**
2. Amlinellwch y safbwynt swyddogaethol am haenu cymdeithasol. **(4 marc)**
3. Esboniwch ddau reswm pam mae ffeministiaid yn dweud nad yw menywod yn gyfartal yn y gymdeithas. **(4 marc)**
4. Trafodwch a yw anghydraddoleb yn angenrheidiol ar gyfer y gymdeithas. **(9 marc)**

Rhoi sylw i'r fanyleb

5.2 Mathau a ffynonellau gwahanol o rym ac awdurdod

5.4 Ffactorau a allai ddylanwadu ar fynediad at gyfleoedd bywyd a grym

Cyswllt â'r gwerslyfr

tt 136–137: Beth yw grym?
tt 138–139: Beth yw awdurdod?

Beth fyddai Marcsydd yn ei ddweud am rym ac awdurdod mewn perthynas â'r llun? Beth fyddai ffeminist yn ei ddweud am rym ac awdurdod mewn perthynas â'r llun?

AA2 Cymhwyso

Gan ddefnyddio syniadau Weber, esboniwch pam mae gan y bobl ganlynol awdurdod:

- *Athro*
- *Donald Trump*
- *Y Pab*
- *Rheolwr tîm pêl-droed Cymru*
- *Meddyg*
- *Alan Sugar*
- *Maer*
- *Pennaeth Llwyth Brodorol yn America*
- *Captain America.*

Datblygu ymhellach

Beth fyddai Marcsydd neu ffeminist yn ei ddweud am ffynonellau grym pob un o'r rhain? Ceisiwch ddefnyddio iaith gymdeithasegol i ddisgrifio hyn.

Grym	
Mae grym yn ymwneud â gallu unigolion a/neu grwpiau i ddylanwadu ar benderfyniadau sy'n cael effaith arnyn nhw eu hunain a phobl eraill.	Dydy unigolion ddim bob amser yn meddwl faint o rym sydd ganddyn nhw yn eu bywyd pob dydd. Mae cysylltiad agos rhwng hyn â chyfleoedd bywyd unigolion. Mae cyfleoedd bywyd yn cynnwys y cyfle i gael y swydd o'ch dewis, i fyw yn y tŷ neu'r ardal o'ch dewis, i brofi eich bod chi'n ddieuog mewn achos llys neu i gael y driniaeth ysbyty sydd ei hangen arnoch chi.
Mae ffynonellau grym anffurfiol a ffurfiol i'w cael.	Mae grym yn cael ei arfer drwy'r defnydd o sancsiynau gan y rhai mewn safleoedd o rym. Gallai sancsiynau gynnwys gwobrau a chosbau. Mae'n bosibl y bydd pobl mewn safleoedd o rym yn gallu helpu i lunio'r penderfyniadau sydd eu heisiau arnyn nhw.
Mae ffynonellau grym anffurfiol yn cynnwys y teulu, ysgolion, crefydd a gweithleoedd.	Mae gwahaniaethau yn y grym sydd gan wahanol ffynonellau grym anffurfiol. Gallai rhai aelodau o grŵp cyfoedion gael mwy o rym anffurfiol nag eraill, er enghraifft.
Mae ffynonellau grym ffurfiol yn cynnwys cyfryngau rheolaeth gymdeithasol, fel yr heddlu, y llysoedd a'r fyddin.	Byddai swyddogaethwyr yn ystyried ffynonellau grym ffurfiol yn angenrheidiol i gadw trefn gymdeithasol. Byddai Marcswyr yn credu bod ffynonellau grym ffurfiol yn ffafrio'r dosbarth llywodraethol.

Awdurdod	
Mae awdurdod yn golygu cael y grym a'r hawl i wneud penderfyniadau.	Mae pobl ag awdurdod yn cael eu gweld fel pobl sydd â'r hawl i wneud penderfyniadau. Yn y DU, mae cynghorau lleol a'r senedd yn cael eu hethol i rym, ac yn cael yr hawl i ddefnyddio grym i wneud penderfyniadau.
Mae mynediad grwpiau gwahanol at safleoedd o awdurdod yn amrywio.	Mae oedran, rhywedd, dosbarth ac ethnigrwydd i gyd yn effeithio ar gyfleoedd unigolyn i gael ei roi mewn safle o awdurdod. Gall hyn effeithio ar gyfleoedd bywyd.
Byddai swyddogaethwyr yn ystyried awdurdod fel rhywbeth sy'n chwarae rôl gadarnhaol. Mae'n galluogi arweinwyr i wneud penderfyniadau er budd y gymdeithas.	Byddai swyddogaethwyr yn ystyried bod gan unigolion rywfaint o fynediad at rym drwy ddemocratiaeth. Maen nhw'n pleidleisio i roi pobl mewn safleoedd o awdurdod. Mae hyn o fudd i'r gymdeithas a dyma'r ffordd orau o redeg y gymdeithas.
Mae gan Max Weber un o'r damcaniaethau pwysicaf ynglŷn â pham mae pobl yn derbyn awdurdod.	Dadleuodd Weber fod tair prif ffynhonnell awdurdod. Mae awdurdod traddodiadol yn seiliedig ar hen arferion. Mae awdurdod rhesymegol-gyfreithiol yn seiliedig ar reolau clir a rhesymegol dros wneud penderfyniadau, fel etholiad democrataidd. Mae awdurdod carismataidd yn seiliedig ar bersonoliaeth yr arweinydd.

Cryfderau'r safbwynt ffeministaidd am rym ac awdurdod:

Mae ffeministiaid yn esbonio sut mae dynion yn gallu dominyddu'r gymdeithas.

Mae ffeministiaid yn esbonio sut mae'r gymdeithas yn batriarchaidd, ac yn esbonio nad yw menywod yn gyfartal. Mae pedair gwaith yn fwy o ddynion nag o fenywod ym Mhrydain yn ennill dros £100,000 y flwyddyn. Mae hyn yn dangos y prinder menywod mewn safleoedd o awdurdod uchel.

Mae ffeministiaid wedi helpu i ennill mwy o rym i fenywod. Mae achos Harvey Weinstein yn dangos bod menywod bellach yn teimlo bod ganddyn nhw'r grym i sefyll eu tir a rhoi gwybod am y ffordd mae Weinstein a dynion eraill wedi camddefnyddio eu grym.

Gwendidau'r safbwynt ffeministaidd am rym ac awdurdod:

Mae gan ddynion llai o rym na menywod mewn rhai agweddau ar fywyd teuluol, gan gynnwys dadleuon dros fynediad at blant.

Byddai swyddogaethwyr fel Talcott Parsons yn gweld rolau rhywedd traddodiadol, gyda dynion yn rheoli, yn rhywbeth sy'n gadarnhaol ar gyfer y gymdeithas.

Mae'r ffaith bod menywod yn gwthio i ennill safleoedd o rym ac awdurdod wedi arwain at blant yn cael eu hanfon i feithrinfeydd a gofal dydd. Mae'r Dde Newydd yn ystyried hyn yn rhywbeth sy'n wael ar gyfer y gymdeithas.

Cryfderau'r safbwynt Marcsaidd am rym ac awdurdod:

Mae'n dangos yr anghydraddoldebau mawr o ran grym rhwng y dosbarthiadau cymdeithasol. Mae rhai grwpiau'n cael eu hallgáu o'r gymdeithas.

Mae Marcsaeth yn dangos sut mae dosbarthiadau cymdeithasol uwch yn cael 'help' i gael y pethau maen nhw eu heisiau drwy systemau fel 'rhwydwaith y cyn-ddisgyblion'.

Mae Marcsaeth yn dangos bod gan y dosbarthiadau uwch y grym i ennill safleoedd o rym. Er enghraifft, mae 20 o'r 55 sydd wedi bod yn Brif Weinidog Prydain ers 1721, yn gyn-ddisgyblion Coleg Eton, yr ysgol fonedd enwog i bobl freintiedig.

Gwendidau'r safbwynt Marcsaidd am rym ac awdurdod:

Mae'n bosibl nad yw dosbarth cymdeithasol mor bwysig nawr ag yn y gorffennol.

Mae'n anwybyddu gwahaniaethau rhywedd o ran grym.

Mae'r Dde Newydd yn dweud bod y dosbarthiadau cymdeithasol uwch mewn grym oherwydd bod ganddyn nhw fwy o allu ac maen nhw'n gwneud mwy o ymdrech.

Cryfderau safbwynt Weber am ffynonellau awdurdod:

Gall tair ffynhonnell awdurdod Weber esbonio awdurdod drwy gydol hanes y ddynoliaeth, o hynafiaid yr Aifft i'r Rhufeiniaid a'r sefyllfa fel y mae heddiw.

Gall safbwynt Weber esbonio a chyfiawnhau pam mae gan bobl yr awdurdod i ddefnyddio grym.

Mae safbwynt Weber yn esbonio pam mae awdurdod rhesymegol-gyfreithiol yn ffordd fwy modern a theg o drefnu cymdeithas.

Gwendidau safbwynt Weber am ffynonellau awdurdod:

Mae agweddau ar fwy nag un ffynhonnell awdurdod yn perthyn i rai arweinwyr, e.e. Hitler.

Byddai ffeministiaid yn beirniadu syniadau Weber am beidio ag esbonio'r diffyg awdurdod gan fenywod yn y gymdeithas, h.y. y nenfwd gwydr.

Byddai Marcswyr yn beirniadu safbwynt Weber oherwydd nid yw'n ystyried dylanwad cyfoeth a grym y dosbarth llywodraethol.

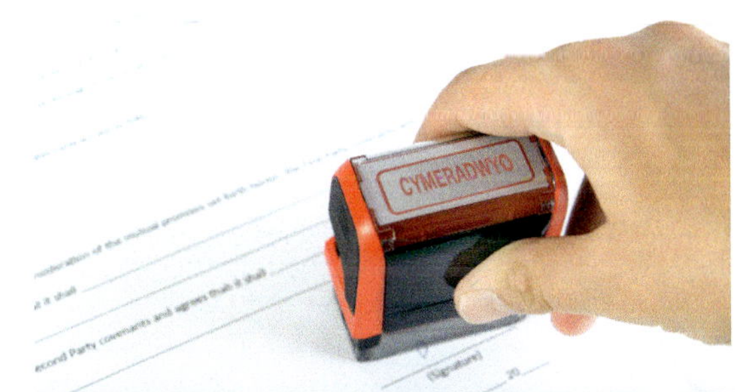

Mae awdurdod rhesymegol-gyfreithiol yn tueddu i gael ei weld fel y ffordd fodern o benderfynu pwy sydd mewn grym a pha benderfyniadau sy'n cael eu gwneud. Sut roedd pethau'n cael eu penderfynu yn y gorffennol? Meddyliwch sut roedd arweinwyr yn cael eu dewis a pha benderfyniadau oedd yn cael eu gwneud yn yr oesoedd canol. Sut roedd y brenin yn cael ei ddewis?

CYNGOR ADOLYGU

Techneg ddefnyddiol wrth adolygu yw crynhoi safbwynt neu ddamcaniaeth mewn un frawddeg. Bydd gennych chi lai i gofio a bydd yn eich helpu chi i feddwl yn fwy clir.

Pobl allweddol

Gwnaeth Marcsaeth ddylanwadu ar **Steven Lukes**. Dywedodd fod tair rhan i rym, sef:

- Y grym i wneud penderfyniadau, e.e. beth ddylai gael ei wneud am lygredd.
- Y grym i reoli a ddylai mater gael ei drafod ai peidio, e.e. ydy llygredd yn destun pryder hyd yn oed.
- Y grym i reoli beth mae ar bobl ei eisiau a beth maen nhw'n ei feddwl. Gall grwpiau pwerus, fel dynion a'r dosbarth llywodraethol, lunio'r hyn mae pobl yn ei feddwl drwy reoli'r cyfryngau a hysbysebion, e.e. os na fydd pobl yn clywed am lygredd yna fyddan nhw ddim yn poeni amdano.

Cofio'r cysylltiad

Ceisiwch greu cysylltiadau rhwng testunau. Sut gallai testun grym fod yn berthnasol i destun trosedd? Gallech chi ystyried rôl y llysoedd a'r heddlu.

Gwirio eich gwybodaeth

1. Nodwch ddwy ffynhonnell wahanol o awdurdod. **(2 farc)**
2. Amlinellwch ddwy ffynhonnell wahanol o rym. **(4 marc)**
3. Esboniwch pam mae gan rai unigolion fwy o awdurdod nag eraill. **(4 marc)**
4. Trafodwch bwysigrwydd y gwahaniaethau mewn grym yn y gymdeithas. **(9 marc)**

AA1 Disgrifio

Rhoi sylw i'r fanyleb

5.3 Cydraddoldeb/anghydraddoldeb mewn perthynas â dosbarth

5.4 Ffactorau a allai ddylanwadu ar fynediad at gyfleoedd bywyd a grym: gan gyfeirio'n benodol at ddosbarth cymdeithasol; ysgolion preifat; rhwydwaith cyn-ddisgyblion; gweithiwr cyfoethog, gan gynnwys gwaith Devine

Cyswllt â'r gwerslyfr

tt 140–141: Ydyn ni'n byw mewn cymdeithas ddiddosbarth?
tt 142–143: Ydy anghydraddoldebau mewn perthynas â dosbarth cymdeithasol yn dal i fod yn bwysig yn y DU?
tt 144–145: Sut mae dosbarth cymdeithasol yn effeithio ar gyfleoedd bywyd?

Mae llawer o swyddi traddodiadol y dosbarth gweithiol wedi diflannu. Mae swyddi newydd ar gael erbyn hyn, sydd ddim yn rhai gwaith llaw, ond sy'n isel o ran cyflog a statws. Ydych chi'n gallu meddwl am enghreifftiau?

AA2 Cymhwyso

Edrychwch ar gryfderau a gwendidau astudiaeth Fiona Devine ac ysgrifennwch ychydig o frawddegau amdanyn nhw gan ddefnyddio'r geiriau canlynol: wedi dyddio, nodweddiadol, cynrychioldeb, dilysrwydd, manwl, dibynadwyedd, sampl.

Datblygu ymhellach

Esboniwch pam gwnaeth Devine ddewis sampl anghynrychiadol yn fwriadol.

Dosbarth, cyfleoedd bywyd ac anghydraddoldeb

Mae dosbarth cymdeithasol unigolyn fel arfer yn cael ei bennu gan ei swydd. Yn y DU, mae tri phrif ddosbarth cymdeithasol traddodiadol, sef y dosbarth gweithiol, y dosbarth canol a'r dosbarth uwch.	Yn draddodiadol, roedd y dosbarth gweithiol yn grŵp mawr o bobl oedd yn gweithio mewn swyddi gwaith llaw am gyflog isel. Roedd y dosbarth canol yn gweithio mewn swyddi heb fod yn waith llaw ac roedd ganddyn nhw ddyheadau uwch. Grŵp llai o bobl oedd y dosbarth uwch, oedd yn cynnwys pobl â grym, cyfoeth a braint.
Mae dosbarth cymdeithasol yn rhan bwysig o astudiaethau cymdeithasegol.	Ers yr 1970au, mae rhywedd, ethnigrwydd a gwahaniaethau cymdeithasol eraill wedi dod yn fwyfwy pwysig ym maes cymdeithaseg. Mae Marcswyr yn credu mai dim ond dau ddosbarth cymdeithasol pwysig sydd yn y gymdeithas, sef y dosbarth llywodraethol (*bourgeoisie*) a'r dosbarth gweithiol (proletariat). Mae Marcswyr yn credu mai dosbarth sy'n cael yr effaith fwyaf ar gyfleoedd bywyd o hyd.
Mae ystadegau'n dangos bod dosbarth cymdeithasol yn cael effaith fawr ar gyfleoedd bywyd mewn sawl agwedd ar fywyd, gan gynnwys addysg, iechyd, cyfoeth a throsedd.	Dangosodd astudiaeth a gafodd ei sefydlu gan yr AS Ceidwadol Justine Greening yn 2018 fod hanner gweithwyr y DU yn credu bod acen ranbarthol a chefndir dosbarth gweithiol yn rhwystrau rhag llwyddiant. Dywedodd Greening, y cyn-ysgrifennydd addysg, fod yr astudiaeth yn dangos bod pobl yn credu bod 'nenfwd dosbarth' yn bodoli, a bod angen cysylltiadau personol i gael y swyddi gorau. Mae hyn yn gweddu fwy i'r dosbarth canol na phobl dosbarth gweithiol.
Mae rhai cymdeithasegwyr, fel y Dde Newydd, yn dadlau nad yw dosbarth cymdeithasol yn bwysig yn y DU mwyach. Maen nhw'n credu ein bod ni'n byw mewn cymdeithas ddiddosbarth erbyn hyn.	Mae llawer o'r swyddi dosbarth gweithiol traddodiadol wedi diflannu yn y DU. Mae cymdeithasegwyr y Dde Newydd, fel Peter Saunders a Charles Murray, yn dadlau mai'r rheswm pam mae gan rai pobl dosbarth gweithiol gyfleoedd bywyd gwaeth yw oherwydd bod ganddyn nhw agwedd wael. Mae'r rhai sydd â'r gallu i lwyddo, ac sy'n dymuno gwneud hynny, wir yn llwyddo.

Ymchwil a dosbarth cymdeithasol

Roedd adroddiad Sky News ym mis Chwefror 2018, a oedd yn seiliedig ar ddata gan y Swyddfa Ystadegau Gwladol, yn dangos bod gan y 10 y cant uchaf yn y DU yr un faint o gyfoeth â'r 50 y cant isaf.	Mae hyn yn swnio fel gwahaniaeth enfawr, ond yn ôl adroddiad ar BBC Bitesize, dangosodd yr Ymddiriedolaeth Cydraddoldeb fod gan y 100 unigolyn mwyaf cyfoethog yn y DU yr un faint o gyfoeth â'r 18 miliwn tlotaf. Gallwn ni edrych ar y ffigurau hyn mewn ffyrdd gwahanol, ond mae'r darlun cyffredinol o anghydraddoldeb yn y DU yn dangos gwahaniaethau mawr.
Dadleuodd Pierre Bourdieu fod gan ddosbarthiadau cymdeithasol uwch fantais oherwydd eu cyfalaf diwylliannol.	Mae cyfalaf diwylliannol yn cyfeirio at y gwerthoedd a'r agweddau sy'n galluogi rhieni'r dosbarthiadau cymdeithasol uwch i helpu eu plant i lwyddo. Mae'r dosbarthiadau cymdeithasol uwch yn debygol o fanteisio ar gysylltiadau a braint. Gall addysg breifat helpu yn hyn o beth. Dydy rhieni dosbarth gweithiol ddim yn gallu fforddio'r fantais hon.
Roedd John Goldthorpe a David Lockwood yn gyfrifol am yr astudiaeth gweithiwr cyfoethog (*affluent worker study*) yn ffatrïoedd ceir Luton yn 1961–62.	Roedd Goldthorpe a Lockwood am geisio profi a oedd dosbarth cymdeithasol yn diflannu ai peidio. A fyddai'r gweithwyr cyfoethog yn dod yn debyg i'r dosbarth canol? Gwnaethon nhw sylwi bod y dosbarth gweithiol yn newid, ond ddim yn diflannu.
Gwnaeth Fiona Devine ailadrodd yr astudiaeth hon yn yr 1980au.	Yn ei hastudiaeth, gwelodd Devine fod teimlad o hunaniaeth dosbarth gweithiol yn dal i fodoli. Dangosodd ei hastudiaeth nad ydyn ni'n byw mewn cymdeithas ddiddosbarth.

Cryfderau'r ddadl bod Prydain bellach yn gymdeithas ddiddosbarth:

Mae llai o swyddi gwaith llaw ar gael nawr nag yn y gorffennol. Mae'r diwydiannau adeiladu llongau, pyllau glo a gweithfeydd dur wedi bod ar drai yn y DU.

Mae'r isafswm cyflog yn sicrhau cyflog da i bawb.

Mae canran y bobl ifanc sy'n mynd i'r brifysgol wedi cynyddu o 3.4 y cant yn 1950, i 8.4 y cant yn 1970, 19.3 y cant yn 1990 a 33 y cant yn 2000. Yn 2017, aeth bron i 50 y cant o bobl ifanc y DU i'r brifysgol.

Mae aelodaeth undebau llafur yn gostwng yn y DU. Roedd bod yn aelod o undeb llafur yn rhan o hunaniaeth y dosbarth gweithiol.

Mae cymdeithasegwyr ôl-fodernaidd yn dadlau bod dosbarthiadau cymdeithasol yn diflannu. Dydy pobl ddim yn cael swydd am oes mwyach. Mae hunaniaeth pobl yn seiliedig ar y cynnyrch maen nhw'n ei brynu a'r hunaniaeth maen nhw'n ei chreu eu hunain ar y cyfryngau cymdeithasol.

Gwendidau'r ddadl bod Prydain bellach yn gymdeithas ddiddosbarth:

Mae'r llywodraeth yn poeni am yr anfanteision addysg mae plant mwy tlawd yn eu hwynebu.

Roedd adroddiad a gyhoeddwyd gan y GIG yn Lloegr ym mis Mawrth 2018 yn dangos bod amddifadedd yn dal i gael effaith fawr ar ddisgwyliad oes a phroblemau iechyd meddwl. Pobl dosbarth gweithiol yw'r rheini sydd fwyaf tebygol o wynebu amddifadedd.

Mae pobl a gafodd addysg breifat yn dal i ddominyddu safleoedd o rym yn y llywodraeth. Roedd 29 y cant o'r ASau a gafodd eu hethol yn 2017 wedi bod i ysgol breifat. Dyma bedair gwaith yn fwy na chanran y boblogaeth gyfan sydd wedi cael addysg breifat, ond mae'n well nag etholiadau blaenorol. Roedd 51 y cant o ASau wedi cael addysg breifat yn 1983, a 35 y cant yn 2010.

Cryfderau'r ddadl nad yw dosbarth cymdeithasol yn effeithio ar gyfleoedd bywyd a grym:

Roedd yr ASau yn y senedd yn 2017 yn fwy 'cyffredin' nag erioed o'r blaen. Roedd dros 51 y cant wedi bod i ysgolion cyfun.

Mae gan bawb yn y DU fynediad at ofal iechyd ac addysg. Does dim rhaid ad-dalu benthyciadau am ffioedd prifysgolion oni bai bod y myfyriwr yn ennill cyflog dros £21,000 y flwyddyn ar ôl graddio, sy'n agos at y cyflog cyfartalog cenedlaethol o £25,000. Mae mwy a mwy o bobl yn mynd i'r brifysgol.

Mae sawl enghraifft o bobl lwyddiannus sydd wedi gweithio eu ffordd i fyny o gefndiroedd tlawd, fel Alan Sugar.

Gwendidau'r ddadl nad yw dosbarth cymdeithasol yn effeithio ar gyfleoedd bywyd a grym:

Mae pobl dosbarth gweithiol yn fwy tebygol o fod yn ddioddefwyr trosedd, ac yn fwy tebygol o fynd i'r carchar.

Mae pobl dosbarth gweithiol yn fwy tebygol o fod yn gweithio yn yr economi 'gig' neu ar gontractau dim oriau. Felly, does ganddyn nhw ddim sicrwydd swyddi, mae ganddyn nhw lai o hawliau a does ganddyn nhw ddim hawl i gael tâl gwyliau na thâl colli gwaith (*redundancy*).

Mae pobl dosbarth gweithiol yn cael eu stereoteipio yn y cyfryngau. Mae mwyafrif y cymeriadau mewn operâu sebon fel *Coronation Street* ac *EastEnders* yn bobl dosbarth gweithiol ac maen nhw'n aml yn gysylltiedig â throseddu. Gallai hyn arwain at ragfarn a gwahaniaethu.

Pa fanteision sydd gan y dosbarth uwch yn y DU?

Cofio'r cysylltiad

Mae'r system addysg yn rhywle lle mae'r system ddosbarth i'w gweld yn glir. Pa fanteision sydd gan blant sy'n mynd i ysgolion preifat? Gwnewch gysylltiadau rhwng y testun addysg a'r testun hwn.

CYNGOR ADOLYGU

Mae'r ddadl 'Ydy dosbarth yn dal i fodoli?' yn un gymhleth. Efallai bydd rhaid i chi ateb cwestiwn 9 marc am y ddadl hon. Ewch ati i greu cardiau lliw o blaid ac yn erbyn diflaniad dosbarth. Gallwch chi ymarfer eich cyflwyniad i'r cwestiwn:

Ydy dosbarth yn dal i fodoli?

Pobl allweddol

Gwnaeth **Basil Bernstein** ysgrifennu *Elaborated and Restricted Code* (1971) a oedd yn astudio'r gwahaniaethau yn y ffyrdd mae plant dosbarth canol a phlant dosbarth gweithiol yn siarad. Gwelodd fod plant dosbarth gweithiol yn ei chael hi'n anodd deall iaith 'grand' yr athrawon. Rhoddodd yr enw 'cod cymhleth' ar yr iaith hon. Galwodd yr acenion lleol a'r slang roedd plant dosbarth gweithiol yn eu defnyddio yn 'god cyfyngedig'.

Mae rhai cymdeithasegwyr wedi datblygu ei syniadau i honni bod iaith dosbarth gweithiol yn israddol. Mae pobl eraill, fel **William Labov**, yn dadlau bod iaith y dosbarth gweithiol yn wahanol, ond nid yn well nac yn waeth nag iaith y dosbarth canol. P'un ai yw hyn yn wir ai peidio, gallai plant dosbarth gweithiol fod dan anfantais yn yr ysgol.

Pa god rydych chi'n ei siarad? Ydych chi'n gallu siarad y ddau?

Gwirio eich gwybodaeth

1. Amlinellwch ystyr 'dosbarth cymdeithasol'. **(2 farc)**
2. Nodwch ddwy ffordd y gall dosbarth cymdeithasol effeithio ar gyfleoedd bywyd. **(4 marc)**
3. Esboniwch pam mae rhai cymdeithasegwyr yn dweud nad yw dosbarth cymdeithasol yn bwysig mwyach. **(4 marc)**
4. 'Mae gan bobl dosbarth gweithiol gyfleoedd bywyd gwahanol i bobl eraill.' Ydych chi'n cytuno? **(9 marc)**

AA1 Disgrifio

Rhoi sylw i'r fanyleb

5.3 Cydraddoldeb/anghydraddoldeb mewn perthynas â rhywedd

5.4 Ffactorau a allai ddylanwadu ar fynediad at gyfleoedd bywyd a grym: lluniad cymdeithasol o hunaniaeth/rolau, statws, stereoteipio, labelu, cynrychioliad yn y cyfryngau; gan gyfeirio'n benodol at rywedd, rhywiaeth, nenfwd gwydr, patriarchaeth, gan gynnwys gwaith Walby, argyfwng gwrywdod

Cyswllt â'r gwerslyfr

tt 146–147: Sut mae'r gymdeithas yn cyflwyno rolau rhywedd yn y DU heddiw?

tt 148–149: Sut mae rhywedd yn effeithio ar gyfleoedd bywyd?

tt 150–151: Y safbwynt ffeministaidd am batriarchaeth

tt 152–153: Sut mae newidiadau yng nghymdeithas y DU wedi effeithio ar ddynion?

Anghydraddoldeb a chymdeithasoli rhywedd

Mae ffeministiaid yn dadlau bod rolau rhywedd traddodiadol yn niweidiol i ddynion a menywod.	Yn draddodiadol, mae bechgyn a merched yn cael eu cymdeithasoli i ddilyn setiau gwahanol o normau a gwerthoedd, sef gwrywdod (*masculinity*) a benyweidd-dra (*femininity*). Mae ffeministiaid yn dadlau bod cymdeithasoli yn cyfyngu ar y cyfleoedd sydd ar gael i'r ddau ryw, ac yn effeithio ar gyfleoedd bywyd. Mae hyn yn cael effaith ar fenywod yn benodol, gan fod cymdeithas yn batriarchaidd neu'n cael ei dominyddu gan ddynion.
Mae rhai cymdeithasegwyr yn sôn am 'ddaeargryn rhywedd' sydd wedi newid y ffordd mae pobl yn cael eu cymdeithasoli a chydbwysedd grym yn y gymdeithas.	Mae rhai cymdeithasegwyr yn dadlau bod y cyfryngau wedi dechrau cynrychioli dynion a menywod mewn ffyrdd mwy cyfartal, sy'n defnyddio llai o stereoteipiau. Mae ysgolion yn cynnig dewisiadau cyfartal i ferched a bechgyn erbyn hyn; mae merched yn cael eu hannog i ddilyn gyrfaoedd sydd heb fod yn rhai traddodiadol i fenywod, fel gwyddoniaeth a thechnoleg.
Pasiwyd deddfwriaeth gyda'r nod o wella cyfleoedd bywyd i fenywod. Mae syniadau ffeministaidd wedi helpu i gyflwyno'r newidiadau hyn.	Pasiwyd nifer o ddeddfau i hybu mwy o gyfleoedd cyfartal i fenywod. Roedd Deddf Cyflog Cyfartal 1970 yn bwysig iawn. Roedd Deddf Gwahaniaethu ar sail Rhyw 1975 yn amddiffyn dynion a menywod rhag gwahaniaethu ar sail rhyw neu statws priodasol. Er bod y deddfau hyn wedi cael eu cefnogi gan ragor o ddeddfau, fel Deddf Cydraddoldeb 2010, byddai ffeministiaid yn cwestiynu pa mor llwyddiannus maen nhw wedi bod.
Mae newidiadau yn rolau rhywedd menywod wedi cael effaith ar ddynion hefyd. Mae cymdeithasegwyr wedi galw'r ansicrwydd mae dynion yn ei wynebu ynghylch eu sefyllfa yn 'argyfwng gwrywdod'.	Achoswyd yr argyfwng gwrywdod gan newidiadau yn sefyllfa dynion, yn rhannol am fod eu rôl wedi newid wrth i fenywod ddod yn fwyfwy annibynnol. Mae rolau traddodiadol dynion fel y penteulu ac enillydd y prif gyflog wedi cael eu herio. Yn ogystal, mae'r newidiadau yn natur gwaith yn golygu bod llai o 'swyddi i ddynion go iawn' sy'n gofyn am gryfder a llafur corfforol. Mae rhai dynion wedi ei chael hi'n anodd addasu i'r newidiadau hyn.

Tystiolaeth o anghydraddoldeb rhywedd a chyfleoedd bywyd

Mae menywod yn fwy tebygol o fyw fel teulu un rhiant. Mae nifer y teuluoedd hyn wedi cynyddu ers dechrau'r 1970au ac wedi aros yn uchel ers hynny. Roedd 1.6 miliwn o deuluoedd un rhiant benywaidd yn 2017 o'i gymharu â 179,000 o deuluoedd un rhiant gwrywaidd.	Er gwaethaf hyn, datgelodd Sefydliad Joseph Rowntree yn 2018 fod cael plant yn gwneud menywod yn fwy tebygol o fyw mewn tlodi. Roedd 5.2 miliwn o fenywod yn byw mewn tlodi o'i gymharu â 4.7 miliwn o ddynion. Mae dal yn bosibl nad yw'r teulu yn gyfartal, oherwydd syniad y baich deuol neu'r shifft driphlyg.
Mae'r bwlch cyflog rhwng y rhywiau wedi gostwng o 17.4 y cant yn 1997 i 9.4 y cant yn 2017, yn ôl y Swyddfa Ystadegau Gwladol.	Eto i gyd, bydd degawdau'n mynd heibio cyn i'r bwlch cyflog rhwng y rhywiau gau. Er bod y ddeddf wedi cael ei phasio yn 1970, mae menywod yn dal i aros am gydraddoldeb go iawn. Roedd y nenfwd gwydr yn dal i fod yn amlwg iawn yn 2018. Chwarter yn unig o gyfarwyddwyr 250 o brif gwmnïau'r DU sy'n fenywod, yn ôl Consultancy.uk.
Mae merched wedi perfformio'n well na bechgyn ar bob lefel addysg ers yr 1990au.	Er hyn, mae dynion yn dal i ddominyddu'r prif swyddi ac mae bwlch cyflog rhwng y rhywiau o hyd. Mae pobl yn dal i ystyried bod swyddi gwahanol yn bodoli ar gyfer dynion a menywod, ac mae'r swyddi sy'n gysylltiedig â rolau benywaidd traddodiadol, fel nyrsio a gofal plant, yn dal i fod yn swyddi cyflog isel. Gallai menywod wynebu rhywiaeth, aflonyddu a gwahaniaethu ar sail stereoteipiau sydd i'w gweld yn y cyfryngau o hyd.
Dydy cyfleoedd bywyd dynion ddim yn cymharu'n ffafriol â rhai menywod mewn rhai meysydd. Er enghraifft, mae ganddyn nhw ddisgwyliad oes byrrach, mae cyfraddau hunanladdiad dynion yn uwch ac maen nhw'n fwy tebygol o fod yn ddioddefwyr trosedd neu o fynd i'r carchar.	Mae'r ffordd mae dynion yn cael eu cynrychioli yn y cyfryngau wedi newid hefyd, ac mae pwysau ar ddynion i gael ffitrwydd corfforol da neu i gael corff cyhyrog. Ar yr ochr gadarnhaol, yn ôl Bob Connell, cymdeithasegydd o Awstralia, mae'n bosibl bod dynion bellach yn teimlo'n gyfforddus yn mynegi eu gwrywdod mewn amrywiol ffyrdd. Ar y cyfan, mae dynion yn dal i fwynhau cyflog a statws uwch, a mwy o rym na menywod. Fodd bynnag, mae'r gostyngiad ym mherfformiad addysgol bechgyn yn cael effaith ar gyfleoedd bywyd bechgyn dosbarth gweithiol yn arbennig.

AA2 Cymhwyso

Mae Maria yn wraig briod gyda dau o blant. Mae gan ei gŵr swydd dda ac mae'n flinedig iawn pan mae'n cyrraedd adref. Cafodd Maria rai o'r canlyniadau TGAU a Safon Uwch gorau yn ei hysgol, ac astudiodd y gyfraith yn y brifysgol gan ennill gradd anrhydedd.

Mae ganddi swydd gyda chwmni cyfreithiol ac mae hi'n cael ei hystyried yn weithiwr dibynadwy, er ei bod hi'n teimlo bod ei bywyd yn brysur iawn a dydy hi ddim yn gwybod sut mae hi'n llwyddo i wneud popeth. Mae hi'n teimlo'n rhwystredig gan iddi gael ei dyrchafu'n oruchwyliwr, ond mae hi am fod ar y tîm rheoli. Mae Maria wedi ceisio cael dyrchafiad sawl gwaith, ond dydy hi byth yn cael ei phenodi. Yn ddiweddar, penododd y cwmni ddyn i'r tîm rheoli, er bod ganddo lai o gymwysterau na hi, a dim ond wedi ymuno â'r cwmni yn ddiweddar iawn.

Esboniwch pam mae hyn yn digwydd gan ddefnyddio geiriau cymdeithasegol fel rhagfarn, rhywiaeth, stereoteipio a gwahaniaethu.

Datblygu ymhellach

Ewch ati i barhau â'r gwaith y gwnaethoch chi ar gyfer y gweithgaredd uchod, gan ddefnyddio geiriau ychwanegol i gyflwyno syniadau cymdeithasegol eraill. Ychwanegwch ddadl wrthgyferbyniol gan ddefnyddio damcaniaethau neu syniadau cymdeithasegol.

Cryfderau'r ddadl bod cyfleoedd bywyd a grym menywod wedi gwella:

Mae Prydain wedi cael dwy Brif Weinidog benywaidd. Cafodd 32 y cant o ASau benywaidd eu hethol yn etholiad 2017, sef y gyfran uchaf erioed.

Mae grym yn cael ei rannu'n fwy cyfartal mewn teuluoedd. Mae teuluoedd cymesur Wilmott ac Young bellach yn cael eu hystyried yn norm cymdeithasol.

Mae merched yn cael eu cymdeithasoli'n wahanol bellach. Mae'r labelu a oedd yn digwydd yn yr 1970au yn llawer llai cyffredin erbyn hyn, ac mae mwy o gyfleoedd cyfartal.

Gwendidau'r ddadl bod cyfleoedd bywyd a grym menywod wedi gwella:

Mae stereoteipio rhywiaethol yn gyffredin o hyd yn y cyfryngau. Mae menywod yn dal i gael eu dangos mewn rolau traddodiadol neu fel gwrthrychau harddwch. Mae ffeministiaid yn dadlau bod y syniad hwn yn rheoli ymddygiad menywod.

Mae tystiolaeth yn dangos bod nenfwd gwydr yn bodoli, yn ogystal â bwlch cyflog rhwng y rhywiau. Mae hyn yn wendid mawr yn y ddadl. Mae menywod yn fwy tebygol o fyw mewn tlodi ac yn llai tebygol o ennill incwm uchel, bod yn gyfoethog a chael grym dros eu bywyd.

Mae patriarchaeth yn dal i gaethiwo menywod i rolau domestig. Mae'r baich deuol yn rhoi mwy o ddisgwyliadau ar fenywod i fynd allan i weithio a gwneud yr holl waith tŷ ar yr un pryd.

Cryfderau'r ddadl bod cyfleoedd bywyd a grym dynion yn lleihau:

Mae gan ddynion gyfleoedd bywyd gwaeth mewn sawl ffordd, gan gynnwys sawl agwedd ar iechyd.

Mae dynion yn llai tebygol o gael mynediad llawn at eu plant ar ôl i berthynas chwalu. Ar ôl bod yn benteulu, mae dynion bellach mewn sefyllfa wannach.

Dydy nodweddion gwrywaidd traddodiadol, fel ymosodedd a chryfder corfforol, ddim yn cael eu hystyried yn ddefnyddiol bellach.

Gwendidau'r ddadl bod cyfleoedd bywyd a grym dynion yn lleihau:

Yn ôl mentalhealth.org.uk, mae menywod yn fwy tebygol na dynion o ddioddef problemau iechyd meddwl cyffredin, ac maen nhw bron ddwywaith yn fwy tebygol o gael diagnosis o anhwylderau gorbryder.

Mae dynion yn dal i gael y swyddi gorau ac yn ennill y cyflogau uwch. Mae rhwydwaith y cyn-ddisgyblion yn dal i helpu dynion i gyflawni.

Dydy'r ffaith bod menywod yn mynd allan i weithio ddim wedi helpu'r naill rywedd na'r llall. Mae bywyd teuluol wedi dioddef gan fod angen i'r dyn a'r fenyw weithio i gynnal y safon byw angenrheidiol.

Ysgrifennwch bennawd ar gyfer y llun hwn. Dylech chi gynnwys iaith gymdeithasegol.

CYNGOR ADOLYGU

Wrth ateb cwestiynau gwerthuso (gwerth 9 marc yn y testun hwn), ceisiwch osgoi defnyddio iaith wrthrychol, e.e. 'Rwy'n credu bod...' Ceisiwch ddefnyddio iaith niwtral er mwyn i'ch traethawd swnio bron fel adroddiad gwyddonol, e.e. 'Mae'r dystiolaeth/dadleuon hyd yma yn awgrymu bod...'

Pobl allweddol

Dadleuodd **Sylvia Walby,** cymdeithasegydd o Brydain, fod menywod dan anfantais mewn sawl ffordd:

- Mae'r teulu, ysgolion a'r cyfryngau yn rhywiaethol ac yn batriarchaidd. Maen nhw'n achosi anghydraddoldeb i fenywod.
- Mae dynion yn credu'r stereoteipiau am fenywod, ac yn gwahaniaethu yn eu herbyn nhw. Dydyn nhw ddim yn rhoi'r swyddi gorau i fenywod, nac yn eu talu nhw'n deg.
- Mae dynion yn ecsbloetio gwaith di-dâl menywod yn y cartref.

Cofio'r cysylltiad

Sut gallech chi ddefnyddio cysyniad y thesis sifalri i ateb cwestiynau ar rywedd a chyfleoedd bywyd?

Gwirio eich gwybodaeth

1. Amlinellwch ystyr 'rhywedd'. **(2 farc)**
2. Nodwch ddwy ffordd y gall rhagfarn effeithio ar gyfleoedd bywyd. **(4 marc)**
3. Esboniwch pam mae rhai cymdeithasegwyr yn dweud bod argyfwng gwrywdod yn bodoli. **(4 marc)**
4. 'Mae cyfleoedd bywyd menywod yn gwella.' Ydych chi'n cytuno? **(9 marc)**

AA1 Disgrifio

Rhoi sylw i'r fanyleb

5.3 Cydraddoldeb/anghydraddoldeb mewn perthynas ag oedran

5.4 Ffactorau a allai ddylanwadu ar fynediad at gyfleoedd bywyd a grym: lluniad cymdeithasol o hunaniaeth/rolau, statws, rhagfarn, gwahaniaethu, stereoteipio, labelu, cynrychioliad yn y cyfryngau, panig moesol; gan gyfeirio'n benodol at oedran, oedraniaeth

Cyswllt â'r gwerslyfr

tt 154–155: Sut mae normau grwpiau oedran gwahanol yn amrywio mewn cymdeithasau gwahanol?

tt 156–157: Sut mae'r cyfryngau'n cyflwyno grwpiau oedran gwahanol?

tt 158–159: Sut mae oedran yn effeithio ar gyfleoedd bywyd?

AA2 Cymhwyso

Yn ôl canfyddiadau arolwg yn 2017 o 1,400 o weithwyr, mae dros hanner y bobl ifanc dan 18 oed yn teimlo nad ydyn nhw'n cael eu cymryd o ddifrif yn y gwaith. Mae tri chwarter y bobl rhwng 25 a 34 oed yn ystyried eu bod nhw wedi methu cael swydd, neu wedi cael eu trin yn wahanol, oherwydd eu bod nhw'n 'rhy ifanc'. Dywedodd dros hanner y bobl sydd dros 55 oed eu bod nhw wedi cael eu trin yn anffafriol hefyd.

Addaswyd o The Independent, *Rhagfyr 2017*

Pa esboniadau gallwch chi eu cynnig ar gyfer yr adroddiad? Defnyddiwch iaith gymdeithasegol o'r adran 'Rhoi sylw i'r fanyleb' i gryfhau eich dadl.

Sut gallai oedraniaeth effeithio ar y cyfweliadau hyn?

Datblygu ymhellach

Sut gallai'r gymdeithas leihau oedraniaeth? Pa strategaethau gallai'r llywodraeth eu cyflwyno?

Oedran yn y DU

Lluniad cymdeithasol yw oedran. Mae ein syniadau ni am beth i'w ddisgwyl gan grwpiau oedran gwahanol yn newid dros amser.	Dangosodd Philippe Aries mai yn ystod oes Fictoria y daeth y syniad o blentyndod fel cyfnod arbennig i'w warchod i'r amlwg am y tro cyntaf. Mae cyfreithiau wedi'u rhoi ar waith i amddiffyn plant ac mae gan blant bellach llai o ryddid mewn rhai ffyrdd nag yn y gorffennol. Fodd bynnag, mae gan blant fynediad at beryglon gwahanol drwy'r Rhyngrwyd.
Mae'r genhedlaeth hŷn yn aml wedi gweld ieuenctid fel problem.	Ymddangosodd y syniad cymdeithasegol o 'arddegwyr' (*teenagers*) yn UDA yn yr 1950au, yng nghyfnod roc a rôl. Gwelodd gweithgynhyrchwyr gyfle i werthu llawer o gynnyrch i arddegwyr. Ar yr un pryd, fodd bynnag, roedd sawl panig moesol am bobl ifanc. Yn 2018, cafodd y cynnydd mewn troseddau cyllell lawer o sylw yn y cyfryngau. Mae pobl ifanc yn dioddef o ragfarn o ganlyniad i'r stereoteipiau sy'n cael eu lledaenu gan y sylw hwn.
Mae'r cynnydd mewn disgwyliad oes a'r gostyngiad yn y gyfradd genedigaethau yn golygu bod gan y DU boblogaeth sy'n heneiddio a nifer cynyddol o bobl oedrannus.	Mae'r genhedlaeth hŷn mewn perygl o gael ei gweld fel baich cynyddol ar y gymdeithas. Mae pobl sydd wedi ymddeol yn cael eu gweld fel pobl sy'n cymryd arian gan y wladwriaeth, y mae angen llawer o gymorth arnyn nhw gan y GIG a'r gwasanaethau gofal cymdeithasol. Rhaid i nifer llai o bobl dan 50 oed eu cynnal nhw. O ganlyniad i rai o'r pryderon hyn, mae'r oedran ymddeol wedi cael ei gynyddu i 67 oed. Mae'n ymddangos bod y genhedlaeth hŷn wedi cael cyfleoedd bywyd gwell mewn rhai ffyrdd, gan fod llawer ohonyn nhw yn berchen ar eu heiddo eu hun. Mae prisiau tai cynyddol yn ei gwneud hi'n anoddach i bobl dan 40 oed brynu eiddo.
Mae'r DU wedi cydnabod oedraniaeth fel rhywbeth annheg sy'n wael ar gyfer y gymdeithas. Pasiwyd deddfwriaeth i amddiffyn pobl rhag oedraniaeth.	Roedd Deddf Cydraddoldeb 2010 yn ei gwneud hi'n anghyfreithlon gwahaniaethu neu aflonyddu ar bobl ar sail oedran. Cyhoeddodd Cymdeithas Frenhinol Iechyd y Cyhoedd astudiaeth yn 2018 a oedd yn dangos pa mor niweidiol y gall stereoteipiau o bobl hŷn fod i iechyd a llesiant pobl. Gwelwyd mai oedraniaeth oedd y math mwyaf cyffredin o wahaniaethu yn y DU. Mae pobl yn credu bod hiliaeth a rhywiaeth yn annerbyniol, ond dydy oedraniaeth ddim yn cael ei hystyried yn rhywbeth mor ddrwg â'r pethau hyn.

Tystiolaeth o wahaniaethau o ran grym a chyfleoedd bywyd ar gyfer grwpiau oedran gwahanol

Gall pobl ifanc a'r henoed wynebu oedraniaeth yn y gweithle yn y DU.	Efallai bydd pobl ifanc yn cael eu hystyried yn ddibrofiad, a ddim yn cael cyfleoedd i ennill profiad. Efallai bydd pobl hŷn yn cael eu gweld fel pobl anghofus, sydd ddim yn gallu ymdopi â thechnoleg newydd.
Mae'r gromlin drosedd oedran yn dangos bod pobl ifanc yn fwy tebygol o gael eu dyfarnu'n euog o drosedd. Maen nhw hefyd yn fwy tebygol o fod yn ddioddefwyr pan fyddan nhw rhwng 16 a 24 oed.	Mae'r gromlin drosedd oedran yn dangos bod gweithgarwch troseddol yn dechrau yn ystod yr arddegau, ac fel arfer yn dechrau gostwng ar ôl yr ugeiniau cynnar. Gallai hyn fod o ganlyniad i stereoteipiau'r cyfryngau rheolaeth gymdeithasol am bobl ifanc. Gallai panig moesol annog yr heddlu i ganolbwyntio ar bobl ifanc. Mae'n bosibl bod pobl hŷn yn cyflawni troseddau coler wen, a'u bod nhw'n well am guddio eu troseddau.
Mae'r cyfryngau yn gyfrifol am greu stereoteipiau ar sail oedran ar gyfer pobl ifanc a'r henoed.	Mae hanes y cyfryngau yn frith o stereoteipiau, ac maen nhw'n adnabyddus am greu panig moesol am bobl ifanc. Mae *Folk Devils and Moral Panics* gan Stanley Cohen a *Club Cultures* gan Sarah Thornton yn dangos enghreifftiau nodweddiadol o hyn. Mae pobl hŷn hefyd yn cael eu gwneud yn fwch dihangol yn y papurau newydd. Un pennawd yn *Daily Mail* yn 2017 oedd 'Bed-blocking "is causing 8000 deaths every year"', ac yn 2018, cyfeiriodd *Daily Express* at 'Britain's ageing timebomb'.
Mae iechyd yn faes lle mae gwahaniaethau ym mhrofiadau'r hen a'r ifanc.	Mae bod yn llai iach yn gorfforol yn cael ei ystyried yn rhywbeth sy'n rhan o'r broses heneiddio. Fodd bynnag, gall y stereoteipiau negyddol sy'n gysylltiedig â henaint effeithio ar iechyd corfforol pobl hefyd. Dangosodd adroddiad gan Gymdeithas Frenhinol Iechyd y Cyhoedd yn 2018 bod y cyfryngau yn dangos problemau fel dementia mewn ffordd negyddol, a bod hyn yn cael effaith niweidiol ar lesiant pobl hŷn.

Cryfderau'r ddadl bod oedraniaeth yn effeithio ar gyfleoedd bywyd a grym pobl ifanc:

Mae cyfleoedd bywyd pobl ifanc yn waeth na rhai'r genhedlaeth hŷn oherwydd mae bellach yn anodd iawn i bobl ifanc brynu eu cartref eu hun.

Doedd dim hawl gan bobl dan 18 oed i bleidleisio yn y refferendwm ar yr UE, a dydyn nhw ddim yn cael pleidleisio mewn etholiadau cyffredinol.

Mae pobl ifanc yn fwy tebygol o fod yn ddi-waith. Mae hyn yn debygol o wneud iddyn nhw deimlo eu bod nhw wedi'u hallgáu'n gymdeithasol.

Mae'r isafswm cyflog yn is i bobl dan 25 oed a dan 21 oed, ac nid yw'n bodoli o gwbl ar gyfer pobl dan 18 oed.

Gwnaeth yr elusen Young Minds feirniadu'r llywodraeth am wario 1 y cant yn unig o gyllideb y GIG ar iechyd meddwl plant. Dim ond un person ifanc o bob tri fydd yn cael y gefnogaeth iechyd meddwl y mae arno ei angen.

Gwendidau'r ddadl bod oedraniaeth yn effeithio ar gyfleoedd bywyd a grym pobl ifanc:

Dydy pobl dan 18 oed ddim yn deall digon am wleidyddiaeth i bleidleisio. Mae'n synhwyrol aros nes eu bod nhw'n ddigon hen i ddeall.

Byddai swyddogaethwyr yn dadlau bod angen i bobl ifanc chwarae rhan yn y gymdeithas drwy weithio am gyflog is.

Mae gan bobl hŷn fwy o gyfrifoldebau ac mae arnyn nhw angen cyflog sefydlog.

Mae'r llywodraeth wedi pasio Deddf Cydraddoldeb 2010 sy'n amddiffyn pobl ifanc rhag oedraniaeth.

Cryfderau'r ddadl bod oedraniaeth yn effeithio ar gyfleoedd bywyd a grym pobl hŷn:

Yn y DU, mae pobl hŷn yn colli statws yn y gymdeithas pan fyddan nhw dros yr oedran ymddeol.

Mae stereoteipiau a safbwyntiau negyddol i'w gweld yn gyson yn y cyfryngau. Roedd canfyddiadau astudiaeth gan Brifysgol De California yn dangos bod geiriau negyddol fel 'bregus', 'hynafol' neu 'ffwndrus' yn cael eu defnyddio i gyfeirio at hanner y cymeriadau oedrannus.

Yn 2018, gwnaeth The Centre for Ageing Better feirniadu'r DU am wahaniaethu yn erbyn gweithwyr hŷn a darparu cyfleoedd hyfforddi gwael.

Gwendidau'r ddadl bod oedraniaeth yn effeithio ar gyfleoedd bywyd a grym pobl hŷn:

Mae cyfreithiau sy'n ymwneud â gwahaniaethu ar sail oedran yn rhan allweddol o gyfraith y DU erbyn hyn.

Mae pobl hŷn yn aml i'w gweld mewn safleoedd o rym. Rhwng 1979 a 2017, tua 50 oedd oed ASau ar gyfartaledd.

Mae agweddau cymdeithasol yn newid. Mae elusennau fel Age UK yn rhoi cyngor ar sut i wneud y gorau o'ch ymddeoliad. Mae disgwyliad oes wedi cynyddu ac mae henaint yn dechrau'n hwyrach ac yn para'n hirach.

Mae oedraniaeth yn gwahaniaethu yn erbyn pobl ifanc a phobl hŷn a gall olygu bod cyfle pobl i gael y swyddi gorau yn gyfyngedig i amser byr iawn.

CYNGOR ADOLYGU

Bydd rhoi enghreifftiau bob amser yn helpu eich atebion. Gwnewch yn siŵr eich bod chi'n defnyddio eich gwybodaeth bersonol i gefnogi enghreifftiau o stereoteipiau am oedran, er enghraifft:

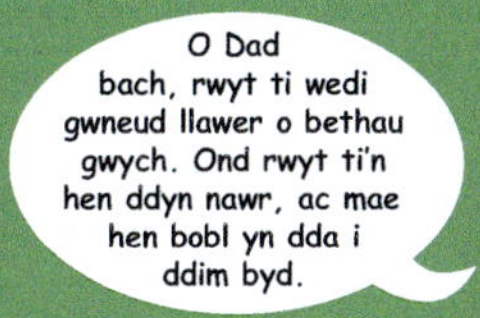

Homer Simpson wrth Abe Simpson.

Pobl allweddol

Cynhaliodd **William C. Levin** (*Age Stereotyping: College student evaluations*, 1988) arbrawf gan dynnu ffotograffau o ddyn wedi'i wisgo fel rhywun 25, 52 a 73 oed. Dangosodd y ffotograffau i grŵp o fyfyrwyr yn y coleg a gofynnodd iddyn nhw roi eu barn arnyn nhw o safbwynt cyflogaeth. Er bod y ffotograffau yn dangos yr un dyn, roedd y myfyrwyr o'r farn bod y dyn 73 oed yn llai deallus, yn llai cymwys ac yn llai dibynadwy. Mae ei astudiaeth yn dangos pa mor gryf yw'r stereoteipiau.

Cofio'r cysylltiad

Ydych chi'n gallu meddwl am gysylltiadau rhwng oedran a rhywedd?

Gwirio eich gwybodaeth

1. Nodwch ddau stereoteip sy'n ymwneud ag oedran. **(2 farc)**
2. Diffiniwch ystyr 'oedran fel lluniad cymdeithasol'. **(4 marc)**
3. Esboniwch sut gall stereoteipiau oedran fod yn niweidiol i'r gymdeithas. **(4 marc)**
4. Trafodwch bwysigrwydd oedran ac anghydraddoldeb. **(9 marc)**

AA1 Disgrifio

Rhoi sylw i'r fanyleb

5.3 Cydraddoldeb/anghydraddoldeb mewn perthynas ag ethnigrwydd

5.4 Ffactorau a allai ddylanwadu ar fynediad at gyfleoedd bywyd a grym: rhagfarn, gwahaniaethu, stereoteipio, labelu, gwneud bwch dihangol, cynrychioliad yn y cyfryngau, panig moesol; gan gyfeirio'n benodol at ethnigrwydd, hiliaeth, hiliaeth sefydliadol

Cyswllt â'r gwerslyfr

tt 160–161: Materion sy'n ymwneud â hil ac ethnigrwydd yn y DU yn yr unfed ganrif ar hugain
tt 162–163: Sut mae'r cyfryngau'n portreadu grwpiau ethnig gwahanol?
tt 164–165: Sut mae ethnigrwydd yn effeithio ar gyfleoedd bywyd?

AA2 Cymhwyso

Mae'r ffigurau'n cyfeirio at y ganran o ddisgyblion gafodd eu gwahardd o'r ysgol yn 2017.

	canran y disgyblion wedi'u gwahardd am dymor penodol	canran y disgyblion wedi'u gwahardd yn barhaol
Bangladeshaidd	2.05	0.04
Indiaidd	0.9	0.02
Pacistanaidd	2.75	0.07
Du Caribïaidd	10.08	0.29
Du Affricanaidd	4.42	0.09
Gwyn	5.14	0.10
Ethnigrwydd cymysg	5.98	0.14
Tsieineaidd	0.56	0.01

Ffynhonnell: https://www.ethnicity-facts-figures.service.gov.uk/education-skills-and-training/absence-and-exclusions/pupil-exclusions/latest

Pa grwpiau sy'n fwyaf tebygol o gael eu gwahardd o'r ysgol?

Sut byddech chi'n esbonio'r ffigurau ar gyfer rhai o'r grwpiau?

Datblygu ymhellach

Beth arall byddech chi am ei wybod, nad yw'r ffigurau'n ei ddangos?

Ethnigrwydd ac anghydraddoldeb

Dydy hil ac ethnigrwydd ddim yr un peth.

Mae hiliau gwahanol yn gysylltiedig â bioleg. Mae'r syniad o hil wedi cael ei gamddefnyddio'n aml i gyfiawnhau hiliaeth, e.e. Hitler a'r Iddewon. Mae cymdeithasegwyr yn defnyddio ethnigrwydd i gyfeirio at ddiwylliant pobl, a gallai gynnwys cenedligrwydd, crefydd, traddodiadau a ffordd o fyw.

Mae cymdeithas y DU yn cynnwys llawer o grwpiau ethnig amrywiol iawn. Mae hyn o ganlyniad i hanes y DU; cafodd y wlad ei goresgyn ond roedd ganddi ymerodraeth fyd-eang hefyd.

Ar adegau, mae'r DU wedi'i chael hi'n anodd cynnig yr un croeso a gafodd ei roi i unigolion a oedd yn byw yn rhannau eraill o'r Ymerodraeth Brydeinig ar ôl yr Ail Ryfel Byd. Mae hiliaeth wedi bod yn destun pryder ar ddwy lefel. Mae grwpiau lleiafrifol yr adain dde eithafol yn ceisio achosi gwrthdaro drwy gyfrwng propaganda hiliol. Fodd bynnag, mae parhad hiliaeth sefydliadol, fel y dangosodd achos Stephen Lawrence ac Adroddiad Macpherson, yn achosi mwy o bryder mewn rhai ffyrdd.

Mae hiliaeth yn cynnwys rhagfarn a gwahaniaethu yn erbyn pobl ar sail eu hil, ethnigrwydd, cenedligrwydd a/neu grefydd.

Pasiwyd deddfwriaeth gyda'r nod o leihau hiliaeth a gwahaniaethu yn y DU.

Pasiwyd sawl deddf i hybu cydraddoldeb i bobl, waeth beth yw eu cefndir ethnig. Roedd Deddf Cysylltiadau Hiliol 1965 yn gwahardd gwahaniaethu ar sail hil mewn mannau cyhoeddus, ac yn gwahardd pobl rhag hybu casineb yn gysylltiedig â lliw, hil, ethnigrwydd neu genedligrwydd. Doedd y ddeddf ddim yn amddiffyn lleiafrifoedd ethnig rhag gwahaniaethu wrth iddyn nhw ymgeisio am swyddi neu dai. Pasiwyd rhagor o ddeddfau cysylltiadau hiliol yn 1968, 1976 a 2000. Yn 1976 sefydlwyd y Comisiwn Cydraddoldeb Hiliol (*CRE: Commission for Racial Equality*). Byddai cymdeithasegwyr yn cwestiynu pa mor llwyddiannus mae'r comisiwn hwn wedi bod.

Mae effaith refferendwm Brexit wedi gwthio materion sy'n ymwneud â mewnfudo a hiliaeth i'r newyddion. Yn 2010, gosododd y llywodraeth glymblaid dargedau penodol i leihau mewnfudo.

Roedd aelodaeth o'r Undeb Ewropeaidd yn cynnwys yr hawl i ddinasyddion yr UE symud yn rhydd i fyw a gweithio unrhyw le yn yr UE. Roedd y bobl a oedd yn cefnogi hyn, gan gynnwys llawer o fusnesau, yn dadlau bod hyn yn helpu economi'r DU ac yn ein galluogi ni i lenwi swyddi allweddol mewn meysydd fel y GIG. Rhoddwyd pwysau ar y llywodraeth glymblaid i leihau nifer y bobl a oedd yn dod i'r DU. Dydy hi ddim wedi bod yn hawdd cyflawni hyn, ac mae wedi creu anesmwythder i bobl lleiafrifol ethnig.

Tystiolaeth o wahaniaethau o ran grym a chyfleoedd bywyd ar gyfer grwpiau ethnig gwahanol

Fe wnaeth y pwysau gan lywodraethau David Cameron a Theresa May i leihau'r ffigurau mewnfudo arwain at bolisi 'amgylchedd anghyfeillgar'.

Arweiniodd y polisi 'amgylchedd anghyfeillgar' at weld y Swyddfa Gartref yn rhoi pwysau ar bobl i brofi bod ganddyn nhw hawl i fyw yn y DU. Mae hyn wedi cael effaith andwyol ar aelodau rhai grwpiau ethnig gan gynnwys dinasyddion yr UE a chyn-fewnfudwyr. Dangosodd sgandal Windrush fod mewnfudwyr a ddaeth i Brydain yn yr 1950au a'r 60au wedi gorfod dangos dogfennau i'w cyflogwyr, i ysbytai ac i landlordiaid. Cafodd rhai eu gorfodi'n anghywir i adael y wlad. Mae'n bosibl bod grwpiau ethnig eraill yn poeni am yr effaith bydd hyn yn ei chael ar eu bywydau yn y dyfodol.

Mae bwlch cyflog ethnig yn bodoli ers tro rhwng grwpiau gwahanol, yn ôl y Comisiwn Cydraddoldeb a Hawliau Dynol, 2017.

Yn 2018, dangosodd archwiliad o gyflogau yn Llundain fod bylchau cyflog o hyd at 37 y cant ar gyfer rhai grwpiau ethnig. Gwasanaeth tân Llundain oedd yr unig sefydliad heb fwlch cyflog ethnig.

Prif achos y bwlch cyflog oedd y diffyg pobl lleiafrifol ethnig mewn swyddi cyflog uwch, o bosibl oherwydd hiliaeth sefydliadol.

Mae lleiafrifoedd ethnig, menywod a phobl anabl yn dal i gael eu tangynrychioli neu eu stereoteipio gan y cyfryngau ac yn y newyddion.

Cynhaliodd Ofcom astudiaeth yn 2017, ac yn ôl y canfyddiadau, mae lleiafrifoedd ethnig, pobl anabl a menywod yn llai tebygol o gael swyddi yn y cyfryngau teledu, ac yn llai tebygol o gael y swyddi gorau. Ni fyddai pobl o'r grwpiau hyn yn teimlo bod ganddyn nhw gysylltiad â'r cyfryngau.

Mae'r gyfraith yn dal i wahaniaethu yn erbyn pobl o grwpiau lleiafrifol ethnig.

Gwnaeth adroddiad gan y llywodraeth yn 2018 ganfod bod pobl ddu, Asiaidd a chymysg eu hil 1.5 gwaith yn fwy tebygol o gael eu harestio na phobl wyn, ac yn fwy tebygol o fod yn ddioddefwyr troseddau. Roedd Ymddiriedolaeth Runnymede yn dadlau bod gwahaniaethu yn rhan o arfer yr heddlu.

Cryfderau'r ddadl bod cyfleoedd bywyd grwpiau lleiafrifol ethnig yn gwella:

Roedd 6 y cant o'r ASau gafodd eu hethol yn 2015 heb fod yn wyn. Mae hyn ddeg gwaith yn fwy nag yn 1987.

Yn ystod tymor y gwanwyn 2018, gwnaeth MI6, y gwasanaeth gwybodaeth gyfrinachol, ddefnyddio mam ddu ifanc yn ei hysbyseb recriwtio. Mae pobl yn cysylltu MI6 â dynion gwyn, tebyg i James Bond, ond mae'r gwasanaeth am weld ymgeiswyr benywaidd a lleiafrifol ethnig.

Dangosodd gwefan y llywodraeth, gov.uk, fod y bwlch yn y gyfradd gyflogaeth rhwng lleiafrifoedd ethnig a phawb arall wedi gostwng o 15 y cant yn 2004 i 10 y cant yn 2016.

Gwendidau'r ddadl bod cyfleoedd bywyd grwpiau lleiafrifol ethnig yn gwella:

Mae'r cyfraddau diweithdra ymhlith pobl lleiafrifol ethnig yn uwch nag ymhlith rhai grwpiau eraill.

Dangosodd adroddiad gan y llywodraeth yn 2017 fod pobl ddu dair gwaith yn fwy tebygol o gael eu harestio na grwpiau ethnig eraill.

Mae dau o bob tri o bobl Indiaidd a phobl wyn yn berchen ar eu cartref eu hun. Mae llai na hanner y bobl Affricanaidd-Caribïaidd, Bangladeshaidd neu sydd o gefndiroedd cymysg eraill yn berchen ar eu cartref eu hun yn ôl adroddiad gan y llywodraeth yn 2017.

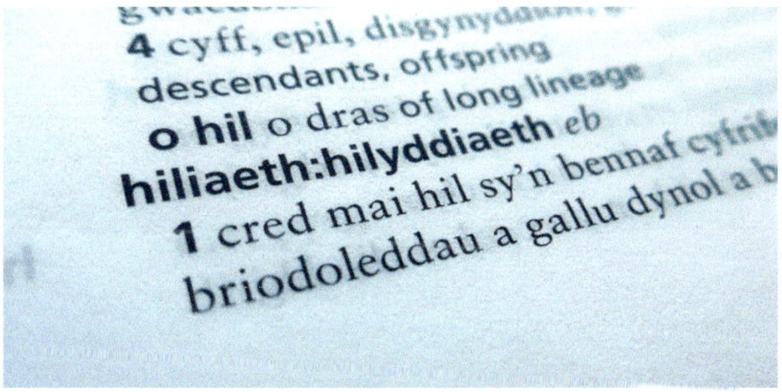

Esboniwch resymau posibl pam mae unigolion yn hiliol.

Cryfderau'r ddadl bod rhagfarn a gwahaniaethu yn erbyn grwpiau lleiafrifol ethnig yn llai cyffredin:

Mae cyfreithiau sy'n ymwneud â gwahaniaethu bellach yn rhan allweddol o gyfraith y DU, ac yn adnabyddus.

Mae amrywiaeth yn y cyfryngau yn gwella. Mae llyfrau comics Marvel wedi cyflwyno Spiderman a Captain America du. Mae cymeriadau fel hyn yn cynnig modelau rôl cadarnhaol i blant.

Yn dilyn achos Stephen Lawrence, mae Adroddiad Macpherson wedi gwneud i ysbytai, ysgolion a sefydliadau eraill edrych ar eu harferion.

Gwendidau'r ddadl bod rhagfarn a gwahaniaethu yn erbyn grwpiau lleiafrifol ethnig yn llai cyffredin:

Mae grwpiau lleiafrifol ethnig yn dal i gael eu gwneud yn fwch dihangol yn y cyfryngau. Mae panig moesol yn cael ei greu ynglŷn â gangiau, troseddau cyllell a therfysgaeth.

Dydy hiliaeth ddim bob amser yn benderfyniad ymwybodol. Efallai na fydd pobl yn sylweddoli eu bod nhw'n ymddwyn yn hiliol.

Yn ôl arolwg gan bapur newydd *The Independent* ym mis Ebrill 2018, roedd llai na 50 y cant o bobl lleiafrifol ethnig yn credu bod cynnydd wedi'i wneud i leihau rhagfarn yn y 25 mlynedd ers marwolaeth Stephen Lawrence.

Mae llawer o amrywiaeth yn ethnigrwydd poblogaeth y DU. Gall lleoedd fel Birmingham, Llundain, Manceinion a threfi mawr eraill gynnwys llawer o amrywiaeth o'u cymharu â threfi llai a phentrefi.

Cofio'r cysylltiad

Mae'r cysylltiadau gydag addysg a throsedd yn amlwg yma. Sut mae'r teulu yn gysylltiedig? Ydy teuluoedd pobl lleiafrifol ethnig yn gallu effeithio ar eu cyfleoedd bywyd?

CYNGOR ADOLYGU

Mae ystadegau yn ddefnyddiol iawn wrth gyflwyno dadl. Dysgwch rai o'r rhain ar eich cof er mwyn i chi allu eu defnyddio yn yr arholiad. Dewiswch y rhai sy'n fwyaf tebygol o fod yn ddefnyddiol, yn eich barn chi. Mae ystadegau am drosedd ac addysg yn debygol o fod yn ddefnyddiol wrth drafod haenu cymdeithasol a gwahaniaethu.

Pobl allweddol

Mae **Tony Sewell**, cymdeithasegydd o Brydain, wedi treulio ei yrfa yn archwilio'r rhesymau dros dangyflawniad bechgyn Affricanaidd-Caribïaidd, o'i gymharu â'u potensial.

- Mae Sewell yn rhoi'r bai am fethiant bechgyn Affricanaidd-Caribïaidd ar y grŵp cyfoedion maen nhw'n perthyn iddo.
- Mae'r grŵp cyfoedion maen nhw'n perthyn iddo yn rhoi mwy o werth ar 'y stryd' nag ar addysg.
- Mae Sewell yn dweud nad hiliaeth athrawon na hiliaeth sefydliadol yw'r broblem.
- Aeth Sewell ati i sefydlu rhaglen lwyddiannus o'r enw Generating Genius i annog bechgyn Affricanaidd-Caribïaidd galluog i astudio gwyddoniaeth a pheirianneg. Arweiniodd hyn at greu 'gang gwyddoniaeth' gan roi grŵp cyfoedion newydd i'r bechgyn hyn, oedd a disgwyliadau uchel. Roedden nhw i gyd yn ymdrechu i fod y gwyddonwyr gorau.

Gwirio eich gwybodaeth

1. 'Amlinellwch ystyr 'ethnigrwydd'. **(2 farc)**
2. Nodwch ddwy ffordd y gall stereoteipio effeithio ar gyfleoedd bywyd. **(4 marc)**
3. Rhowch resymau pam gallai rhai grwpiau lleiafrifol ethnig fod yn llai cyfartal o ran cyfoeth. **(4 marc)**
4. 'Dydy ethnigrwydd ddim yn effeithio ar gyfleoedd bywyd.' Ydych chi'n cytuno? **(9 marc)**

Rhoi sylw i'r fanyleb

5.3 Cydraddoldeb/anghydraddoldeb mewn perthynas ag anabledd a rhywioldeb

5.4 Ffactorau a allai ddylanwadu ar fynediad at gyfleoedd bywyd a grym: lluniad cymdeithasol o hunaniaeth/rolau, statws, rhagfarn, gwahaniaethu, stereoteipio, labelu, cynrychioliad yn y cyfryngau, panig moesol; gan gyfeirio'n benodol at anabledd, modelau anabledd meddygol a chymdeithasol; gan gyfeirio'n benodol at rywioldeb, homoffobia

Cyswllt â'r gwerslyfr

tt 166–167: Sut mae anabledd yn cael ei weld yn ein cymdeithas?
tt 168–169: Sut mae anabledd yn effeithio ar gyfleoedd bywyd?
tt 170–171: Newid mewn agweddau at rywioldeb yn y DU
tt 172–173: Sut mae rhywioldeb yn effeithio ar gyfleoedd bywyd?

AA2 Cymhwyso

Roedd cymdeithasegydd eisiau astudio agweddau at anabledd drwy gynnal cyfweliadau strwythuredig. Mae'r ymchwilydd yn defnyddio cadair olwyn. Sut gallai hyn effeithio ar yr ymchwil?

Nid yw pob anabledd yn weladwy

Mae anabledd yn cynnwys amrywiaeth eang o namau corfforol a meddyliol a allai atal pobl rhag gwneud tasgau pob dydd.

Datblygu ymhellach

Mae bwlch cyflog o 13 y cant rhwng arweinwyr gwrywaidd a benywaidd mewn ysgolion heddiw. Pa ffactorau allai gyfrannu at hyn? Pa effaith gallai hyn ei chael ar gyflawniad addysgol merched?

Anabledd a chyfleoedd bywyd

Yn fwy diweddar, mae cymdeithasegwyr wedi dechrau astudio mathau eraill o wahaniaethau cymdeithasol, gan gynnwys anabledd.	Mae'n bwysig defnyddio iaith sy'n dderbyniol i'r bobl rydyn ni'n cyfeirio atyn nhw. 'Pobl anabl' yw'r term derbyniol. Mae'r term hwn yn cyfeirio at bobl sydd ddim yn gallu gwneud tasgau pob dydd yn ogystal â thasgau eraill oherwydd nam corfforol neu feddyliol. Felly, mae'n cynnwys pobl sy'n defnyddio cadair olwyn, pobl ag anawsterau dysgu, nam ar y clyw a'r golwg, awtistiaeth a namau eraill.
Mae rhagfarn a gwahaniaethu ar sail anabledd yn broblem barhaus yn y DU ac mewn gwledydd eraill. Mae hyn yn effeithio ar gyfleoedd bywyd.	Gall pobl yn y gymdeithas deimlo'n anghyfforddus wrth siarad am anabledd. Gwnaeth yr elusen anabledd Scope ganfod bod dwy ran o dair o bobl yn ei chael hi'n anodd siarad â phobl anabl. Roedd 25 y cant o bobl anabl wedi profi rhagfarn gan fod pobl yn disgwyl llai ganddyn nhw oherwydd eu hanabledd.
Mae dau fodel o anabledd: y model meddygol a'r model cymdeithasol. Mae pobl anabl wedi cefnogi'r model cymdeithasol er mwyn ceisio newid y ffordd maen nhw'n cael eu trin.	Mae'r model meddygol yn ystyried anabledd yn broblem sydd angen ei gwella. Mae bron yn ystyried mai'r unigolyn anabl yw'r broblem gan nad yw'r unigolyn hwnnw yn cyfateb i normau'r gymdeithas. Gall hyn olygu bod pobl anabl yn cael eu hallgáu'n gymdeithasol. Mae'r model cymdeithasol yn rhoi'r pwyslais ar y gymdeithas a sut mae'n helpu pobl anabl i oresgyn anawsterau. Byddai darparu dolenni clywed, rampiau, lifftiau a mathau eraill o gefnogaeth yn rhan o'r model hwn. Mae'r model cymdeithasol yn ymwneud â hawliau pobl anabl i gymryd rhan yn llawn ym mywyd y gymdeithas, ac i gael eu cynnwys yn gymdeithasol.
Mae pryderon wedi bod ynglŷn ag adroddiadau yn y cyfryngau sy'n labelu pobl anabl yn bobl ddiog sy'n manteisio ar y system budd-daliadau.	Gwnaeth Phillip Hammond, AS a Changhellor y Trysorlys, sylwadau ym mis Rhagfyr 2017 am gynhyrchedd isel yr economi, yn rhannol gan fod mwy o bobl anabl yn y gweithlu. Arweiniodd ei sylwadau at storm o brotest gan elusennau anabledd fel Scope. Mae sylwadau fel hyn yn debygol o arwain at ragor o ragfarn a gwahaniaethu yn erbyn pobl anabl yn y gweithle.

Rhywioldeb a chyfleoedd bywyd

Mae rhywioldeb yn cyfeirio at gyfeiriadedd rhywiol unigolyn. Ystyr homoffobia yw rhagfarn a/neu wahaniaethu yn erbyn rhywun oherwydd ei gyfeiriadedd cyfunrywiol.	Mae'r normau cymdeithasol sy'n ymwneud â chyfeiriadedd rhywiol a materion trawsrywiol wedi newid yn gyflym iawn ers diwedd yr ugeinfed ganrif. Fodd bynnag, gallai rhagfarn a gwahaniaethu fod yn gyffredin o hyd, ac mor anodd ei brofi ag erioed.
Yn draddodiadol, mae'r ffaith nad yw rhywun yn heterorywiol wedi effeithio ar ei gyfleoedd bywyd yn y DU.	Roedd cyfreithiau yn gwahaniaethu yn erbyn pobl o'r gymuned hoyw a doedd ganddyn nhw ddim hawliau dynol. Roedd gweithredoedd cyfunrywiol yn anghyfreithlon yn y DU tan Ddeddf Troseddau Rhywiol 1967. Roedd yn rhaid aros tan 2001 cyn i ddeddfau newydd ostwng yr oedran cydsynio o 21 i 16, gan roi'r un hawliau i bobl hoyw â phobl heterorywiol. Daeth priodasau rhwng cyplau o'r un rhyw yn gyfreithiol yn 2014, gan wneud cyfleoedd bywyd yn fwy cyfartal.
LGBT yw'r term sy'n cael ei ddefnyddio ar gyfer pobl o'r gymuned lesbiaidd, hoyw, deurywiol a thrawsrywiol.	Pasiwyd sawl deddf newydd erbyn hyn sy'n ceisio amddiffyn hawliau pobl yn y grwpiau hyn. Mae trawsrywedd yn cael ei gydnabod yn Neddf Cydraddoldeb 2010.
Mae'r cyfryngau wedi cyflwyno stereoteipiau o bobl LGBT ar y cyfan. Mae'r stereoteipiau hyn yn gymhleth iawn, ond mae enghreifftiau yn cynnwys dynion hoyw sy'n ymddwyn mewn ffordd fenywaidd ac sy'n llac eu moesau rhywiol, a menywod lesbiaidd sy'n cael eu cyflwyno fel menywod *butch* neu wrywaidd.	Enillodd stori bwerus *Moonlight* yr Oscar am y ffilm orau yn 2017. Roedd y stori yn cynnwys prif gymeriad du a hoyw – rhywbeth anghyffredin a oedd yn torri tir newydd. Yn ôl adroddiad gan *GLAAD* (*Gay and Lesbian Alliance against Defamation*), roedd y rhaglenni teledu a oedd yn cael eu ffrydio ym mis Tachwedd 2017 yn cynnwys y nifer mwyaf erioed o gymeriadau LGBT.

Cryfderau'r ddadl bod llai o ragfarn a gwahaniaethu ar sail anabledd:

Mae Deddf Cydraddoldeb 2010 yn datgan yn glir bod anabledd yn nodwedd warchodedig. Mae gwahaniaethu ar sail anabledd yn anghyfreithlon.

Oherwydd Deddf Cydraddoldeb 2010, rhaid i gyflogwyr wneud addasiadau rhesymol er mwyn galluogi pobl anabl i wneud eu gwaith yn llwyddiannus.

Gallai cyflogwyr sydd ddim yn gwneud hynny gael eu dwyn gerbron y llys.

Mae cymeriadau anabl yn llawer mwy cyffredin mewn operâu sebon a ffilmiau erbyn hyn, sy'n golygu bod pobl anabl yn teimlo bod y gymdeithas yn un llawer mwy cynhwysol. Y gobaith yw y bydd pobl sydd ddim yn anabl yn fwy gwybodus, a ddim yn teimlo mor anghyfforddus wrth siarad â phobl anabl.

Gwendidau'r ddadl bod llai o ragfarn a gwahaniaethu ar sail anabledd:

Yn ôl adroddiad gan y BBC ym mis Mehefin 2018, bu cynnydd o 50 y cant yn lefel y troseddau casineb ar sail anabledd yn 2017/18.

Dywedodd Cyngres yr Undebau Llafur yn 2015 fod bwlch cyflog yn bodoli ar sail anabledd.

Mae Marcswyr yn dweud nad yw cyfalafiaeth yn rhoi gwerth ar bobl anabl. Ni fydd cyflogwyr sy'n poeni am wneud elw yn cefnogi'r gost ychwanegol sydd ynghlwm wrth wneud addasiadau rhesymol fel rampiau neu newidiadau eraill.

Cryfderau'r ddadl bod llai o ragfarn a gwahaniaethu ar sail rhywioldeb:

Mae Deddf Cydraddoldeb 2010 yn datgan yn glir bod cyfeiriadedd rhywiol a thrawsrywedd yn nodweddion gwarchodedig. Mae gwahaniaethu ar sail y nodweddion hyn yn anghyfreithlon.

Roedd gan y DU gyfreithiau homoffobig yn erbyn cyfunrywioldeb tan 1967, a doedd cyfreithiau'r wlad ddim yn trin pobl hoyw a lesbiaidd yn gyfartal. Mae mwy o gydraddoldeb erbyn hyn.

Yn 1987, cyflwynodd y llywodraeth Gymal 28 a oedd yn golygu na allai ysgolion gael eu gweld yn hybu rhywioldeb. Cafodd Cymal 28 ei ddiddymu yn 2003 gan y llywodraeth Lafur.

Yng Nghymru heddiw, mae Estyn yn gwneud yn siŵr bod ysgolion yn hybu parch a goddefgarwch drwy addysgu'r gwerthoedd priodol i ddisgyblion.

Gwendidau'r ddadl bod llai o ragfarn a gwahaniaethu ar sail rhywioldeb:

Mae bwlio gwrth-LGBT yn gyffredin o hyd mewn ysgolion, ac mae pobl LGBT yn dioddef cyfraddau uwch o broblemau iechyd meddwl o'u cymharu â phobl heterorywiol.

Ym mis Medi 2016, dywedodd *MailOnline* fod goleuadau traffig i gerddwyr ar Sgwâr Trafalgar a oedd yn dangos symbolau hoyw yn 'beryglus'.

Yn 2016, dadleuodd *The Independent* fod y cyfryngau ym Mhrydain yn dal i gynnwys straeon negyddol am bobl LGBT. Roedd *Daily Express* wedi rhoi neges ar Twitter yn dweud bod Tom Daley, y plymiwr Olympaidd sy'n agored ynglŷn â'r ffaith ei fod yn hoyw, yn mynd i 'briodi'. Drwy roi'r gair mewn dyfynodau, roedd yn awgrymu nad oedd yn briodas go iawn.

Cryfderau'r ddadl bod gwahaniaethau cymdeithasol, fel anabledd a rhywioldeb, yn effeithio ar gyfleoedd bywyd ac anghydraddoldeb:

Mae bwlio homoffobig mewn ysgolion yn cael effeithiau hirdymor ar gyfleoedd bywyd.

Does gan lawer o ysgolion mo'r adnoddau i dderbyn disgyblion anabl, sy'n lleihau eu cyfleoedd bywyd.

Mae troseddau casineb wedi dod yn destun pryder yn y DU, ac mae hyn wedi effeithio ar bobl LGBT a phobl anabl. Yn 2017, gwnaeth *The Independent* adrodd bod un person LGBT o bob pump wedi rhoi gwybod i'r heddlu am ymosodiadau geiriol neu gorfforol yn ystod y flwyddyn flaenorol.

Gwelodd George Gerbner fod y cyfryngau naill ai'n cyflwyno stereoteipiau negyddol am ddynion hoyw, ddim yn eu dangos nhw mewn ffordd realistig, neu'n eu hanwybyddu nhw'n gyfan gwbl.

Gwendidau'r ddadl bod gwahaniaethau cymdeithasol, fel anabledd a rhywioldeb, yn effeithio ar gyfleoedd bywyd ac anghydraddoldeb:

Mae mwy o ymwybyddiaeth erbyn hyn, a chefnogaeth gan y gyfraith.

Mae llawer mwy o amrywiaeth yn y cyfryngau, sy'n dangos cymeriadau anabl ac LGBT.

Mae pobl ifanc yn llawer mwy agored i amrywiaeth na'r genhedlaeth hŷn, sy'n golygu y gallai pethau barhau i wella. Mae ysgolion ac asiantaethau cymdeithasoli eraill yn hybu gwerthoedd fel goddefgarwch a pharch at ein gilydd.

CYNGOR ADOLYGU

Bydd unrhyw atebion am anghydraddoldeb/cyfleoedd bywyd yn gryfach os gallwch chi gyfeirio at y teulu, addysg, gwaith, incwm a chyfoeth, y cyfryngau neu drosedd.

Pobl allweddol

Dadleuodd **Barnes** (1992) yn *Disabling Imagery and the Media: An Exploration of Media Representations of Disabled People*, fod y cyfryngau yn dangos pobl anabl mewn ffordd negyddol. Mae'r cyfryngau yn dangos pobl anabl mewn sawl ffordd gyffredin:

- pobl sydd angen cymorth
- dioddefwyr
- pobl ddrwg, troseddwyr neu fwystfilod
- baich ar bobl eraill
- 'pobl fethedig' sy'n goresgyn anawsterau
- ond byth fel pobl normal sy'n digwydd bod yn anabl.

Mae pobl o bedwar ban y byd yn protestio am homoffobia a thrawsffobia. Mae cyfreithiau am faterion fel priodasau hoyw yn dal i amrywio o amgylch y byd.

Cofio'r cysylltiad

Sut mae'r testun hwn yn gysylltiedig â thestun gwyredd?

Gwirio eich gwybodaeth

1. Amlinellwch ystyr 'homoffobia'. **(2 farc)**
2. Diffiniwch ystyr 'panig moesol'. **(4 marc)**
3. Rhowch resymau pam gallai cyfeiriadedd rhywiol effeithio ar gyfleoedd bywyd. **(4 marc)**
4. 'Anabledd yw un o brif achosion anghydraddoldeb yn y DU heddiw.' Ydych chi'n cytuno? **(9 marc)**

Rhoi sylw i'r fanyleb

5.5 Tlodi fel mater cymdeithasol: tlodi absoliwt a chymharol, gan gynnwys gwaith Townsend am amddifadedd cymharol; amddifadedd materol; diwylliant tlodi; cylch amddifadedd; effaith globaleiddio

Cyswllt â'r gwerslyfr

tt 174–175: Beth yw tlodi?
tt 176–177: Beth yw amddifadedd?
tt 184–185: Sut mae globaleiddio'n effeithio ar dlodi yn y DU?

AA2 Cymhwyso

Mae'r llywodraeth wedi rhoi arian o'r neilltu i fynd i'r afael â thlodi plant. Pa rai o'r canlynol sy'n mynd i'r afael ag amddifadedd materol a pha rai sy'n mynd i'r afael ag amddifadedd diwylliannol? Ydy rhai'n mynd i'r afael â'r ddau?

- *Llyfrau darllen.*
- *Mynediad am ddim i amgueddfeydd a chestyll i deuluoedd tlawd.*
- *Mentoriaid dysgu mewn ysgolion.*
- *Addysg gyrfaoedd o Flwyddyn 7 ymlaen.*
- *Brecwast a chinio am ddim i blant tlawd.*
- *Ysgolion dethol i'r plant tlawd mwyaf clyfar.*
- *Gwersi Ffrangeg i Flynyddoedd 1 a 2.*
- *Arian ar gyfer meithrinfeydd.*
- *Clybiau gwaith cartref.*
- *iPads am ddim.*

Rhowch y rhestr mewn trefn o 1 i 10, gan roi 1 ar gyfer y flaenoriaeth uchaf a 10 ar gyfer y flaenoriaeth isaf.

Datblygu ymhellach

Esboniwch eich dewis mewn paragraff. Cyfeiriwch at ddamcaniaethau cymdeithasegol.

Sut mae tlodi'n cael ei ddiffinio?

Tlodi

Mae tlodi wedi bod yn destun pryder yn y DU ers oes Fictoria.	Mae tlodi yn broblem fyd-eang. Yn ddiddorol, dechreuodd llawer o'r gwaith ymchwil yn y DU, un o wledydd mwyaf cyfoethog y byd, yn enwedig yng nghyfnod gwaith ymchwil Booth, Rowntree ac eraill.
Gallwn ni fesur tlodi mewn sawl ffordd. Mae dau brif syniad ynglŷn â beth yw tlodi: tlodi absoliwt a thlodi cymharol.	Lluniad cymdeithasol yw tlodi. Mae ein syniad ni o beth yw tlodi yn newid o le i le ac o gyfnod i gyfnod. Tlodi absoliwt yw pan nad yw unigolyn yn gallu bodloni ei anghenion sylfaenol i gael bwyd, dŵr, lloches, dillad a chynhesrwydd. Tlodi cymharol yw pan nad yw amodau byw unigolyn cystal â'r disgwyl yn y gymdeithas honno. Yn y DU yn yr unfed ganrif ar hugain, mae ein disgwyliadau ni'n cynnwys cael wi-fi!
Mae ein disgwyliadau ni am sut mae unigolion a theuluoedd yn byw wedi newid dros amser. Mae cymdeithasegwyr wedi astudio amddifadedd materol a diwylliannol.	Amddifadedd materol yw bod heb y pethau sydd eu hangen i fyw bywyd da. Gallwn ni ddatrys hyn drwy brynu'r nwyddau sydd ddim gennym ni. Amddifadedd diwylliannol yw bod heb y gwerthoedd, y wybodaeth a'r syniadau sydd eu hangen i lwyddo. Mae rhai plant yn cael eu magu mewn teuluoedd nad oes ganddyn nhw'r wybodaeth na'r gwerthoedd cywir i helpu eu plant i dorri'n rhydd rhag tlodi. Er enghraifft, os na fydd plant yn dysgu gan eu rhieni pa mor werthfawr yw gallu darllen, gellir ystyried bod rhywbeth pwysig ar goll yn eu bywydau.
Dangoswyd bod cael eu magu mewn tlodi yn cael effaith hirdymor ar gyfleoedd bywyd plant.	Gallai plant sy'n cael eu magu mewn tlodi gael eu dal mewn cylch amddifadedd. Maen nhw'n debygol o beidio â chael yr addysg sydd ei hangen arnyn nhw i dorri'n rhydd rhag tlodi, ac efallai na fyddan nhw'n dysgu gwerth addysg. Bydd eu plant nhw'n cael eu magu yn yr un ffordd, felly bydd y cylch yn parhau.

Safbwyntiau cymdeithasegol am dlodi

Mae swyddogaethwyr yn ystyried bod gan bob rhan o fywyd cymdeithasol, gan gynnwys tlodi, rôl gadarnhaol i'w chwarae yn y gymdeithas.	Mae Herbert Gans yn dadlau bod ar gymdeithas angen y gweithwyr sy'n ennill y cyflogau isaf i helpu cwmnïau i wneud elw. Mae arnyn nhw hefyd angen pobl i wneud y swyddi amhoblogaidd, amhleserus neu beryglus. Mae'r bygythiad o dlodi yn cymell pobl i wneud y swyddi hyn. Weithiau, problem dros dro yn unig yw tlodi, a bydd yn gwneud i'r llywodraeth sylweddoli bod angen iddi weithredu i greu rhagor o swyddi neu i helpu pobl dlawd.
Mae'r Dde Newydd yn ystyried mai pobl dlawd eu hunain sydd ar fai am eu tlodi, gan nad ydyn nhw'n fodlon gweithio'n galed. Maen nhw hefyd yn gweld bai ar y llywodraeth am fod yn rhy barod i dalu budd-daliadau.	Un cymdeithasegydd sy'n cefnogi'r safbwynt hwn yn frwd yw Charles Murray, cymdeithasegydd y Dde Newydd o America. Mae'n dweud bod gan bobl dlawd ddiwylliant (ffordd o fyw) sy'n golygu eu bod nhw'n dewis aros mewn tlodi. Mae David Marsland (1989), cymdeithasegydd o Brydain, yn dweud bod elusennau fel Sefydliad Joseph Rowntree yn gorliwio tlodi. Mae budd-daliadau yn annog pobl i beidio â gweithio. Mae Marsland yn beirniadu maes cymdeithaseg yn gyffredinol am orliwio anghydraddoldeb.
Mae Marcswyr yn rhoi'r bai am dlodi ar gyfalafiaeth. Mae'n system farus sy'n arwain at dlodi eithafol. Mae'r dosbarth llywodraethol yn elwa ar bobl dlawd iawn sy'n gweithio am gyflogau isel.	Mae tlodi yn golygu bod grŵp o weithwyr yn bodoli sydd mewn sefyllfa anobeithiol, ac felly'n barod i weithio am gyflogau isel. Felly, mae Marcswyr yn ystyried tlodi fel rhywbeth sy'n helpu cyfalafiaeth. Mae hefyd yn rhan anorfod o system gymdeithasol sy'n seiliedig ar drachwant.
Mae globaleiddio wedi cael effaith ar dlodi yn y DU. Gall helpu i leihau tlodi, ond mae rhai pobl yn poeni am effeithiau globaleiddio.	Mae masnach fyd-eang wedi dod â'r byd yn agosach at ei gilydd, a gall cwmnïau o bob rhan o'r byd ddewis sefydlu eu hunain yn y DU. Mae llawer mwy o wahanol fwydydd ar gael i blant y DU erbyn hyn, sy'n rhoi deiet gwell iddyn nhw. Gall masnach ryngwladol ffynnu. Ar y llaw arall, mae Marcswyr yn poeni bod globaleiddio wedi cael effaith niweidiol ar sicrwydd swyddi. Gall cwmnïau amlwladol symud yn hawdd i wlad arall, a fyddai'n arwain at golli swyddi. Mae Marcswyr hefyd yn dweud bod ar gwmnïau amlwladol eisiau talu cyflogau isel a rhoi llai o hawliau i weithwyr. Gallai gweithwyr ar gyflogau is fod mewn perygl o wynebu diweithdra a thlodi.

Cryfderau'r safbwynt swyddogaethol am dlodi:

Mae'n esbonio pam mae tlodi yn bodoli.

Mae'n awgrymu ei bod hi'n bosibl dianc rhag tlodi drwy gyfrwng addysg a gwaith caled.

Mae'n derbyn bod angen i'r llywodraeth wneud rhywbeth i helpu pobl mewn tlodi weithiau, e.e. rhoi hwb i'r economi a chreu rhagor o swyddi.

Gwendidau'r safbwynt swyddogaethol am dlodi:

Mae swyddogaethwyr yn dangos tuedd ac yn ystyried tlodi yn rhywbeth cadarnhaol.

Mae'n anodd gweld sut gall y gymdeithas gael gwared ar dlodi os yw'n chwarae rôl gadarnhaol.

Mae'n anwybyddu'r niwed mae tlodi yn ei wneud i gyfleoedd bywyd llawer o blant. Mae hyn yn cael effaith niweidiol ar y gymdeithas ac yn arwain at wastraffu talent.

Cryfderau'r safbwynt Marcsaidd am dlodi:

Mae'n herio'r anghydraddoldeb sydd ar gynnydd yn y DU.

Mae'n addo dod â thlodi i ben.

Mae'n cynnig esboniad am holl broblemau'r gymdeithas.

Gwendidau'r safbwynt Marcsaidd am dlodi:

Dydy Marcswyr ddim yn ystyried y gallai fod yn amhosibl atal tlodi – bydd bob amser rhai pobl sydd ddim yn fodlon gweithio'n ddigon caled.

Mae ganddyn nhw safbwynt rhy negyddol am y gymdeithas.

Dydyn nhw ddim yn cynnig ateb go iawn i'r problemau. Dydy cymdeithasau Marcsaidd ddim wedi bod yn llwyddiannus iawn.

Cryfderau gwaith Peter Townsend ar dlodi:

Mae Townsend wedi cael dylanwad mawr ar astudiaethau tlodi.

Lluniodd fynegai amddifadedd a oedd yn darparu dull ymarferol o astudio tlodi.

Dangosodd sut roedd tlodi cymharol yn effeithio ar allu pobl i gymryd rhan yn y gymdeithas.

Gwendidau gwaith Peter Townsend ar dlodi:

Mae ei waith wedi dyddio oherwydd cafodd ei gyflawni yn yr 1970au.

Mae ei fynegai amddifadedd yn seiliedig ar ei safbwynt ef ei hun. Un o'r pethau ar y mynegai oedd bwyta brecwast wedi'i goginio. Mae bwyta brecwast wedi'i goginio yn ddewis personol, nid yn arwydd o dlodi.

Mae'n hawdd sôn am amddifadedd neu dlodi cymharol, ond dim ond dangos anghydraddoldeb mae Townsend yn ei wneud mewn gwirionedd. Yn ôl swyddogaethwyr, mae'n rhaid cael anghydraddoldeb yn y gymdeithas.

Mae banciau bwyd wedi dod yn fwy cyffredin yn y blynyddoedd ers argyfwng bancio 2008. Yn ôl adroddiad yn The Independent *yn 2018, mae mwy o bobl nag erioed o'r blaen yn defnyddio banciau bwyd.*

CYNGOR ADOLYGU

Dylech chi bob amser gyfeirio at fôn y cwestiwn yn eich atebion traethawd. Gwnewch yn siŵr eich bod chi'n cyfeirio'n uniongyrchol atyn nhw yn eich atebion i ennill y marciau AA2 Cymhwyso.

Pobl allweddol

Gwnaeth **Oscar Lewis** astudio teuluoedd a oedd yn byw mewn tlodi yn México. Cyhoeddodd ei lyfr *Five Families: Mexican Case Studies in the Culture of Poverty* yn 1959. Roedd ei astudiaeth yn cyflwyno'r syniad o ddiwylliant tlodi. Gwelodd fod y teuluoedd yn teimlo'n ddiymadferth, yn ddi-rym ac yn ddibynnol, a'u bod nhw'n byw ar gyrion y gymdeithas. Roedden nhw'n dod i arfer â'r ffordd yma o fyw, a doedd hyn ddim yn eu helpu i ddianc rhag tlodi.

Cofio'r cysylltiad

Gwnewch yn siŵr eich bod chi'n gwybod am astudiaeth Pat Carlen am fenywod, tlodi a throsedd.

Gwirio eich gwybodaeth

1. Nodwch ddau fath o amddifadedd materol. **(2 farc)**
2. Diffiniwch ystyr 'tlodi' **(4 marc)**
3. Rhowch resymau pam mae'n anodd dianc rhag tlodi. **(4 marc)**
4. 'Tlodi yw un o brif faterion cymdeithasol y DU heddiw.' Ydych chi'n cytuno? **(9 marc)**

AA1 Disgrifio

Rhoi sylw i'r fanyleb

5.5 Tlodi fel mater cymdeithasol: grwpiau â thueddiad at dlodi; diwylliant tlodi, gan gynnwys gwaith Murray am yr isddosbarth

Cyswllt â'r gwerslyfr

tt 174–175: Beth yw tlodi?
tt 178–179: Pa grwpiau sy'n dioddef o dlodi?
tt 180–181: Beth yw allgáu cymdeithasol?
tt 182–183: Pam mae mor anodd datrys tlodi ac allgáu cymdeithasol?

AA2 Cymhwyso

Mae enghreifftiau o bolisïau cynhwysiant cymdeithasol y llywodraeth yn cynnwys:

- *ceisio cau'r bwlch rhwng disgyblion breintiedig a difreintiedig yn yr ysgol*
- *codi oedran gadael yr ysgol i 18*
- *mwy o addysg gyrfaoedd*
- *trafnidiaeth gyhoeddus am ddim*
- *addysg feithrin i bawb*
- *annog cyflogwyr i roi swyddi i grwpiau sydd wedi'u hallgáu'n gymdeithasol*
- *lleihau nifer y swyddi cyflogau isel.*

Esboniwch sut byddai'r polisïau hyn yn cynnwys grwpiau gwahanol ar sail dosbarth, rhywedd, ethnigrwydd, anabledd, oedran neu grŵp arall.

Datblygu ymhellach

Ystyriwch a fyddech chi'n cynyddu budd-daliadau neu'n eu lleihau. Beth fyddai'n cael yr effaith fwyaf ar allgáu cymdeithasol?

Beth fyddai'r damcaniaethau yn ei ddweud?

Allgáu a chynhwysiant cymdeithasol

Allgáu cymdeithasol yw'r syniad nad yw rhai grwpiau ac unigolion yn gallu cymryd rhan yn llawn ym mywyd y gymdeithas.	Yn yr 1970au, byddai rhywun heb deledu yn teimlo ei fod wedi'i allgáu o ran fawr o fywyd cymdeithasol. Gallai bod heb swydd, trafnidiaeth neu beidio â gallu mynd ar wyliau hefyd ei gwneud hi'n anodd i grŵp deimlo'n rhan o'r gymdeithas.
Mae cynhwysiant cymdeithasol yn ymwneud â'r ymdrech sy'n cael ei gwneud i sicrhau nad yw pobl yn cael eu hallgáu ac i sicrhau eu bod nhw'n gallu cymryd rhan yn llawn ym mywyd y gymdeithas.	Mae llywodraeth y DU yn ystyried cynhwysiant cymdeithasol yn flaenoriaeth. Gallai hybu hyn yn llwyddiannus newid elfennau o gymdeithas y DU, e.e. pobl hŷn yn teimlo'n unig ac yn ynysig, pobl ifanc yn ymuno â gangiau, diweithdra, iechyd, trosedd a thlodi. Mewn datganiad i'r wasg ddiwedd 2017, gwnaeth y llywodraeth gyfaddef nad oedd eu polisïau dros yr 20 mlynedd diwethaf wedi bod yn llwyddiannus. Gwelwyd y llwyddiannau gorau ym maes hybu cyflogaeth ac annog plant dosbarth gweithiol i fynd i'r brifysgol, ond roedd rhai grwpiau'n teimlo eu bod nhw wedi'u hallgáu o hyd.
Mae llawer o grwpiau yn y DU yn agored i allgáu cymdeithasol a thlodi. Mae'r rhain yn cynnwys y dosbarth gweithiol, menywod, pobl anabl, lleiafrifoedd ethnig a phobl hŷn.	Mae ffeministiaid yn dadlau bod menywod yn fwy tebygol o fod yn dlawd, am sawl rheswm. Maen nhw'n aml yn gyfrifol am ofal plant, sy'n cyfyngu ar faint o waith maen nhw'n gallu ei wneud, yn ogystal â'r math o waith. Mae'r bwlch cyflog rhwng y rhywiau yn effeithio ar fenywod hefyd, sy'n golygu bod eu cyflogau nhw yn fwy tebygol o fod yn isel. Mae rhagfarn a gwahaniaethu yn golygu bod bwlch cyflog rhwng grwpiau eraill hefyd. Mae'r gymdeithas wedi gwneud ymdrech i gynnwys grwpiau o'r fath yn gymdeithasol. Mae hyn yn cynnwys gwneud addasiadau rhesymol ar gyfer pobl anabl yn y gwaith.
Mae cymdeithasegwyr wedi sylwi ar dwf grŵp o'r enw'r isddosbarth.	Mae'r isddosbarth yn cael ei ystyried yn is na'r system ddosbarth. Gallai gynnwys pobl ddigartref, pobl sydd wedi bod yn ddi-waith am gyfnod hir neu droseddwyr. Diweithdra uchel yn yr 1980au oedd yn gyfrifol am ymddangosiad y grŵp hwn yn y DU, a daeth allgáu cymdeithasol yn bryder cynyddol.

Diwylliant tlodi

Diwylliant tlodi yw'r syniad bod pobl sy'n byw mewn tlodi yn datblygu ffordd o fyw sy'n eu helpu nhw i oroesi.	Oscar Lewis oedd y cyntaf i adnabod y diwylliant tlodi, ar ôl iddo astudio teuluoedd yn México. Mae'n golygu llwyddo i fyw ar ychydig iawn o arian a meithrin ffordd o fyw ar sail hyn. Gallai troseddu fod yn ffordd o oroesi. Gallai alcohol a chyffuriau rhad gynnig digon o adloniant i bobl eu diddanu eu hun. Daeth Charles Murray i ymweld â'r DU yn 1989 a honni bod yr isddosbarth, sy'n byw mewn diwylliant tlodi, ar gynnydd yma.
Mae diwylliant tlodi yn cynnwys cyfres o werthoedd sydd ddim yn helpu pobl i ddianc rhag tlodi.	Mae Charles Murray yn gymdeithasegydd y Dde Newydd, a dywed mai gwerthoedd yr isddosbarth yw diwylliant tlodi. Mae'r isddosbarth yn canolbwyntio ar lwyddiant yn y tymor byr (boddhad yn y fan a'r lle heb unrhyw nodau yn y tymor hir na chynllun i wella eu bywyd). Fel rhieni, doedd yr isddosbarth ddim yn llwyddiannus yn yr ysgol a dydyn nhw ddim yn annog eu plant i fod yn llwyddiannus chwaith.
Mae'r Dde Newydd yn feirniadol iawn o'r gymdeithas am annog pobl sy'n byw mewn tlodi i fod yn ddibynnol ar fudd-daliadau lles.	Drwy dalu budd-daliadau i bobl sy'n sâl neu sy'n ddi-waith, mae'r gymdeithas wedi annog y grŵp hwn i fod yn ddibynnol. Dadl y Dde Newydd yw y bydd y wladwriaeth yn talu pobl â budd-daliadau os na fyddan nhw'n gweithio, sy'n golygu nad oes rhaid iddyn nhw weithio.
Mae'r Dde Newydd hefyd yn gweld bai ar bobl dlawd eu hun am ddewis byw mewn diwylliant tlodi.	Mae Charles Murray yn feirniadol iawn o ddiwylliant tlodi hefyd. Mae'n gweld bai ar yr isddosbarth am fyw mewn ffordd sy'n cymryd mantais o fudd-daliadau ac sy'n defnyddio trosedd i fyw bywyd diog ac anfoesol. Mae'r isddosbarth yn tangyflawni yn yr ysgol, dydyn nhw ddim yn gofalu am eu hiechyd nhw nac iechyd eu plant, maen nhw'n troi at gyffuriau a throsedd ac yn pasio'r gwerthoedd hynny i'w plant. Safbwynt Murray yw nad ydyn nhw'n cyfrannu dim at y gymdeithas, gan gymryd mantais o fudd-daliadau a'r gwasanaeth iechyd gwladol sy'n rhad ac am ddim.

Cryfderau safbwynt y Dde Newydd am yr isddosbarth:

Mae grŵp o bobl wedi bod yn ddi-waith yn y DU ers yr 1980au.

Dydy'r ymdrechion i wella cyfleoedd bywyd yr isddosbarth drwy gyfrwng addysg ddim wedi bod mor llwyddiannus â'r disgwyl. Mae hyn yn dangos pa mor ddwfn y mae diwylliant tlodi yn treiddio.

Mae budd-daliadau yn costio llawer iawn o arian i'r DU.

Gwendidau safbwynt y Dde Newydd am yr isddosbarth:

Dyma safbwynt annheg iawn am lawer o bobl dlawd y DU sy'n gweithio'n galed am gyflogau isel ac mewn swyddi ansicr.

Mae Murray yn edrych i lawr ar ddiwylliant tlodi.

Byddai Marcswyr yn dweud mai cyfalafiaeth sy'n gyfrifol am fodolaeth pobl dlawd. Mae'r bobl gyfoethog yn gwneud elw mawr a'r bobl dlawd yn dioddef. Mae trosedd yn digwydd o ganlyniad i gymdeithas anghyfartal.

Gallai dileu budd-daliadau olygu bod plant yn dioddef caledi difrifol a thlodi absoliwt. Mae'r DU yn un o'r gwledydd mwyaf cyfoethog yn y byd, felly dydy hyn ddim yn dderbyniol.

Ystyr cynhwysiant cymdeithasol yw bod pawb yn gallu cymryd rhan ym mywyd y gymdeithas.

Cryfderau'r safbwynt Marcsaidd am yr isddosbarth:

Roedd Marx yn rhagweld y byddai anghydraddoldeb yn gwaethygu. Mae dyfodiad yr isddosbarth yn arwydd o hyn.

Mae Marcsaeth yn esbonio sut mae'r isddosbarth yn troi at drosedd fel ffordd o wrthryfela yn erbyn cyfalafiaeth, sy'n arwain at gynnydd yn y lefelau trosedd.

Mae'n cynnig safbwynt cyfiawnder cymdeithasol. Dydy'r bobl gyfoethog ddim yn haeddu cael popeth, a dydy'r bobl dlawd ddim yn haeddu bod heb ddim.

Gwendidau'r safbwynt Marcsaidd am yr isddosbarth:

Dydy'r safbwynt hwn ddim yn ystyried y ffaith bod ar rai pobl, o bosibl, ddim eisiau gweithio a'u bod nhw'n hapus i gymryd y budd-daliadau.

Does dim chwyldro wedi digwydd, hyd yn oed gyda'r anghydraddoldeb mawr sydd i'w weld yn yr isddosbarth.

Mae'n anwybyddu rhywedd ac ethnigrwydd. Mae hiliaeth yn ychwanegu at broblemau grwpiau ethnig sy'n rhan o'r isddosbarth.

Pa grwpiau sy'n fwyaf tebygol o fod yn ddi-waith?

CYNGOR ADOLYGU

Cofiwch fod dosbarth, ethnigrwydd, rhywedd, anabledd ac oedran i gyd yn effeithio ar ei gilydd. Gall profiad menywod anabl o gefndiroedd ethnig gwahanol fod yn wahanol iawn, a gallan nhw newid yn ôl dosbarth cymdeithasol hefyd. Dangoswch eich bod chi'n ymwybodol o hyn yn eich atebion.

Pobl allweddol

Mewn astudiaeth o Handsworth yn Birmingham, gwelodd **J. Rex ac S. Tomlinson** (1979) fod grwpiau lleiafrifol ethnig yn rhan o isddosbarth islaw'r dosbarth gweithiol gwyn. Roedden nhw dan anfantais o ran swyddi, tai ac addysg. Roedd y grwpiau hefyd yn profi gelyniaeth a hiliaeth a oedd yn ychwanegu at yr anawsterau roedden nhw'n eu hwynebu.

Cofio'r cysylltiad

Sut mae rhywedd yn effeithio ar allgáu cymdeithasol? Ydy'r ffaith bod rheolaeth gymdeithasol yn cael mwy o effaith ar fenywod (Frances Heidensohn) yn golygu bod menywod yn fwy tebygol o gael eu hallgáu'n gymdeithasol? Beth am y ffaith bod menywod yn fwy tebygol o fod yn gyfrifol am blant ifanc? O fyw mewn tlodi? O gael gwaith sy'n talu llai?

Gwirio eich gwybodaeth

1. Amlinellwch ystyr 'isddosbarth'. **(2 farc)**
2. Diffiniwch ystyr 'diwylliant tlodi'. **(4 marc)**
3. Esboniwch pam gallai rhai grwpiau gael eu hallgáu'n gymdeithasol. **(4 marc)**
4. Trafodwch sut gallai'r gymdeithas hybu cynhwysiant cymdeithasol. **(9 marc)**

Ai meritocratiaeth yw Prydain?

AA1 Disgrifio

Rhoi sylw i'r fanyleb

5.1 Damcaniaethau cymdeithasegol am haenu: damcaniaeth swyddogaethol am haenu, damcaniaeth Davis a Moore am rôl haenu yn nhermau pennu rolau'n effeithiol a pherfformiadau sy'n gysylltiedig ag addewid o wobrau, meritocratiaeth; damcaniaeth Farcsaidd am haenu cymdeithasol; safbwyntiau ffeministaidd am batriarchaeth a haenu

Cyswllt â'r gwerslyfr

tt 126–127: Safbwyntiau swyddogaethol am haenu cymdeithasol
Syniadau o Bennod 4 a Phennod 3 – Addysg

Meritocratiaeth

Meritocratiaeth yw'r syniad bod ymdrech a gallu yn arwain at wobr.	Cymdeithas lle dylai pobl dalentog a galluog, sy'n gweithio'n galed, ennill y gwobrau mwyaf yw meritocratiaeth.
Os yw'r gymdeithas yn un feritocrataidd, yna bydd gwobrau teg yn cael eu rhoi i'r bobl sy'n eu haeddu nhw. Mae anghydraddoldeb yn angenrheidiol er mwyn cael meritocratiaeth.	Mae swyddogaethwyr yn credu y bydd cymdeithas yn gweithio ar ei gorau fel meritocratiaeth. Bydd y bobl orau a'r mwyaf deallus yn gweithio'n galed ac yn creu'r canlyniadau gorau ar gyfer y gymdeithas. Bydd ar y bobl fwyaf clyfar eisiau bod yn wyddonwyr, yn feddygon ac yn arweinwyr sy'n gweithio i wella'r gymdeithas. Bydd arnyn nhw eisiau gwneud hyn i ennill y gwobrau mwyaf.
Yn ôl swyddogaethwyr, mae ar y gymdeithas angen y gwobrau anghyfartal sy'n cael eu rhoi i'r goreuon.	Os yw meritocratiaeth yn gweithio'n iawn, ni ddylai rhywedd, dosbarth cymdeithasol na grŵp ethnig fod yn bwysig. Mae ar gymdeithas angen y bobl orau i lwyddo.
Mae cynnig cyflogau uchel a gwobrau mawr am y swyddi gorau yn golygu bod rolau'n cael eu pennu i'r bobl orau.	Pennu rolau'n effeithiol yw'r enw am hyn yn ôl K. Davis a W. E. Moore. Yn eu barn nhw, y bobl sy'n gweithio'n galed yn yr ysgol i gael cymwysterau fydd yn cael y gwobrau gorau fel oedolion.

Meritocratiaeth mewn DU sy'n newid

Er mwyn i feritocratiaeth weithio, rhaid bod cyfleoedd i bobl symud i fyny'r system ddosbarth, e.e. cyfle i bobl dosbarth gweithiol ddod yn bobl dosbarth canol neu hyd yn oed yn bobl dosbarth uwch.	Yr enw ar gymdeithas lle mae'n bosibl dringo'r system ddosbarth yw cymdeithas agored. Symudedd cymdeithasol yw'r enw ar y gallu i symud i fyny'r system ddosbarth.
Bu llawer o symudedd cymdeithasol yn y DU yn yr 1950au a'r 1960au.	Ar ôl yr Ail Ryfel Byd, roedd llawer mwy o swyddi ar gael mewn meysydd fel iechyd, addysg a'r gwasanaeth sifil. Swyddi heb fod yn waith llaw oedd y rhain, ac roedd angen eu llenwi â phobl a oedd wedi cael addysg. Cafodd llawer o bobl dosbarth gweithiol gyfle i ddod yn aelodau o'r dosbarth canol. Doedd dim llawer o ddiweithdra ar yr adeg yma.
Roedd addysg ar gael i bawb yn rhad ac am ddim a dechreuodd mwy o bobl fynd i'r brifysgol, gan gynnwys pobl dosbarth gweithiol.	Yn anffodus, mae diweithdra wedi bod yn broblem llawer mwy ers diwedd yr 1970au. Mae llai o swyddi ar gael, ac mae hyn yn golygu ei bod hi'n anoddach cael mynediad at y swyddi gorau. Gallai'r ffaith bod mwy o bobl yn mynd i'r brifysgol olygu bod mwy o gystadleuaeth hefyd.
Yr yr unfed ganrif ar hugain, mae pob llywodraeth yn y DU wedi poeni am gyfleoedd bywyd gwael y rhai sy'n cael eu disgrifio'n bobl 'ddifreintiedig'.	Efallai bod llawer mwy o bobl fyddai'n gallu cael eu galw'n ddosbarth canol, ond gallai fod yn anoddach nag erioed torri'n rhydd o'r dosbarth gweithiol. Rhaid i bobl ifanc dalu ffioedd dysgu i fynd i'r brifysgol erbyn hyn, a chael benthyciad. Gallai hyn olygu nad yw pobl ifanc yn teimlo eu bod nhw'n gallu ymgeisio am y swyddi gorau.

Mae anghydraddoleb rhwng dynion a menywod yn un ffactor sy'n atal y DU rhag bod yn feritocrataidd. Pa ffactorau eraill gallwch chi feddwl amdanyn nhw?

AA2 Cymhwyso

Ydych chi'n gallu meddwl am rwystrau sy'n atal meritocratiaeth rhag bod yn deg? Beth sy'n atal rhai pobl dalentog rhag bod yn llwyddiannus?

Datblygu ymhellach

Oes ots a yw'r DU yn feritocratiaeth ai peidio? Beth fyddai'n digwydd os na fydd talent dosbarth gweithiol yn llwyddo? Pa grwpiau eraill allai fod dan anfantais? Beth fydd yn digwydd i'r DU wrth i ni geisio cystadlu â gweddill y byd?

Cryfderau'r ddadl bod y DU yn feritocratiaeth:

Y DU yw un o brif economïau'r byd. Mae talent yn amlwg yn cael ei gymell gan y gwobrau sydd ar gael.

Mae llawer mwy yn mynd i'r brifysgol nawr nag yn ystod yr 1960au, gan gynnwys mwy o bobl dosbarth gweithiol. Mae pobl fel Alan Sugar yn dangos bod unrhyw beth yn bosibl.

Mae menywod yn dod yn fwyfwy llwyddiannus. Mae hyn yn dangos bod talent bellach yn fwy tebygol o gael ei wobrwyo, p'un ai talent dyn neu fenyw ydyw.

Gwendidau'r ddadl bod y DU yn feritocratiaeth:

Mae ffeministiaid yn dadlau bod y nenfwd gwydr yn dal i fodoli, sy'n atal menywod rhag cyrraedd y swyddi gorau. Dydy llawer o fenywod talentog ddim yn cyflawni'r hyn maen nhw'n ei haeddu.

Mae hiliaeth sefydliadol yn amlwg o hyd mewn sawl agwedd ar fywyd ym Mhrydain. Er bod ugain mlynedd ers Adroddiad Macpherson, gall fod yn anodd o hyd i rai grwpiau lleiafrifol ethnig osgoi gwahaniaethu wrth wneud cais am swydd.

Mae bylchau cyflog yn dal i fodoli ar sail ethnigrwydd, rhywedd ac anabledd. Yn ôl pob tebyg, un o'r prif resymau dros hyn yw nad yw pobl yn gallu cael mynediad at y swyddi sy'n talu orau a'r safleoedd uchaf. Fyddai hyn ddim yn digwydd mewn meritocratiaeth.

Cryfderau'r safbwynt Marcsaidd nad yw'r DU yn feritocratiaeth:

Mae rhwydwaith y cyn-ddisgyblion yn dangos nad oes meritocratiaeth yn bodoli. Mae pobl sy'n mynd i ysgol fonedd yn fwy tebygol o fod yn ASau a chyrraedd safleoedd uchel eraill yn y gymdeithas.

Mae cyfalaf diwylliannol yn rhoi mantais i'r dosbarthiadau canol. Mae gan blant o gefndiroedd gwell fantais oherwydd yr help mae eu rhieni yn gallu ei roi iddyn nhw.

Mae Marcswyr yn dadlau bod ysgolion yn paratoi'r dosbarth gweithiol ar gyfer eu swyddi fel llafur rhad i gadw'r dosbarth llywodraethol yn gyfoethog.

Gwendidau'r safbwynt Marcsaidd nad yw'r DU yn feritocratiaeth:

Mae arholiadau ysgol yn system deg o asesu'r disgyblion gorau. Gall unrhyw un fod yn llwyddiannus os oes ganddo'r gallu ac os yw'n gwneud ymdrech, waeth beth yw ei ddosbarth, ei rywedd na'i ethnigrwydd.

Gall unrhyw un fenthyca arian i fynd i'r brifysgol. Mae'r ddyled yn cael ei chanslo os na fydd y myfyriwr yn ennill dros £21,000. Felly, mae cyfle i bawb.

Mae'r llywodraeth wedi gwario llawer o arian yn ceisio cau'r bwlch rhwng myfyrwyr difreintiedig a phawb arall. Yng Nghymru ar hyn o bryd, mae'n gwario £1,150 y flwyddyn ar bob disgybl sy'n cael prydau ysgol am ddim, drwy'r Grant Datblygu Disgyblion. Mae hyn yn golygu miloedd o bunnoedd i'r ysgolion sydd â'r disgyblion mwyaf tlawd.

CYNGOR ADOLYGU

Mae'r testun hwn yn ddelfrydol ar gyfer tynnu llawer o syniadau a damcaniaethau gwahanol o'r cwrs cyfan ynghyd. Gwnewch yn siŵr bod gennych chi farn am y drafodaeth am feritocratiaeth. Beth yw eich barn chi?

Pobl allweddol

Ysgrifennodd **Michael Young** lyfr yn 1958 o'r enw *The Rise of the Meritocracy*. Roedd yn dychmygu cymdeithas lle roedd deallusrwydd a chyflawniad yn cael eu gwerthfawrogi a'u gwobrwyo'n hael. Y broblem oedd bod y bobl ar y gwaelod yn gwybod mai nhw oedd y rhai lleiaf talentog ac felly'n teimlo eu bod nhw'n ddi-werth. Ar y llaw arall, roedd y rhai ar y brig yn fawreddog oherwydd eu bod nhw'n gwybod mai nhw oedd y gorau a'u bod nhw'n haeddu eu llwyddiant.

Cofio'r cysylltiad

Mae cysylltiadau cryf rhwng y testun hwn ac addysg. Gwnewch yn siŵr eich bod chi'n gwybod beth yw'r cysylltiadau hyn.

Gwirio eich gwybodaeth

1. Amlinellwch ystyr 'dosbarth cymdeithasol'. **(2 farc)**
2. Diffiniwch ystyr 'meritocratiaeth'. **(4 marc)**
3. Trafodwch y safbwynt swyddogaethol am haenu cymdeithasol. **(9 marc)**

AA1 Disgrifio

Lluniad cymdeithasol trosedd a gwyredd

Rhoi sylw i'r fanyleb

6.1 Lluniad cymdeithasol cysyniadau trosedd a gwyredd: beth yw trosedd? beth yw gwyredd? amrywiadau hanesyddol a diwylliannol; lluniad cymdeithasol trosedd a gwyredd

Cyswllt â'r gwerslyfr

tt 10–11: Cysyniadau cymdeithasegol allweddol (1)
tt 188–189: Beth yw trosedd a gwyredd?
tt 190–191: Cysyniadau wedi'u llunio'n gymdeithasol am drosedd a gwyredd

Gallai unigolion sy'n gweithredu y tu allan i normau cymdeithasol gael eu labelu'n wyrdroëdig. Beth yw eich barn chi am hyn?

AA2 Cymhwyso

Dewch o hyd i 5–10 enghraifft o bethau y bydden ni'n eu hystyried yn droseddol neu'n wyrdroëdig, ond y byddai cymdeithasau eraill yn eu hystyried yn dderbyniol.

Datblygu ymhellach

Gofynnwch i bobl sydd ddim yn astudio cymdeithaseg a oes unrhyw weithredoedd sydd bob amser yn anghywir, ym mhob achos. Ceisiwch eu perswadio nhw nad yw'r fath beth yn bodoli, ac mai lluniad cymdeithasol yw trosedd a gwyredd.

Beth yw gwyredd?

Gwyredd yw'r weithred o dorri norm cymdeithasol.	Mae plant yn dysgu normau cymdeithasol yn gyflym. Maen nhw'n sylweddoli y gallai torri'r rhain arwain at sancsiwn, e.e. mae baban yn cael torri'r normau cymdeithasol sy'n ymwneud â bwyta ac efallai bydd ganddo bowlen o ffa pob dros ei wyneb o ganlyniad. Fodd bynnag, mae plant yn dysgu dilyn normau bwyta wrth iddyn nhw dyfu'n hŷn.
Mae normau cymdeithasol yn gymhleth iawn, ond bydd pobl yn sylweddoli eu bod nhw wedi eu torri o ganlyniad i ymateb pobl eraill.	Sancsiynau yw'r enw ar ymateb pobl eraill i weithredoedd gwyrdroëdig. Mae'r rhain yn amrywio o sancsiynau anffurfiol, fel edrych yn gas ar rywun, gwneud sylwadau a throi eich cefn ar rywun, i sancsiynau mwy ffurfiol fel gwaharddiad o'r ysgol, dirwyon a dedfrydau o garchar.
Mae'r hyn sy'n cael ei ystyried yn wyrdroëdig wedi amrywio dros amser ac o le i le.	Y rheswm dros hyn yw mai lluniad cymdeithasol yw gwyredd. Y gymdeithas sy'n creu gwyredd, ac oherwydd hyn, mae'n wahanol i bob diwylliant ac oes hanesyddol. Er enghraifft, chafodd ffyrc mo'u defnyddio yn Ewrop tan ar ôl y Dadeni Eidalaidd yn yr unfed ganrif ar bymtheg. Roedd disgwyliadau o ran moesau yn yr oesoedd canol hyd yn oed, ond roedden nhw ychydig yn wahanol i'n disgwyliadau ni heddiw. Cyngor un awdur yn y bedwaredd ganrif ar ddeg oedd peidio â glanhau eich dwylo ar y lliain bwrdd ar ôl poeri neu chwythu eich trwyn.
Dydy gwyredd a throsedd ddim yr un peth.	Gallai rhai gweithredoedd gwyrdroëdig fod yn weithredoedd troseddol hefyd, ond ddim bob tro. Mae'n dibynnu ar y sefyllfa. Fel arfer, mae lladd rhywun yn cael ei ystyried yn wyrdroëdig ac yn droseddol. Ond mewn rhyfel, gallai lladd rhywun gael ei ystyried yn rhywbeth da. Mae'n dal yn bosibl iddo fod yn anghyfreithlon yn achos troseddau rhyfel.

Beth yw trosedd?

Trosedd yw gweithred sy'n torri cyfreithiau mae'r llywodraeth wedi'u pasio.	Y llysoedd sy'n cosbi gweithredoedd troseddol. Er enghraifft, mae torri i mewn i dŷ a dwyn eiddo yn drosedd a allai arwain at ddedfryd o garchar. Mae'r sancsiynau sy'n cael eu defnyddio yn debygol o fod yn rhai ffurfiol.
Mae'r hyn sy'n cael ei ystyried yn droseddol wedi amrywio dros amser ac o le i le.	Mae newid mawr wedi bod i gyfreithiau sy'n ymwneud ag ysmygu, gyrru a chyfunrywioldeb dros yr hanner can mlynedd diwethaf. Mae'r gymdeithas yn newid ac mae cyfreithiau yn newid i gyd-fynd â hynny. Mae'r newidiadau ym maes technoleg wedi gwneud llawer o droseddau newydd yn bosibl, ac mae cyfreithiau'n cael eu pasio i'w hatal. Mae Deddf Cyfathrebu Maleisus 1988 yn ymwneud â sylwadau sy'n achosi 'trallod neu orbryder' gan ddefnyddio technoleg. Mae Deddf Cyfathrebiadau 2003 yn amddiffyn pobl ymhellach rhag 'troliau'r rhyngrwyd', fel y maen nhw'n cael eu hadnabod heddiw.
Weithiau, gall y ffaith bod pobl yn cyflawni gweithredoedd gwyrdroëdig arwain at newid yn y gyfraith.	Yn ystod haf 2018, cyflwynodd y llywodraeth newidiadau i gyfreithiau'n ymwneud â'r defnydd o olew canabis at ddibenion meddygol. Roedd hyn o ganlyniad i weithgarwch sawl teulu a oedd yn ei ddefnyddio i ategu triniaeth epilepsi eu plant. Roedd hyn yn newid mawr i'r llywodraeth, ond pwysleisiwyd na fydd cyfreithiau sy'n ymwneud ag unrhyw ddefnydd arall o ganabis yn cael eu llacio. Roedd Martin Luther King Jr yn annog ei ddilynwyr i brotestio drwy dorri'r gyfraith, i roi pwysau ar lywodraeth UDA i atal gwahaniaethu yn erbyn pobl ddu.
Pwy sy'n penderfynu beth sy'n droseddol neu'n wyrdroëdig?	Byddai swyddogaethwyr yn dweud bod pethau sy'n cael eu hystyried yn droseddol neu'n wyrdroëdig yn gwneud lles i'r gymdeithas, drwy atal gweithredoedd sy'n niweidio'r gymdeithas. Byddai Marcswyr a ffeministiaid yn dadlau bod rhai grwpiau (y dosbarth llywodraethol a dynion) yn gallu rheoli'r hyn sy'n cael ei ystyried yn droseddol neu'n wyrdroëdig.

Cryfderau'r safbwynt swyddogaethol am drosedd a gwyredd:

Mae'n esbonio sut mae'r gymdeithas yn gweithio a pham mae rhai gweithredoedd yn cael eu hystyried yn droseddol neu'n wyrdroëdig.

Mae cael syniadau clir ynglŷn â beth sy'n droseddol neu'n wyrdroëdig yn gwneud y gymdeithas yn gryfach. Consenswys yw enw'r gwerth hwn yn ôl swyddogaethwyr, ac maen nhw'n dweud ei fod yn dangos sut mae pobl yn rhannu syniadau ynglŷn â beth sy'n gywir ac yn anghywir.

Mae swyddogaethwyr yn esbonio sut mae gwyredd yn gallu helpu'r gymdeithas, drwy arwain at newidiadau o ran normau cymdeithasol a'r gyfraith. Gall pobl sy'n torri normau cymdeithasol gael eu gweld fel pobl sy'n paratoi'r ffordd ar gyfer pobl eraill. Er enghraifft, roedd y bobl hoyw a oedd yn torri'r gyfraith pan oedd gweithredoedd cyfunrywiol yn anghyfreithlon yn cymryd risgiau enfawr, ond yn y pen draw, arweiniodd at newid y gyfraith a newid normau cymdeithasol.

Gwendidau'r safbwynt swyddogaethol am drosedd a gwyredd:

Mae'n anwybyddu'r grym sydd gan rai grwpiau i lunio'r gyfraith, e.e dynion, y dosbarth llywodraethol, pobl heterorywiol a phobl wyn.

Mae'n anwybyddu'r ffaith mai dynion a phobl hŷn yn bennaf sy'n gweithio fel barnwyr.

Cryfderau'r safbwynt gwrthdaro am drosedd a gwyredd:

Mae Marcswyr yn ystyried cyn lleied o lais sydd gan bobl dosbarth gweithiol wrth lunio cyfreithiau.

Mae ffeministiaid yn dangos sut mae menywod yn cael eu rheoli drwy gyfrwng normau cymdeithasol. Mae sancsiynau yn cael eu rhoi ar waith ar gyfer menywod sy'n gweithredu mewn ffordd wyrdroëdig. Mae hyn yn fanteisiol i ddynion.

Mae'n dangos sut gall grwpiau eraill gwannach (lleiafrifoedd ethnig, pobl anabl, LGBT) gael eu hystyried yn wyrdroëdig am eu bod nhw'n wahanol.

Gwendidau'r safbwynt gwrthdaro am drosedd a gwyredd:

Mae Marcswyr yn anwybyddu ethnigrwydd a rhywedd.

Mae ffeministiaid yn anwybyddu dosbarth cymdeithasol ac ethnigrwydd.

Weithiau, dydy'r dosbarth llywodraethol ddim ar ei ennill pan fydd pethau'n dod i'r amlwg sy'n wyrdroëdig neu'n droseddol, e.e. sgandal treuliau ASau, sgandal PPI, trethi Google ac Amazon.

Weithiau, dydy dynion ddim ar eu hennill pan fydd y gymdeithas yn labelu eu hymddygiad yn annerbyniol, e.e. Harvey Weinstein ac ymgyrch #MeToo.

Gall gwyredd achosi niwed neu fod yn gwbl ddiniwed.

Cofio'r cysylltiad

Mae cysylltiad agos rhwng y testun hwn a'r bennod gyntaf, ac mae'n cynnwys rhai o'r syniadau pwysicaf ym maes cymdeithaseg. Gwnewch yn siŵr eich bod chi wedi adolygu testun un yn drylwyr cyn adolygu trosedd a gwyredd.

CYNGOR ADOLYGU

Un camgymeriad cyffredin wrth ddilyn cymhwyster TGAU Cymdeithaseg yw drysu rhwng trosedd a gwyredd. Dydy gwyredd ddim o reidrwydd yn droseddol nac yn 'ddrwg'. Gallai aelod o'r cyhoedd sy'n rhoi ei fywyd ei hun mewn perygl mewn ffordd ddifeddwl er mwyn achub pobl eraill gael ei ystyried yn wyrdroëdig, ond yn arwr hefyd. Efallai na fydd rhywun sy'n dioddef o afiechyd meddwl yn torri'r gyfraith, ond gallai pobl ei ystyried yn wahanol o hyd.

Gwnewch yn siŵr eich bod chi'n gwybod y gwahaniaeth rhwng trosedd a gwyredd drwy siarad â phobl eraill am y testun, gan gynnwys eich athro a gweddill y dosbarth.

Pobl allweddol

Cymdeithasegydd rhyngweithiadol yw **Howard Becker**. Dangosodd sut gallai rhywun gael ei labelu'n wyrdroëdig. Gallai rhywun sy'n cyflawni gweithred wyrdroëdig (e.e. dwyn) gael ei labelu'n berson gwyrdroëdig. Os bydd yr unigolyn yn derbyn y label hwnnw ac yn ei weld ei hun yn berson gwyrdroëdig, esboniodd Becker y byddai'n dechrau gyrfa wyrdroëdig. Yn yr achos hwn, byddai'n derbyn y label 'lleidr' ac yn parhau i weithredu yn ôl y label hwnnw.

Gwirio eich gwybodaeth

1. Nodwch ddwy weithred sy'n droseddol. **(2 farc)**
2. Amlinellwch ystyr 'gwyredd'. **(4 marc)**
3. Rhowch resymau dros yr amrywiadau o ran beth mae cymdeithasau gwahanol yn ei ystyried yn wyrdroëdig. **(4 marc)**
4. Trafodwch pa grwpiau sy'n gallu penderfynu beth sy'n cael ei ystyried yn droseddol. **(9 marc)**

AA1 Disgrifio

Rhoi sylw i'r fanyleb

6.2 Rheolaeth gymdeithasol: rheolaeth gymdeithasol anffurfiol a ffurfiol; cyfryngau rheolaeth gymdeithasol anffurfiol; sancsiynau; cyfryngau rheolaeth gymdeithasol ffurfiol, rôl yr heddlu a llysoedd

Cyswllt â'r gwerslyfr

tt 192–193: Rheolaeth gymdeithasol a throsedd a gwyredd

tt 194–195: Sut mae cyfryngau rheolaeth gymdeithasol anffurfiol yn cadw trefn ar y gymdeithas?

tt 196–197: Rôl yr heddlu

tt 198–199: Rôl y llysoedd

tt 222–223: Sut mae rheolaeth gymdeithasol yn effeithio ar lefelau trosedd a gwyredd gan fenywod?

AA2 Cymhwyso

Gallai sancsiynau fod yn gadarnhaol yn ogystal ag yn negyddol, e.e. bydd rhieni yn ceisio rheoli eu plant gyda gwobrau. Dychmygwch unigolyn 20 oed sy'n cael ei anfon i'r carchar am ladrata. Lluniwch restr o'r holl sancsiynau cadarnhaol a negyddol a allai fod wedi'u gosod gan y teulu, yr ysgol a ffrindiau a cheisiwch berswadio'r unigolyn i droi ei gefn ar droseddu.

Datblygu ymhellach

Beth sy'n digwydd pan fydd rhywun yn mynd i'r carchar? Pa sancsiynau sy'n cael eu defnyddio i geisio ei annog i newid a gadael y carchar yn benderfynol o beidio â throseddu eto?

Mae swyddogaethwyr yn canolbwyntio ar rôl gadarnhaol yr heddlu. Maen nhw'n delio â rhai o'r problemau mwyaf anodd ac yn adfer trefn gymdeithasol, er enghraifft pan fydd damwain ar y ffordd.

Beth yw rheolaeth gymdeithasol anffurfiol?

Mae rheolaeth gymdeithasol anffurfiol yn digwydd pob dydd a dydyn ni ddim yn meddwl amdano y rhan fwyaf o'r amser.	Rydyn ni'n arfer rheolaeth gymdeithasol anffurfiol dros bobl eraill pob dydd, yn aml heb feddwl. Pan fydd pobl yn ymddwyn yn annymunol, yn ein barn ni, rydyn ni'n ceisio eu 'rheoli' gan ddefnyddio sancsiynau, e.e. os bydd rhywun yn gwthio i flaen y ciw bydd pobl yn edrych yn gas arno, yn 'twtian', yn gwneud sylwadau neu hyd yn oed yn codi eu llais. Ymgais yw hyn i newid ymddygiad yr unigolyn.
Y teulu yw un o'r cyfryngau rheolaeth gymdeithasol anffurfiol pwysicaf.	Y teulu yw'r lle cyntaf y bydd rheolaeth gymdeithasol ar waith. Bydd ein rhieni ac aelodau eraill o'r teulu yn gosod sancsiynau pan na fyddan nhw'n cymeradwyo ein hymddygiad. Mae'r teulu yn dal i fod yn gyfrwng rheolaeth gymdeithasol anffurfiol pwysig wrth i ni dyfu'n hŷn. Bydd athrawon yn gwahodd rhieni i'r ysgol pan fyddan nhw'n cael trafferth rheoli disgybl.
Mae sawl cyfrwng rheolaeth gymdeithasol anffurfiol arall.	Wrth i ni dyfu'n hŷn, byddwn ni'n dod ar draws cyfryngau rheolaeth gymdeithasol anffurfiol eraill. Yn aml iawn, yr ysgol fydd y cyntaf o'r rhain wrth i athrawon a chyfoedion geisio rheoli ein hymddygiad. Mae crefydd wedi bod yn gyfrwng rheolaeth gymdeithasol anffurfiol pwerus iawn. Bydd cydwybod pobl sydd wedi cael eu cymdeithasoli'n gryf i grefydd yn fath o reolaeth gymdeithasol.
Mae cyfryngau rheolaeth gymdeithasol anffurfiol yn ddigon i reoli'r rhan fwyaf o unigolion.	Gall cyfryngau rheolaeth gymdeithasol anffurfiol annog pobl i beidio â mynd yn groes i normau cymdeithasol drwy ddefnyddio sancsiynau. Gallan nhw hefyd annog pobl i beidio â thorri'r gyfraith, gan fod ar bobl ofn beirniadaeth gymdeithasol. Gall cymunedau cryf greu rheolaeth gymdeithasol. Mae'n bosibl bod y cyfryngau cymdeithasol yn chwarae rhan erbyn hyn hefyd.

Beth yw rheolaeth gymdeithasol ffurfiol?

Bydd rheolaeth gymdeithasol ffurfiol yn digwydd pan na fydd rheolaeth gymdeithasol anffurfiol yn llwyddiannus.	Mae asiantaethau fel yr heddlu, gweithwyr ieuenctid ac ysgolion yn gweithio gyda'i gilydd i geisio rheoli pobl ifanc sy'n gwyro oddi wrth reolaeth y gymdeithas. Gallai hyn gynnwys rhybuddion anffurfiol, a gallai arwain at sancsiynau ffurfiol gan gynnwys dirwyon neu ddedfryd o garchar. Mae cael cofnod troseddol yn cael ei ystyried yn rhywbeth negyddol iawn a gall gyfyngu ar bethau eraill y gall rhywun ei wneud. Gall y cyfryngau adrodd am ymddygiad hefyd, a chodi cywilydd ar bobl yn gyhoeddus.
Mae rheolaeth gymdeithasol ffurfiol yn cael ei threfnu mewn ffordd systematig gyda rheolau a gweithdrefnau.	Mae cyfreithiau'n cael eu hysgrifennu mewn ffordd ffurfiol ac mae'n rhaid dilyn gweithdrefnau. Rhaid cosbi pobl mewn ffordd deg a chaniatáu i'r rhai sy'n cael eu cyhuddo gael achos teg.
Dau o'r cyfryngau rheolaeth gymdeithasol ffurfiol pwysicaf yw'r heddlu a'r llysoedd.	Mae'r heddlu a'r llysoedd yn rhan o'r system cyfiawnder troseddol, a dyma'r prif gyfryngau rheolaeth gymdeithasol. Gallai gwasanaethau plant hefyd arfer rheolaeth gymdeithasol ar deuluoedd sy'n rhoi eu plant mewn perygl. Fodd bynnag, maen nhw hefyd yn gwneud llawer o waith gyda theuluoedd i geisio eu rheoli yn anffurfiol.
Ydy rheolaeth gymdeithasol yn beth da neu'n beth drwg? Mae damcaniaethau consensws (swyddogaethol) a gwrthdaro (Marcsaeth a ffeministiaeth) yn anghytuno o ran eu safbwynt am hyn.	Mae swyddogaethwyr yn ystyried rheolaeth gymdeithasol yn rhywbeth cadarnhaol sy'n angenrheidiol er mwyn i'r gymdeithas weithio'n gywir. Byddai'r rhan fwyaf o'r hyn sy'n cael ei alw'n rheolaeth gymdeithasol anffurfiol yn cael ei ystyried yn gymdeithasoli gan swyddogaethwyr. Byddai Marcswyr yn ystyried rheolaeth gymdeithasol yn ffordd llym o wneud yn siŵr mai'r dosbarth llywodraethol sy'n rheoli o hyd. Y dosbarth llywodraethol sy'n rheoli'r cyfryngau rheolaeth gymdeithasol. Mae'r cyfryngau yn sicrhau nad yw'r dosbarth gweithiol yn gweld bod yr heddlu a'r llysoedd yn annheg. Mae gan y dosbarth gweithiol ymwybyddiaeth ffug o ddosbarth, a dydyn nhw ddim yn sylweddoli pa mor annheg yw'r system. Byddai ffeministiaid yn ystyried rheolaeth gymdeithasol yn rhywbeth sydd er lles dynion. Mae rheolaeth gymdeithasol yn cynnal patriarchaeth ac yn cadw dynion ar y brig.

Cryfderau'r safbwynt swyddogaethol am reolaeth gymdeithasol:

Mae'n ein helpu ni i ddeall y rhesymau pam mae rheolaeth gymdeithasol yn methu ar adegau, e.e. terfysgoedd, cynnydd yn y cyfraddau troseddu.

Mae'n cydnabod gwaith caled yr heddlu, y llysoedd a'r system gyfreithiol i gadw'r gymdeithas yn ddiogel. Mae'r heddlu hefyd yn helpu i gymdeithasoli plant a'r cyhoedd yn gyffredinol.

Heb reolaeth gymdeithasol, byddai anhrefn yn y gymdeithas. Mae cyfryngau rheolaeth gymdeithasol yn helpu i gadw trefn.

Gwendidau'r safbwynt swyddogaethol am reolaeth gymdeithasol:

Yn ôl Adroddiad Macpherson, mae hiliaeth sefydliadol yn yr heddlu.

Mae'n anwybyddu'r ffyrdd y gall yr heddlu a'r llysoedd weithredu'n annheg. Mae Marcswyr yn beirniadu'r heddlu am dargedu pobl dosbarth gweithiol.

Dydy barnwyr ddim yn cynrychioli'r boblogaeth gyfan mewn ffordd gytbwys. Byddai ffeministiaid a phobl eraill yn ystyried y llysoedd yn llawn dynion gwyn canol oed neu hŷn.

Cryfderau'r safbwynt Marcsaidd am reolaeth gymdeithasol:

Mae Marcswyr yn tynnu sylw at y ffordd mae'r llysoedd a'r heddlu yn ffafrio pobl gyfoethog a phwerus. Mae'r diffyg barnwyr o gefndiroedd dosbarth gweithiol yn broblem.

Mae Marcswyr wedi codi cwestiynau pwysig am droseddau corfforaethol a choler wen sy'n gallu achosi niwed i'r cyhoedd. Mae hyn wedi rhoi pwysau ar gyfryngau rheolaeth gymdeithasol i dargedu'r rhain hefyd, e.e. sgandal treuliau ASau, taliadau PPI.

Mae'n codi cwestiynau pwysig am y ffordd mae pobl dosbarth gweithiol yn cael eu trin gan yr heddlu. Mae achosion fel Hillsborough a Stephen Lawrence yn golygu na allwn ni dybio y bydd yr heddlu bob amser yn deg.

Gwendidau'r safbwynt Marcsaidd am reolaeth gymdeithasol:

Heb yr heddlu, byddai trefn gymdeithasol yn dymchwel.

Mae'n ymddangos bod Marcsaeth yn anghofio bod pobl dosbarth gweithiol yn dioddef oherwydd troseddwyr dosbarth gweithiol hefyd. Efallai eu bod nhw'n dioddef mwy na grwpiau eraill.

Roedd gan wledydd Comiwnyddol wnaeth roi cynnig ar syniadau Marcsaidd fathau o reolaeth gymdeithasol a oedd hyd yn oed yn fwy llym.

Cryfderau'r safbwynt ffeministaidd am reolaeth gymdeithasol:

Mae'n dangos y ffordd mae menywod yn dal i fod dan anfantais ac yn cael eu cyfyngu gan ddynion.

Mae'n canolbwyntio ar y ffyrdd gwahanol mae merched a bechgyn yn cael eu cymdeithasoli.

Mae ffeministiaid radicalaidd yn tynnu sylw at y ffordd mae trais domestig a throseddau rhywiol yn rheoli menywod yn gyffredinol.

Gwendidau'r safbwynt ffeministaidd am reolaeth gymdeithasol:

Mae angen ystyried bod profiadau menywod lleiafrifol ethnig, o bosibl, yn wahanol iawn i brofiadau menywod gwyn.

Mae'r syniadau ffeministaidd am reolaeth gymdeithasol yn seiliedig ar syniad hen ffasiwn am sut mae merched a menywod yn ymddwyn.

Gwnaeth Martyn Denscombe ganfod bod ymddygiad troseddol gwrywaidd gan ferched yn fwy cyffredin nawr nag yn y gorffennol.

Mae Marcswyr yn ystyried yr heddlu fel cyfrwng sy'n gorfodi rheolaeth gymdeithasol er budd y bobl gyfoethog a phwerus.

CYNGOR ADOLYGU

Lluniwch ddiagram i ddangos y broses rheolaeth gymdeithasol gan roi rheolaeth gymdeithasol anffurfiol a ffurfiol mewn adrannau gwahanol. Dylech chi gynnwys sancsiynau a chyfryngau cymdeithasoli. Rhowch enghreifftiau o bob un.

Pobl allweddol

Roedd **Emile Durkheim** yn un o sylfaenwyr cymdeithaseg, ac roedd yn swyddogaethwr pwysig. Roedd yn credu bod normau cymdeithasol yn bwysig iawn er mwyn cynnal trefn gymdeithasol. Mae ei syniad am 'anomi' yn golygu sefyllfa lle nad yw'r normau cymdeithasol sy'n rheoli ymddygiad yn bodoli, e.e. yn ystod rhyfeloedd neu derfysgoedd. Fyddai pobl ddim yn cael eu rheoli mwyach, a byddan nhw'n gwneud pethau na fydden nhw'n eu gwneud fel arfer. Ystyr anomi, yn syml iawn, yw bod heb normau.

Cofio'r cysylltiad

Mae rheolaeth gymdeithasol yn ymddangos ym Mhennod 1 y llyfr hwn. Gallai fod yn gysylltiedig â'r teulu hefyd. Mae rheolaeth gymdeithasol dros ymddygiad unigolion wedi llacio dros y degawdau diwethaf. Er enghraifft, roedd cyd-fyw, erthyliad, ysgariad, ailbriodi a phriodasau rhwng cyplau o'r un rhyw yn arfer arwain at sancsiynau. Mae'r Eglwys yng Nghymru wedi llacio ei safbwyntiau am rai materion ac mae bellach yn bosibl i bobl sydd wedi ysgaru ailbriodi mewn eglwys.

Gwirio eich gwybodaeth

1. Beth yw rôl yr heddlu? **(3 marc)**
2. Amlinellwch ystyr 'rheolaeth gymdeithasol anffurfiol'. **(4 marc)**
3. Esboniwch sut gall crefydd fod yn rhan bwysig o reolaeth gymdeithasol. **(4 marc)**
4. Trafodwch a yw rheolaeth gymdeithasol yn rhan gadarnhaol o'r gymdeithas. **(9 marc)**

Rhoi sylw i'r fanyleb

6.4 Damcaniaethau ac esboniadau cymdeithasegol gwyredd ac ymddygiad troseddol: safbwynt consensws swyddogaetholdeb, anomi gan gynnwys gwaith Merton a damcaniaeth straen; damcaniaeth isddiwylliannol, Albert Cohen ac isddiwylliannau tramgwyddus

Cyswllt â'r gwerslyfr

tt 206–207: Y safbwynt swyddogaethol am drosedd a gwyredd
tt 208–209: Sut mae damcaniaethau strwythurol yn esbonio trosedd?
tt 210–211: Sut mae damcaniaethau isddiwylliannol yn esbonio trosedd?

AA2 Cymhwyso

Pa isddiwylliannau gwahanol sydd yn eich ardal chi? Beth yw normau a gwerthoedd pob isddiwylliant? Ydyn nhw'n hawdd eu deall o'r tu allan? Ydych chi'n rhan o isddiwylliant, neu o fwy nag un isddiwylliant? Pa wobrau mae aelodau o'r isddiwylliant yn eu rhoi i'w gilydd?

Datblygu ymhellach

Gofynnwch i'ch athro/rhiant/gofalwr/aelod hŷn o'r teulu am y math o isddiwylliannau a oedd yn bodoli pan oedden nhw'n ifanc.

Neu ymchwiliwch i syniadau Walter Miller am isddiwylliannau gwrywaidd, neu i fersiwn Prydeinig yr astudiaeth hon gan Howard Parker yn Lerpwl.

Safbwyntiau swyddogaethol a strwythurol am drosedd a gwyredd

Mae swyddogaethwyr yn dadlau bod gan drosedd swyddogaeth gadarnhaol (mae'n gwneud rhywbeth i helpu'r gymdeithas i weithio).	Mae trosedd a gwyredd yn dangos i'r gweddill ohonon ni beth yw'r ffordd gywir o ymddwyn. Pan fydd rhywun yn troseddu, mae'n cryfhau'r hyn gwnaeth Durkheim ei alw'n deimladau ar y cyd (*collective sentiments*). Byddai'r dorf fyddai'n ymgasglu i wylio rhywun yn cael ei grogi yn y gorffennol, a'r dorf sy'n ymgasglu i wylio troseddwr adnabyddus yn cyrraedd y llys, yn cael eu hatgoffa o'r hyn mae'r gweddill ohonon ni'n sefyll drosto. Mae hyd yn oed ymosodiadau terfysgol fel y rhai ym Mharis a Manceinion yn atgoffa pawb arall o'r hyn rydyn ni'n ei gredu.
Mae swyddogaethwyr yn dadlau bod gan wyredd swyddogaeth gadarnhaol (mae'n gwneud rhywbeth i helpu'r gymdeithas i weithio).	Gall gwyredd ddangos sut bydd pethau'n cael eu gwneud yn y dyfodol. Gallai hyn gynnwys pobl yn cael tatŵs neu dyllau yn eu corff, neu'n herio rhywbeth sy'n anghywir yn y gymdeithas, e.e. boicot bysiau Rosa Parks.
Swyddogaethwr o UDA yw Robert K. Merton.	Cymerodd Merton syniad Durkheim am anomi a'i ddefnyddio i esbonio trosedd yn UDA. Gallai ei syniadau gael eu cymhwyso i'r DU.
Roedd Merton yn esbonio trosedd drwy ddefnyddio strwythurau'r gymdeithas.	Y strwythurau roedd Merton yn cyfeirio atyn nhw oedd nodau cymdeithas UDA a'r dulliau o gyflawni'r nodau hyn. Sylwodd fod syniad y Freuddwyd Americanaidd yn bwysig iawn yn UDA, ond roedd yn creu anghydbwysedd. Roedd ar bobl eisiau gwireddu'r Freuddwyd, ond dydy hi ddim yn bosibl i bawb lwyddo. Esboniodd Merton y gallai pobl ymateb i hyn mewn pum ffordd wahanol.

Safbwyntiau isddiwylliannol am drosedd a gwyredd

Grŵp yn y gymdeithas sydd â'i set ei hun o normau a gwerthoedd yw isddiwylliant.	Dydy isddiwylliannau ddim bob amser yn droseddol. Mae llawer iawn o isddiwylliannau sydd ddim yn droseddol, gan gynnwys gwylwyr trenau, perchenogion cŵn, chwaraewyr gemau fideo a llawer mwy. Mae cymdeithasegwyr wedi ymddiddori'n arbennig mewn isddiwylliannau ieuenctid, sy'n ymddwyn mewn ffordd wyrdroëdig.
Gan ddefnyddio syniad yr isddiwylliannau, gwnaeth Albert Cohen ddatblygu damcaniaeth er mwyn dangos pam mae grwpiau'n troi at drosedd.	Roedd Cohen yn feirniadol o Merton am beidio ag esbonio troseddau heb elw, e.e. fandaliaeth, gyrru i gael gwefr, trais. Ceisiodd Cohen esbonio sut mae grwpiau'n troi at drosedd ac yn datblygu eu normau a'u gwerthoedd eu hun.
Dywedodd Cohen fod pobl dosbarth gweithiol sy'n teimlo'n flin am eu safle yn y gymdeithas yn teimlo rhwystredigaeth statws ac yn ymuno ag isddiwylliannau gwyrdroëdig.	Yn ôl Cohen, y rheswm dros yr isddiwylliannau gwyrdroëdig hyn yw bod pobl dosbarth gweithiol yn dioddef o amddifadedd materol a diwylliannol. Mae hyn yn golygu eu bod nhw'n annhebygol o lwyddo yn y byd addysg nac yn y byd gwaith. Maen nhw'n teimlo rhwystredigaeth statws sy'n golygu eu bod nhw'n teimlo'n rhwystredig gyda'u safle yn y gymdeithas. Maen nhw'n teimlo nad ydyn nhw'n llwyddiannus nac yn bwysig.
Mae normau isddiwylliannau troseddol yn wahanol i normau gweddill y gymdeithas.	Mae isddiwylliannau troseddol yn troi gwerthoedd cymdeithas 'normal' ben i waered. Mewn isddiwylliant troseddol, gallai'r gwerthoedd gynnwys bod yn anonest, trais, dweud celwydd a theyrngarwch i'r grŵp troseddol ymhlith pethau eraill. Mae hyn yn galluogi'r aelodau i fod yn llwyddiannus mewn ffyrdd nad yw'r gymdeithas yn eu cymeradwyo, ond sy'n golygu nad ydyn nhw'n teimlo rhwystredigaeth statws bellach.

Mae cyfres boblogaidd y BBC Peaky Blinders *yn dychmygu gang troseddol yn Birmingham yn yr 1920au. Beth yw normau a gwerthoedd yr isddiwylliant troseddol? Beth sydd wedi gwneud i'r cymeriadau droi at drosedd? Oes rhaglenni teledu a ffilmiau eraill sy'n dangos isddiwylliannau troseddol? Disgrifiwch nhw.*

Cryfderau'r safbwynt swyddogaethol am drosedd a gwyredd:

Mae'n esbonio sut mae ychydig bach o drosedd yn naturiol ac yn anochel. Gallwn ni byth gael cymdeithas ddidrosedd.

Mae'n ein helpu ni i ddeall newidiadau cymdeithasol. Mae'n ein helpu ni i ddeall rôl cosbau.

Mae'n gwneud synnwyr pan fyddwn ni'n meddwl am y teimlad o undod sy'n dod i'r amlwg o ganlyniad i ymosodiadau fel yr un yng nghyngerdd Ariana Grande ym Manceinion yn 2017. Yr ymateb oedd dangos i'r terfysgwyr ein bod ni fel un. Condemniodd y Frenhines y terfysgwyr. Aeth cymuned Manceinion ati i helpu'r goroeswyr ac i gynnal cyngerdd arall, 'One Love', fis yn ddiweddarach i ddangos ein hundod. Gwnaeth enwogion gymryd rhan i ddangos eu cefnogaeth.

Gwendidau'r safbwynt swyddogaethol am drosedd a gwyredd:

Mae'n cynnig darlun rhy ffafriol o'r gymdeithas a phobl. Does bosibl bod trosedd yn beth da. Mae'n niweidiol i'r gymdeithas.

Mae'n anwybyddu'r ffaith bod rhai mathau o drosedd yn fanteisiol i bobl gyfoethog, e.e. troseddau corfforaethol.

Doedd Durkheim ddim yn esbonio pam mae rhai grwpiau'n troi at drosedd.

Cryfderau damcaniaeth straen:

Mae Merton wedi cael llawer o ddylanwad ar gymdeithaseg trosedd, gan addasu syniadau Durkheim.

Mae damcaniaeth straen Merton yn esbonio mathau gwahanol o drosedd.

Roedd Merton yn feirniadol o'r trachwant sy'n gyrru'r gymdeithas. Weithiau, mae swyddogaethwyr yn cael eu beirniadu am anwybyddu problemau.

Gwendidau damcaniaeth straen:

Mae'n tybio bod gan bawb yr un gwerthoedd. Efallai na fydd ar bobl dosbarth gweithiol eisiau'r un math o lwyddiant â phobl dosbarth canol.

Yn ôl Marcswyr, mae damcaniaeth straen yn rhoi'r bai ar y dosbarth gweithiol am drosedd. Mae'n anwybyddu troseddau corfforaethol.

Roedd Merton yn ystyried trosedd fel ymateb unigol. Roedd Cohen yn ei ystyried fel ymateb grŵp.

Cryfderau safbwynt isddiwylliannol Cohen:

Mae'n esbonio pam mae isddiwylliannau troseddol yn cael eu ffurfio.

Mae'n ddefnyddiol i esbonio trosedd ieuenctid a diwylliant gangiau.

Mae'r ddamcaniaeth yn ddefnyddiol wrth ddeall y rhesymau pam gallai pobl droi at drosedd. Gallwn ni weithio gyda phobl ifanc yn benodol er mwyn gwella'r ffordd maen nhw'n teimlo amdanyn nhw eu hunain.

Gwendidau safbwynt isddiwylliannol Cohen:

Dydy'r safbwynt ddim yn esbonio troseddwyr sy'n gweithredu ar eu pen eu hun.

Mae'n anwybyddu'r ffaith y gallai tlodi wthio pobl at drosedd.

Dim ond troseddau dosbarth gweithiol mae'n eu hesbonio. Mae'n anwybyddu troseddau corfforaethol a throseddau'r dosbarthiadau cymdeithasol uwch.

Gwirio eich gwybodaeth

1. Nodwch ddwy o nodweddion isddiwylliannau troseddol. **(2 farc)**
2. Amlinellwch ystyr 'damcaniaeth straen'. **(4 marc)**
3. Esboniwch pam mae swyddogaethwyr yn credu bod rhywfaint o drosedd yn ddefnyddiol i'r gymdeithas. **(4 marc)**
4. Trafodwch bwysigrwydd isddiwylliannau fel esboniad o drosedd. **(9 marc)**

CYNGOR ADOLYGU

Mae'r cwestiynau 9 marc yn y bennod hon yn gofyn am werthuso a thrafod. Bydd angen i chi gyflwyno syniadau o adrannau eraill yn y bennod, yn enwedig ar gyfer tudalennau fel yr un yma ar achosion trosedd. Ceisiwch ysgrifennu cynllun ar eu cyfer wrth ddod at waelod y dudalen, ond cofiwch ddychwelyd at y cynllun i ychwanegu rhagor o syniadau maes o law.

Pobl allweddol

Amlinellodd **Robert K. Merton** bum ffordd wahanol y gallai pobl ymateb i'r ffaith eu bod nhw wedi methu cyrraedd nod y Freuddwyd Americanaidd. Dyma'r pump: cydymffurfio, dilyn defodau, arloesi, encilio a gwrthryfela.

Mae cydymffurfio a dilyn defodau yn golygu rhoi'r gorau i'r nod o lwyddo, mewn ffyrdd ychydig yn wahanol. Mae arloesi yn esbonio troi at drosedd er mwyn cyflawni'r nodau mewn ffordd droseddol. Gallai encilio olygu ymddygiad gwyrdroëdig a throseddol. Bydd rhywun yn rhoi'r gorau iddi ac felly'n troi at alcohol neu gyffuriau. Gallai gwrthryfela esbonio terfysgaeth fel ymateb i fethu cyflawni nodau cymdeithas UDA.

Cofio'r cysylltiad

Sylwch ar y cysylltiadau rhwng syniadau Cohen ac isddiwylliannau gwrth-ysgol ac o blaid yr ysgol ym maes addysg. Gallai ei esboniadau o drosedd gael eu defnyddio yng nghyd-destun yr ysgol hefyd. Gallai'r disgyblion hynny sydd ddim yn swyddogion, sydd ddim yn gwneud yn dda mewn pynciau academaidd neu sydd ddim yn aelodau o dîm yr ysgol deimlo'n rhwystredig ynghylch eu statws isel, a chreu eu hisddiwylliant gwrth-ysgol eu hun.

Sefyllfa lle na fydd normau a gwerthoedd yn berthnasol, o bosibl, yw terfysg. Sut gallai bod yn rhan o dorf ychwanegu at hyn?

AA1 Disgrifio

Rhoi sylw i'r fanyleb

6.4 Damcaniaethau ac esboniadau cymdeithasegol gwyredd ac ymddygiad troseddol: safbwynt gwrthdaro Marcsaeth, Chambliss a gorfodi'r gyfraith yn wahaniaethol, trosedd coler wen a throsedd gorfforaethol

Cyswllt â'r gwerslyfr

tt 212–213: Sut mae Marcsaeth yn esbonio trosedd?
tt 214–215: Beth yw trosedd coler wen?
tt 216–217: Beth yw trosedd gorfforaethol?

Mae cyfalafiaeth yn creu enillwyr a chollwyr. Mae pobl mewn tlodi yn fwy tebygol o droi at drosedd.

AA2 Cymhwyso

Dyma 10 math gwahanol o drosedd. Sut byddai Marcswyr yn eu hesbonio nhw?

- *Dwyn o siop*
- *Graffiti*
- *Ymosod ar rywun*
- *Trais domestig*
- *Busnes mawr yn osgoi talu trethi*
- *Trais gangiau*
- *Trolio – aflonyddu ar y rhyngrwyd*
- *Pleidleisio'n anghyfreithlon mewn etholiad, e.e. mwy nag un bleidlais*
- *Gyrru i gael gwefr*
- *Yfed dan oed*

Datblygu ymhellach

Sut byddai'r damcaniaethau eraill rydych chi'n gwybod amdanyn nhw yn esbonio'r pethau hyn?

Beth yw'r safbwynt Marcsaidd am drosedd?

Mae Marcswyr yn credu bod trosedd yn digwydd o ganlyniad i gyfalafiaeth.	Cyfalafiaeth yw'r enw ar system economaidd y DU a llawer o wledydd eraill, gan gynnwys yr UE a UDA. Mae'n golygu ceisio elw drwy brynu a gwerthu nwyddau. Mae pobl yn cael eu hannog i lwyddo drwy ddod yn gyfoethog.
Mae prynwriaeth yn rhan allweddol o gyfalafiaeth ac mae pobl yn cael eu perswadio i brynu nwyddau sy'n gwneud y *bourgeoisie* (y dosbarth llywodraethol) yn gyfoethog.	Mae prynwriaeth yn argyhoeddi pobl bod arnyn nhw eisiau'r nwyddau sydd yn y siopau ac ar-lein. Mae hyn yn golygu bod ar bobl eisiau mwy a mwy o hyd. Dydy pawb ddim yn gallu fforddio'r tai gorau, y gwyliau, y ceir, y dillad a'r eitemau gorau ar gyfer eu cartref. Dyma'r rheswm go iawn dros y cyfraddau troseddu uchel mewn cymdeithasau cyfalafol fel yn y DU. Mae tlodi hefyd yn gwneud i bobl ddwyn oherwydd bod gwir angen y pethau sylfaenol arnyn nhw. Felly, mae anghydraddoldeb a thlodi yn achosi trosedd.
Mae cyfryngau rheolaeth gymdeithasol ar waith i amddiffyn eiddo'r *bourgeoisie* a'r bobl gyfoethog.	Mae Marcswyr yn dadlau bod cyfreithiau ar waith i amddiffyn eiddo. Mae cyfryngau rheolaeth gymdeithasol yn bodoli i sicrhau bod pobl gyfoethog yn cael cadw eu heiddo. Mae mwy o ymdrech yn cael ei wneud i atal troseddau pobl dosbarth gweithiol. Mae troseddau pobl gyfoethog yn cael eu hanwybyddu.
Y *bourgeoisie* (y dosbarth llywodraethol) sy'n berchen ar y cyfryngau hefyd, ac maen nhw'n perswadio pobl bod y system rydyn ni'n byw ynddi yn un deg. Maen nhw'n cyflwyno troseddau dosbarth gweithiol fel rhywbeth sy'n broblem fawr i'r gymdeithas.	Mae'r cyfryngau'n adrodd am droseddau stryd yn hytrach na throseddau coler wen a throseddau corfforaethol. Straeon newyddion dramatig am derfysgoedd, gangiau a throseddau cyllell sy'n cael eu pwysleisio, gan wneud i bobl feddwl mai dyma'r broblem go iawn. Mae Marcswyr yn dadlau nad ydyn ni'n gwybod faint o droseddau corfforaethol a throseddau coler wen sy'n cael eu cyflawni mewn gwirionedd, ond mae'r troseddau rydyn ni'n gwybod amdanyn nhw yn niweidiol iawn i'r gymdeithas. Dydy'r cyfryngau sy'n hybu buddiannau'r dosbarth llywodraethol ddim yn adrodd am y straeon hyn.

Beth yw troseddau coler wen a throseddau corfforaethol?

Mae troseddau coler wen yn gysylltiedig â galwedigaeth (swydd) rhywun fel arfer, ac yn cael eu cyflawni gan bobl o'r dosbarthiadau cymdeithasol uwch. Maen nhw'n troseddu er eu lles nhw eu hun.	Mae troseddau coler wen yn amrywio, gan gynnwys twyll, embeslu, derbyn llwgrwobrwyon neu arferion llwgr eraill. Bydd unigolion yn manteisio ar eu safle i fynd ag arian oddi ar eu cyflogwyr fel arfer, ond o bosibl oddi ar unigolion eraill hefyd.
Yn aml, dydy troseddau coler wen ddim yn cael eu darganfod, a dydy'r heddlu ddim yn cael gwybod amdanyn nhw.	Rhoddwyd yr enw 'troseddwyr coler wen' ar y bobl sy'n cyflawni'r troseddau hyn oherwydd y crys gwyn a'r tei sy'n gysylltiedig â swyddi dosbarth canol. Yn aml, dydy'r bobl hyn ddim o dan amheuaeth oherwydd eu safle cymdeithasol uchel. Mae gweithwyr coler wen yn aml yn bobl glyfar, sy'n dda am guddio eu troseddau. Hyd yn oed pan fyddan nhw'n cael eu darganfod, bydd llawer o gwmnïau yn eu diswyddo nhw heb roi gwybod i'r heddlu, am nad oes arnyn nhw eisiau cyhoeddusrwydd gwael. Mae sgandal treuliau ASau yn enghraifft o drosedd coler wen gan unigolion o statws uchel iawn. Ychydig iawn ohonyn nhw gafodd eu herlyn, a dim ond ad-dalu'r arian roedd rhaid i'r mwyafrif ei wneud.
Troseddau sy'n cael eu cyflawni gan fusnesau mawr yw troseddau corfforaethol. Bydd y cwmni yn elwa, er y gallai unigolion yn y cwmni elwa hefyd.	Mae'n ymwneud â phob math o weithgareddau sydd o fudd i'r busnes, gan gynnwys hysbysebu ffug, osgoi talu trethi, gwerthu pensiynau neu gynnyrch ariannol eraill ar gam, masnachu mewnol, peidio â dilyn rheolau iechyd a diogelwch ac esgeuluster.
Yn aml, dydy troseddau corfforaethol ddim yn cael eu hamau, eu darganfod na hyd yn oed eu herlyn pan fyddan nhw'n dod i'r amlwg. Gallan nhw wneud elw anferthol i'r cwmnïau mawr hyn.	Yn aml, dydy busnesau mawr ddim yn cael eu hamau ac maen nhw'n gallu fforddio cyfreithwyr da sy'n eu cael nhw allan o drwbl. Weithiau, maen nhw'n diswyddo'r unigolion sy'n gysylltiedig â'r drosedd, yn talu iawndal neu'n ymddiheuro. Mae enghreifftiau o droseddau corfforaethol yn cynnwys thalidomid, sgandal cig ceffyl Tesco, gwerthu PPI ar gam ac asbestos. Yn ôl Marcswyr, dydy'r cyfryngau ddim yn canolbwyntio ar droseddau corfforaethol. Bydden nhw hefyd yn dadlau nad yw rhai o weithgareddau cwmnïau mawr yn anghyfreithlon, ond y dylen nhw fod. Mae cwmnïau mawr fel Amazon yn dod o hyd i fylchau yn y gyfraith sy'n golygu eu bod nhw'n osgoi talu'r trethi sydd ar y DU eu hangen.

Cryfderau'r safbwynt Marcsaidd mai cyfalafiaeth sy'n achosi trosedd:

Mae'n dangos yr anghydraddoldebau enfawr sydd ynghlwm wrth gyfalafiaeth.

Mae'n dangos y trachwant sy'n cael ei hybu gan ein system ni.

Mae'n dangos y niwed mae tlodi yn ei wneud i'n cymdeithas ni.

Gwendidau'r safbwynt Marcsaidd mai cyfalafiaeth sy'n achosi trosedd:

Mae cyfraddau troseddu isel yn y Swistir, ac mae'r wlad yn un gyfalafol.

Dydy gwledydd sydd wedi rhoi cynnig ar gomiwnyddiaeth ddim wedi llwyddo i sicrhau cyfraddau troseddu o sero, e.e. Rwsia Sofietaidd, Cuba.

Mae'n rhoi'r bai ar y gymdeithas. Mae'n anwybyddu cymhellion unigolion dros droseddu.

Cryfderau'r safbwynt Marcsaidd mai troseddau'r dosbarth llywodraethol yw'r broblem go iawn:

Mae'n dangos anghydraddoldebau'r gyfraith a chyfryngau gorfodi'r gyfraith.

Mae cwmnïau sy'n torri rheolau iechyd a diogelwch gan beryglu unigolion a'r amgylchedd yn cael eu dwyn i gyfrif.

Mae cwmnïau enfawr sy'n gwneud biliynau ar draws y byd yn cael eu dwyn i gyfrif.

Gwendidau'r safbwynt Marcsaidd mai troseddau'r dosbarth llywodraethol yw'r broblem go iawn:

Mae'n rhoi'r bai ar blismona rhagfarnllyd am gyfraddau troseddu uchel gan bobl dosbarth gweithiol a phobl lleiafrifol ethnig. Byddai swyddogaethwyr yn dweud bod angen cadw trefn gymdeithasol.

Mae'n anwybyddu'r ffaith bod pobl dosbarth gweithiol, pobl lleiafrifol ethnig a menywod yn ddioddefwyr troseddau hefyd.

Mae troseddau corfforaethol bellach yn cael eu cymryd o ddifrif. Cafodd llawer o bwysau ei roi ar Amazon ar fater osgoi talu trethi. Mae straeon eraill fel damwain reid yn Alton Towers wedi cael llawer o gyhoeddusrwydd hefyd.

Cryfderau astudiaeth Chambliss o drosedd yn Seattle:

Dangosodd mai pobl bwerus oedd y troseddwyr go iawn yn Seattle yn UDA yn yr 1970au. Dangosodd fod sawl agwedd ar fywyd Seattle yn llygredig.

Cafodd yr astudiaeth ei chynnal dros gyfnod o ddegawd, ac roedd yn defnyddio cyfweliadau â phobl a oedd yn amrywio o gyfreithwyr a'r heddlu i buteiniaid.

Dangosodd nad oedd y gyfraith yn cael ei gorfodi'n deg. Yr enw ar hyn yw gorfodi'r gyfraith yn wahaniaethol.

Gwendidau astudiaeth Chambliss o drosedd yn Seattle:

Mae ei astudiaeth wedi dyddio.

Efallai nad yw Seattle yr un fath â dinasoedd eraill, nac yr un fath â'r DU.

Roedd yr astudiaeth yn seiliedig ar gyfweliadau. Mae'n bosibl bod Chambliss wedi gofyn cwestiynau arweiniol. Mae'n anodd gwybod a oedd pobl yn dweud y gwir ai peidio.

Gwirio eich gwybodaeth

1. Nodwch ddau fath o drosedd coler wen. **(2 farc)**
2. Amlinellwch ystyr 'troseddau corfforaethol'. **(4 marc)**
3. Rhowch resymau pam mae troseddau sy'n cael eu cyflawni gan y dosbarth llywodraethol yn llai tebygol o gael eu herlyn. **(4 marc)**

CYNGOR ADOLYGU

Un camgymeriad cyffredin wrth ddilyn cymhwyster TGAU Cymdeithaseg yw drysu rhwng troseddau coler wen a throseddau corfforaethol. Maen nhw'n wahanol iawn. Bydd peidio â deall y gwahaniaeth rhyngddyn nhw yn arwain at golli marciau mewn unrhyw gwestiwn sy'n cyfeirio at y naill neu'r llall.

Mae troseddau coler wen er budd yr unigolyn ac mae troseddau corfforaethol er budd y cwmni. Mae'r ddau fath yn cael eu cyflawni gan unigolion o statws uchel a fydd yn elwa ar y drosedd, ac efallai mai dyma pam mae pobl yn drysu rhyngddyn nhw. Yn achos troseddau coler wen, mae'r unigolyn yn aml yn dwyn oddi ar y busnes! Gwnewch yn siŵr eich bod chi'n gwybod y gwahaniaeth rhyngddyn nhw drwy siarad â phobl eraill am y testun, gan gynnwys eich athro a gweddill y dosbarth.

Pobl allweddol

Roedd *Corporate Crime* (1999) gan **Gary Slapper** a **Steve Tombs**, yn pwysleisio'r niwed sy'n cael ei achosi i bobl dosbarth gweithiol drwy werthu pensiynau ar gam. Mae'r swm o arian sydd dan sylw yn enfawr o'i gymharu â throseddau stryd. Gallai olygu bod pobl dosbarth gweithiol yn cael eu gorfodi i fyw mewn tlodi.

Cofio'r cysylltiad

Mae cysylltiad agos rhwng y safbwynt Marcsaidd am drosedd a'r safbwyntiau Marcsaidd am dlodi ac anghydraddoldeb. Mae'r cysylltiad yn agos y ddwy ffordd. Bydd anghydraddoldeb bob amser yn rhan o gyfalafiaeth, a'r perygl yw y bydd y bobl fwyaf tlawd yn troi at drosedd.

Mae Marcswyr yn credu mai cyfalafwyr cyfoethog sy'n rheoli sawl rhan o'r gymdeithas. Pa rannau gallwch chi eu gweld yn y llun?

Rhoi sylw i'r fanyleb

6.4 Damcaniaethau ac esboniadau cymdeithasegol gwyredd ac ymddygiad troseddol: rhyngweithiadaeth, cysyniad y troseddwr nodweddiadol, labelu, proffwydoliaeth hunangyflawnol, gan gynnwys gwaith Becker ar yrfa wyrdroëdig, panig moesol

Cyswllt â'r gwerslyfr

tt 218–219: Beth mae rhyngweithiadwyr yn ei gyfrannu at yr astudiaeth o drosedd?
tt 220–221: Y cyfryngau a throsedd

AA2 Cymhwyso

Ymchwiliwch i ymgyrch #MeToo. Sut mae'n enghraifft o banig moesol?

Datblygu ymhellach

Pa enghreifftiau eraill o banig moesol rydych chi wedi sylwi arnyn nhw yn ddiweddar?

Mae gan bobl syniad penodol am sut olwg sydd ar y troseddwr nodweddiadol. Mae hyn yn aml yn seiliedig ar stereoteipiau.

Rhyngweithiadaeth	
Mae rhyngweithiadwyr yn ceisio esbonio beth sy'n digwydd mewn sefyllfaoedd pob dydd.	Yn wahanol i Farcswyr a swyddogaethwyr, dydy rhyngweithiadwyr ddim yn ceisio esbonio'r gymdeithas gyfan. Astudio sefyllfaoedd cymdeithasol ar raddfa fach sy'n eu diddori nhw. Byddan nhw'n aml yn defnyddio dulliau ymchwil ansoddol i ddeall ystyron a chymhellion unigolion.
Mae gan ryngweithiadwyr ddiddordeb yn sut mae'r ffordd mae pobl eraill yn trin rhywun yn dylanwadu ar y person hwnnw.	O safbwynt trosedd, mae rhyngweithiadwyr yn dweud nad oes y fath beth â throseddwr nodweddiadol. Mae gan bobl syniad sy'n seiliedig ar stereoteipiau, sef yn aml, person gwrywaidd, isddosbarth/dosbarth gweithiol, ifanc a/neu leiafrifol ethnig. Gall ein delwedd ni o'r troseddwr nodweddiadol arwain at labelu.
Mae rhyngweithiadwyr yn credu bod y ffordd mae pobl eraill yn ymateb i ni yn cael effaith bwerus ar sut rydyn ni'n gweld ein hunain. Dydy gweithredoedd eu hunain ddim yn droseddol nac yn wyrdroëdig. Ymateb pobl eraill sy'n penderfynu hyn.	Labelu yw un o syniadau mwyaf adnabyddus rhyngweithiadaeth. Mae ein barn ni am berson arall yn label rydyn ni'n ei ddefnyddio i benderfynu sut un ydyw. Yn ôl rhyngweithiadwyr, y prif wahaniaeth rhwng troseddwr a pherson cyffredin yw'r ffaith ei fod wedi'i labelu'n droseddwr. Mae'r mwyafrif o bobl wedi torri rhyw gyfraith neu'i gilydd, ond fydd y mwyafrif ohonon ni ddim wedi cael ein dal na chael ein dyfarnu'n euog.
Mae rhyngweithiadwyr yn credu bod y ffordd rydyn ni'n gweld ein hunain yn cael effaith ar ein hymddygiad yn y dyfodol.	Mae labelu yn cael effaith fawr iawn ar ymddygiad pobl. Os bydd rhywun yn credu bod pobl eraill yn meddwl ei fod yn lleidr, yn llofrudd neu'n berson annifyr, gallai hyn effeithio ar y ffordd mae'n ei weld ei hun a sut mae'n ymddwyn. Gallai ymddwyn yn unol â'r ffordd mae pobl eraill yn ei weld. Proffwydoliaeth hunangyflawnol yw'r enw am y ffordd mae pobl yn gwireddu eu label.

Rhyngweithiadaeth, trosedd a gwyredd	
Datblygodd Howard Becker y syniad o labelu, gan ychwanegu'r syniad o yrfa wyrdroëdig hefyd.	Sylwodd Becker fod pobl a oedd yn cael eu labelu'n bobl wyrdroëdig neu droseddol yn debygol o ddilyn gyrfa wyrdroëdig. Proses y bydd rhywun yn ei dilyn pan fydd yn cael ei labelu yw gyrfa wyrdroëdig. Er enghraifft, gallai gyrfa wyrdroëdig lleidr gynnwys: cael ei ddal; cael ei alw'n lleidr; pobl eraill yn sylwi ar hyn; rhagor o gyhuddiadau pan fydd rhywbeth yn mynd ar goll; cyhuddiad ffurfiol; cael ei ddedfrydu'n euog; cael ei labelu'n dda i ddim gan farnwr/ynad; carchar; cyn-droseddwr a rhagor o labeli gan bobl eraill; rhagor o gyhuddiadau; derbyn label lleidr; dwyn rhywbeth arall.
Mae rhai labeli'n bwerus iawn ac yn effeithio ar y ffordd mae unigolyn yn cael ei weld gan bobl eraill.	Mae label lleidr yn un pwerus, ond gall eraill fod hyd yn oed yn fwy annifyr, e.e. paedoffilydd, treisiwr, llofrudd. Mae'r labeli hyn yn rhai anodd iawn eu dileu, a gallan nhw lunio'r ffordd mae unigolyn yn cael ei weld gan bobl eraill. Mae rhyngweithiadwyr yn galw labeli fel y rhain yn 'statws meistr'.
Mae rhyngweithiadaeth wedi cael effaith fawr ar astudiaethau'r cyfryngau. Syniad allweddol sydd wedi datblygu o hyn yw'r panig moesol.	Datblygodd Stanley Cohen y syniad o'r panig moesol yn ei lyfr *Folk Devils and Moral Panics* (1972). Y cyfryngau sy'n creu panig moesol wrth ymateb i ddigwyddiad yn y newyddion. Maen nhw'n adrodd am droseddau mewn ffordd sy'n creu cynnwrf ac yn aml yn cysylltu'r drosedd â grŵp penodol. Cafodd y mods a'r rocers yn astudiaeth Cohen eu labelu yn grŵp 'drwg' gan y cyfryngau. Mae'r weithred hon o labelu grŵp yn annog yr aelodau i dderbyn y label, a gwireddu'r label hwnnw. Dywedodd Cohen fod y grwpiau hyn yn dod yn 'ddiawliaid y werin' (*folk devils*).
Un o brif gyfraniadau eraill rhyngweithiadaeth yw'r syniad o ymhelaethu gwyredd.	Mae rhyngweithiadwyr wedi sylwi bod ymateb y cyfryngau rheolaeth gymdeithasol i drosedd yn gallu gwneud y sefyllfa yn waeth. Drwy roi sylw i ymddygiad troseddol neu wyrdroëdig, gall yr heddlu a'r cyfryngau annog mwy o bobl i gymryd rhan. Mae terfysgaeth yn enghraifft nodweddiadol o hyn. Mae'n ffynnu ar gyhoeddusrwydd. Pan fydd troseddau'n gwaethygu yn y ffordd yma, yr enw mae rhyngweithiadwyr yn ei roi ar hyn yw ymhelaethu gwyredd (*deviancy amplification*).

Cryfderau'r safbwynt rhyngweithiadol am drosedd a gwyredd:

Mae rhyngweithiadwyr wedi bod yn dda iawn am ymchwilio i grwpiau nad yw pobl yn eu deall yn dda ac sydd ar gyrion y gymdeithas, e.e. troseddwyr, pobl sy'n gaeth i gyffuriau, isddiwylliannau.	Mae'n dangos pa mor bwysig yw'r ffordd mae pobl yn trin ei gilydd. Mae'n gweld pobl fel bodau gweithredol a chreadigol.	Mae labelu, proffwydoliaeth hunangyflawnol, panig moesol a syniadau da eraill wedi datblygu o ryngweithiadaeth.

Gwendidau'r safbwynt rhyngweithiadol am drosedd a gwyredd:

Mae'n anodd profi'r damcaniaethau.	Dydy'r safbwynt ddim wir yn esbonio dim byd yn llawn. Dim ond sefyllfaoedd penodol mae'n eu hesbonio, e.e. yr ystafell ddosbarth.	Dydy rhyngweithiadwyr ddim yn esbonio pam mae pobl yn troseddu yn y lle cyntaf.

Cryfderau damcaniaeth labelu:

Mae'n ddamcaniaeth ddefnyddiol sy'n gallu gwella'r ffordd mae pobl yn trin ei gilydd.	Mae'n dangos y niwed y gall rhoi label ar rywun ei achosi.	Mae'n ein helpu ni i ddeall rhyngweithiadau ar raddfa fach.

Gwendidau damcaniaeth labelu:

Mae'n gwneud esgusodion ac yn cymryd y bai oddi ar y troseddwr.	Dydy unigolion ddim bob amser yn gwireddu label, e.e. gall athro labelu plentyn yn 'ddisgybl sydd ddim yn glyfar iawn' a gall y plentyn ymateb drwy weithio'n galetach a gwrthod y label.	Dydy'r ddamcaniaeth ddim yn esbonio grym. Pwy yw'r bobl sydd â'r grym i labelu a pham?

Cryfderau damcaniaeth panig moesol:

Mae'n dangos i'r heddlu bod angen iddyn nhw fod yn ofalus wrth ymateb i banig moesol.	Mae'r ddamcaniaeth wedi cael ei defnyddio mewn sawl astudiaeth, e.e. Sarah Thornton a Marcswyr fel Stuart Hall.	Mae'n ddamcaniaeth ddefnyddiol sy'n ein helpu ni i ddeall peryglon adroddiadau yn y cyfryngau.

Gwendidau damcaniaeth panig moesol:

Dydy'r cyfryngau a'r heddlu ddim yn gallu anwybyddu problemau.	Mae rhai mathau o banig moesol yn ddifrifol ac yn haeddiannol, e.e. ymgyrch #MeToo.	Dydy Cohen ddim yn esbonio beth wnaeth achosi'r ymddygiad yn y lle cyntaf.

Cofio'r cysylltiad

Mae cysylltiad agos rhwng y testun hwn ac addysg. Mae labelu yn ddamcaniaeth ddefnyddiol iawn er mwyn deall a gwella'r hyn sy'n digwydd yn yr ystafell ddosbarth. Mae pob athro yn gyfarwydd â'r syniad rhyngweithiadol am labelu, ac efallai bydd hynny'n eu hatal nhw rhag labelu disgyblion.

Mae rhyngweithiadwyr yn nodi sut gall ymateb pobl eraill effeithio ar y ffordd mae pobl yn eu gweld eu hun a sut byddan nhw'n ymddwyn yn y dyfodol. Gall cael eu labelu'n droseddwyr neu'n wyrdroëdig olygu bod pobl yn fwy tebygol o ymddwyn yn y ffordd honno.

CYNGOR ADOLYGU

Ar gyfer cwestiynau sy'n cynnwys Sgil AA2, gwnewch yn siŵr eich bod chi'n defnyddio digon o enghreifftiau ac yn eu cysylltu â theitl y cwestiwn. Mae cyfeirio'n ôl at deitl y cwestiwn yn ffordd dda o ennill y marciau hyn. Gwiriwch bob paragraff rydych chi'n ei ysgrifennu i wneud yn siŵr bod eich ateb chi'n berthnasol i'r cwestiwn.

Pobl allweddol

Ymchwiliodd **Edwin M. Lemert** i achosion o atal dweud ymysg Brodorion America. Doedd dim atal dweud ar y grwpiau o Frodorion ar arfordir y Môr Tawel. Doedd dim traddodiad o siarad cyhoeddus gan y llwythau hyn, felly doedd neb yn poeni am y peth. Fodd bynnag, roedd un o'r llwythau y bu Lemert yn eu hastudio yn ystyried siarad cyhoeddus yn bwysig iawn. Os oedd gan blentyn nam ar ei lafaredd, roedd ei rieni'n ymateb yn negyddol iawn ac yn labelu'r plentyn yn siaradwr cyhoeddus gwael. Byddai hyn yn gwneud i'r plant boeni am unrhyw atal dweud neu nam ar eu llafaredd. Roedd atal dweud yn eithaf cyffredin yn y llwyth hwn. Mae Lemert yn dweud bod y llwyth hwn yn dangos yr effaith mae labeli gan rieni yn ei chael ar blant.

Gwirio eich gwybodaeth

1. Nodwch ddau label allai gael eu defnyddio i awgrymu 'troseddol'. **(2 farc)**
2. Beth yw proffwydoliaeth hunangyflawnol? **(4 marc)**
3. Rhowch ddau reswm pam mae gennym ni syniad penodol am sut un yw'r troseddwr nodweddiadol. **(4 marc)**
4. 'Mae labelu yn un o achosion pwysig troseddu.' Ydych chi'n cytuno? **(9 marc)**

Rhoi sylw i'r fanyleb

6.3 Patrymau ymddygiad troseddol a gwyrdroëdig: patrymau ymddygiad troseddol yn ôl rhywedd

6.4 Damcaniaethau ac esboniadau cymdeithasegol gwyredd ac ymddygiad troseddol: safbwynt gwrthdaro ffeministiaeth, rheolaeth gymdeithasol, gan gynnwys gwaith Heidensohn am gydymffurfiad benywaidd, menywod a thlodi gan gynnwys gwaith Carlen, thesis sifalri

Cyswllt â'r gwerslyfr

tt 222–223: Sut mae rheolaeth gymdeithasol yn effeithio ar lefelau trosedd a gwyredd gan fenywod?

tt 224–225: Sut mae tlodi'n effeithio ar lefelau trosedd a gwyredd gan fenywod?

tt 226–227: Ydy menywod yn cael eu trin yn deg gan rymoedd rheolaeth gymdeithasol?

AA2 Cymhwyso

Yn ôl erthygl mewn papur newydd, mae troseddau sy'n cael eu cyflawni gan fenywod ar gynnydd. Esboniwch y rhesymau posibl dros hyn gan ddefnyddio termau cymdeithasegol.

Datblygu ymhellach

Ydy trosedd gan fenywod wedi bod ar gynnydd ai peidio dros y blynyddoedd diwethaf?

Mae stereoteip y troseddwr nodweddiadol fel arfer yn berson gwrywaidd. Mae menywod yn cael eu cysylltu â rhai troseddau penodol, fel dwyn o siop.

Ffeministiaeth

Mae menywod yn llawer llai tebygol na dynion o gael eu harestio neu eu dyfarnu'n euog.	Mae'r ystadegau am drosedd yn dangos bod dynion yn cyflawni mwy o droseddau na menywod. Mae gwahaniaeth mawr yn nifer y dynion a'r menywod sydd yn y carchar. Dim ond 5 y cant o garcharorion y DU oedd yn fenywod yn 2017.
Mae menywod yn fwy tebygol o ddioddef rhai troseddau na dynion, yn enwedig camdriniaeth ddomestig ac ymosodiad neu aflonyddu rhywiol.	Mae menywod yn fwy tebygol o gael eu dyfarnu'n euog o droseddau penodol, gan gynnwys dwyn o siop, ond mae eu cyfraddau troseddu yn llawer is ar y cyfan. Mae dynion yn fwy tebygol na menywod o ddioddef ymosodiad.
Mae rhai'n credu mai'r prif reswm dros gyfraddau troseddu is menywod yw'r ffordd mae merched yn cael eu cymdeithasoli.	Mae rolau rhywedd traddodiadol wedi cymdeithasoli merched i fod yn dawel ac yn addfwyn. Dydy'r math hwn o bersonoliaeth ddim yn cyd-fynd â throseddu. Ar y llaw arall, gallai bechgyn gael eu cymdeithasoli i fod yn galed, yn ymosodol ac i gymryd risgiau, ac mae ymddygiad o'r fath yn fwy tebygol o arwain at drosedd.
Mae menywod hefyd yn cael eu rheoli mwy yn eu plentyndod, a hyd yn oed pan maen nhw'n oedolion.	Dydy merched ddim yn cael cymaint o ryddid â bechgyn i 'amddiffyn' eu hun. Hyd yn oed fel menywod, maen nhw'n destun mwy o reolaeth gymdeithasol. Er enghraifft, gallai menyw sydd ddim yn cydymffurfio â'r norm o fod yn fenyw 'dda' gael ei sancsiynu drwy ofni dod yn destun clecs neu ofni i bobl alw enwau arni. Mae hyn yn cadw llawer o fenywod dan reolaeth.

Cysyniadau cymdeithasegol, rhywedd a throsedd

Roedd menywod yn cael eu hanwybyddu gan lawer o gymdeithasegwyr. Otto Pollak oedd un o'r cyntaf i ddatblygu syniadau am drosedd gan fenywod.	Gwnaeth Pollak ddatblygu'r 'thesis sifalri', sef y syniad nad yw menywod yn cael eu cosbi mor llym gan gyfryngau rheolaeth gymdeithasol, fel athrawon, barnwyr a'r heddlu. Mae'r bobl hyn yn teimlo tosturi dros fenywod sy'n mynd i drafferth ac felly yn eu trin yn drugarog. Yn ôl y safbwynt hwn, dyma'r rheswm pam mae cynifer yn fwy o ddynion yn y carchar.
Gwnaeth Frances Heidensohn ddatblygu'r syniad bod menywod yn byw mewn byd sy'n cael ei reoli gan ddynion a bod rhaid iddyn nhw gydymffurfio â disgwyliadau'r gymdeithas.	Yn ôl Heidensohn, rydyn ni'n byw mewn patriarchaeth ac mae'n rhaid i fenywod ymddwyn yn unol â normau eu rôl. Mae menywod yn cyflawni llai o droseddau gan fod llai o gyfleoedd iddyn nhw gyflawni troseddau, oherwydd maen nhw'n destun llawer mwy o reolaeth gymdeithasol.
Un safbwynt gwahanol yw'r syniad o droi menywod yn ddiafoliaid.	Yn ôl y safbwynt hwn, mae menywod yn cael eu trin yn fwy llym gan gyfryngau rheolaeth gymdeithasol, mewn perthynas â rhai troseddau penodol. Mae menywod sy'n cyflawni troseddau sydd ddim yn cyd-fynd â syniadau am sut dylai menyw neu fam ymddwyn, yn cael eu trin yn hynod o llym gan y cyfryngau. Maen nhw'n cael eu troi'n ddiafoliaid am droseddau sy'n cynnwys unrhyw elfen o greulondeb. Fyddai hyn ddim yn digwydd i ddynion.
Mae troseddau treisgar yn cael eu cysylltu'n agos â dynion.	Yn aml, mae hyn yn gysylltiedig â syniadau am wrywdod. Mae disgwyl i ddynion fod yn ymosodol a chaled a gall trais gyd-fynd â hyn. Gallai'r argyfwng gwrywdod olygu bod angen i rai dynion 'brofi' eu gwrywdod mewn ffyrdd eraill, mwy fyth os nad ydyn nhw'n gallu ei brofi drwy ennill y prif gyflog.

Cryfderau'r thesis sifalri:

Mae llawer mwy o ddynion na menywod yn cael eu harestio a'u dyfarnu'n euog, ac mae canran llawer uwch o ddynion yn y carchar.

Efallai nad yw'r thesis yn hollol wir, ond roedd yn astudiaeth bwysig gan iddi arwain at astudiaethau o drosedd gan fenywod. Er i'r thesis gael ei greu gan ddyn, roedd yn gam ymlaen ac yn ddechrau ar drafodaeth bwysig.

Efallai bod rhyw werth i'r safbwynt bod bechgyn wedi cael eu trin yn wahanol yn yr ysgol yn draddodiadol. Efallai bod menywod yn cael eu trin yn fwy trugarog hefyd, os ydyn nhw'n feichiog neu'n famau yn barod.

Gwendidau'r thesis sifalri:

Doedd astudiaeth wreiddiol Pollak ddim yn seiliedig ar dystiolaeth.

Mae'n cynnig esgus am drosedd gan ddynion, ac mae'n ceisio dweud nad yw dynion mor euog ag y maen nhw'n ymddangos.

Doedd dim tystiolaeth go iawn i gefnogi safbwynt Pollack bod menywod yn well am guddio eu troseddau. Yn hytrach, roedd yn digwydd gweddu i'w ddamcaniaeth.

Cryfderau'r ddamcaniaeth am droi menywod yn ddiafoliaid:

Mae'r ddamcaniaeth hon yn herio'r thesis sifalri. Mae menywod yn cael eu trin yn waeth na dynion, yn enwedig gan y cyfryngau, os ydyn nhw'n euog o rai troseddau penodol.

Mae llawer o enghreifftiau yn y cyfryngau o droi menywod yn ddiafoliaid. Mae Myra Hindley, Rose West a Maxine Carr yn enghreifftiau o hyn.

Mae Pat Carlen yn awgrymu bod llysoedd yn trin menywod yn waeth os nad ydyn nhw'n cyd-fynd â'r stereoteip o fam dda a gwraig tŷ.

Gwendidau'r ddamcaniaeth am droi menywod yn ddiafoliaid:

Mae'r achosion lle mae menywod yn cael eu troi'n ddiafoliaid yn rhai eithafol.

Gallai'r nifer llai o fenywod sydd yn y carchar awgrymu bod menywod yn llai tebygol na dynion o gael eu dyfarnu'n euog a'u hanfon i'r carchar.

Mae dynion sy'n cyflawni troseddau creulon yn cael eu troi'n ddiafoliaid hefyd. Fodd bynnag, mae llai o fenywod yn gysylltiedig â throseddau o'r fath.

Mae cymdeithasegwyr yn dweud bod argyfwng gwrywdod wedi effeithio ar ddynion ifanc sy'n cael eu cau allan o'u rôl draddodiadol fel enillydd y prif gyflog. Mae dirywiad hefyd wedi bod yn y swyddi gwrywaidd traddodiadol, sef gwaith â llaw.

CYNGOR ADOLYGU

Yn aml, mae atebion i gwestiynau ar rywedd a throsedd yn cyfeirio at fenywod yn unig. Cofiwch gyfeirio at dystiolaeth, astudiaethau a hanesion am ddynion yn ogystal â menywod.

Pobl allweddol

Mae **Pat Carlen** yn ffigur hanfodol y dylech chi wybod amdani; ceisiodd esbonio pam mae rhai menywod yn troi at drosedd. Mae menywod yn fwy tebygol o fyw mewn tlodi am wahanol resymau, gan gynnwys cyflog isel a bod yn rhiant sengl. Gwnaeth Carlen arsylwi a chyfweld â grŵp o 39 menyw rhwng 15 a 46 oed. Roedd ei gwaith ymchwil yn ansoddol a gwelodd fod gan drosedd bob math o ystyron gwahanol i fenywod. Roedd rhai yn troi at drosedd i gael cyffro ac eraill oherwydd eu problemau cyffuriau ac alcohol.

Cofio'r cysylltiad

Mae cysylltiad agos rhwng y testun hwn, haenu cymdeithasol a chyfleoedd bywyd. Mae'n gysylltiedig iawn â'r teulu hefyd, a syniadau am rolau rhywedd traddodiadol.

Gwirio eich gwybodaeth

1. Nodwch ddwy ffordd y gall rheolaeth gymdeithasol fod yn fwy llym i fenywod. **(2 farc)**
2. 'Mae menywod yn cael eu trin yn llai llym gan yr heddlu a'r llysoedd.' Ydych chi'n cytuno? **(15 marc)**

AA1 Disgrifio

Rhoi sylw i'r fanyleb

6.3 Patrymau ymddygiad troseddol a gwyrdroëdig: patrymau ymddygiad troseddol yn ôl ethnigrwydd

6.4 Damcaniaethau ac esboniadau cymdeithasegol gwyredd ac ymddygiad troseddol: ethnigrwydd a throsedd, hiliaeth, hiliaeth sefydliadol, gwneud bwch dihangol

Cyswllt â'r gwerslyfr

tt 228–229: Beth yw'r sefyllfa o ran lleiafrifoedd ethnig a throsedd?

tt 230–231: Hiliaeth sefydliadol

Hiliaeth sefydliadol

Ethnigrwydd yw'r grŵp diwylliannol mae person yn perthyn iddo.	Mae cyfraddau arestio ac euogfarnu rhai grwpiau ethnig yn uwch na rhai eraill. Mae dynion Affricanaidd-Caribïaidd wedi'u gorgynrychioli yn yr ystadegau am drosedd. Mae pobl o grwpiau lleiafrifol ethnig yn fwy tebygol o ddioddef trosedd hefyd. Mae troseddau casineb wedi dyblu yn y DU ers pleidlais Brexit 2016.
Gall cyfraddau euogfarnu uwch rhai lleiafrifoedd ethnig fod yn seiliedig ar stereoteipiau a thybiaethau niweidiol am bobl ddu.	Mae cysylltiad wedi'i wneud rhwng agweddau swyddogion yr heddlu a'r llysoedd, a'r stereoteipiau hyn. Mae cymdeithasegwyr wedi ysgrifennu am 'ddiwylliant y ffreutur' ymysg swyddogion yr heddlu, sy'n hiliol ac yn rhywiaethol.
Mae achos Stephen Lawrence yn enwog oherwydd daeth ag agweddau hiliol o fewn yr heddlu i'r amlwg.	Roedd Stephen Lawrence yn fachgen du yn ei arddegau a gafodd ei lofruddio ym mis Ebrill 2018 gan bobl hiliol. Wnaeth yr heddlu ddim ymchwilio'n effeithiol i'w achos. Canfu mai tybiaethau hiliol yr heddlu oedd yn gyfrifol am hyn. Yn ôl Adroddiad Macpherson yn dilyn yr achos, roedd yr heddlu yn sefydliadol hiliol. Gwelwyd bod hiliaeth wedi treiddio'n ddwfn i ddiwylliant yr heddlu.
Mae achos Stephen Lawrence wedi ysgogi'r heddlu i dreulio amser yn hyfforddi swyddogion newydd i fod yn fwy ymwybodol o stereoteipio a gwahaniaethu.	Er gwaethaf yr ymdrechion i wella, gwnaeth adroddiad a gafodd ei ysgrifennu ym mis Ebrill 2018 gan arbenigwyr hawliau dynol ar ran y Cenhedloedd Unedig, godi cywilydd ar heddlu'r DU a'u beirniadu, a hynny 25 mlynedd ar ôl marwolaeth Stephen Lawrence. Yn ôl yr adroddiad, mae pobl ddu yn fwy tebygol o farw yn y ddalfa, ac mae pobl lleiafrifol ethnig yn cael eu gorblismona a'u labelu'n droseddwyr yn y DU.

Astudiaethau sy'n seiliedig ar ethnigrwydd a throsedd

Mae'r lefelau uchel o euogfarnau ymysg grwpiau lleiafrifol ethnig wedi arwain at safbwyntiau gwahanol.	Un safbwynt yw bod cysylltiad agos rhwng tlodi a lefelau uchel o droseddu. Mae rhai grwpiau lleiafrifol ethnig yn fwy tebygol o fyw mewn tlodi, ac felly efallai byddan nhw'n troi at drosedd. Byddai'r Dde Newydd yn dadlau bod diwylliant tlodi yn arwain at droseddu, a bod lleiafrifoedd ethnig yn fwy tebygol o fyw mewn tlodi.
Cafodd astudiaethau adnabyddus eraill eu cwblhau gan Paul Gilroy.	Mae Gilroy wedi cael ei feirniadu. Ar un llaw, mae'n dweud nad oes cymaint o drosedd gan bobl lleiafrifol ethnig ag y mae'r ffigurau'n ei ddangos, gan fod yr heddlu yn hiliol. Ond ar y llaw arall, mae'n dweud bod llawer o drosedd gan bobl lleiafrifol ethnig oherwydd hiliaeth. Mae gwaith Gilroy, fodd bynnag, yn codi cwestiynau am ystadegau swyddogol.
Yn aml, mae grwpiau lleiafrifol ethnig yn destun panig moesol ac yn cael sylw negyddol oherwydd hyn.	Mae Islamoffobia wedi bod yn nodweddiadol o'r adroddiadau yn y wasg yn ystod y blynyddoedd diwethaf. Gallai bygythiad terfysgaeth Islamaidd gael ei ddefnyddio i greu stereoteipiau am bobl Asiaidd. Yn 2017, honnodd *The Independent* fod *Daily Mail*, *The Sun* a *Daily Express* i gyd wedi cyhoeddi straeon anghywir am bobl Asiaidd, gan arwain at elyniaethu. Yn ôl canfyddiadau Stuart Hall, roedd pobl ddu yn cael eu stereoteipio fel ymosodwyr yn yr 1970au.

AA2 Cymhwyso

Cyhoeddodd y Weinyddiaeth Gyfiawnder adroddiad yn 2017 yn nodi bod tua 9 pherson ifanc du o bob 10,000 dan glo mewn unedau diogel fel sefydliadau troseddwyr ifanc. Dim ond 1 person ifanc gwyn o bob 10,000 oedd dan glo.

Pa esboniadau cymdeithasegol gallwch chi eu cymhwyso at y ffigurau hyn?

Datblygu ymhellach

Pa gwestiynau eraill am y ffigurau uchod byddech chi'n hoffi gwybod yr atebion iddyn nhw?

Yn ôl Bowling a Phillips, mae diffynyddion lleiafrifol ethnig yn aml yn penderfynu mynd i Lys y Goron i gael eu rhoi ar brawf gan reithgor, oherwydd dydyn nhw ddim yn ymddiried mewn ynadon.

Cryfderau'r safbwynt bod trosedd gan bobl lleiafrifol ethnig yn cael ei achosi gan stereoteipiau:

Gallai'r stereoteipiau sydd gan gyfryngau rheolaeth gymdeithasol, fel yr heddlu a'r llysoedd, arwain at labelu a phroffwydoliaeth hunangyflawnol i rai unigolion lleiafrifol ethnig.

Mae astudiaethau gan Gilroy a Hall yn cefnogi'r safbwynt bod stereoteipiau o leiafrifoedd ethnig yn gyffredin yn y gymdeithas. Gallai'r safbwyntiau hyn ddylanwadu ar gyfryngau cymdeithasoli, fel y cyfryngau, ysgolion a'r heddlu.

Cafodd Adroddiad Macpherson ei noddi gan y llywodraeth. Gwnaeth yr adroddiad ganfod nad swyddogion unigol yr heddlu oedd ar fai, ond yn hytrach y sefydliad cyfan. Roedd gan y sefydliad batrwm o brosesau a meddylfryd yn seiliedig ar ddiffyg meddwl, anwybodaeth a rhagfarn. Mae pryderon am hyn o hyd.

Gwendidau'r safbwynt bod trosedd gan bobl lleiafrifol ethnig yn cael ei achosi gan stereoteipiau:

Mae'n anoddach ymuno â'r heddlu erbyn hyn ac mae'r heddlu yn cael mwy o addysg i ddelio â grwpiau lleiafrifol ethnig.

Mae'n bosibl bod y cyfraddau troseddu uwch gan bobl lleiafrifol ethnig yn cael eu hachosi gan bethau eraill. Mae rhai grwpiau lleiafrifol ethnig yn fwy tebygol o fyw mewn tlodi, ac mae cysylltiad agos rhwng tlodi a throsedd.

Mae'r Dde Newydd yn dadlau bod diwylliant tlodi yn bodoli, a bod trosedd yn norm cymdeithasol yn y diwylliant hwnnw. Mae pobl lleiafrifol ethnig yn debygol o droseddu os ydyn nhw'n byw mewn tlodi.

Cryfderau'r safbwynt bod cyfryngau rheolaeth gymdeithasol yn dal i drin lleiafrifoedd ethnig yn annheg:

Gwnaeth adroddiad gan y Cenhedloedd Unedig yn 2018 ganfod bod pobl ddu dair gwaith yn fwy tebygol o gael eu saethu gyda gwn taser na phobl wyn.

Mae'r cyfraddau gwaharddiad o'r ysgol yn uwch ymhlith rhai grwpiau lleiafrifol ethnig.

Yn 2018, lluniodd David Lammy AS adolygiad a oedd yn dangos bod pobl ddu yn fwy tebygol o gael eu hanfon i'r carchar yn y DU nag yn UDA.

Mae sgandal Windrush (2018) wedi golygu bod llawer o bobl a oedd â'r hawl i ddinasyddiaeth Brydeinig wedi cael eu trin yn annheg. Mae'r driniaeth galed a roddodd y Swyddfa Gartref iddyn nhw yn dangos sut roedd y polisi 'amgylchedd anghyfeillgar' wedi gwneud bywyd yn annheg i rai dinasyddion Prydeinig ar sail eu hethnigrwydd.

Gwendidau'r safbwynt bod cyfryngau rheolaeth gymdeithasol yn dal i drin lleiafrifoedd ethnig yn annheg:

Arweiniodd llofruddiaeth Stephen Lawrence at sefydlu Comisiwn Cwynion Annibynnol yr Heddlu.

Rhwng 2007 a 2018, gwelwyd cynnydd yng nghanran swyddogion yr heddlu sydd o gefndir lleiafrifol ethnig, o 3.9 y cant i 6.6 y cant. Dyma gam pwysig ymlaen, ac mae'r targedau recriwtio hyd yn oed yn uwch erbyn hyn. Mae 14 y cant o'r boblogaeth gyfan yn perthyn i grwpiau lleiafrifol ethnig.

Mae'n anodd anwybyddu'r dystiolaeth bod lleiafrifoedd ethnig yn cael eu trin yn fwy llym, ond mae mwy o ymwybyddiaeth ers achos Stephen Lawrence ac mae ymdrech yn cael ei gwneud i wella pethau. Mae nifer o sefydliadau, fel Ymddiriedolaeth Runnymede, yn llwyddo gyda phrojectau i wella hawliau grwpiau lleiafrifol ethnig.

Defnyddiwch y geiriau yn y llun hwn i drafod hiliaeth yn y DU.

CYNGOR ADOLYGU

Bydd eich gwaith adolygu ar gyfer y testun hwn yn eich helpu chi i adolygu ar gyfer haenu cymdeithasol hefyd. Bydd o gymorth i chi feddwl am y dystiolaeth ynglŷn â chyfraddau euogfarnu ac erledigaeth o ran pobl lleiafrifol ethnig fel cyfleoedd bywyd. Ewch ati i gysylltu'r syniadau o destunau gwahanol at ei gilydd.

Pobl allweddol

Cyhoeddodd **Ben Bowling a Coretta Phillips** astudiaeth yn 2002 (*Racism, Crime and Justice*) gyda chanfyddiadau diddorol. Yn ôl yr astudiaeth, roedd achosion yn erbyn unigolion lleiafrifol ethnig yn fwy tebygol o gael eu gollwng gan Wasanaeth Erlyn y Goron nag achosion yn erbyn pobl wyn. Maen nhw'n dadlau mai'r rheswm dros hyn yw bod yr achosion gwreiddiol yn seiliedig ar stereoteipio yn erbyn lleiafrifoedd ethnig, yn hytrach na thystiolaeth.

Cofio'r cysylltiad

Pan fyddwch chi'n ateb cwestiwn ar ethnigrwydd, cofiwch ystyried a allai rhywedd, dosbarth cymdeithasol neu oedran fod yn ffactor. Dylech chi ystyried hyn wrth edrych ar adran AA2 Cymhwyso y tudalennau hyn.

Gwirio eich gwybodaeth

1. Disgrifiwch ystyr 'hiliaeth sefydliadol'. **(4 marc)**
2. Esboniwch pam mae gan rai grwpiau lleiafrifol ethnig gyfraddau euogfarnu uwch. **(8 marc)**

AA1 Disgrifio

Rhoi sylw i'r fanyleb

6.3 Patrymau ymddygiad troseddol a gwyrdroëdig: patrymau ymddygiad troseddol yn ôl dosbarth cymdeithasol, ethnigrwydd, oedran, rhywedd

6.5 Ffynonellau data am drosedd: patrymau a thueddiadau ymddygiad troseddol

Cyswllt â'r gwerslyfr

tt 200–201: Prif batrymau trosedd yn y DU
tt 202–203: Pwy sy'n dioddef trosedd yn y DU?
tt 204–205: Patrymau trosedd sy'n gysylltiedig ag oedran

AA2 Cymhwyso

Mae llawer o bobl yn derbyn bod y Gromlin Drosedd Oedran yn batrwm sydd wedi'i hen sefydlu. Pa esboniadau cymdeithasegol gallwch chi feddwl amdanyn nhw ar gyfer y cynnydd mewn trosedd ymysg pobl ifanc yn eu harddegau, ac yna'r gostyngiad unwaith maen nhw'n cyrraedd eu hugeiniau cynnar? Ydych chi'n gallu esbonio pam mae'n dechrau gostwng ar ôl hyn? Dylech chi gynnwys cynifer o dermau cymdeithasegol ag y gallwch chi.

Datblygu ymhellach

Sut mae panig moesol yn effeithio ar batrymau trosedd?

Nodwch ddau batrwm trosedd yn y DU heddiw.

Patrymau trosedd

Mae rhai pobl yn credu bod 'oes aur' wedi bod yn y gorffennol, pan roedd cyfraddau troseddu yn llawer is yn y DU.	Mewn gwirionedd, mae'r cyfraddau troseddu wedi gostwng ers ethol llywodraeth Lafur Tony Blair yn 1997, yn ôl yr ystadegau swyddogol. Fodd bynnag, mae'n anodd dadansoddi cyfraddau troseddu cymharol dros amser. Er enghraifft, mae datblygiadau technolegol newydd wedi arwain at lawer o droseddau newydd nad oedden nhw'n bodoli yn 1997.
Mae'r cyfraddau euogfarnu yn llawer uwch ymysg y dosbarth gweithiol na grwpiau eraill.	Mae'n anodd ystyried hyn ar wahân i rywedd ac oedran. Mae bwlch enfawr rhwng nifer y dynion a'r menywod sy'n cael eu dyfarnu'n euog, ac mae pobl iau yn llawer mwy tebygol o gael eu dyfarnu'n euog na phobl hŷn. Felly, mae dynion dosbarth gweithiol yn fwy tebygol o gael eu harestio a'u dyfarnu'n euog. I ychwanegu at y cymhlethdod, mae rhai grwpiau lleiafrifol ethnig yn llawer mwy tebygol o gael eu harestio a'u dyfarnu'n euog.
Mae'r rhan fwyaf o gymdeithasegwyr yn derbyn y gromlin drosedd oedran.	Mae'r gromlin drosedd oedran yn dangos bod mwy o droseddau'n cael eu cyflawni gan bobl ifanc yn eu harddegau, a'r lefelau trosedd yn dechrau gostwng pan fydd y bobl ifanc hyn yn cyrraedd eu hugeiniau cynnar.
Ar gyfer y flwyddyn a ddaeth i ben ym mis Mehefin 2018, dangosodd Arolwg Troseddu Cymru a Lloegr gynnydd yn y gyfradd dynladdiad a chynnydd yn yr achosion o ddwyn a bwrgleriaeth. Roedd y cyfraddau troseddu yn sefydlog ar y cyfan, er bod camddefnyddio cyfrifiaduron wedi gostwng 30 y cant.	Ym mis Ebrill 2018, roedd papur newydd *The Guardian* wedi adrodd cynnydd mawr mewn troseddau gynnau a throseddau cyllell, yn ogystal â dynladdiad. Roedd y cynnydd yn fwy yn Llundain nag yn rhannau eraill o'r wlad. Mae pryder bod hyn yn gysylltiedig â thoriadau yn nifer swyddogion yr heddlu.

Erledigaeth (*victimisation*)

Mae rhai grwpiau'n fwy tebygol o fod yn ddioddefwyr trosedd na grwpiau eraill.	Mae troseddau casineb wedi bod ar gynnydd ers pleidlais Brexit. Mae troseddau casineb yn gysylltiedig â hiliaeth, homoffobia a rhagfarn yn erbyn pobl anabl.
Roedd 14 y cant o bobl yng Nghymru a Lloegr wedi dioddef trosedd yn 2016–17.	Roedd canran uwch o bobl o rai grwpiau lleiafrifol ethnig, gan gynnwys pobl ddu a chymysg eu hil, wedi dioddef trosedd o'i gymharu â phobl wyn.
Mae pobl sy'n byw mewn tlodi yn fwy tebygol o ddioddef trosedd hefyd. Byddai hyn yn cynnwys y dosbarth gweithiol yn ogystal â'r di-waith.	Mae ffigurau gan y Swyddfa Ystadegau Gwladol (2018) yn dangos bod pobl ifanc 16–24 oed yn fwy tebygol o ddioddef trosedd na phobl hŷn. Mae dynion gwyn yn fwy tebygol o ddioddef trosedd na menywod gwyn.
Arolwg Troseddu Cymru a Lloegr yw un o'r ffynonellau pwysicaf o ddata am drosedd.	Elusen annibynnol yw Full Fact, sy'n gwirio ffeithiau'n annibynnol. Mae'r elusen yn cytuno bod nifer y troseddau mae oedolion yn rhoi gwybod i'r heddlu amdanyn nhw wedi bod yn gostwng ers canol yr 1990au. Mae cynnydd wedi bod mewn rhai troseddau, fodd bynnag, er enghraifft troseddau treisgar a throseddau rhywiol. Un rheswm posibl dros y cynnydd yw bod pobl yn teimlo'n fwy hyderus yn rhoi gwybod i'r heddlu am y troseddau hyn.

Cryfderau'r safbwynt bod 'oes aur' pan roedd cyfraddau troseddu yn is:

Doedd llawer o'r troseddau sy'n bodoli heddiw ddim yn bod ar yr adeg honno, fel seiberdroseddu. Mae'n anodd ei ddadansoddi, ond mae rhywfaint o gynnydd wedi bod mewn troseddau treisgar dros y blynyddoedd diwethaf.

Mae'r boblogaeth wedi cynyddu yn ystod y 100 mlynedd diwethaf, ac mae dinasoedd yn fwy prysur ac yn fwy anhysbys nag erioed. Efallai bod ardaloedd wedi teimlo'n fwy diogel yn y gorffennol. Gallai hyn fod yn newid arwyddocaol yng nghymeriad ein dinasoedd a'n trefi.

Mae Charles Murray, cymdeithasegydd y Dde Newydd, yn dadlau bod troseddu wedi gwaethygu yn UDA a'r DU oherwydd y wladwriaeth les. Mae budd-daliadau yn golygu bod priodas ar drai a bod mwy o deuluoedd un rhiant bellach. Efallai bod cryfder y teulu cnewyllol yn y gorffennol wedi golygu llai o droseddu.

Gwendidau'r safbwynt bod 'oes aur' pan roedd cyfraddau troseddu yn is:

Dydy'r safbwynt bod 'oes aur' wedi bodoli rhywdro yn y gorffennol ddim yn syniad newydd. Mae un genhedlaeth ar ôl y llall wedi dadlau bod hyn yn wir.

Mae'r cyfryngau yn gorliwio ac yn creu panig moesol am droseddu. Maen nhw'n creu cynnwrf am droseddau eithafol.

Mae astudiaeth Geoffrey Pearson, *Hooligan*, yn dangos bod peryglon ar strydoedd Prydain yn ystod oes Fictoria hyd yn oed. Roedd lladron o'r enw *footpads* a hwliganiaid i'w cael bryd hynny.

Cryfderau'r safbwynt bod cyfraddau troseddu wedi gostwng ers canol yr 1990au:

Mae Arolwg Troseddu Cymru a Lloegr wedi parhau i ddangos gostyngiad mewn troseddu.

Hyd yn oed pan mae cynnydd wedi bod yn nifer y troseddau penodol mae pobl yn rhoi gwybod i'r heddlu amdanyn nhw, efallai mai'r rheswm dros hyn yw bod gan y cyhoedd fwy o hyder i roi gwybod i'r heddlu amdanyn nhw.

Mae ffigurau trosedd wedi gostwng er bod ffonau symudol yn golygu ei bod hi'n haws nag erioed rhoi gwybod i'r heddlu am droseddau.

Gwendidau'r safbwynt bod cyfraddau troseddu wedi gostwng ers canol yr 1990au:

Mae cynnydd wedi bod mewn rhai troseddau. Mae ar bobl ofn bod mwy a mwy o gyllyll a gynnau yn ymddangos ar strydoedd Prydain.

Mae ystadegau swyddogol yn aml yn ddadleuol, fel y mae'r tudalennau adolygu nesaf yn ei ddangos.

Mae'r heddlu a'r llywodraeth dan bwysau i leihau ffigurau trosedd, a gallan nhw geisio lleihau'r ystadegau.

Mae llawer o benawdau newyddion y DU yn cynnwys straeon am gynnydd mewn troseddau cyllell a gynnau. Ydy'r ystadegau yn cefnogi'r safbwynt hwn?

Gwirio eich gwybodaeth

1. Nodwch ddau batrwm trosedd yn y DU heddiw. **(4 marc)**
2. 'Mae trosedd yn mynd yn waeth yn y DU.' Ydych chi'n cytuno â'r gosodiad hwn? **(15 marc)**

CYNGOR ADOLYGU

Mae llawer o wybodaeth ar gael ar y pwnc hwn. Gwnewch yn siŵr eich bod chi'n gallu dangos gwybodaeth am newidiadau eang yn y cyfraddau troseddu. Hefyd, bydd angen i chi fod yn ymwybodol o batrymau eang sy'n ymwneud â dosbarth, rhywedd, ethnigrwydd ac oedran, e.e. mae rhai grwpiau lleiafrifol ethnig yn fwy tebygol o gael eu dyfarnu'n euog o drosedd ac maen nhw hefyd yn fwy tebygol o fod yn ddioddefwyr.

Cofio'r cysylltiad

Mae cysylltiad agos rhwng patrymau trosedd a thestun cyfleoedd bywyd, yn ogystal â thudalennau 96 a 97. Bydd y ddadl ynglŷn ag ystadegau swyddogol bob amser yn ymwneud â chyd-destun patrymau trosedd a safbwyntiau'r gymdeithas am y patrymau hyn.

Pobl allweddol

Mae llawer o gymdeithasegwyr fel **Robert K. Merton** yn canolbwyntio ar drosedd gan y dosbarthiadau gweithiol, sydd o bosibl yn troseddu i gael arian neu eiddo. Felly, mae'n ystyried mai troseddu dosbarth gweithiol yw'r prif batrwm trosedd. Byddai Marcswyr yn anghytuno â'r safbwynt hwn fel arfer, gan ddweud bod gwir batrwm trosedd yn ymwneud â llawer o droseddau coler wen a throseddau corfforaethol does neb yn sylwi arnyn nhw.

Un eithriad i'r safbwynt hwn yw barn y Marcswyr **John Lea** a **Jock Young** sy'n dadlau bod troseddau dosbarth gweithiol yn broblem go iawn. Mae troseddau coler wen a throseddau corfforaethol yn broblem hefyd, ond dioddefwyr troseddau dosbarth gweithiol yw'r bobl dosbarth gweithiol eu hun yn bennaf. Mae cyfalafiaeth yn achosi i bobl dosbarth gweithiol droi at drosedd oherwydd bod arnyn nhw eisiau nwyddau ac eiddo.

AA1 Disgrifio

Rhoi sylw i'r fanyleb

6.5 Ffynonellau data am drosedd: ystadegau swyddogol; astudiaethau dioddefwr a hunanadrodd; defnyddioldeb ffynonellau data am drosedd, ffigur tywyll troseddau, troseddau nad ydynt yn cael eu hadrodd a throseddau nad ydynt yn cael eu cofnodi, tuedd yr heddlu a labelu, panig moesol, trosedd anweledig

Cyswllt â'r gwerslyfr

tt 232–233: Problemau gydag ystadegau'r heddlu am drosedd
tt 234–235: Sut mae'r llywodraeth yn casglu ystadegau swyddogol am drosedd?
tt 236–237: Beth mae damcaniaethau cymdeithasegol yn ei ddweud wrthon ni am ffigurau trosedd swyddogol?

AA2 Cymhwyso

Yn 2017, gwnaeth y BBC adrodd bod cynnydd o 22 y cant wedi bod mewn troseddau cyllell. Roedd cynnydd o 11 y cant wedi bod mewn troseddau gynnau hefyd. Doedd dim cynnydd wedi bod mewn troseddau eraill.

Pa esboniadau gallwch chi eu rhoi am y cynnydd hwn? Dylech chi gynnwys cynifer o syniadau cymdeithasegol ag y gallwch chi.

Datblygu ymhellach

Mae arbenigwyr troseddeg wedi awgrymu defnyddio Twitter a'r cyfryngau cymdeithasol i olrhain i ba raddau mae troseddau'n cael eu cyflawni. Beth fyddai manteision ac anfanteision hyn?

Ystadegau swyddogol a throsedd

Arolwg Troseddu Cymru a Lloegr yw'r prif arolwg trosedd yn y DU. Mae'n cael ei gasglu'n flynyddol a'i gyhoeddi gan y Swyddfa Ystadegau Gwladol.	Yn ôl yr arfer, mae ystadegau am drosedd yn seiliedig ar droseddau yn y DU mae pobl wedi rhoi gwybod i'r heddlu amdanyn nhw, ac mae'r heddlu wedi'u cofnodi. Mae sawl rheswm pam gallai'r ystadegau hyn fod yn ddadleuol. Mae sawl rheswm pam na fydd rhywun yn rhoi gwybod am drosedd, heb sôn am ei chofnodi.
Mae arolygon dioddefwyr yn cael eu defnyddio hefyd i wella ansawdd y data sy'n cael eu casglu gan y llywodraeth.	Mae arolygon dioddefwyr yn gofyn i bobl gymryd rhan mewn arolwg i nodi a ydyn nhw wedi dioddef trosedd. Maen nhw wedi arwain at ddarlun mwy cywir o drosedd. Mae Arolwg Troseddu Cymru a Lloegr yn arolwg dioddefwyr. Mae'r llywodraeth yn credu ei fod yn fwy cywir na ffigurau'r heddlu oherwydd mae'n cynnwys troseddau nad yw pobl wedi rhoi gwybod i'r heddlu amdanyn nhw.
Dull arall sy'n cael ei ddefnyddio gan rai ymchwilwyr cymdeithasol yw astudiaethau hunanadrodd.	Yn yr astudiaethau hunanadrodd, bydd pobl yn cyfaddef unrhyw droseddau maen nhw wedi'u cyflawni yn y gorffennol, a hynny'n ddienw. Mae hyn yn rhoi darlun mwy cywir o drosedd yn y DU.
Nod casglu ystadegau swyddogol yw er mwyn i'r llywodraeth ddeall beth sy'n digwydd yn y gymdeithas.	Gall y llywodraeth ddefnyddio'r wybodaeth i benderfynu lle dylai adnoddau gael eu defnyddio i fynd i'r afael â throsedd. Mae hyn hefyd yn helpu pleidleiswyr i benderfynu a ydyn nhw'n credu bod y llywodraeth yn gwneud gwaith da ai peidio. Mae hyn yn rhoi pwysau ar y llywodraeth i sicrhau gwell ffigurau. Mae'n rhoi pwysau ar yr heddlu hefyd i gyflenwi'r ffigurau hyn.

Problemau gydag ystadegau swyddogol am drosedd

Dydy'r cyhoedd ddim yn rhoi gwybod i'r heddlu am bob trosedd.	Mae llawer o resymau pam nad yw pobl yn rhoi gwybod i'r heddlu am droseddau. Gallai hyn gynnwys teimlo embaras, meddwl nad yw'r drosedd yn ddigon difrifol, ofn dial neu adnabod y troseddwr. Gallai person fod yn amharod i roi gwybod i'r heddlu am ymosodiad rhywiol oherwydd embaras, ofn neu gywilydd. Ar y llaw arall, mae pobl yn fwy tebygol o roi gwybod am rai troseddau eraill. Er enghraifft, bydd pobl yn rhoi gwybod i'r heddlu am droseddau'n ymwneud â char er mwyn gallu hawlio yswiriant.
Efallai na fydd yr heddlu yn cofnodi pob trosedd.	Mae pwysau ar yr heddlu i gadw ffigurau trosedd yn isel. Mae'r broses o beidio â chofnodi troseddau dilys (*No Criming*) wedi cael sylw yn y wasg yn ddiweddar. Dyma broses lle bydd yr heddlu'n penderfynu nad oes trosedd wedi'i chyflawni, felly ni fydd yn ymddangos yn yr ystadegau. Yr heddlu sydd hefyd yn penderfynu sut i gofnodi troseddau. Ydy pump bwrgleriaeth ar un stryd mewn un noson yn bum trosedd neu'n un? Mae'n bosibl bod heddluoedd gwahanol yn cofnodi troseddau mewn ffyrdd gwahanol.
Mae llawer o newidiadau yn y ffordd mae ystadegau swyddogol yn cael eu casglu.	Mae technoleg newydd a newidiadau yn y gyfraith yn arwain at droseddau newydd. Bydd materion penodol yn cael sylw yn y cyfryngau ac mae hyn yn gwneud pobl yn fwy tebygol o roi gwybod i'r heddlu am y drosedd honno. Un enghraifft o hyn yw ymgyrch #MeToo.
Mae'r cyfryngau'n chwarae rhan enfawr wrth godi ymwybyddiaeth y cyhoedd am droseddau gwahanol.	Mae rhai cymdeithasegwyr fel Stanley Cohen yn dadlau bod y cyfryngau yn creu panig moesol. Mae hyn yn arwain at ymhelaethu gwyredd. Mae mwy o bobl yn debygol o gyflawni'r drosedd a bod yn ymwybodol o'r drosedd, ac mae'r heddlu yn fwy tebygol o ymchwilio i'r drosedd. Bydd hyn yn effeithio ar yr ystadegau swyddogol.

*Mae embeslu a llygredd (*corruption*) yn enghreifftiau o droseddau coler wen. Maen nhw'n annhebygol o ymddangos mewn ystadegau swyddogol oherwydd dydy'r rheini sy'n gysylltiedig â'r math hwn o drosedd ddim yn cael eu hamau, eu cyhuddo na'u dyfarnu'n euog, ar y cyfan.*

Cryfderau'r safbwynt y gall cymdeithasegwyr ymddiried yn yr ystadegau swyddogol am drosedd:

Mae ystadegau wedi cael eu casglu mewn ffordd systematig dros nifer o flynyddoedd. Mae'n bosibl gwneud cymariaethau dros amser. Mae'r canlyniadau ar raddfa fawr.	Mae'r heddlu yn sefydliad proffesiynol ac mae'n rhaid iddyn nhw gadw cofnodion gofalus. Maen nhw wedi cael llawer o hyfforddiant.	Mae'r llywodraeth wedi cymryd camau i wella cywirdeb ystadegau swyddogol am drosedd drwy wneud Adroddiadau Dioddefwyr yn rhan allweddol o Arolwg Troseddu Cymru a Lloegr.
Mae'r llywodraeth yn honni mai ffigurau Arolwg Troseddu Cymru a Lloegr yw'r rhai mwyaf cywir sydd ar gael.	Mae ystadegau swyddogol yn gyhoeddus ac yn agored i gael eu beirniadu. Mae hyn yn golygu eu bod nhw wedi cael eu casglu'n ofalus. Mae pob trosedd yn cael rhif trosedd.	Mae'n hawdd iawn beirniadu ystadegau swyddogol am drosedd, ond gallwn ni ddim rhoi'r ffidil yn y to oherwydd hyn. Rhaid gwneud ymgais i gasglu ystadegau, ac maen nhw wir yn rhoi syniad i ni o'r newidiadau mewn patrymau trosedd.

Gwendidau'r safbwynt y gall cymdeithasegwyr ymddiried yn yr ystadegau swyddogol am drosedd:

Dydy'r cyhoedd ddim yn rhoi gwybod i'r heddlu am rai troseddau, am amrywiol resymau. Felly, dydy'r ystadegau swyddogol ddim yn gallu bod yn gwbl gywir.	Dydy'r heddlu na'r llywodraeth ddim yn gwybod beth yw ffigur tywyll trosedd, na ffigur cudd trosedd. Bydd llawer o droseddau yn aros dan yr wyneb, heb i neb gael gwybod amdanyn nhw.	Mae'r heddlu wedi newid eu dulliau o gofnodi troseddau sawl gwaith dros y blynyddoedd. Mae pwysau hefyd ar yr heddlu i gadw ffigurau'n isel, a sicrhau cyfraddau datrys troseddau da. Efallai bydd pobl yn rhoi gwybod i'r heddlu am droseddau yn fwy aml os byddan nhw'n hyderus y bydd rhywun yn gwrando arnyn nhw.
Gallai ffyrdd o blismona effeithio ar yr ystadegau. Bydd plismona gyda pholisi goddef dim yn arwain at weld mwy o bobl yn cael eu harestio a'u dyfarnu'n euog.	Bydd hiliaeth sefydliadol yn effeithio ar ystadegau hefyd. Mae'r ffigurau stopio a chwilio ar gyfer grwpiau lleiafrifol ethnig yn llawer uwch nag ar gyfer grwpiau eraill, gan olygu bod mwy o bobl o'r grwpiau hyn yn cael eu harestio.	Gall rhagfarn yr heddlu yn erbyn grwpiau eraill arwain at labelu ac arestio mwy o bobl o grwpiau penodol.
Mae Marcswyr yn dadlau bod yr heddlu yn canolbwyntio ar droseddau dosbarth gweithiol (troseddau stryd neu droseddau coler las) sy'n golygu bod mwy o bobl dosbarth gweithiol yn cael eu harestio. Yr enw ar hyn yw gorfodi'r gyfraith yn ddethol.	Mae Marcswyr hefyd yn dweud nad yw'r heddlu yn debygol o ganolbwyntio ar droseddau coler wen na throseddau corfforaethol. Gall y troseddwyr hyn osgoi cael eu dal a'u dyfarnu'n euog. Bydd cyfreithwyr drud yn eu cael nhw allan o drwbl.	Gallai troseddau anweledig gael eu cyflawni heb i bobl sylweddoli. Mae hyn yn ychwanegu at y gyfradd troseddau dan yr wyneb. Mae fandaliaeth a llygredd yn enghreifftiau o hyn.
Gallai thesis sifalri Pollak olygu bod llai o fenywod yn cael eu harestio oherwydd bod y bobl mewn awdurdod yn trin menywod yn fwy trugarog.	Mae astudiaeth Pat Carlen yn awgrymu y gallai'r llysoedd fod yn fwy llym wrth drin menywod sydd ddim yn cyfateb i stereoteip y fam dda.	Bydd panig moesol yn dylanwadu ar nifer y troseddau sy'n cael eu cyflawni neu mae'r heddlu'n delio â nhw. Bydd pobl yn dynwared y troseddau mae'r panig moesol yn ymwneud â nhw. Mae'r heddlu yn fwy tebygol o geisio atal y rhain.

Mae ymgyrch #MeToo wedi annog llawer o fenywod ar draws y byd i roi gwybod i'r heddlu am achosion hanesyddol o aflonyddu rhywiol. Pa effaith byddai hyn yn ei chael ar yr ystadegau swyddogol am drosedd?

CYNGOR ADOLYGU

Mae llawer o resymau dros y diffyg ymddiriedaeth mewn ystadegau swyddogol. Mae rhai o'r rhesymau hyn yn ddamcaniaethol, ac eraill yn fwy ymarferol. Gwnewch yn siŵr bod gennych chi enghreifftiau i'w hategu er mwyn gwella eich ateb.

Cofio'r cysylltiad

Mae cysylltiad rhwng y tudalennau hyn a'r gwaith ar Ddulliau Ymchwil. Mae ystadegau swyddogol am drosedd yn fath o ddata eilaidd. Mae ar y cymdeithasegwyr sy'n eu defnyddio yn eu gwaith angen cofio eu bod nhw wedi cael eu casglu gan bobl eraill sydd â'u rhesymau eu hun dros wneud hynny, a'u nodau eu hun. Er enghraifft, mae ar y llywodraeth eisiau edrych fel petai'n ennill y frwydr yn erbyn trosedd.

Pobl allweddol

Mae llyfr **Dick Hobbs**, *Doing the Business* (1989), yn astudiaeth ddiddorol o Ddwyrain Llundain. Gwnaeth ganfod bod gan droseddwyr dosbarth gweithiol a'r heddlu ffordd unigryw o ddelio â'i gilydd. Roedd arestio a rhannu gwybodaeth fel gêm a oedd yn cael ei chwarae rhwng troseddwyr a'r heddlu. Roedd trafod a bargeinio yn rhan o hyn. Os yw safbwynt Hobbs yn wir, mae'n codi amheuaeth ynglŷn â'r ystadegau swyddogol sy'n cael eu casglu gan yr heddlu.

Gwirio eich gwybodaeth

1. Disgrifiwch ystyr 'ystadegau swyddogol am drosedd'. **(4 marc)**
2. Esboniwch pam mae cymdeithasegwyr yn cymryd gofal wrth ddefnyddio ystadegau swyddogol am drosedd. **(8 marc)**

Rhoi sylw i'r fanyleb

6.4 Damcaniaethau ac esboniadau cymdeithasegol gwyredd ac ymddygiad troseddol (strwythurol, isddiwylliannol, rhyngweithiadol a ffeministaidd)

Cyswllt â'r gwerslyfr

tt 186–237: Mae'r tudalennau adolygu hyn yn dwyn ynghyd llinynnau o Bennod 5: Trosedd a gwyredd

AA2 Cymhwyso

Mae llawer o ddamcaniaethau'n ymwneud â throsedd; mwy nag y gallwn ni ymdrin â nhw yma. Peidiwch ag anghofio am y testunau rydych chi eisoes wedi'u hastudio. Defnyddiwch y termau canlynol wrth drafod syniadau am achosion trosedd:

- *normau a gwerthoedd*
- *cymdeithasoli*
- *rolau rhywedd*
- *dadl natur/magwraeth*
- *rheolaeth gymdeithasol anffurfiol a ffurfiol.*

Bydd hyn yn ymarfer adolygu da ar gyfer Pennod 1: Cysyniadau a phrosesau allweddol trosglwyddo diwylliant yn ogystal â Phennod 5: Trosedd a gwyredd.

Datblygu ymhellach

Chwiliwch am astudiaethau o Bennod 2: Teuluoedd a Phennod 3: Addysg y gallech eu cysylltu â throsedd.

Mae'r teledu wedi cael y bai am y cynnydd mewn trais yn y gymdeithas. Y ddadl yw bod pobl yn dynwared yr hyn maen nhw'n ei weld ar y teledu, ac nad yw pobl mor sensitif i effaith trais ar bobl eraill mwyach. Pa rôl gallai'r cyfryngau eraill ei chwarae wrth achosi trais?

Damcaniaethau swyddogaethol, isddiwylliannol a strwythurol am achosion trosedd

Mae swyddogaethwyr fel Emile Durkheim yn ystyried trosedd yn rhan naturiol o'r gymdeithas.	Roedd Durkheim yn credu bod trosedd yn digwydd o ganlyniad i anomi. Ystyr anomi yw bod heb normau, lle mae'r rheolau anysgrifenedig sy'n cadw trefn ar y gymdeithas yn cael eu hanghofio wrth i'r gymdeithas fynd allan o reolaeth. Byddai terfysgoedd y DU yn 2011 yn enghraifft dda o hyn.
Gwnaeth Robert K. Merton esbonio trosedd drwy'r syniad o ddamcaniaeth straen.	Americanwr oedd Merton, ac roedd yn credu bod grym y Freuddwyd Americanaidd yn golygu bod ar bobl gymaint o eisiau llwyddo, y byddan nhw'n barod i droseddu i gyrraedd y nod. Doedd pawb ddim yn troi at drosedd. Roedd rhai unigolion yn parhau yn ôl yr arfer, rhai yn rhoi'r gorau iddi, rhai yn troi at gyffuriau neu alcohol ac eraill yn gwrthryfela yn erbyn y gymdeithas. Swyddogaethwr oedd Merton, ac roedd yn esbonio pob math o ymddygiad troseddol a gwyrdroëdig drwy ddamcaniaeth straen.
Gwnaeth Albert Cohen feirniadu Merton, oherwydd dydy ei ddamcaniaeth ddim yn esbonio troseddau sydd ddim yn cael eu cyflawni am elw ariannol.	Datblygodd Cohen ddamcaniaeth isddiwylliannol a oedd yn esbonio sut mae grwpiau yn troi at drosedd. Mae rhai grwpiau yn profi rhwystredigaeth statws oherwydd dydyn nhw ddim yn gallu llwyddo drwy ddulliau gonest. Mae'r grwpiau hyn yn ffurfio isddiwylliant sy'n troi normau a gwerthoedd pob dydd ben i waered.
Dadleuodd Charles Murray, cymdeithasegydd y Dde Newydd, fod isddiwylliant pobl dlawd yn un o achosion allweddol trosedd.	Y diwylliant tlodi yw'r enw y rhoddodd Murray ar isddiwylliant pobl dlawd. Mae dyheadau isel, gwario ar fudd-daliadau a throsedd yn rhan annatod o'r ffordd hon o fyw.

Safbwyntiau Marcsaidd, rhyngweithiadol a ffeministaidd am achosion trosedd

Mae Marcsaeth yn rhoi'r bai am dlodi ar y gymdeithas. Yn benodol, mae Marcswyr yn credu bod cyfalafiaeth yn creu cymdeithas annheg.	Ar un llaw, mae Marcswyr yn gweld bod rhywfaint o drosedd yn digwydd o ganlyniad i dlodi. Dydy hi ddim yn syndod bod pobl yn dwyn pan maen nhw wedi'u hamgylchynu gan hysbysebion am nwyddau drud. Fodd bynnag, maen nhw hefyd yn dadlau bod y dosbarth llywodraethol yn rheoli'r heddlu a'r llysoedd i gadw'r dosbarth gweithiol dan reolaeth. Mae cyfryngau rheolaeth gymdeithasol yn anwybyddu troseddau corfforaethol.
Mae rhyngweithiadwyr wedi cyfrannu rhai syniadau diddorol iawn at gymdeithaseg troseddu, er enghraifft labelu a phanig moesol.	Mae rhyngweithiadwyr yn defnyddio'r syniad o labelu i esbonio sut gallai troseddwr ddilyn gyrfa wyrdroëdig. Mae'r troseddwr yn cael ei labelu ar ôl cyflawni un drosedd, ac yn ei chael hi'n anodd byw gyda'r label. Mae hyn yn arwain at broffwydoliaeth hunangyflawnol.
Un o brif gyfraniadau rhyngweithiadaeth yw panig moesol.	Cyflwynodd Stanley Cohen y syniad yn ei lyfr, *Folk Devils and Moral Panics*, lle astudiodd broses panig moesol. Defnyddiodd enghraifft y mods a'r rocers yn yr 1960au, gan ddangos sut gwnaeth y cyfryngau greu cynnwrf gormodol am un digwyddiad. Arweiniodd hyn at banig moesol a throi'r mods a'r rocers yn ddiawliaid y werin. Bydd unrhyw drosedd a gwyredd yn gwaethygu, o ganlyniad (ymhelaethu gwyredd).
Mae ffeministiaid wedi esbonio'r rhesymau dros y lefelau trosedd gan fenywod.	Gwnaeth Pat Carlen esbonio trosedd gan fenywod fel mater o ddewis am amrywiol resymau. Gwnaeth ffeministiaid eraill fel Frances Heidensohn, esbonio bod cyfraddau trosedd gan fenywod yn is oherwydd y rheolaeth gymdeithasol ychwanegol dros fenywod. Mae rhai cymdeithasegwyr wedi awgrymu y gallai astudio pam mae menywod yn troseddu llai, helpu i leihau trosedd gan ddynion.

Cryfderau'r syniad mai anomi yw prif achos trosedd:

Mae anomi yn esbonio sefyllfaoedd pan fydd cyfraith a threfn yn chwalu. Mae'n gwneud synnwyr wrth ddeall ymddygiad pobl mewn terfysg. Mae'n dangos pa mor bwysig yw normau.

Mae'r syniad o anomi yn rhoi syniadau i'r gymdeithas am sut i adfer trefn. Er enghraifft, bydd ysgol sydd â phroblemau ymddygiad yn ceisio sefydlu normau newydd o ran sut i ymddwyn, o bosibl drwy gyflwyno gwisg ysgol newydd, gwobrau newydd a rheolau.

Mae'n dangos pa mor gyflym gall newid cymdeithasol niweidio'r gymdeithas.

Gwendidau'r syniad mai anomi yw prif achos trosedd:

Mae'n rhoi'r bai ar y gymdeithas sy'n mynd o chwith, yn hytrach na'r unigolyn sy'n cyflawni'r drosedd.

Nid yw'n ystyried grym y dosbarth llywodraethol sy'n rhoi'r bai am drosedd ar bobl dlawd.

Mae'n anwybyddu troseddau'r bobl gyfoethog a phwerus. Dydy'r syniad ddim wir yn esbonio pam mae arnyn nhw eisiau hyd yn oed mwy o gyfoeth.

Cryfderau'r safbwyntiau Marcsaidd am achosion trosedd:

Mae Marcsaeth yn dangos effaith cyfalafiaeth ar bobl. Mae prynwriaeth yn gwneud pobl yn hunanol ac yn anhapus.

Mae Marcsaeth yn tynnu sylw at droseddau pobl gyfoethog a phwerus.

Mae Marcsaeth yn dangos annhegwch y ffaith bod yr heddlu a'r cyfryngau'n canolbwyntio ar droseddau dosbarth gweithiol.

Gwendidau'r safbwyntiau Marcsaidd am achosion trosedd:

Erbyn hyn, dydy hi ddim yn wir dweud bod troseddau corfforaethol a throseddau'r dosbarthiadau cymdeithasol uwch yn cael eu hanwybyddu. Mae sawl achos proffil uchel wedi cael llawer o sylw yn y cyfryngau, e.e. hacio ffonau, sgandal treuliau ASau – cafodd rhai ASau eu herlyn.

Mae'n anwybyddu rhywedd ac ethnigrwydd. Mae dosbarth cymdeithasol yn rhan o'r esboniad, ond mae angen ystyried rhywedd ac ethnigrwydd hefyd i gael esboniad llawn o achosion trosedd.

Mae'n anwybyddu'r ffaith bod pobl dosbarth gweithiol yn dioddef yn sgil troseddau sy'n cael eu cyflawni gan bobl dosbarth gweithiol eraill. Wrth gwrs, rhaid i'r heddlu atal hyn.

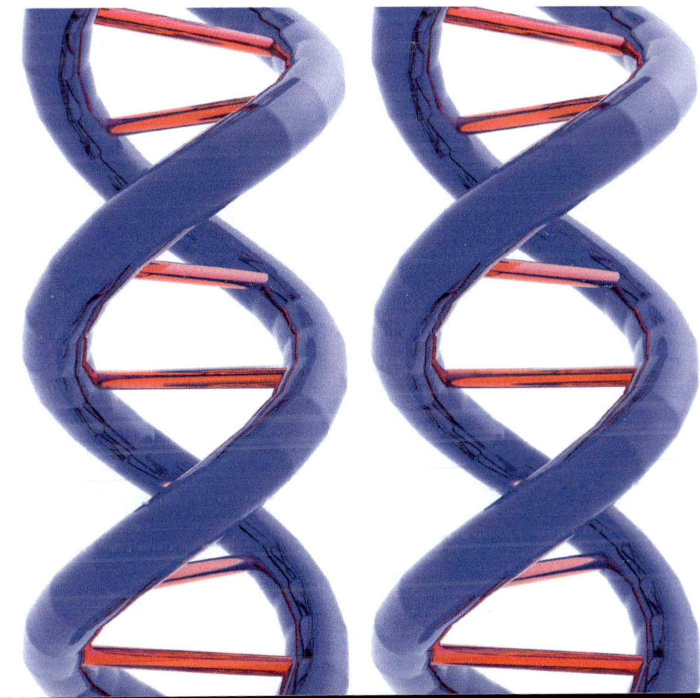

Mae dadl natur yn dweud bod gan droseddwyr enynnau gwahanol sy'n golygu eu bod nhw'n fwy tebygol o droseddu. Roedd Hans Eysenck yn credu bod gan bobl duedd naill ai i fod yn allblyg neu'n fewnblyg. Mae pobl allblyg yn cymryd mwy o risgiau, yn dyheu am gyffro ac yn fwy tebygol o gyflawni trosedd. Byddai cymdeithasegwyr yn ystyried cymdeithasoli yn llawer pwysicach na genynnau neu fath o bersonoliaeth wrth ystyried achosion trosedd.

CYNGOR ADOLYGU

Mae llawer o ddamcaniaethau gwahanol am drosedd, sy'n gallu bod yn ddryslyd iawn. Byddai'n ddefnyddiol eu hadolygu drwy eu rhannu'n gategorïau ar sail damcaniaethau. Bydd hyn hefyd yn eich helpu chi i drefnu eich damcaniaethau.

Cofio'r cysylltiad

Dylai'r tudalennau adolygu hyn eich helpu chi i gysylltu'r holl waith rydych chi wedi'i wneud ar drosedd a gwyredd. Mae cysylltiadau pwysig hefyd â Phennod 1: Cysyniadau a phrosesau allweddol trosglwyddo diwylliant.

Pobl allweddol

Roedd **Travis Hirschi** yn dadlau bod troseddau'n cael eu cyflawni pan fydd clymau rhywun â'r gymdeithas yn wan. Mae pedwar math o gwlwm: ymlyniad, ymrwymiad, cred ac ymgysylltiad. O dderbyn y safbwynt hwn, byddai rhywun yn debygol o droi at drosedd a gwyredd os yw ei gysylltiadau teuluol yn wan, os nad yw wedi bod yn yr ysgol, os nad oes ganddo lawer o obaith ar gyfer y dyfodol na chynllun gyrfa, neu os nad yw'n cymryd rhan mewn clybiau nac yn teimlo cysylltiad cadarnhaol â'r gymdeithas. 'Damcaniaeth Rheolaeth' yw'r enw ar ddamcaniaeth Hirschi.

Mae Marcswyr yn beirniadu'r ddamcaniaeth oherwydd mae'n rhoi'r bai ar yr unigolyn. Y broblem go iawn yw nad yw'r gymdeithas yn cynnwys yr unigolyn yn ddigonol. Mae hefyd yn anwybyddu ffactorau tynnu fel pwysau gan gyfoedion.

Gwirio eich gwybodaeth

1. Amlinellwch ystyr 'isddiwylliant troseddol'. **(4 marc)**
2. Trafodwch brif achosion trosedd yn yr unfed ganrif ar hugain yn y DU. **(15 marc)**

AA1 Disgrifio

Rhoi sylw i'r fanyleb

4.1 Defnyddioldeb mathau gwahanol o ddata: data cynradd ac eilaidd; data ansoddol a meintiol; ffynonellau data eilaidd; defnyddioldeb y mathau hyn o ddata i gymdeithasegwyr

Cyswllt â'r gwerslyfr

tt 240–241: Gwahanol fathau o ymchwil a data
tt 248–249: Data eilaidd

Data cynradd	
Data yw'r wybodaeth mae cymdeithasegwyr yn seilio eu syniadau arni.	Ystyr data cynradd yw gwybodaeth ymchwil mae cymdeithasegydd wedi'i chasglu ei hun. Mae cymdeithasegwyr yn defnyddio amrywiaeth o ddulliau i gasglu gwybodaeth.
Dulliau cyffredin sy'n gysylltiedig â chymdeithaseg.	Mewn gwirionedd, mae arolwg yn derm cyffredinol iawn sy'n cael ei ddefnyddio i ddisgrifio project ymchwil a allai ddefnyddio amrywiaeth o ddulliau. Pan fyddwch chi'n ysgrifennu am ddulliau ymchwil, bydd angen i chi fod yn fwy penodol.
Gallai data cynradd gynnwys holiaduron, cyfweliadau, arsylwadau ac arbrofion hyd yn oed.	Mae sawl arddull wahanol ar gyfer yr holl ddulliau hyn. Mae manteision ac anfanteision i bob un. Dydy cymdeithasegwyr ddim yn defnyddio arbrofion yn aml oherwydd dydy pobl ddim yn ymddwyn yn naturiol mewn sefyllfa afrealistig, felly dydy'r canlyniadau ddim yn ddilys.
Gallwn ni rannu data yn ddau brif fath: meintiol ac ansoddol.	Mae data meintiol yn darparu ystadegau, canrannau, graffiau ac ati (h.y. maint). Mae data ansoddol yn cynnwys mwy o fanylion a disgrifiadau, er enghraifft arolwg neu holiadur.

Data eilaidd	
Ystyr data eilaidd yw data na wnaeth y cymdeithasegydd eu casglu ei hun.	Mae cymdeithasegwyr yn defnyddio pob math o ddata mae pobl wedi'u casglu at ddibenion eraill. Gall hyn gynnwys nofelau, dyddiaduron, ystadegau swyddogol, papurau newydd, ffilmiau, y teledu a'r radio. Yn yr oes fodern, gallai'r cyfryngau cymdeithasol, blogiau a gwybodaeth arall sydd ar gael ar y Rhyngrwyd gael eu defnyddio.
Gallai data eilaidd fod yn feintiol neu'n ansoddol.	Mae'n rhaid i gymdeithasegwyr fod yn ofalus wrth ddefnyddio data eilaidd. Dylen nhw bob amser gofio bod y wybodaeth wedi cael ei chasglu at ddibenion eraill.
Mae sawl math gwahanol iawn o ddata eilaidd.	Gan fod data yn gallu cael eu casglu mewn cynifer o ffyrdd gwahanol, gall fod yn anodd cymharu data gan bobl neu sefydliadau gwahanol.
Gall data eilaidd ansoddol, fel nofelau a dyddiaduron, roi gwybodaeth bwysig a gwerthfawr iawn i gymdeithasegwyr am gymdeithasau penodol.	Mae data eilaidd yn ffordd rhad iawn i gymdeithasegwyr gasglu gwybodaeth, gan fod y wybodaeth ar gael yn barod. Gall data meintiol, fel ystadegau swyddogol am drosedd neu iechyd, helpu cymdeithasegwyr i adnabod patrymau a thueddiadau dros amser.

AA2 Cymhwyso

Esboniwch sut gallai llyfrau cofnodion elusen fel banc bwyd fod yn ddefnyddiol i gymdeithasegydd.

Esboniwch sut gallai'r straeon a'r adroddiadau mae plant ysgol gynradd yn eu hysgrifennu am eu 'newyddion' gael eu defnyddio gan gymdeithasegwyr.

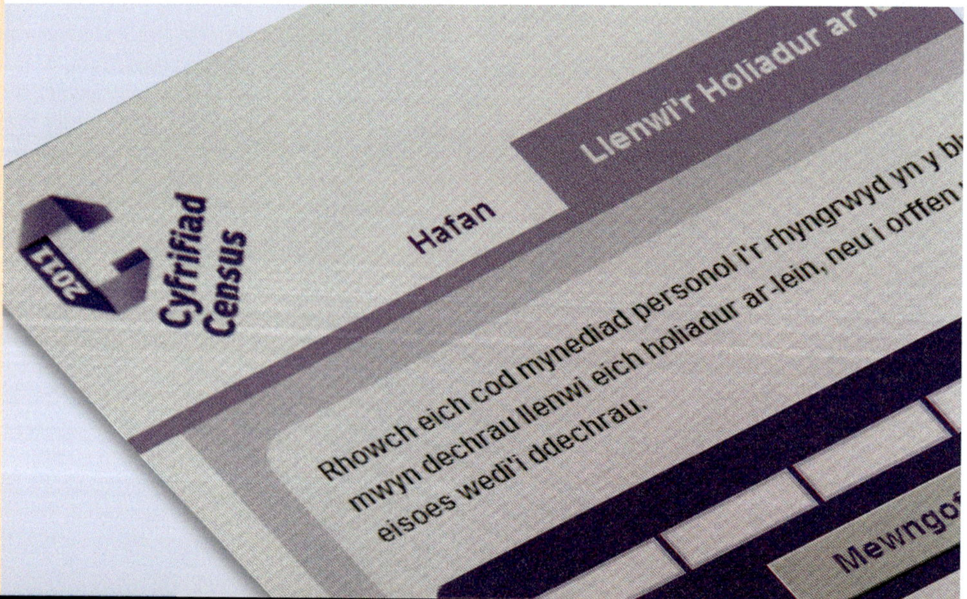

Mae'r cyfrifiad yn cael ei gynnal bob deng mlynedd yn y DU. Mae'n cofnodi manylion sylfaenol pob aelwyd, gan gynnwys faint o bobl sy'n byw yn y cartref hwnnw. Dyma un o'r setiau pwysicaf o ystadegau swyddogol sy'n cael eu casglu ac mae'n ffynhonnell wybodaeth ddefnyddiol.

Cryfderau data ansoddol:		
Mae'r wybodaeth sy'n cael ei chasglu yn llawn manylion a disgrifiadau.	Mae'r wybodaeth yn ddilys iawn a gallai gyflwyno darlun go iawn o'r gymdeithas.	Gallai'r wybodaeth fanwl roi gwell dealltwriaeth i'r cymdeithasegydd, a'i helpu i lunio cwestiynau ar gyfer ei waith ymchwil.

Gwendidau data ansoddol:		
Mae'n cymryd llawer o amser i'w casglu.	Dim ond nifer bach o bobl sy'n cael eu hastudio. Efallai na fydd y sampl yn gynrychiadol (yn deg).	Yn aml, dydy'r data ddim yn ddibynadwy iawn. Mae'n anodd ailadrodd astudiaethau sy'n casglu data ansoddol.

Cryfderau data meintiol:		
Gall llawer o ddata gael eu casglu. Mae'n hawdd cael sampl teg.	Mae'n bosibl gweld patrymau yn y data. Gall ystadegau a graffiau gael eu llunio.	Mae'r data yn ddibynadwy iawn. Gall yr astudiaeth gael ei hailadrodd gyda'r un cwestiynau, sy'n golygu bod modd gwneud cymhariaeth go iawn o bobl, grwpiau neu ardaloedd gwahanol.

Gwendidau data meintiol:		
Dydy'r wybodaeth ddim yn fanwl.	Dydy cysylltiadau rhwng ystadegau ddim bob amser yn profi achos. Yn ôl yr ystadegau, mae cysylltiad rhwng tlodi a diffyg cyrhaeddiad addysgol. Ond ai tlodi sy'n achosi i bobl fethu yn addysgol ynteu methu yn addysgol sy'n achosi tlodi?	Dydy'r data ddim yn ddilys iawn. Dydy'r cymdeithasegydd ddim yn gallu cael darlun go iawn o'r gymdeithas.

Cryfderau data eilaidd:		
Ffynhonnell data meintiol sy'n rhad ac yn hawdd cael gafael arni.	Mae data eilaidd ansoddol yn ddefnyddiol iawn wrth ddeall cymdeithasau yn y gorffennol neu ddiwylliannau gwahanol.	Mae dadansoddi cynnwys wedi bod yn ddull defnyddiol iawn o astudio'r cyfryngau. Mae siartiau cyfrif (*tally charts*) yn cael eu defnyddio i weld pa mor aml mae rhai pethau'n ymddangos yn y cyfryngau.

Gwendidau data eilaidd:		
Dydy data ddim bob amser ar gael ar y ffurf sydd ei hangen ar y cymdeithasegydd.	Mae'n anodd cymharu ystadegau. Mae'r ffordd mae data'n cael eu casglu yn newid dros amser.	Efallai bod y data wedi'u casglu mewn ffordd sy'n dangos tuedd yr unigolyn neu'r sefydliad sy'n eu casglu.

Mae dyddiaduron, cyfnodolion a ffotograffau yn ffynhonnell wybodaeth bwysig am gymdeithasau yn y gorffennol. Maen nhw'n cael eu defnyddio gan haneswyr yn ogystal â chymdeithasegwyr.

CYNGOR ADOLYGU

Gwnewch yn siŵr eich bod chi'n ymwybodol o'r amrywiaeth eang o ffynonellau data sy'n cael eu defnyddio gan gymdeithasegwyr. Mae'r mathau penodol a allai godi mewn cwestiynau arholiad wedi'u rhestru yn y fanyleb:

- data eilaidd: dyddiaduron, cyfnodolion, ystadegau swyddogol ac answyddogol
- data cynradd: holiaduron, cyfweliadau strwythuredig ac anstrwythuredig, mathau gwahanol o arsylwadau.

Cofio'r cysylltiad

Pan fyddwch chi'n ceisio ennill marciau gwerthuso (AA3 Sgìl), gwnewch sylwadau am astudiaeth allweddol benodol, os ydych chi'n gwybod pa fath o ddata gafodd eu defnyddio. Er enghraifft, gwnaeth Paul Willis ddefnyddio dulliau ansoddol yn ei astudiaeth o ysgol uwchradd yn Wolverhampton. Pe bai ei astudiaeth yn cael ei hailadrodd mewn ysgol wahanol, mae'n bosibl y byddai'r canlyniadau yn wahanol iawn, sy'n golygu nad yw'r astudiaeth yn ddibynadwy iawn.

Pobl allweddol

Grŵp sydd wedi treulio amser yn dadansoddi cynnwys y cyfryngau yw **Grŵp y Cyfryngau ym Mhrifysgol Glasgow**. Mae llyfr y grŵp, *Bad News for Refugees* (2013), yn dadansoddi cynnwys y cyfryngau ac yn dangos bod straeon am fewnfudwyr yn cael eu cyflwyno mewn ffordd hynod o negyddol, sy'n ychwanegu at stereoteipiau niweidiol.

Gwirio eich gwybodaeth

1. Disgrifiwch ystyr 'data cynradd'. **(2 farc)**
2. Esboniwch ddau reswm pam mae data eilaidd yn ddefnyddiol i gymdeithasegwyr. **(4 marc)**
3. Trafodwch pa mor ddefnyddiol yw data meintiol. **(6 marc)**

Rhoi sylw i'r fanyleb

4.2 Dulliau ymchwil: holiaduron; gwerth, cymhwysiad ymarferol a chryfderau a gwendidau dulliau gwahanol yn nhermau dilysrwydd, dibynadwyedd, moeseg, cynrychioldeb

Cyswllt â'r gwerslyfr

tt 242–243: Pa mor ddefnyddiol yw holiaduron mewn ymchwil cymdeithasol?

AA2 Cymhwyso

Lluniwch holiadur byr sy'n cynnwys tua pum cwestiwn ar destun cymdeithasegol. Er enghraifft, 'Ydy trosedd yn gwaethygu?' neu 'Pam mae merched yn cael canlyniadau arholiad gwell na bechgyn?'.

Meddyliwch am yr ystyriaethau ar y dudalen hon wrth lunio eich cwestiynau.

Datblygu ymhellach

Nodwch y problemau sy'n gysylltiedig â'r cwestiynau canlynol:

- Pa broblemau oedd gennych chi pan oeddech chi'n tyfu i fyny yn eich teulu?
- Ydych chi wedi dechrau yfed alcohol eto?
- Pa mor aml rydych chi wedi byw mewn tlodi?
- Ydy pobl wedi ymddwyn yn rhagfarnllyd tuag atoch chi?
- Beth yw eich barn chi am y Prif Weinidog?

Holiaduron

Holiaduron yw un o'r dulliau ymchwil mwyaf adnabyddus a phoblogaidd sy'n cael eu defnyddio gan gymdeithasegwyr.	Mae holiaduron yn cynnwys rhestr o gwestiynau wedi'u llunio ymlaen llaw, sy'n cael eu hateb gan ymatebwyr. Bydd holiaduron weithiau'n cael eu llenwi â llaw, weithiau ar-lein. Gallan nhw gael eu llenwi gan yr ymatebwr neu gan y cyfwelydd.
Gallai holiaduron gynnwys cwestiynau agored a chaeedig.	Mae gan gwestiynau caeedig atebion pendant sy'n caniatáu i'r cyfwelydd gasglu ystadegau. Gallai'r math hwn o gwestiwn ddefnyddio ymatebion aml-ddewis. Bydd hyn yn helpu cymdeithasegwyr i weld patrymau yn y data sy'n cael eu casglu. Maen nhw hefyd yn caniatáu i lawer o ddata gael eu casglu gan sampl mawr o bobl. Gall cwestiynau agored arwain at ymatebion mwy manwl.
Mae holiaduron sy'n cael eu llenwi gan yr ymatebwr yn golygu gwaith ymchwil sy'n gyflym iawn ac yn rhad.	Gall cyfwelwyr helpu i ddatrys rhai o'r problemau sydd ynghlwm wrth holiadur. Er enghraifft, efallai na fydd pobl yn deall y cwestiynau sy'n cael eu gofyn, a gall y cyfwelydd esbonio ystyr cwestiynau. Yn anffodus, mae cyfwelydd yn ychwanegu at gost y gwaith ymchwil. Rhaid talu a hyfforddi cyfwelwyr.
Roedd llawer o bobl yn defnyddio holiaduron post yn y gorffennol, ond maen nhw bellach yn cael eu hystyried yn ddull eithaf drud.	Mae technoleg wedi golygu bod modd defnyddio holiaduron ar-lein bellach. Mae'r rhain yn ei gwneud hi'n bosibl casglu canlyniadau yn gyflym gan leihau'r llwyth gwaith yn sylweddol. Maen nhw'n ddefnyddiol iawn ar gyfer cwestiynau caeedig ac yn ei gwneud hi'n bosibl cyflwyno data ar ffurf graffiau a thablau canrannau hefyd.

Ystyriaethau wrth ddefnyddio holiaduron

Mae cynllunio holiaduron yn waith medrus iawn ac mae llawer o beryglon i'w hosgoi.	Un broblem bosibl yw'r defnydd o gwestiynau awgrymog neu arweiniol. Gallai defnyddio geiriau penodol yn y cwestiwn annog yr ymatebwr i ateb y cwestiwn mewn ffordd benodol. Er enghraifft, mae gofyn 'Pam mae trosedd ar gynnydd, yn eich barn chi?' yn awgrymu bod yr ymatebwr yn credu bod trosedd ar gynnydd. Bydd iaith niwtral yn helpu i osgoi hyn.
Rhaid i holiaduron fod yn glir iawn ac yn hawdd i ymatebwyr eu llenwi, yn enwedig os oes rhaid iddyn nhw eu llenwi eu hun.	Dylai'r dyluniad ystyried materion moesegol fel cydsyniad gwybodus hefyd. Dylai'r ymatebwr ddeall diben y gwaith ymchwil a gwybod sut bydd yn cael ei ddefnyddio. Fydd y canlyniadau'n cael eu cyhoeddi? Fydd yr ymatebwyr yn ddienw?
Mae'n aml yn anodd i'r ymchwilydd sy'n llunio'r cwestiynau ragweld y ffyrdd gwahanol y bydd y cwestiynau'n cael eu dehongli.	Weithiau, fydd yr atebion ddim yn rhoi'r wybodaeth mae ar yr ymchwilydd ei eisiau. Astudiaeth beilot yw'r ffordd orau o oresgyn problemau wrth lunio cwestiynau. Bydd yr ymchwilydd yn sylwi ar broblemau ac yn gallu addasu'r cwestiynau cyn yr astudiaeth go iawn.
Dylai'r iaith gael ei dewis yn ofalus i wneud yn siŵr bod pawb sy'n ateb y cwestiynau yn deall yr ymatebion yn iawn.	Dylai cwestiynau fod yn fyr ac i'r pwynt hefyd. Gallai gormod o gwestiynau olygu na fydd ar ymatebwyr eisiau llenwi'r holiadur. Ddylai cwestiynau ddim sarhau unrhyw un sy'n llenwi'r holiadur.

Gallai cwestiynau holiadur caeedig gyfyngu ar yr atebion, sy'n golygu y gallai'r atebion hynny fod yn llai dilys.

Cryfderau holiaduron:

Maen nhw'n ffordd gyflym a rhad o gasglu llawer o ddata.

Mae'r ffaith bod cwestiynau cyson yn cael eu defnyddio yn golygu ei bod hi'n hawdd cymharu'r ymatebion. Mae hyn yn gwella dibynadwyedd yr ymchwil, ac yn meithrin hyder bod unrhyw wahaniaethau rhwng grwpiau gwahanol yn rhai go iawn. Mae esboniad manwl o'r cwestiynau yn golygu y gall ymchwilydd gwahanol ailadrodd yr ymchwil flynyddoedd yn ddiweddarach neu mewn lle gwahanol, gan ganiatáu cymariaethau go iawn.

Bydd cyflymder a chost isel holiaduron yn golygu bod modd casglu sampl cynrychiadol o boblogaeth fawr fel un y DU. Mae hyn yn gwella cynrychioldeb, ar yr amod bod gofal yn cael ei gymryd wrth samplu.

Gwendidau holiaduron:

Mae'n hawdd i bobl roi atebion ffug. Mae hyn yn golygu bod yr ymchwil yn llai dilys.

Gallai'r ymchwilydd sy'n llunio'r cwestiynau orfodi ei ystyron ei hun ar y testun mae'n ei astudio. Bydd ei safbwyntiau personol yn dylanwadu ar y cwestiynau ac efallai na fydd yn meddwl am y cwestiynau na'r atebion cywir, yn enwedig os yw'r atebion yn rhai aml-ddewis.

Gallai cwestiynau penagored gael eu hanwybyddu wrth ysgrifennu adroddiad am y gwaith ymchwil. Yn y dyhead i greu ystadegau, gallai'r ymchwilydd eu hanwybyddu gan eu bod nhw'n anoddach eu dosbarthu. Hyd yn oed os bydd yn dewis eu cynnwys, mae'n bosibl y bydd yn eu symleiddio yn gategorïau. Bydd hyn yn lleihau dilysrwydd yr ymchwil.

Cryfderau holiaduron drwy'r post:

Maen nhw'n galluogi'r ymchwilydd i ddewis at bwy mae'n anfon yr holiaduron, ac i ba ardaloedd.

Dydy ymatebwyr ddim dan bwysau, a gallan nhw ymateb pan mae ganddyn nhw amser i ymateb.

Mae'n bosibl anfon yr holiaduron sawl gwaith i wneud yn siŵr bod pawb yn ymateb.

Gwendidau holiaduron drwy'r post:

Cost. Mae cost stampiau wedi cynyddu. Bydd rhaid i'r ymchwilydd dalu am gael dychwelyd yr holiaduron drwy'r post hefyd.

Cyfradd ymateb isel. Mae pobl yn brysur iawn y dyddiau hyn, ac yn annhebygol o dreulio amser yn llenwi'r holiadur. Efallai y byddan nhw'n anghofio ei ddychwelyd yn y post.

Dim ond math penodol o berson sy'n mynd i'r drafferth o lenwi holiadur, er enghraifft pobl sydd â barn bendant am destun yr holiadur. Gallai hyn effeithio ar gynrychioldeb y sampl.

Mae arolygon ar-lein wedi golygu bod holiaduron bellach yn ddull sydd hyd yn oed yn fwy cyflym a rhad. Pa broblemau eraill yn ymwneud â holiaduron sydd ddim yn cael eu datrys gan arolygon ar-lein?

CYNGOR ADOLYGU

Bydd gair gorchymyn y cwestiwn yn ei gwneud hi'n amlwg os bydd gofyn i chi werthuso yn eich ateb, er enghraifft, 'Trafodwch' neu 'Ydych chi'n cytuno?'. Gwnewch yn siŵr eich bod chi'n cyflwyno dwy ochr y ddadl.

Cofio'r cysylltiad

Pan fydd cwestiwn yn gofyn i chi ddewis dull ymchwil a chyfiawnhau eich dewis, gallai fod yn ddefnyddiol ystyried dulliau eraill ac esbonio pam mae'r dull rydych chi wedi'i ddewis yn fwy addas na dulliau eraill.

Pobl allweddol

Cafodd **Arolwg Dosbarth Prydain** ei gyhoeddi yn 2013. Gwnaeth 160,000 o bobl gwblhau'r arolwg hwn sydd ar raddfa fawr, ac sy'n ddibynadwy iawn. Yn ôl y canlyniadau, roedd dros 50 y cant o'r boblogaeth yn perthyn i'r dosbarth canol ar ddechrau'r ganrif. Daeth yr arolwg i'r casgliad hwn drwy edrych ar faint o bobl oedd yn gweithio mewn galwedigaethau heb fod yn waith llaw. Fodd bynnag, efallai bod rhai gweithwyr sydd ddim mewn swyddi gwaith llaw yn dal i ystyried eu hun yn bobl dosbarth gweithiol am resymau ar wahân i'w swydd, a fyddai'n golygu bod yr astudiaeth yn llai dilys.

Gwirio eich gwybodaeth

1. Disgrifiwch ystyr 'holiadur'. **(2 farc)**
2. Nodwch ddau fath o holiadur. **(2 farc)**
3. Trafodwch pa mor ddefnyddiol yw holiaduron. **(12 marc)**

AA1 Disgrifio

Rhoi sylw i'r fanyleb

4.1 Defnyddioldeb mathau gwahanol o ddata: data cynradd ac eilaidd; data ansoddol a meintiol; ffynonellau data eilaidd; defnyddioldeb y mathau hyn o ddata i gymdeithasegwyr

4.2 Dulliau ymchwil: cyfweliadau strwythuredig ac anstrwythuredig, gwerth, cymhwysiad ymarferol a chryfderau a gwendidau dulliau gwahanol yn nhermau dilysrwydd, dibynadwyedd, moeseg, cynrychioldeb

Cyswllt â'r gwerslyfr

tt 244–245: Pa mor ddefnyddiol yw cyfweliadau mewn ymchwil cymdeithasol?

AA2 Cymhwyso

Mae gofyn i chi astudio pobl ifanc yn eu harddegau sydd mewn gangiau. Pa ddull byddech chi'n ei ddewis? Rhowch resymau dros eich dewis o ddull.

Datblygu ymhellach

Ceisiwch ragweld y problemau fyddai'n codi wrth i chi gynnal eich gwaith ymchwil, gan ddefnyddio'r dull rydych chi wedi'i ddewis.

Cyfweliadau	
Cyfweliadau yw un o'r dulliau ymchwil mwyaf cyffredin sy'n cael eu defnyddio gan gymdeithasegwyr. Mae dau brif fath, sef cyfweliadau strwythuredig a chyfweliadau anstrwythuredig.	Mae cyfweliadau strwythuredig yn debyg i holiadur sy'n cael ei lenwi gyda help y cyfwelydd. Maen nhw'n cynnwys rhestr o gwestiynau sydd wedi'u safoni a allai gynnwys cwestiynau caeedig ac agored. Mae'r defnydd o gwestiynau sydd wedi'u safoni yn golygu bod y gwaith ymchwil yn fwy dibynadwy.
Mae angen llawer o hyfforddiant ar gyfwelwyr gan fod hon yn swydd fedrus iawn. Mae hyn yn arwain at gostau uwch o ran arian ac amser.	Mae'r ddau fath o gyfweliad yn rhai uniongyrchol sy'n gallu creu darlun manwl o realiti. Mae hyn yn debygol o gynyddu dilysrwydd yr ymchwil. Bydd y cyfwelydd yn clywed yr ymatebwr yn esbonio pethau yn ei eiriau ei hun.
Mae cyfweliadau anstrwythuredig yn cynnig archwiliad o'r gymdeithas sydd hyd yn oed yn fwy agos a manwl. Bydd y cyfweliad yn debyg iawn i sgwrs.	Bydd yr ymchwilydd yn paratoi rhestr o destunau ar gyfer y cyfweliad, ac efallai bydd yn cynllunio cwestiynau penodol ymlaen llaw. Fodd bynnag, mae'r cyfweliadau hyn yn hyblyg, ac efallai bydd y cyfwelydd yn meddwl am ragor o gwestiynau wrth i'r drafodaeth ddatblygu. Gallai'r cyfwelydd gael atebion i gwestiynau nad oedd wedi'u hystyried hyd yn oed.
Gall tuedd fod yn bryder ym mhob cam yn y broses gyfweld, o lunio cwestiynau i ofyn y cwestiynau.	Gallai'r ffordd mae cwestiynau'n cael eu gofyn effeithio ar yr atebion sy'n cael eu rhoi yn y cyfweliad. Gallai nodweddion personol y cyfwelydd effeithio ar yr atebion sy'n cael eu rhoi hefyd. Mae dymunolrwydd cymdeithasol (*social desirability*) yn un ffactor a allai effeithio ar yr atebion. Mae ymatebwyr yn tueddu i roi'r atebion sydd yn eu barn nhw, yn cyfateb i beth mae'r cyfwelydd yn disgwyl neu'n gobeithio ei glywed. Gall hyn effeithio ar ddilysrwydd yr ymchwil.

Ystyriaethau wrth ddefnyddio cyfweliadau	
Mae angen i'r cyfwelydd benderfynu sut i gasglu'r wybodaeth.	Bydd rhai cyfwelwyr yn dibynnu ar eu cof ac yn ysgrifennu eu canlyniadau yn syth wedyn. Bydd eraill yn recordio'r cyfweliad neu'n gwneud nodiadau yn ystod y cyfweliad. Efallai bydd recordio'r cyfweliad yn gwneud i ymatebwr deimlo'n anghyfforddus. Gallai creu nodiadau ei gwneud hi'n anodd cadw cyswllt llygaid a meithrin cysylltiad â'r ymatebwr.
Hyfforddi cyfwelwyr i oresgyn problemau sy'n ymwneud â dymunolrwydd cymdeithasol neu duedd y cyfwelydd.	Mae angen hyfforddi cyfwelwyr i gadw eu mynegiant yn niwtral wrth ofyn cwestiynau a gwrando ar atebion.
Mae lleoliad y cyfweliadau yn ystyriaeth bwysig.	Gallai paratoi lleoliad hamddenol ar gyfer y cyfweliadau olygu bod ymatebwyr yn fwy tebygol o fod yn onest. Wrth gyfweld plant neu bobl ifanc, gallai cynnig byrbrydau neu ddiodydd arwain at gyfweliad mwy hamddenol. Byddai hyn yn ychwanegu at ddilysrwydd yr ymchwil.
Mae'n bwysig cynllunio gwaith ymchwil. Gall cyfweliadau fod yn anoddach na'r disgwyl.	Mae astudiaeth beilot yn syniad da er mwyn datrys unrhyw broblemau a gwella cwestiynau. Mae hyn yn bwysig iawn ar gyfer cyfweliad strwythuredig, a gallai newid cyfeiriad gwaith ymchwil sy'n defnyddio cyfweliadau anstrwythuredig.

Mae tuedd y cyfwelydd yn broblem sy'n anodd ei goresgyn. Mae gan bawb ryw fath o hunaniaeth fydd yn cael rhyw fath o effaith ar yr ymatebion.

Cryfderau cyfweliadau strwythuredig:

Mae'n bosibl casglu'r canlyniadau yn ystadegau sy'n helpu cymdeithasegwyr i weld patrymau.

Mae defnyddio cyfwelydd yn golygu bod y cwestiynau'n llawer mwy tebygol o gael eu hateb. Gall cyfwelwyr annog pobl i ateb cwestiynau ac esbonio eu hystyron.

Mae'r cwestiynau wedi'u safoni, sy'n arwain at atebion sy'n hawdd eu cymharu. Mae hyn yn gwella dibynadwyedd. Mae siawns o hyd y bydd y lefelau dilysrwydd yn uchel oherwydd mae pobl yn fwy tebygol o fod yn onest wyneb yn wyneb.

Gwendidau cyfweliadau strwythuredig:

Maen nhw'n cymryd llawer o amser ac yn ddrud, gan fod cyfwelwyr yn gostus.

Mae'n bosibl y bydd tuedd y cyfwelydd yn dod i'r amlwg.

Mae'n bosibl y bydd problem yn codi o hyd wrth geisio cael ymatebwyr i gymryd rhan. Bydd hyn yn arwain at gyfradd ymateb is a allai effeithio ar gynrychioldeb y sampl.

Cryfderau cyfweliadau anstrwythuredig:

Mae'r atebion yn fanwl ac yn drylwyr, sy'n arwain at ddilysrwydd uwch.

Bydd y cyfwelydd yn datblygu cysylltiad â'r ymatebwr. Gall addasu cwestiynau wrth i'r cyfweliad fynd rhagddo a gofyn cwestiynau nad oedd wedi meddwl amdanyn nhw ar ddechrau'r cyfweliad, o bosibl. Mae hyn yn gwella dilysrwydd.

Maen nhw'n arwain at ddata cyfoethog iawn sy'n rhoi darlun uniongyrchol i ni o fywyd cymdeithasol. Maen nhw'n ddefnyddiol iawn wrth ymchwilio i grwpiau nad oes llawer o wybodaeth ar gael amdanyn nhw. Unwaith eto, mae hyn yn ychwanegu at ddilysrwydd.

Gwendidau cyfweliadau anstrwythuredig:

Mae'n anodd cyffredinoli canlyniadau. Gallai'r cyfweliad wyro oddi wrth y testun.

Gallai tuedd y cyfwelydd fod yn amlwg. Mae nodweddion personol y cyfwelydd yn debygol o effeithio ar y cyfweliad gan fod llawer o ryngweithio'n digwydd. Bydd rhywedd y cyfwelydd, ei ethnigrwydd a'i oedran i gyd yn debygol o effeithio ar yr atebion.

Mae cyfweliadau anstrwythuredig yn ddrud ac yn cymryd amser. Dydyn nhw ddim yn ddibynadwy iawn oherwydd mae pob cyfweliad yn unigryw.

CYNGOR ADOLYGU

Pan fydd cwestiwn yn gofyn i chi ddewis dull ac esbonio pam byddai'r dull yn addas, mae'n bwysig darllen y cwestiwn yn ofalus. Gwnewch yn siŵr eich bod chi'n cysylltu'r dull â'r sefyllfa benodol sy'n cael ei disgrifio yn y cwestiwn.

Pobl allweddol

Yn ei waith ymchwil i iaith, gwnaeth **William Labov** sylwi ar duedd y cyfwelydd. Roedd yn sylwi bod pobl ddu yn llawer mwy tebygol o siarad yn agored wrth gael eu cyfweld gan berson du arall, ac mewn lleoliadau cyfforddus. Os byddai ymchwilydd gwyn yn gofyn cwestiynau iddyn nhw mewn lleoliad ffurfiol, byddai hyn yn arwain at atebion llai dilys.

Cofio'r cysylltiad

Mae cysylltiad agos rhwng dulliau ymchwil a damcaniaethau. Er enghraifft, mae damcaniaeth labelu yn ystyried safbwyntiau'r unigolyn a'r ystyron sydd i'w canfod o sefyllfa benodol. Mae hyn yn golygu bod cyfweliadau anstrwythuredig neu arsylwi cyfranogol yn ddulliau mwy defnyddiol i gymdeithasegwyr sydd â diddordeb yn hyn.

Mae cyfweliadau effeithiol yn meithrin ymddiriedaeth (cysylltiad) gyda'r cyfranogwyr. Mae hyn yn cynyddu'r siawns o gael atebion gonest sydd â lefel uchel o ddilysrwydd.

Gwirio eich gwybodaeth

1. Disgrifiwch ystyr 'cyfweliad strwythuredig'. **(2 farc)**
2. Esboniwch ddau reswm pam mae cyfweliadau yn ddefnyddiol i gymdeithasegwyr. **(4 marc)**
3. Trafodwch pa mor ddefnyddiol yw cyfweliadau anstrwythuredig. **(12 marc)**

Rhoi sylw i'r fanyleb

4.2 Dulliau ymchwil: mathau gwahanol o arsylwadau, gwerth, cymhwysiad ymarferol a chryfderau a gwendidau dulliau gwahanol yn nhermau dilysrwydd, dibynadwyedd, moeseg, cynrychioldeb

Cyswllt â'r gwerslyfr

tt 246–247: Gwahanol fathau o arsylwi cymdeithasegol

Gwahanol fathau o arsylwi

Arsylwi yw'r dull mwyaf uniongyrchol sy'n cael ei ddefnyddio gan gymdeithasegwyr wrth gynnal gwaith ymchwil. Mae'n arsylwi bywyd cymdeithasol mewn ffordd uniongyrchol.	Mae sawl math gwahanol o arsylwi, gan gynnwys cudd ac agored, cyfranogol ac anghyfranogol. Mae llawer o'r astudiaethau sy'n defnyddio dulliau arsylwi yn ansoddol ac yn edrych am fanylion cyfoethog bywyd cymdeithasol drwy lygaid y bobl dan sylw.
Mae arsylwi cudd yn golygu astudio pobl heb yn wybod iddyn nhw. Does neb yn gwybod bod rhywun yn arsylwi'r grŵp.	Fel arfer, bydd arsylwi cudd yn golygu arsylwi cyfranogol. Bydd yr arsylwr yn cyflwyno ei hun fel aelod o'r grŵp ac yn ymuno â gweithgareddau'r grŵp. Mae llawer o enghreifftiau da o hyn, gan gynnwys astudiaeth James Patrick, *A Glasgow Gang Observed*.
Mae gan rai arsylwyr rôl amlwg ac agored lle mae'r grŵp yn ymwybodol o'u presenoldeb.	Mae rhai manteision i arsylwi agored oherwydd gall yr ymchwilydd ofyn cwestiynau, cymryd nodiadau a dewis peidio â chymryd rhan mewn unrhyw weithgarwch troseddol neu wrthgymdeithasol.
Mae'n bosibl bod yn arsylwr anghyfranogol hefyd.	Gallai arsylwi anghyfranogol gynnwys gwylio drwy sgrin wydr neu ffilmio'r grŵp. Mae rhai materion moesegol pwysig yn ymwneud â hyn, ond mae'n golygu nad yw'r arsylwr yn effeithio ar ymddygiad y grŵp sy'n cael ei astudio.

Ystyriaethau wrth arsylwi

Sut bydd yr ymchwilydd yn cofnodi'r data mae'n eu casglu?	Rhaid i ymchwilwyr benderfynu sut i gasglu eu data. Os ydyn nhw'n arsylwyr cyfranogol, bydd angen iddyn nhw gael cof da ac ysgrifennu eu nodiadau ar ddiwedd pob dydd.
Gall fod yn anodd cael mynediad at y grŵp sy'n cael ei astudio.	Rhaid gofyn am ganiatâd er mwyn astudio grŵp, fel ysgol neu sefydliad arall. Y porthor (*gatekeeper*) yw'r unigolyn sy'n helpu'r ymchwilydd i gael mynediad. Mewn grwpiau anffurfiol, fel gang, efallai bod y porthor yn aelod o'r gang. Er enghraifft, ar gyfer ei astudiaeth, *Street Corner Society*, llwyddodd William H. Whyte i gael mynediad at y grŵp drwy 'Doc'. Mae'n bosibl y bydd rhaid i'r ymchwilydd wisgo neu ymddwyn yn wahanol i gael ei dderbyn.
Rhaid ystyried materion moesegol.	Os bydd yn ymuno ag isddiwylliant troseddol neu dramgwyddus, beth fydd yr ymchwilydd yn ei wneud os bydd y grŵp yn torri'r gyfraith? Gallai'r sefyllfa droi'n beryglus hefyd. Gwnaeth Ken Pryce, y cymdeithasegydd o Brydain, ddiflannu wrth astudio troseddoldeb India'r Gorllewin.
Mae dod o hyd i borthor yn datrys y broblem o gael mynediad, ond gall problem godi wrth geisio gadael hefyd.	Efallai na fydd hi'n hawdd gadael y grŵp. Efallai bydd ymchwilydd yn gwneud cysylltiadau agos â'r grŵp sy'n cael ei astudio. Gallai hyn fod yn anodd i'r ymchwilydd, ac mae'n codi cwestiynau ynglŷn â moeseg manteisio ar grŵp er mwyn ysgrifennu darn o waith ymchwil.

Beth fyddai gwendidau posibl samplu pelen eira?

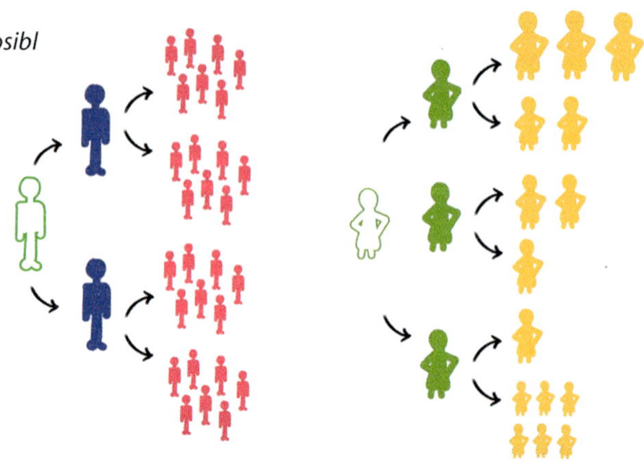

AA2 Cymhwyso

Mae ar gymdeithasegydd eisiau astudio pobl ddigartref. Pa fath o arsylwi dylai ei ddefnyddio a pham? Pa broblemau allai godi?

Datblygu ymhellach

Mae cymdeithasegwyr wedi gwneud rhai pethau dadleuol yn eu hastudiaethau. Er enghraifft, gwnaeth William H. Whyte bleidleisio'n anghyfreithlon fwy nag unwaith mewn etholiad wrth astudio grŵp cornel stryd.

Ydy hi'n bosibl cyfiawnhau'r gweithgareddau hyn? Beth am y gweithgareddau canlynol?

- Gwylio pobl yn cymryd cyffuriau Dosbarth 3 fel heroin.
- Cymryd rhan mewn brwydr rhwng gangiau gelyniaethus o gefnogwyr pêl-droed.

Cryfderau arsylwi cyfranogol cudd:

Ymchwil uniongyrchol sy'n edrych yn fanwl ar y gymdeithas. Lefelau uchel o ddilysrwydd.

Yn osgoi Effaith Hawthorne oherwydd dydy'r bobl sy'n cael eu hastudio ddim yn gwybod eu bod nhw'n cael eu harsylwi, felly fyddan nhw ddim yn ymddwyn yn wahanol.

Gallai'r ymchwilydd ddarganfod atebion i gwestiynau na fyddai erioed wedi'u hystyried.

Gwendidau arsylwi cyfranogol cudd:

Er ei fod yn osgoi Effaith Hawthorne, gallai'r ymchwilydd effeithio ar y grŵp sy'n cael ei astudio o hyd. Gallai ei bresenoldeb newid pethau.

Materion moesegol. Does gan y bobl sy'n cael eu hastudio mo'r hawl i roi cydsyniad gwybodus. Mae twyll hefyd os yw'r ymchwilydd yn esgus bod yn rhywun arall.

Efallai bydd yr ymchwilydd yn dod yn un o'r gang. Gallai gael ei dynnu i mewn i'r grŵp mae'n ei astudio i'r fath raddau, fel nad yw'n gallu bod yn ddiduedd.

Cryfderau arsylwi cyfranogol agored:

Ymchwil uniongyrchol sy'n edrych yn fanwl ar y gymdeithas mewn sefyllfaoedd pob dydd. Lefelau uchel o ddilysrwydd.

Mae'n bosibl meithrin ymddiriedaeth gan alluogi'r ymchwilydd i ddarganfod llawer iawn o wybodaeth.

Efallai mai dyma'r unig ffordd o astudio rhai mathau o ymddygiad. Dydy hi ddim yn debygol o fod yn bosibl trefnu holiaduron a chyfweliadau gyda throseddwyr na grwpiau gwyrdroëdig.

Gwendidau arsylwi cyfranogol agored:

Mae'n dibynnu ar sgiliau'r arsylwr i sylwi ar beth sy'n digwydd.

Effaith Hawthorne. Mae'n bosibl y bydd pobl yn ymddwyn yn wahanol pan fyddan nhw'n gwybod eu bod nhw'n cael eu harsylwi.

Ddim yn ddibynadwy iawn oherwydd mae'n anodd ailadrodd yr ymchwil. Mae'r ymchwil yn waith unigol iawn, ac efallai mai dim ond am un grŵp sy'n cael ei astudio y mae'n wir.

Fel arfer, dylai sampl gynrychioli cymysgedd teg o'r boblogaeth sy'n cael ei hastudio.

CYNGOR ADOLYGU

Yn yr arholiad, dilynwch gyfarwyddiadau'r cwestiwn yn ofalus. Bydd amser yn gyfyngedig, felly fydd gennych chi ddim amser i'w wastraffu. Os yw'r cwestiwn yn gofyn i chi nodi neu ddisgrifio, does dim angen i chi dreulio amser yn gwerthuso.

Cofio'r cysylltiad

Mae cysylltiad agos yn dueddol o fod rhwng astudiaethau sy'n defnyddio dull arsylwi cyfranogol a throsedd a gwyredd. Gallwch chi ennill marciau drwy ddefnyddio astudiaethau mewn mwy nag un ateb yn eich arholiad. Dylech chi ddysgu am dair neu bedair astudiaeth yn drylwyr, e.e. James Patrick, William H. Whyte, Hannah Gavron ac ati.

Pobl allweddol

Lluniodd **William H. Whyte** un o'r astudiaethau mwyaf enwog a dylanwadol yn defnyddio dull arsylwi cyfranogol, i astudio bywyd cornel stryd gangiau Eidalaidd yn UDA. Llwyddodd i gael mynediad drwy unigolyn o'r enw 'Doc' ac aeth ati i feithrin dealltwriaeth drylwyr iawn o'r gang. Treuliodd Whyte dair blynedd a hanner yn byw gyda'r gang ac yn dod yn rhan o'r grŵp. Dywedodd 'Doc', sef unig aelod y gang a oedd yn gwybod y gwir am Whyte, fod ymchwil Whyte wedi newid ei ymddygiad. Dechreuodd gwestiynu pam roedd yn gwneud rhai pethau, yn hytrach na dilyn ei reddf.

Gwirio eich gwybodaeth

1. Disgrifiwch ystyr 'arsylwi agored'. **(2 farc)**
2. Esboniwch ddau reswm pam mae rhai cymdeithasegwyr yn defnyddio dulliau arsylwi cyfranogol. **(4 marc)**
3. Trafodwch y pryderon moesegol sy'n codi wrth i gymdeithasegwyr ddefnyddio dulliau arsylwi mewn gwaith ymchwil. **(6 marc)**

Rhoi sylw i'r fanyleb

4.2 Dulliau ymchwil: gwerth, cymhwysiad ymarferol a chryfderau a gwendidau dulliau gwahanol yn nhermau moeseg

4.5 Materion moesegol sy'n effeithio ar ymchwil: cydsyniad gwybodus; cyfrinachedd; niwed i gyfranogwyr; twyll; strategaethau y mae cymdeithasegwyr yn eu defnyddio i fynd i'r afael â materion

7.1 Y broses o ddylunio ymchwil

Cyswllt â'r gwerslyfr

tt 250–251: Beth yw moeseg mewn ymchwil cymdeithasegol?

AA2 Cymhwyso

Ydych chi'n gallu meddwl am ystyriaethau moesegol ar gyfer y projectau ymchwil canlynol?

- *Plant sydd wedi cael eu bwlio yn yr ysgol.*
- *Menywod sydd wedi dioddef camdriniaeth ddomestig.*
- *Astudio ffordd o fyw pobl ddigartref.*
- *Aelodaeth o gangiau.*
- *Troseddau coler wen.*

Datblygu ymhellach

Meddyliwch am ddwy sefyllfa lle gall ymchwilydd gyfiawnhau mynd yn groes i ganllawiau moesegol?

Un enghraifft o fater moesegol yw'r angen i gael cydsyniad gwybodus y bobl sy'n cymryd rhan mewn gwaith ymchwil. Ydych chi'n gallu meddwl am unrhyw enghreifftiau ym maes cymdeithaseg lle gallai eithriadau fod i hyn?

Moeseg mewn ymchwil cymdeithasegol	
Mae moeseg yn seiliedig ar y syniad o beth sy'n gywir ac yn anghywir, ac yn ymwneud â safonau ymddygiad mewn gwaith ymchwil sy'n cael ei gynnal gan gymdeithasegwyr.	Mae gan Gymdeithas Gymdeithasegol Prydain ganllawiau llym ar gyfer gwaith ymchwil cymdeithasegol. Mae'r rhain yn cynnwys canllawiau ar amrywiaeth eang o faterion, sydd wedi'u cynllunio i warchod enw da cymdeithaseg fel disgyblaeth academaidd. Mae gwaith ymchwil sy'n mynd yn groes i'r canllawiau hyn yn peryglu'r posibilrwydd o wneud gwaith ymchwil yn y dyfodol.
Cydsyniad gwybodus yw un o'r canllawiau pwysicaf mae'n rhaid i gymdeithasegwyr eu dilyn.	Mae gan y bobl sy'n cymryd rhan mewn gwaith ymchwil yr hawl i wybod beth maen nhw'n cytuno iddo. Dylai'r nodau ymchwil fod yn glir i'r cyfranogwyr, yn ogystal â'r ffordd mae'r canlyniadau'n mynd i gael eu hadrodd – naill ai yn gyhoeddus neu mewn man arall.
Mae gan gyfranogwyr yr hawl i dynnu'n ôl o'r ymchwil ar unrhyw adeg os ydyn nhw'n anhapus â'r broses.	Dydy'r hawl i dynnu'n ôl ddim yn bosibl os yw'r ymchwil yn gudd. Dydy hyn ddim yn golygu nad yw'n bosibl gwneud gwaith ymchwil cudd. Fodd bynnag, dim ond pan nad oes unrhyw ddull ymchwil posibl arall y dylai ymchwil fod yn gudd. Er enghraifft, ni fyddai wedi bod yn bosibl defnyddio dull agored i wneud astudiaeth ymchwil fel astudiaeth James Patrick o gangiau Glasgow.
Mae cyfrinachedd ac aros yn ddienw yn elfennau hanfodol o waith ymchwil.	Mae bod yn ddienw yn golygu peidio â datgelu manylion y bobl sy'n cymryd rhan yn y gwaith ymchwil. Ni ddylai fod yn bosibl eu hadnabod o'r wybodaeth sy'n cael ei chyhoeddi yn yr ymchwil, ac mae ganddyn nhw'r hawl i breifatrwydd. Dylai gwybodaeth sy'n cael ei rhannu mewn cyfweliad fod yn gyfrinachol. Fodd bynnag, mae sefyllfaoedd yn codi a allai roi ymchwilydd mewn lle cas, er enghraifft os yw trosedd yn cael ei chyflawni neu mae rhywun yn mynd i gael ei anafu.
Ddylai cyfranogwyr ddim cael eu rhoi mewn sefyllfa lle gallen nhw gael niwed corfforol neu seicolegol.	Mae'n amlwg nad yw niwed corfforol yn dderbyniol o ganlyniad i waith ymchwil cymdeithasegol. Fodd bynnag, gallai astudiaethau o gangiau ac isddiwylliannau drwy ddulliau arsylwi cyfranogol arwain at hyn, oherwydd gallai'r arsylwr ddylanwadu ar ddigwyddiadau. Mae'n anoddach mesur niwed seicolegol. Gallai gynnwys creu embaras, straen neu bryder am y broses ymchwil. Ddylai cymdeithasegwyr ddim rhoi eu hun mewn sefyllfa sy'n afresymol o beryglus.
Dylai gwaith ymchwil cymdeithasegol gynnwys nod teilwng.	Dylai canfyddiadau gwaith ymchwil cymdeithasegol gael eu defnyddio i wella bywyd pobl mewn rhyw ffordd. Ddylai canfyddiadau ddim cael eu defnyddio i niweidio neu reoli pobl eraill.
Ddylai canfyddiadau ddim cael effaith negyddol ar y bobl sy'n cael eu hastudio.	Ar ôl i James Patrick gynnal ei astudiaeth o gangiau Glasgow, gwnaeth oedi cyn cyhoeddi ei ganfyddiadau oherwydd roedd yn poeni y byddai'r cyhoeddusrwydd yn gwneud y sefyllfa'n waeth.
Yn olaf, mae adrodd yn ôl (*debriefing*) yn rhan hanfodol o'r broses i gyfranogwyr.	Ystyr adrodd yn ôl yw bod cyfranogwyr yn cael cefnogaeth, er mwyn gwneud yn siŵr nad ydyn nhw'n gadael yn teimlo'n bryderus am y broses maen nhw wedi cymryd rhan ynddi. Dylai cwnselwyr profiadol siarad â nhw, a gwneud yn siŵr nad yw'r broses wedi eu niweidio nhw mewn unrhyw ffordd.

Cryfderau moesegol astudiaeth Patrick:

Roedd Tim, un o aelodau'r gang, yn gwybod pwy oedd Patrick. Roedd Patrick yn onest â'r aelod hwn o'r grŵp. Gwnaeth yn siŵr na fyddai neb yn gallu adnabod aelodau'r grŵp.

Gwnaeth Patrick wrthod cario arf ac roedd yn cadw draw o unrhyw ymladd, er bod hyn, o bosibl, wedi ei roi mewn sefyllfa fwy peryglus.

Roedd Patrick wedi ystyried materion moesegol yn ofalus wrth benderfynu oedi cyn adrodd am ei astudiaeth.

Beirniadaethau moesegol am astudiaeth Patrick:

Roedd Patrick yn twyllo aelodau'r gang bob tro roedd yn cyfarfod â'r grŵp.

Roedd Patrick yn bresennol pan roedd y grŵp yn ymddwyn yn wrthgymdeithasol ac yn torri'r gyfraith, ac efallai ei fod wedi effeithio ar eu hymddygiad.

Doedd dim cydsyniad gwybodus. Ac eithrio Tim, doedd neb yn gwybod eu bod nhw'n rhan o broject ymchwil.

Cefnogaeth o blaid y ddadl bod modd anwybyddu moeseg ar adegau:

Gall adrodd yn ôl i'r cyfranogwyr ar ôl cynnal y gwaith ymchwil sicrhau nad oes niwed yn cael ei wneud.

Weithiau, does dim ffordd arall o gynnal gwaith ymchwil. Er enghraifft, fyddai troseddwyr na rhai isddiwylliannau gwyrdroëdig ddim yn cytuno i gymryd rhan mewn holiadur.

Gall y canfyddiadau fod mor werthfawr weithiau, mae'n cyfiawnhau mynd yn groes i'r canllawiau.

Cefnogaeth yn erbyn y ddadl bod modd anwybyddu moeseg ar adegau:

Mae Cymdeithas Seicolegol Prydain wedi llunio set o ganllawiau manwl. Does dim esgus dros anwybyddu'r canllawiau hyn.

Gallai niwed gael ei wneud i enw da'r pwnc. Efallai na fydd pobl eisiau cymryd rhan mewn unrhyw waith ymchwil yn y dyfodol ar ôl cael profiad gwael o waith ymchwil cymdeithasegol.

Gall ymchwil cymdeithasegol fod yn niweidiol i unigolion. Os na fydd lles pobl yn cael ei ystyried, gallai hyn gael effaith seicolegol hirdymor arnyn nhw.

CYNGOR ADOLYGU

Gwnewch gysylltiadau ar draws y testunau yn y maes llafur. Pan fyddwch chi'n adolygu, ychwanegwch y cysylltiadau hyn at eich nodiadau a chofiwch amdanyn nhw wrth gynllunio eich atebion.

Pobl allweddol

Gwnaeth **Paul Willis** gynnal astudiaeth enwog o fechgyn mewn ysgol uwchradd yn Wolverhampton yn yr 1970au. Ar un llaw, roedd ei astudiaeth yn gwrando ar yr hyn roedd gan y bechgyn i'w ddweud, gan roi cyfle i'w safbwynt nhw o'r byd gael ei gyhoeddi a'i gymryd o ddifrif. Mae miloedd o bobl wedi darllen am astudiaeth Willis a gwnaeth y ddealltwriaeth gyffredinol o ddosbarth cymdeithasol a methiant addysgol wella o ganlyniad i hyn. Ar y llaw arall, roedd Willis yn gweld ymddygiad annymunol, fel ymladd, hiliaeth a homoffobia, ac yn caniatáu i'r ymddygiad hwn barhau.

Cofio'r cysylltiad

Mae moeseg yn ddefnyddiol wrth ateb cwestiynau ar ddulliau ymchwil, yn enwedig os bydd gofyn i chi werthuso astudiaeth neu ddull.

Mae adrodd yn ôl yn rhan bwysig o waith ymchwil. Dylai hyn sicrhau nad yw cyfranogwyr yn cael niwed seicolegol nac yn dioddef straen o ganlyniad i'r broses ymchwil.

Gwirio eich gwybodaeth

1. Disgrifiwch ystyr 'moeseg'. **(2 farc)**
2. Nodwch ddau fater moesegol i'w hystyried wrth ddefnyddio cyfweliadau anstrwythuredig. **(2 farc)**
3. Esboniwch pam dylai cymdeithasegwyr ystyried moeseg wrth wneud gwaith ymchwil. **(4 marc)**

AA1 Disgrifio

Rhoi sylw i'r fanyleb

4.2 Dulliau ymchwil: cynrychioldeb

4.3 Prosesau samplu: technegau samplu cynrychiadol ac anghynrychiadol

7.1 Y broses o ddylunio ymchwil: dethol technegau samplu a thlodi gan gynnwys gwaith Carlen, thesis sifalri

Cyswllt â'r gwerslyfr

tt 256–257: Sut mae cymdeithasegwyr yn dewis techneg samplu?

AA2 Cymhwyso

Mae 1000 o ddisgyblion mewn ysgol. Mae ar yr ymchwilydd eisiau cyfweld â sampl cynrychiadol o'r disgyblion ac mae ganddo amser i gyfweld â 100 ohonyn nhw.

Mae 200 ym mhob grŵp blwyddyn B17–11. Mae 600 o ferched a 400 o fechgyn. Mae 80 o'r disgyblion o grwpiau lleiafrifol ethnig. Mae gan 80 o'r disgyblion Anghenion Addysgol Arbennig.

Faint o ddisgyblion ddylai'r ymchwilydd gyfweld â nhw? Sawl un o bob grŵp? Bechgyn? Merched? Grwpiau blwyddyn? Lleiafrifoedd ethnig? Disgyblion Anghenion Addysgol Arbennig?

Sut byddai'r ymchwilydd yn dewis y sampl?

Datblygu ymhellach

Fel gwaith dilynol, mae ar yr ymchwilydd eisiau cyfweld â myfyrwyr sy'n ysmygu. Sut gallai'r ymchwilydd gael sampl?

Technegau samplu cynrychiadol

Mae'r cyfrifiad sy'n cael ei gynnal bob deng mlynedd yn y DU yn ddarn o waith ymchwil sy'n ceisio cael gwybodaeth am bob unigolyn.	Yn y rhan fwyaf o achosion, does dim amser i astudio'r boblogaeth gyfan, felly bydd sampl yn cael ei gymryd. Yr enw ar y bobl sy'n destun yr astudiaeth yw'r boblogaeth darged. Mae sampl yn cael ei gymryd o'r boblogaeth darged ac mae'r canlyniadau'n seiliedig ar y grŵp hwn. Er enghraifft, gallai eich ysgol fod yn boblogaeth darged ar gyfer astudiaeth, a byddai sampl o ddisgyblion yn cael ei gymryd.
Mewn llawer o achosion, y nod fydd cymryd sampl sy'n gynrychiadol o'r boblogaeth darged gyfan.	Mae sawl ffordd o gael sampl cynrychiadol. Mae hapsamplau yn cael eu casglu drwy dynnu enwau allan o het neu ddefnyddio rhestri wedi'u cynhyrchu gan gyfrifiadur. Dull ar hap yw hwn, ond nid yw o reidrwydd yn gynrychiadol. Fodd bynnag, mae'n ddull cyffredin sy'n cael ei ddefnyddio mewn llawer o waith ymchwil.
Mae samplau systematig hefyd yn cael eu defnyddio pan nad yw'n hawdd creu hapsampl.	Gall samplau systematig gynnwys system fel dewis un enw fesul deg oddi ar restr. Er enghraifft, dewis un enw fesul deg neu ugain oddi ar gofrestr ysgol. Unwaith eto, efallai na fydd hwn yn sampl sy'n wirioneddol gynrychiadol.
Mae samplau cwota yn ffordd o wneud yn siŵr bod sampl yn wirioneddol gynrychiadol. Mae hapsamplu haenedig yn ffordd arall o wneud hyn.	Mae sampl cwota yn golygu gwneud yn siŵr bod y sampl yn cynnwys y gyfran gywir o ran rhywedd, grwpiau ethnig neu oedran. Mae hapsamplu haenedig hefyd yn ceisio sicrhau bod y sampl yn fwy cynrychiadol na defnyddio hapsampl. Byddai'r sampl yn cael ei rannu'n fathau o grwpiau gwahanol ar sail dosbarth, rhywedd, oedran, ethnigrwydd ac ati, gan sicrhau bod y gyfran gywir o'r grŵp hwnnw'n cael ei dewis. Er enghraifft, os yw 8 y cant o'r boblogaeth darged yn bobl Affricanaidd-Caribïaidd, yna bydd 8 y cant o'r sampl yn bobl Affricanaidd-Caribïaidd hefyd.

Technegau samplu anghynrychiadol

Y math mwyaf cyffredin o sampl yw sampl cyfle neu gyfleustra.	Dydy'r math hwn o sampl ddim yn gwneud unrhyw ymgais go iawn i fod yn gynrychiadol, ac mae'n aml yn cael ei ddefnyddio gan fyfyrwyr coleg sy'n gwneud gwaith ymchwil. Mae bod yn anghynrychiadol yn un o anfanteision y math hwn o sampl.
Bydd samplau anghynrychiadol weithiau'n cael eu dewis yn fwriadol.	Er enghraifft, roedd ar John Goldthorpe a David Lockwood eisiau astudio gweithwyr ceir a oedd yn cael cyflogau da ac a oedd yn gefnog. Felly, gwnaethon nhw'n fwriadol ddewis pobl o'r grŵp hwnnw nad oedden nhw'r un fath â'r boblogaeth yn gyffredinol. Efallai byddai ymchwilydd am astudio meddygon benywaidd o gefndir dosbarth gweithiol, felly byddai'n dewis meddygon benywaidd o'r cefndir penodol hwnnw.
Mae'r dull pelen eira yn anghynrychiadol hefyd.	Mae samplu pelen eira yn cael ei ddefnyddio ar gyfer grwpiau sy'n anodd cael mynediad atyn nhw, fel grwpiau troseddol neu wyrdroëdig. Mae hyn yn golygu creu cysylltiad ag un aelod o'r grŵp ac ymchwilio iddo, a defnyddio'r aelod hwnnw i greu cyswllt ag unigolyn arall ac ati, nes bydd sampl yn cael ei greu.
Does dim un dull perffaith o samplu, ac mae gan bob un ei gyfyngiadau.	Mae samplau cynrychiadol ac anghynrychiadol yn ddefnyddiol i gymdeithasegwyr.

Cryfderau hapsamplu:

Mae gan bawb gyfle cyfartal i gael ei ddewis.	Mae'n ffordd deg o ddewis sampl.	Mae technoleg fodern bellach yn gwneud hyn yn haws.

Gwendidau hapsamplu:

Efallai na fydd y sampl yn gynrychiadol.	Os oes grwpiau bach yn y boblogaeth darged, efallai na fyddan nhw'n cael eu cynnwys o gwbl.	Mae samplau systematig hyd yn oed yn llai tebygol o fod yn gynrychiadol.

Cryfderau samplu cwota:

Mae'n cynnwys y gyfran gywir o grwpiau gwahanol.	Mae'n sampl ar hap o bobl sy'n cael eu stopio.	Os bydd yn cael ei wneud yn gywir, dylai roi sampl cynrychiadol.

Gwendidau samplu cwota:

Mae'n dibynnu ar onestrwydd y cyfwelydd, sydd o bosibl eisiau gorffen y gwaith a chwblhau'r cwota er mwyn cael ei dalu, a dim mwy. Efallai na fydd yn cyfweld â'r bobl gywir.	Efallai mai dim ond y bobl sy'n edrych fel pe baen nhw'n fodlon cael eu holi fydd yn cael eu stopio.	Mae'n bosibl y bydd tuedd y cyfwelydd i'w weld yn y sampl.

Cryfderau samplu pelen eira:

Efallai mai dyma'r unig dechneg samplu fyddai'n gweithio.	Mae'n ddefnyddiol iawn er mwyn cael mynediad at grwpiau sy'n anodd eu cyrraedd, fel troseddwyr neu isddiwylliannau gwyrdroëdig, e.e. pobl ddigartref, pobl sy'n gaeth i gyffuriau.	Does dim ffrâm samplu, sef rhestr o lle byddai'r ymchwilydd yn cael y sampl, e.e. gallai pleidleiswyr gael eu dewis o ffrâm samplu'r gofrestr etholiadol. Does dim rhestr o droseddwyr na phobl wyrdroëdig.

Gwendidau samplu pelen eira:

Nid yw'n sampl ar hap.	Nid yw'n gynrychiadol.	Mae'n dibynnu ar wirfoddolwyr, sydd o bosibl yn fath arbennig o bobl. Mae hyn yn arwain at duedd.

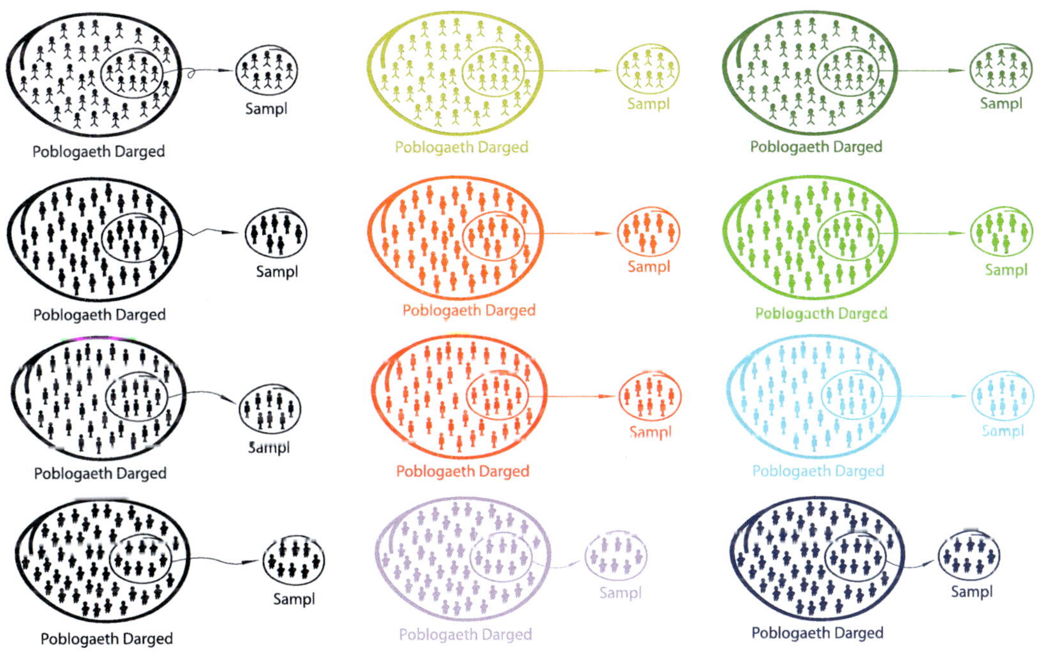

CYNGOR ADOLYGU

Gwnewch yn siŵr eich bod chi'n ymwybodol o'r prif dechnegau samplu. Peidiwch â drysu rhwng technegau samplu a dulliau ymchwil. Bydd y cwestiynau'n nodi'n glir pa un bydd angen i chi ei drafod. Mae drysu rhwng y ddau yn gamgymeriad cyffredin. Dyma'r technegau samplu dylech chi wybod amdanyn nhw:

- hapsamplu
- samplu systematig
- samplu cwota
- hapsamplu haenedig
- samplu pelen eira.

Cofio'r cysylltiad

Mae samplu yn gysylltiedig â sawl astudiaeth, a gallai'r math o sampl effeithio ar sut byddwch chi'n gwerthuso gwaith ymchwil. Ydy'r sampl yn gynrychiadol? Os na, pam hynny?

Pobl allweddol

Weithiau, yr unig ffordd o gynnal gwaith ymchwil yw defnyddio dull pelen eira. Dydy'r rhan fwyaf o gymdeithasegwyr ddim yn adnabod llawer o droseddwyr. Gwnaeth **Laurie Taylor** ddefnyddio dull pelen eira i gael sampl o droseddwyr. Ar ôl iddo greu un cysylltiad, roedd yn bosibl iddo ddod o hyd i bobl eraill a oedd yn barod i gydweithio ag ef.

Mae'r diagram hwn yn cynrychioli proses samplu. Beth mae'r lliwiau gwahanol yn ei gynrychioli, o bosibl? Disgrifiwch beth yw'r broses hon, yn eich barn chi. Oes enw ar gyfer y dechneg samplu hon?

Gwirio eich gwybodaeth

1. Beth yw ystyr 'samplu'? **(2 farc)**
2. Nodwch pa dechneg samplu byddech chi'n ei dewis ar gyfer astudiaeth o athrawon ysgolion uwchradd yn y DU. **(2 farc)**
3. Esboniwch ddau reswm pam byddai'r dull hwn yn ddewis addas. **(4 marc)**

AA1 Disgrifio

Rhoi sylw i'r fanyleb

4.4 Materion ymarferol sy'n effeithio ar ymchwil: mynediad at y rhai sy'n destun ymchwil; porthor i ganiatáu mynediad; amser a chost ymchwil

7.1 Y broses o ddylunio ymchwil: dewis maes ymchwil; dewis dull

Cyswllt â'r gwerslyfr

tt 252–253: Sut mae cymdeithasegwyr yn gwneud dewisiadau am ymchwil?

AA2 Cymhwyso

Pa ystyriaethau ymarferol fyddai'n effeithio ar waith ymchwil yn y meysydd canlynol?

- *Pobl sy'n gaeth i heroin.*
- *Artistiaid graffiti.*
- *Radicaleiddio.*
- *Goroeswyr camdriniaeth ddomestig.*
- *Hwliganiaeth pêl-droed.*

Datblygu ymhellach

Mae'r llywodraeth yn cynnig ariannu ymchwil i effaith y newidiadau yn system budd-daliadau'r DU. Mae llawer o feirniadaeth wedi bod ar y system newydd yn y cyfryngau. Rydych chi'n gymdeithasegydd ymroddedig sy'n ceisio'r gwirionedd am y gymdeithas. Pa bryderon fyddai gennych chi ynglŷn â chytuno i ymgymryd â'r project ymchwil hwn?

Bydd rhaid cael mynediad at bobl ar gyfer y rhan fwyaf o waith ymchwil. Fel arfer, bydd angen i'r ymchwilydd gael mynediad drwy ddefnyddio porthor. Ydych chi'n gallu meddwl am unrhyw enghreifftiau o borthor ar gyfer lleoedd gwahanol yr hoffech chi ymchwilio iddyn nhw?

Materion ymarferol a dewis beth i'w astudio

Un o'r materion pwysicaf yw dewis pa ran o fywyd cymdeithasol mae ar y cymdeithasegydd eisiau ei astudio. Mae diddordeb personol yn debygol o lunio'r penderfyniad hwn.	Mae cymdeithasegwyr yn debygol o ddewis rhywbeth maen nhw'n teimlo'n gryf amdano neu mae ganddyn nhw ddiddordeb arbennig ynddo. Fodd bynnag, efallai na fydd hi bob amser yn bosibl astudio'r hyn maen nhw'n ei ddymuno oherwydd yr angen i sicrhau arian. Mae arian yn hanfodol a gallai ddod o brifysgolion, busnesau, elusennau neu'r llywodraeth. Y grwpiau hyn sy'n rheoli'r arian, a byddan nhw'n cael effaith ar y pynciau sy'n cael eu dewis ar gyfer gwaith ymchwil.
Bydd gwaith ymchwil sydd eisoes wedi'i wneud yn cael effaith fawr ar y dewis o waith ymchwil newydd.	Os oes llawer o waith ymchwil blaenorol ar gael, neu wybodaeth arall am y maes, gallai hyn ddylanwadu ar yr ymchwilydd. Er enghraifft, os oes llawer o ystadegau swyddogol am drosedd ar gael, efallai bydd ymchwilydd yn penderfynu astudio hyn.
Mae tueddiadau'r cyfnod yn debygol o gael effaith ar y dewis o waith ymchwil.	Efallai bydd y cyfryngau yn trafod llawer o straeon am fater penodol yn y gymdeithas, e.e. y cyfryngau cymdeithasol, newyddion ffug a seiberdroseddu. Am y rheswm hwn, mae'r materion hyn yn debygol o ddenu arian, felly efallai bydd cymdeithasegwyr yn dewis ymchwilio iddyn nhw.
Efallai ei bod hi'n hawdd cael mynediad i'r maes mae ar yr ymchwilydd eisiau ei astudio.	Efallai bod gan yr ymchwilydd gyswllt sy'n ei alluogi i gael mynediad at y grŵp mae arno eisiau ei astudio. Er enghraifft, yn *A Glasgow Gang Observed*, gwnaeth James Patrick gyfarfod â Tim, aelod o'r gang, yn rhinwedd ei swydd fel gweithiwr ieuenctid. Gwnaeth hyn ei annog i ddewis y maes ymchwil hwn. Gall rhai meysydd fod yn anodd cael mynediad atyn nhw, sy'n golygu na fydd ymchwilwyr yn debygol o'u dewis fel meysydd ymchwil.

Materion ymarferol sy'n effeithio ar y dull ymchwil sy'n cael ei ddewis

Ar ôl dewis maes ymchwil, rhaid i'r ymchwilydd ddechrau cynllunio'r ymchwil.	Un o'r dewisiadau pwysicaf yw'r math o ddulliau ymchwil i'w defnyddio. Mae'n bosibl y bydd rhai ymchwilwyr yn credu'n gryf mewn un dull yn hytrach na rhai eraill. Er enghraifft, roedd Ann Oakley, ffeminist, yn credu bod cyfweliadau anstrwythuredig yn ddull ymchwil sy'n fwy addas i fenywod. Roedd hi'n feirniadol o gyfweliadau strwythuredig traddodiadol am ffurfio perthynas nodweddiadol lle mae'r dyn yn dominyddu.
Efallai na fydd rhai dulliau yn ymarferol bosibl.	Os oes ar ymchwilydd eisiau astudio bwlio mewn ysgolion, yn amlwg nid yw dull arsylwi cyfranogol yn mynd i fod yn bosibl am resymau moesegol. Bydd angen defnyddio dulliau mwy sensitif, fel cyfweliadau anstrwythuredig, i gael gwybodaeth am faterion anodd. Ddylai ymchwilwyr ddim rhoi eu hun mewn sefyllfaoedd peryglus chwaith.
Gallai nodweddion personol yr ymchwilydd ddylanwadu ar y dull sy'n cael ei ddewis.	Os yw'r ymchwilydd yn fenyw sydd eisiau astudio maes sy'n sensitif i fenywod, fel cam-drin domestig, gallai hyn fod yn briodol. Efallai byddai angen i ddyn sydd am ymchwilio i'r un maes feddwl yn ofalus sut byddai'n gwneud hynny. Yn yr un modd, gallai ymchwilydd gwyn ei chael hi'n anodd ymchwilio i hiliaeth tuag at leiafrifoedd ethnig.
Gallai'r amser sydd ar gael ddylanwadu ar arddull yr ymchwil.	Mae angen llawer o arian ar gyfer astudiaethau hydredol sy'n dilyn grwpiau o bobl dros gyfnod hir o amser, yn ogystal ag ymrwymiad tymor hir o ran amser ac adnoddau. Mae adnoddau'n cynnwys cyfrifiaduron, cyflogau cyfwelwyr, costau argraffu a phostio.

Cryfderau'r syniad bod cymdeithasegwyr yn rhydd i benderfynu ynglŷn â'u gwaith ymchwil:

Mae gan gymdeithasegwyr ddiddordebau personol a'u profiadau eu hun, sy'n dylanwadu ar eu dewisiadau ymchwil.

Mae cymdeithasegwyr yn aml yn ffafrio dulliau ymchwil penodol. Fodd bynnag, mae'n well gan lawer ddefnyddio dulliau cymysg, yn dibynnu ar beth maen nhw'n ei astudio.

Mae un o'r prif ddamcaniaethau fel arfer yn cael dylanwad cryf ar gymdeithasegwyr. Er enghraifft, mae Marcswyr a ffeministiaid yn debygol o fod eisiau mynd ar ôl eu credoau wrth benderfynu ar waith ymchwil. Mae cymdeithasegwyr y Dde Newydd yn poeni am newidiadau yn y gymdeithas a byddan nhw'n mynd ar ôl ymchwil sy'n cwestiynu hyn.

Gwendidau'r syniad bod cymdeithasegwyr yn rhydd i benderfynu ynglŷn â'u gwaith ymchwil:

Mae amser yn cyfyngu llawer ar waith ymchwil. Efallai bydd pwysau i gyhoeddi adroddiadau a allai olygu bod y gwaith ymchwil yn cael ei ruthro ac felly'n llai trylwyr.

Mae arian hefyd yn cael dylanwad mawr ar y dewis o destun ac ar y canfyddiadau, sy'n peri pryder. Bydd grŵp sydd wedi talu am waith ymchwil yn disgwyl canfyddiadau sy'n helpu i berswadio pobl i dderbyn eu safbwyntiau nhw. Efallai na fydd cymdeithasegydd sy'n cael y canlyniadau 'anghywir' ar ran cwmni yn cael rhagor o waith.

Mae mynediad at grŵp o bobl yn debygol o gael dylanwad mawr ar yr ymchwil a'r dull sy'n cael ei ddewis. Mae nodweddion personol yr ymchwilydd yn debygol o effeithio ar yr ymchwil hefyd. Mae hyn yn cynnwys oedran, rhywedd, dosbarth ac ethnigrwydd.

Cryfderau astudiaeth Venkatesh:

Gwnaeth Venkatesh lwyddo i gael mynediad at gang o'r enw'r 'Black Kings' yn Chicago rhwng tua 1989 ac 1996. Cafodd fynediad at y gang drwy borthor o'r enw JT, a chafodd gyfle i arsylwi'r gang yn uniongyrchol dros gyfnod hir o amser.

Cafodd ei lyfr *Gang Leader for a Day* ei gyhoeddi yn gymharol ddiweddar, yn 2009. Mae felly'n cynnwys gwybodaeth fwy diweddar.

Llwyddodd Venkatesh i gael mynediad at y grŵp Affricanaidd-Americanaidd oherwydd ei nodweddion personol fel dyn o gefndir De Asiaidd. Fyddai hyn ddim wedi bod yn bosibl pe bai'n ddyn gwyn.

Gwendidau astudiaeth Venkatesh:

Doedd JT ddim yn aelod pwysig o'r gang. Roedd yn anodd iawn i Venkatesh ddarganfod lefelau uwch y grŵp.

Ysgrifennodd Venkatesh ddyddiadur maes o'i sgyrsiau a'i arsylwadau ond roedd yn dibynnu ar ei gof.

Gwnaeth Venkatesh gymryd cymaint o ran ym mywyd y grŵp, roedd yn aml yn ymddwyn fel un ohonyn nhw.

Gallai arian fod yn broblem ymarferol enfawr o ran gwaith ymchwil. Gallai'r llywodraeth, busnesau neu elusennau ddewis noddi gwaith ymchwil. Fyddai'n bosibl i'r noddwr effeithio ar ganlyniadau gwaith ymchwil? Sut?

CYNGOR ADOLYGU

Gwnewch yn siŵr eich bod chi'n gwybod yr holl dermau allweddol sydd yn y maes llafur. Mae hyn yn hanfodol oherwydd maen nhw'n debygol o gael eu cynnwys yng ngeiriad y cwestiwn.

Pobl allweddol

Gwnaeth **Sudhir Venkatesh** astudio bywyd gang yn Chicago. Roedd y gang yn gwerthu crac cocên ac astudiodd Venkatesh yr aelodau am tua 18 mis dros gyfnod o saith mlynedd. Defnyddiodd Venkatesh ddull arsylwi cyfranogol ac roedd yn gallu gweld rhai o'r gweithgareddau yn uniongyrchol. Roedd hyn yn cynnwys llawer o weithgarwch troseddol, gan gynnwys cyffuriau a thrais. Un ffaith ddiddorol yw ei fod wedi dechrau drwy geisio gofyn i bobl a oedd yn byw yn ardal y 'Projects' lenwi holiadur. Cafodd ei amgylchynu'n gyflym gan aelodau o gang y 'Black Kings'. Sylweddolodd nad oedd pwynt gofyn cwestiynau. Er mwyn eu deall nhw, roedd angen iddo fyw gyda nhw a gweld bywyd drwy eu llygaid nhw. Rhoddodd ei hun mewn sefyllfa beryglus iawn ond manteisiodd ar y cyfle ymarferol i gael mynediad.

Cofio'r cysylltiad

Gallai materion ymarferol gael eu defnyddio i'ch helpu chi i werthuso dadleuon am destunau gwahanol. Er enghraifft, gallai materion ymarferol ddylanwadu ar y rheswm pam mae llai o waith ymchwil yn cael ei gynnal i droseddau corfforaethol a throseddau coler wen. Meddyliwch am y rhesymau ymarferol pam na fyddai gwaith ymchwil yn cael ei gynnal yn y meysydd hyn.

Gwirio eich gwybodaeth

1. Disgrifiwch ystyr 'porthor'. **(2 farc)**
2. Nodwch ddau fater ymarferol sy'n effeithio ar waith ymchwil. **(2 farc)**
3. Esboniwch ddwy ffordd y gallai materion ymarferol ddylanwadu ar waith ymchwil cymdeithasegwyr. **(4 marc)**

Rhoi sylw i'r fanyleb

4.4 Materion ymarferol sy'n effeithio ar ymchwil: mynediad at y rhai sy'n destun ymchwil; porthor i ganiatáu mynediad; amser a chost ymchwil

7.1 Y broses o ddylunio ymchwil: dewis maes ymchwil; penderfynu ar nod/a neu ragdybiaeth; dewis dull; defnyddio astudiaeth beilot; dethol technegau samplu; dadansoddi data

Cyswllt â'r gwerslyfr

tt 254–255: Penderfynu ar nod a/neu ragdybiaeth
tt 258–259: Sut mae cymdeithasegwyr yn cynllunio ymchwil llwyddiannus?

AA2 Cymhwyso

Penderfynwch sut byddech chi'n cynnal gwaith ymchwil i safbwyntiau pobl ar bleidleisio yn refferendwm yr UE.

- *Pa ragdybiaeth neu gwestiwn ymchwil gallech chi ei datblygu?*
- *Pa dechneg samplu byddech chi'n ei defnyddio?*
- *O lle byddech chi'n cael eich sampl?*
- *Pa ddull ymchwil byddech chi'n ei ddefnyddio?*

Datblygu ymhellach

Ewch ati i gynnal astudiaeth beilot fer gan ddefnyddio pum cwestiwn. Pa newidiadau byddech chi'n eu gwneud i'ch cwestiynau ar ôl yr astudiaeth beilot?

Dylunio ymchwil	
Mae sawl cam yn gysylltiedig â chynllunio ymchwil llwyddiannus.	Mae dewis maes testun, asesu cost, arian ac argaeledd pobl a gwybodaeth i gyd yn rhan o gynllunio ymchwil llwyddiannus. Mae ceisio sicrhau nad yw safbwyntiau a chredoau personol y cymdeithasegydd yn effeithio ar y gwaith ymchwil yn allweddol hefyd.
Ar ôl penderfynu ar y testun, dylai penderfyniadau gael eu gwneud am y math o sampl, a rhaid llunio'r cwestiynau ymchwil.	Gallai cwestiynau ymchwil fod yn eang, ond mae'n well gan rai cymdeithasegwyr ddatblygu rhagdybiaeth wyddonol. Gosodiad yw rhagdybiaeth. Bydd y cymdeithasegydd yn profi'r gosodiad drwy gasglu data ymchwil. Enghraifft o ragdybiaeth fyddai: 'Isddiwylliannau troseddol yw'r prif beth sy'n achosi trosedd yn y DU'. Byddai data yn cael eu casglu i ddarganfod i ba raddau mae'r gosodiad hwn yn wir.
Rhaid esbonio'r termau allweddol yn yr astudiaeth yn glir er mwyn i bawb sy'n darllen y gwaith ymchwil ddeall eu hystyr.	Rhaid diffinio unrhyw derm allweddol fel 'isddiwylliant troseddol'. Er enghraifft, gallai isddiwylliant troseddol gael ei ddiffinio fel grŵp sydd â'i normau a'i werthoedd ei hun, ac sy'n cynnwys ymddygiad anghyfreithlon bwriadol. Gallai fod yn ddefnyddiol troi'r term allweddol yn rhywbeth sy'n gallu cael ei fesur hefyd. Yr enw ar hyn yw 'gweithredoli'r cysyniad'. Er enghraifft, gallai isddiwylliant troseddol gael ei rannu yn adrannau, fel ymddygiad treisgar, dwyn, twyll, cyffuriau anghyfreithlon ac ati. Mae hyn yn ei gwneud hi'n haws mesur isddiwylliant troseddol.
Rhaid penderfynu ar arddull y gwaith ymchwil.	Rhaid dewis y dull neu'r dulliau ymchwil. Gallai llawer o ffactorau ddylanwadu ar y dewis hwn, gan gynnwys a oes sampl ar gael, moeseg, porthor neu ganiatâd i fynd rhywle i gynnal yr astudiaeth. Efallai bydd yr ymchwilydd yn ffafrio un dull penodol.
Ar ôl penderfynu ar y rhagdybiaeth/cwestiwn ymchwil a'r dull, rhaid ystyried amserlenni a chostau yn ofalus.	Y peth gorau i ymchwilydd ei wneud ar y cam hwn yw gwneud astudiaeth beilot. I unrhyw un sy'n gwneud gwaith ymchwil am y tro cyntaf, gallai hyn ymddangos yn gam diangen, ond gall arwain at lawer llai o waith yn y tymor hir.
Gall astudiaeth beilot helpu i osgoi camgymeriadau drud yn y gwaith ymchwil.	Gall rhoi prawf ar holiadur neu gyfweliad ddatgelu problemau sydd ddim yn amlwg i'r ymchwilydd. Mae hyn yn cynnwys y posibilrwydd y bydd ymatebwyr yn camddeall y cwestiynau. Gall astudiaeth beilot ddatgelu'r problemau hyn, gan roi cyfle i'r cwestiynau gael eu hailysgrifennu gan ddefnyddio iaith fwy syml neu iaith wahanol. Weithiau, bydd angen cwestiynau ychwanegol i gael y wybodaeth sy'n ofynnol.
Mae sawl rheswm da dros ddewis cynnal astudiaeth beilot.	Gallai astudiaeth beilot dynnu sylw at broblemau o ran cydweithrediad, dilysrwydd neu'r amser mae'n ei gymryd i gwblhau cyfweliadau. Efallai bydd angen astudiaeth beilot i sicrhau arian ar gyfer gwaith ymchwil.
Ar ôl cwblhau'r astudiaeth lawn, rhaid penderfynu sut i ddadansoddi'r data.	Mae'n bosibl y bydd llawer o ddata i'w dadansoddi er mwyn gweld patrymau. Bydd angen gwneud penderfyniadau o ran sut i gyflwyno'r data i bobl eraill. Mae data ansoddol yn aml yn cynnwys llawer o fanylion. Weithiau, bydd ymchwilwyr yn chwilio am batrymau yn y data ac yn eu symleiddio.

Cryfderau'r syniad mai materion ymarferol sy'n cael yr effaith fwyaf ar gynllunio ymchwil:

Gallai'r ffaith bod sampl ar gael, annog gwaith ymchwil i bwnc penodol.

Mae cysylltiad gyda phorthor yn fater ymarferol pwysig sy'n gallu golygu'r gwahaniaeth rhwng gweld y gwaith ymchwil yn methu neu'n llwyddo.

Gwendidau'r syniad mai materion ymarferol sy'n cael yr effaith fwyaf ar gynllunio ymchwil:

Mae gan gymdeithasegwyr gredoau cryf ac mae'n bosibl y byddan nhw'n dod o hyd i ffordd o astudio rhywbeth mae ganddyn nhw ddiddordeb mawr ynddo.

Gallai'r wybodaeth sydd ar gael yn barod gael effaith fawr ar y dewis o astudiaeth.

Bydd cefndir damcaniaethol yr ymchwilydd yn cael dylanwad mawr ar ei ddewisiadau ymchwil. Bydd gan Farcsydd neu ffeminist syniadau clir am yr hyn mae arno eisiau ei astudio.

Mae ar waith ymchwil cymdeithasegol angen llawer iawn o gynllunio. Gallai llawer o arian fod ynghlwm wrth waith ymchwil ac mae'n bwysig ei wario'n ddoeth. Dydy ymchwil cymdeithasegol ddim yn hawdd ac mae llawer o bethau i'w hystyried.

CYNGOR ADOLYGU

Paratowch ar gyfer cwestiynau sy'n gofyn i chi ystyried dull ymchwil addas mewn sefyllfa benodol. Meddyliwch am eich rhesymau dros ddewis dulliau gwahanol.

Mae llawer o gymdeithasegwyr wedi ceisio defnyddio'r un prosesau â gwyddonwyr i ddysgu mwy am y gymdeithas. Mae llunio rhagdybiaeth a'i phrofi yn rhan o'r broses hon.

Cofio'r cysylltiad

Dewch â holl rannau gwahanol y testun dulliau ymchwil ynghyd. Mae'n bwysig cysylltu'r holl bethau sy'n dylanwadu ar ymchwil, yn ogystal â'r pethau allweddol i'w gwerthuso.

Pobl allweddol

Y **Cyngor Ymchwil Economaidd a Chymdeithasol** (*ESRC: Economic and Social Research Council*) yw un o'r prif ffynonellau arian ar gyfer gwaith ymchwil. Mae'r Cyngor yn cyhoeddi canllawiau clir iawn ar sut i gynllunio ymchwil. Mae hyn yn cynnwys cynnig hyfforddiant a chefnogaeth, a chanllawiau ar sut i fesur llwyddiant. Daw'r rhan fwyaf o arian yr *ESRC* gan y llywodraeth, a allai effeithio ar y gwaith ymchwil sy'n cael ei gytuno.

Gwirio eich gwybodaeth

1. Disgrifiwch ystyr 'rhagdybiaeth'. **(2 farc)**
2. Esboniwch pam byddai cymdeithasegydd, o bosibl, yn dewis astudio tlodi. **(4 marc)**
3. Trafodwch beth byddai angen i gymdeithasegydd ei ystyried wrth gynllunio darn o waith ymchwil. **(12 marc)**

Rhoi sylw i'r fanyleb

4.2 Dulliau ymchwil: dulliau ansoddol a meintiol; gwerth, cymhwysiad ymarferol a chryfderau a gwendidau dulliau gwahanol yn nhermau dilysrwydd, dibynadwyedd, moeseg, cynrychioldeb; ymagweddau dulliau cymysg

7.1 Y broses o ddylunio ymchwil: defnyddioldeb yr ymagwedd dulliau cymysg

Cyswllt â'r gwerslyfr

tt 260–261: Pam mae cymdeithasegwyr yn defnyddio ymagweddau cymysg eu dull weithiau?

AA2 Cymhwyso

Mae cymdeithasegydd wedi penderfynu defnyddio holiaduron mewn project ymchwil ar normau a gwerthoedd diwylliannau gwahanol yn y DU. Mae'r astudiaeth beilot wedi dangos nad yw'r cwestiynau'n arwain at wybodaeth ddefnyddiol iawn. Mae'n debyg nad yw'r cwestiynau'n darganfod digon o wybodaeth am y diwylliannau. Pa gyngor gallech chi ei roi i'r cymdeithasegydd? Beth arall gallai ei wneud?

Datblygu ymhellach

Esboniwch pam byddai dulliau cymysg yn helpu'r astudiaeth hon. Defnyddiwch iaith gymdeithasegol i gyfiawnhau eich ateb.

Dwy ymagwedd at gymdeithaseg

Yn draddodiadol, mae dwy ymagwedd wedi bod at ddulliau cymdeithasegol.	Un safbwynt yw y dylai cymdeithaseg ymwneud â chasglu llawer o ddata ar ffurf data meintiol. Mae'r ymagwedd hon yn chwilio am batrymau ac yn ceisio canfod deddfau'r gymdeithas. Mae holiaduron ac ystadegau swyddogol yn boblogaidd yn yr ymagwedd hon.
Mae'r ail ymagwedd yn ymwneud ag ymchwilio i'r ystyron sydd gan bobl.	Mae'r ail ymagwedd hon yn chwilio am ddata ansoddol ar ffurf disgrifiadau manwl am y gymdeithas. Arsylwi cyfranogol a chyfweliadau anstrwythuredig yw'r dulliau ymchwil clasurol sydd wedi cael eu defnyddio gan gymdeithasegwyr sy'n ffafrio'r ymagwedd hon.
Roedd dadl fawr rhwng y ddwy ymagwedd. A fyddai cymdeithaseg yn gallu casglu gwybodaeth yn yr un ffordd â gwyddoniaeth? A ddylai wneud hynny?	Mewn gwirionedd, mae'r rhan fwyaf o gymdeithasegwyr wedi sylweddoli bod llawer o fanteision ymarferol i ddefnyddio mwy nag un dull wrth gynnal gwaith ymchwil. Mae sawl astudiaeth enwog yn defnyddio mwy nag un dull. Yr enw ar yr ymagwedd hon yw'r ymagwedd dulliau cymysg (*mixed methods*).
Mae dulliau cymysg wedi cael eu mabwysiadu gan gymdeithasegwyr am resymau ymarferol.	Ers yr 1970au, yr ymagwedd dulliau cymysg yw'r fwyaf poblogaidd. Paul Feyerabend, athronydd o Awstria, oedd un o'r cymeriadau mwyaf dylanwadol ar y mater hwn. Dywedodd na ddylai unrhyw reolau fod ynghlwm wrth ymchwil, ac y dylai cymdeithasegwyr ddefnyddio pa bynnag ddulliau sy'n gweithio orau.

Rhesymau pam mae'r ymagwedd dulliau cymysg yn cael ei defnyddio

Er mwyn gwneud yn siŵr bod y data sy'n cael eu casglu yn gywir.	Gall hyn helpu darn o waith ymchwil o ran dilysrwydd a dibynadwyedd. Gall defnyddio holiaduron ochr yn ochr â chyfweliadau anstrwythuredig roi'r gorau o ddau fyd i'r ymchwilydd. Maen nhw'n gallu defnyddio cwestiynau safonol i sicrhau dibynadwyedd, yn ogystal â chyfweliadau anstrwythuredig i gael safbwynt go iawn y bobl sy'n cael eu hastudio am y byd.
Weithiau, gallai fod yn ddefnyddiol defnyddio dulliau mewn trefn benodol.	Gall arsylwadau neu gyfweliadau anstrwythuredig fod yn syniad da fel cam cyntaf i'r ymchwilydd. Mae hyn yn arbennig o wir os yw'n astudio grŵp neu leoliad nad yw'n gwybod llawer amdano. Gall defnyddio dull ansoddol yn gyntaf helpu'r ymchwilydd i benderfynu ar y cwestiynau y bydd angen eu gofyn yn yr holiadur meintiol.
Mae dulliau cymysg hefyd yn ddefnyddiol er mwyn croeswirio gwaith ymchwil.	Mae defnyddio dull gwahanol yn ffordd syml o weld a yw'r un peth yn cael ei ganfod eto.
Mae ffyrdd eraill ar gael o groeswirio ymchwil, a'r enw ar hyn yw triongli.	Gall triongli gynnwys gwirio gwaith un ymchwilydd yn erbyn gwaith un arall, neu gynnal y gwaith ymchwil mewn lleoliad gwahanol.

Pan fydd cymdeithasegwyr yn cymysgu dulliau, gallai un dull ddominyddu'r gweddill. Er enghraifft, efallai bydd yr ystadegau yn creu penawdau, a'r manylion ansoddol yn cael eu colli.

Cryfderau ymagwedd dulliau cymysg:

Mae'n bosibl creu darlun ehangach o'r rhan o'r gymdeithas sy'n cael ei hastudio.

Gall dau neu ragor o ddulliau ategu ei gilydd i sicrhau dibynadwyedd a dilysrwydd.

Mae rhagor o ddata yn arwain at well dealltwriaeth.

Gwendidau ymagwedd dulliau cymysg:

Mae angen ymchwilydd sy'n fedrus iawn wrth ddefnyddio dulliau gwahanol.

Gall defnyddio dulliau gwahanol fod yn ddrud iawn. Gall gymryd llawer o amser hefyd.

Mae'n anodd iawn dadansoddi'r canlyniadau. Bydd un dull yn dominyddu'r adroddiad weithiau, sef y dull sy'n casglu data meintiol fel arfer.

Gwendidau canolbwyntio ar un dull ymchwil:

Dim ond data meintiol **neu** ansoddol fydd yn cael eu casglu drwy ddefnyddio un dull yn unig. Gall defnyddio dau neu ragor o ddulliau arwain at gasglu'r ddau fath o ddata.

Fydd y canfyddiadau ddim yn cael eu croeswirio. Gallai defnyddio dau neu ragor o ddulliau helpu i sicrhau bod canfyddiadau'r ymchwil yn dal dŵr.

Gall defnyddio dau ddull greu darlun mwy llawn, gan gynnig dibynadwyedd a dilysrwydd. Gwnaeth Eileen Barker ddefnyddio cyfweliadau anstrwythuredig i'w helpu i lunio rhagdybiaethau ar gyfer ei sesiynau arsylwi cyfranogol.

Anfanteision defnyddio dulliau cymysg:

Gall defnyddio sawl dull gymryd llawer o amser, felly gall fod yn ddrud.

Weithiau, gall y data sy'n cael eu casglu gan un dull, er enghraifft yr ystadegau, ddominyddu'r gwaith ymchwil.

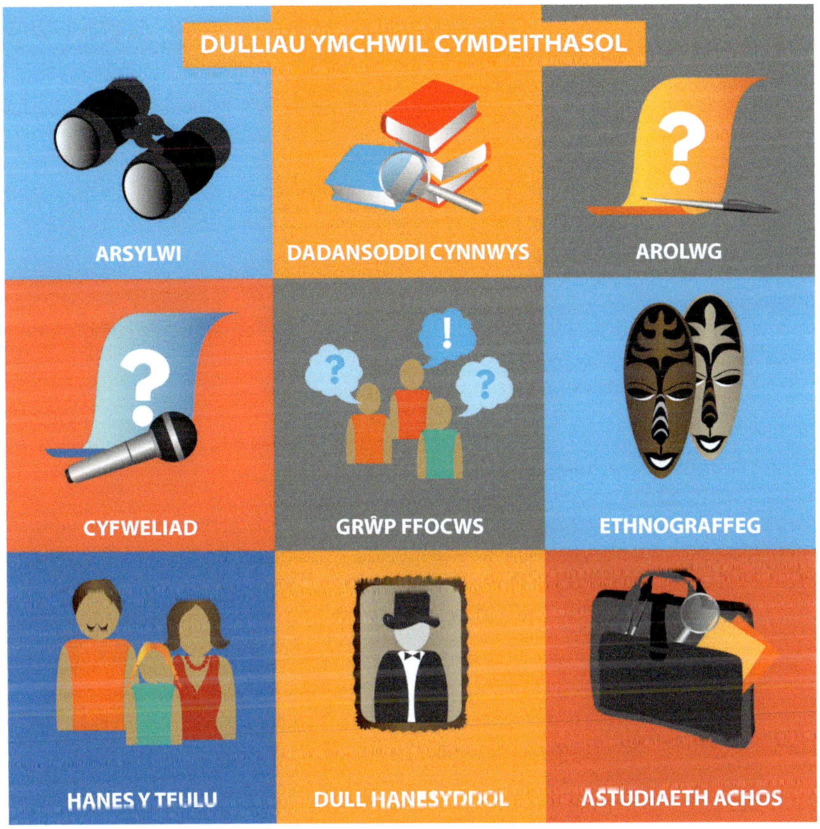

Gall cymdeithasegwyr ddewis amrywiaeth eang o ddulliau. Fel arfer, bydd cymysgedd o ddulliau meintiol ac ansoddol yn cael eu dewis wrth ddefnyddio ymagwedd dulliau cymysg.

CYNGOR ADOLYGU

Defnyddiwch enghreifftiau i gefnogi eich ateb. Cyfeiriwch at astudiaeth Barker yn eich ateb am ymagweddau dulliau cymysg.

Pobl allweddol

Mae gwaith **Eileen Barker,** *The Making of a Moonie*, yn un o'r astudiaethau clasurol lle cafodd dulliau cymysg eu defnyddio. Roedd ei hastudiaeth o grŵp crefyddol y Moonies yn golygu chwe blynedd o arsylwi cyfranogol, cyfweliadau anstrwythuredig a holiaduron a gafodd eu rhoi i sampl mawr er mwyn cynhyrchu'r swm mawr o ddata a gafodd eu defnyddio yn sail i'w llyfr.

Cofio'r cysylltiad

Cyflwynwch ddulliau cymysg mewn atebion i gwestiynau eraill am ddulliau ymchwil. Os bydd gofyn i chi drafod holiaduron neu arsylwi cyfranogol, cofiwch y gallai'r dulliau hyn gael eu defnyddio fel rhan o ymagwedd dulliau cymysg.

Gwirio eich gwybodaeth

1. Disgrifiwch ystyr 'ymagwedd dulliau cymysg'. **(2 farc)**
2. Esboniwch ddau reswm pam mae ymagwedd dulliau cymysg yn ddefnyddiol i gymdeithasegwyr. **(4 marc)**
3. 'Bydd cymdeithasegwyr yn llwyddo i wneud gwaith ymchwil effeithiol drwy ddefnyddio un dull yn unig.' Ydych chi'n cytuno â'r safbwynt hwn? **(6 marc)**

Rhoi sylw i'r fanyleb

4.1 Defnyddioldeb mathau gwahanol o ddata: data cynradd ac eilaidd; data ansoddol a meintiol; ffynonellau data eilaidd; defnyddioldeb y mathau hyn o ddata i gymdeithasegwyr

4.2 Dulliau ymchwil: gwerth, cymhwysiad ymarferol a chryfderau a gwendidau dulliau gwahanol yn nhermau dilysrwydd, dibynadwyedd, moeseg, cynrychioldeb

Cyswllt â'r gwerslyfr

tt 262–263: Pa mor ddefnyddiol yw ymchwil cymdeithasegol?

AA2 Cymhwyso

Mae astudiaeth wedi bod yn ymchwilio i ddylanwad cerddoriaeth hip hop ar bobl ifanc yn eu harddegau ym Mhrydain. Dyn gwyn 56 oed o Gernyw yw'r ymchwilydd. Mae wedi penderfynu llunio holiadur gyda chwestiynau caeedig ar gerddoriaeth rap.

Pa gyngor byddech chi'n ei roi iddo ar y gwaith ymchwil hwn? Beth yw cryfderau a gwendidau posibl yr ymchwil?

Datblygu ymhellach

Ydy hi'n bosibl llunio astudiaeth sydd â lefel uchel o ddibynadwyedd a dilysrwydd? Sut gallech chi wneud hynny?

Ym maes cymdeithaseg, mae dibynadwyedd yn ymwneud â gallu ailadrodd yr astudiaeth rywbryd eto gydag ymchwilydd arall, a disgwyl cael yr un canlyniadau, fwy neu lai. Os na fyddai hyn yn debygol, does gan yr astudiaeth ddim llawer o ddibynadwyedd.

Gwerthuso gwaith ymchwil cymdeithasegol

Mae llawer o bethau i'w hystyried wrth werthuso astudiaeth gymdeithasegol.	Byddai rhai o'r ystyriaethau hyn yn cael eu defnyddio i adolygu unrhyw ddarn o dystiolaeth, boed yn gymdeithasegol ai peidio. Er enghraifft, ai dyma'r gwaith ymchwil diweddaraf? Pwy sydd wedi casglu'r data? At ba ddiben? Gallai'r data gynnwys elfen o duedd.
Mae pedwar prif beth i'w hystyried wrth werthuso gwaith ymchwil cymdeithasegol: dibynadwyedd, moeseg, dilysrwydd a sampl.	Mae dibynadwyedd yn asesu i ba raddau mae'n bosibl ailadrodd y gwaith ymchwil. Dylai'r cymdeithasegydd ddarparu manylion clir sy'n nodi sut mae wedi casglu'r data a'r cwestiynau gafodd eu defnyddio. Er mwyn bod yn ddibynadwy iawn, dylai rhywun allu ailadrodd yr astudiaeth gan ddisgwyl cael canlyniadau tebyg iawn. Pe bai'r astudiaeth yn cael ei hailadrodd mewn lle arall neu ar adeg arall, byddai'n bosibl cymharu'r canlyniadau.
Mae moeseg eisoes wedi'i drafod yn fanwl yn y llyfr hwn. Gallai astudiaethau gael eu beirniadu am beidio â dilyn canllawiau moesegol, oes nad oes digon o gyfiawnhad am hynny.	Mae dilysrwydd yn ymwneud ag i ba raddau mae'r data ymchwil yn dangos darlun go iawn o'r gymdeithas. Gallai nifer o bethau achosi diffyg dilysrwydd. Mae'r rhain yn cynnwys diffyg gonestrwydd gan ymatebwyr a allai ddweud celwydd am amrywiol resymau, er enghraifft embaras, dymunolrwydd cymdeithasol a thuedd y cyfwelydd. Gallai dilysrwydd fod yn isel os bydd cwestiynau'n cael eu gofyn sydd ddim yn rhoi cyfle i'r ymatebwyr roi eu barn yn llawn.
Mae natur y sampl yn agored i feirniadaeth. Dylai'r sampl geisio cynrychioli'r boblogaeth sy'n cael ei hastudio.	Mewn sawl achos, mae cymdeithasegwyr yn ceisio cael sampl cynrychiadol o'r boblogaeth darged. Dylai sampl cynrychiadol gynnwys cynrychiolaeth deg o ran dosbarth, rhywedd, ethnigrwydd, oedran ac unrhyw ffactorau arwyddocaol eraill. Mae samplau sydd ddim yn gynrychiadol yn dderbyniol os yw'r ymchwil yn ceisio targedu is-grŵp penodol, fel troseddwyr.

Gwerthuso dulliau ymchwil a mathau gwahanol o ddata

Mae pob dull ymchwil a ffynhonnell data ym maes cymdeithaseg yn agored i feirniadaeth. Eto i gyd, mae gan bob un ohonyn nhw gryfderau a manteision gwahanol.	Mantais data meintiol yw eu bod nhw'n gallu arsylwi patrymau a chynhyrchu syniadau am y gymdeithas. Dylai astudiaethau sy'n casglu data meintiol allu sicrhau dibynadwyedd uchel, ar yr amod eu bod nhw'n egluro'r dulliau sydd wedi'u defnyddio. Fodd bynnag, gallai'r data sy'n cael eu casglu fod yn ddiffygiol o ran dilysrwydd. Er enghraifft, gallai'r defnydd o gwestiynau caeedig orfodi ymatebwyr i roi atebion cyfyngedig.
Mantais data ansoddol yw eu bod nhw'n cynnwys mwy o fanylion a disgrifiadau.	Yn aml, bydd data ansoddol yn cael eu casglu mewn ffordd sy'n golygu diffyg dibynadwyedd. Mae'r dulliau sy'n cael eu defnyddio i gasglu data ansoddol yn aml yn eithaf unigryw a dydy hi ddim bob amser yn hawdd i ymchwilydd arall eu hefelychu. Mae'r dulliau gafodd eu defnyddio gan James Patrick ac R.E. Dobash ac R. Dobash yn gofyn am astudiaeth benodol iawn sy'n anodd ei chopïo. Fodd bynnag, mae data ansoddol yn aml yn ddilys iawn.
Mae holiaduron a chyfweliadau strwythuredig yn aml yn ddibynadwy iawn.	Mae'r defnydd o gwestiynau safonol yn golygu dibynadwyedd uchel. Gallai ystadegau swyddogol fod yn ddibynadwy iawn hefyd. Dydy cyfraddau dilysrwydd y dulliau hyn ddim yn tueddu i fod yn uchel iawn, fodd bynnag.
Mae arsylwi cyfranogol a chyfweliadau anstrwythuredig yn tueddu i fod yn ddilys iawn.	Mae'r math hwn o ymchwil yn tueddu i gasglu gwybodaeth fanwl sy'n rhoi lefel uchel o ddilysrwydd. Ond, mae'r ffordd unigryw mae'r dulliau hyn yn casglu gwybodaeth yn golygu eu bod nhw'n isel o ran dibynadwyedd. Gallai dilysrwydd a dibynadwyedd ymddangos yn debyg i si-so. Pan fydd dull yn uchel o ran dilysrwydd bydd yn aml yn isel o ran dibynadwyedd, ac i'r gwrthwyneb. Mae hyn wedi arwain at weld llawer o gymdeithasegwyr yn defnyddio dulliau cymysg i gael y gorau o ddau fyd.

Cryfderau astudiaeth Jackson o ysgolion:

Roedd hi wedi ymchwilio i gefndir ysgolion ac wedi ceisio dewis cymysgedd o ysgolion er mwyn bod yn gynrychiadol.

Roedd hi wedi defnyddio dulliau cymysg, gan ychwanegu dibynadwyedd a dilysrwydd.

Mae data'r cyfweliadau yn cynnwys llawer iawn o fanylion ac yn creu darlun go iawn o fyd y disgyblion.

Gwendidau astudiaeth Jackson o ysgolion:

Roedd yr holl ysgolion yng ngogledd Lloegr.

Mae'r samplau'n dod o un grŵp oedran yn unig, er bod y grŵp blwyddyn hwn yng nghanol yr ysgol uwchradd.

Cafodd yr astudiaeth ei chynnal yn 2006 felly mae'n dechrau dyddio yn barod.

Cryfderau'r gwaith *Learning to Labour* gan Willis:

Gwnaeth Paul Willis astudio'r bechgyn am 18 mis, sy'n amser hir. Yn foesegol, gwnaeth yr astudiaeth roi llais i'r bechgyn. Rhywbeth nad oedd wedi digwydd o'r blaen, o bosibl.

Dim ond disgyblion gwyn oedd yn yr ysgol gafodd ei dewis. Ond dewisodd Willis hi gan ei bod yn cynrychioli'r mathau o ysgolion mae disgyblion dosbarth gweithiol yn mynd iddyn nhw.

Gwnaeth Willis ddefnyddio amrywiaeth eang o ddulliau gan gynnwys cyfweliadau, trafodaethau grŵp ac arsylwi cyfranogol. Gwnaeth hyn gynyddu'r dilysrwydd.

Gwendidau'r gwaith *Learning to Labour* gan Willis:

Yn foesegol, gwnaeth Willis weld y bechgyn yn ymddwyn yn wrthgymdeithasol – ymladd, hiliaeth, fandaliaeth. Gwnaeth ganiatáu i hyn ddigwydd.

Roedd maint y sampl yn fach iawn, 12 bachgen yn unig.

Lefel isel o ddibynadwyedd sydd i'r ymchwil oherwydd mae'n anodd ailadrodd yr ymchwil yn union fel y gwnaeth Willis.

Ydy'r astudiaeth ymchwil wedi creu darlun go iawn o realiti? Os felly, mae'n bosibl dweud bod gan yr astudiaeth lefel uchel o ddilysrwydd.

Pobl allweddol

Gwnaeth **Carolyn Jackson** ymchwilio i ofn methu ymhlith disgyblion ysgolion uwchradd yn 2006. Yn ôl ei darganfyddiadau, roedd eu hymatebion i ofn methu yn aml yn amddiffynnol. Roedd ei hastudiaeth yn cynnwys data o holiaduron wedi'u llenwi gan 800 o ddisgyblion a chyfweliadau gyda 153 o ddisgyblion (rhwng 13 ac 14 oed) a 30 o athrawon. Roedd y cyfweliadau yn anstrwythuredig ac yn uchel o ran dilysrwydd. Roedd yr ymatebwyr yn dod o chwe ysgol uwchradd yng ngogledd Lloegr. Roedd pedair o'r ysgolion yn gymysg, un yn ysgol i fechgyn yn unig ac un yn ysgol i ferched yn unig. Roedd hi wedi defnyddio data gan Ofsted a'r ysgolion eu hunain er mwyn ceisio sicrhau bod amrywiaeth o ysgolion wedi'u cynnwys.

CYNGOR ADOLYGU

Cofiwch y canlynol os bydd gofyn i chi werthuso dull neu astudiaeth: dibynadwyedd, moeseg, dilysrwydd a sampl. Dylech chi allu gwneud sylw am y dull neu'r astudiaeth gan ddefnyddio'r geiriau hyn.

Cofio'r cysylltiad

Mae dulliau ymchwil yn gysylltiedig â phob testun. Os bydd gofyn i chi werthuso rhywbeth, cofiwch gynnwys beirniadaeth ar ddulliau ymchwil os yn bosibl. Gallai hyn ennill marciau i chi.

Gwirio eich gwybodaeth

1. Disgrifiwch ystyr 'dibynadwyedd'. **(2 farc)**
2. Disgrifiwch ystyr 'dilysrwydd'. **(2 farc)**
3. Esboniwch ddau reswm pam gallai diffyg dilysrwydd fod mewn holiaduron. **(4 marc)**

Paratoi ar gyfer yr arholiad

Mae cymhwyster CBAC Eduqas TGAU Cymdeithaseg yn cynnwys dau bapur. Mae'r ddau bapur yn para 1 awr 45 munud, sef cyfanswm o 105 o funudau yr un. Mae pob papur yn werth 50 y cant o'r cyfanswm marciau.

Papur 1 Deall Prosesau Cymdeithasol

Chwe chwestiwn

- Cwestiwn 1: Unrhyw un o'r testunau perthnasol (4 marc)
- Cwestiynau 2 a 3: Cysyniadau a phrosesau allweddol trosglwyddo diwylliant
- Cwestiwn 4: Teuluoedd
- Cwestiwn 5: Addysg
- Cwestiwn 6: Dulliau ymchwil cymdeithasegol

Papur 2 Deall Strwythurau Cymdeithasol

Saith cwestiwn

- Cwestiwn 1: Unrhyw un o'r testunau perthnasol (4 marc)
- Cwestiynau 2, 3, 4 a 5: Gwahaniaethu cymdeithasol a haenu cymdeithasol
- Cwestiwn 6: Trosedd a gwyredd
- Cwestiwn 7: Dulliau cymhwysol o ymholi cymdeithasegol

Mae'r prif destunau (Teuluoedd, Addysg a Throsedd a gwyredd) yn werth 29–30 marc yr un yn y Deunyddiau Asesu Enghreifftiol.

Ym Mhapur 1, mae Cysyniadau a phrosesau allweddol trosglwyddo diwylliant yn werth 19 marc.

Ym Mhapur 2, mae Gwahaniaethu cymdeithasol a haenu cymdeithasol yn werth 55 marc yn ôl y Deunyddiau Asesu Enghreifftiol.

Mae cwestiynau ar ddulliau ymchwil yn werth 18 marc ym Mhapur 1 ac 11 marc ym Mhapur 2.

Ystyr **AA** yw Amcan Asesu. Ar gyfer yr arholiad cyfan:

- mae 40% o'r marciau ar gyfer AA1 – **arddangos** gwybodaeth a dealltwriaeth o ddamcaniaethau, cysyniadau, tystiolaeth a dulliau cymdeithasegol
- mae 40% o'r marciau ar gyfer AA2 – **cymhwyso** gwybodaeth a dealltwriaeth o ddamcaniaethau, cysyniadau, tystiolaeth a dulliau cymdeithasegol
- mae 20% o'r marciau ar gyfer AA3 – **dadansoddi a gwerthuso** damcaniaethau, cysyniadau, tystiolaeth a dulliau cymdeithasegol er mwyn llunio dadleuon, llunio barn a dod i gasgliadau.

Math o gwestiynau arholiad

Mae'r math o gwestiwn arholiad a faint o farciau sydd ar gael ar gyfer y cwestiwn hwnnw, yn gysylltiedig â'r sgiliau sydd eu hangen i ateb y cwestiwn. Efallai bydd rhywfaint o amrywiaeth yn fformat y papurau, ond bydd y ddau bapur yn asesu'r tri sgìl, AA1, AA2 ac AA3. Gallai cwestiynau asesu unrhyw un o'r sgiliau hyn neu gyfuniad ohonyn nhw. Bydd y cynlluniau marcio yn nodi hyn yn glir.

Geiriau gorchymyn AA	Cwestiwn enghreifftiol	
AA1: Disgrifiwch, nodwch, amlinellwch, diffiniwch, esboniwch	Nodwch un o'r gwerthoedd sy'n amlwg yn y darn uchod.	(1 marc)
	Disgrifiwch ystyr 'hunaniaeth'.	(2 farc)
	Amlinellwch sut mae strwythurau teuluol wedi newid yn y DU gyfoes.	(4 marc)
	Diffiniwch y term *'bourgeoisie'*.	(2 farc)
	Esboniwch sut mae'r cyfryngau'n creu panig moesol.	(5 marc)
AA2: Esboniwch, nodwch	Esboniwch resymau dros gyflawniad addysgol gwahaniaethol rhai grwpiau lleiafrifol ethnig.	(4 marc)
	Nodwch un dull ymchwil fyddai'n addas wrth astudio arferion pobl sy'n siopa ar-lein.	(1 marc)
AA1 + AA2: Nodwch ac esboniwch, esboniwch, esboniwch gan roi enghreifftiau	Nodwch ac esboniwch resymau dros y newid ym mhatrymau priodas y DU.	(4 marc)
	Esboniwch y gwahaniaeth rhwng tlodi absoliwt a thlodi cymharol.	(4 marc)
	Esboniwch, gan roi enghreifftiau, effeithiau labelu mewn ysgolion.	(4 marc)
	Esboniwch pam mae patrymau magu plant wedi newid yn y DU.	(8 marc)
AA2 + AA3: Esboniwch a gwerthuswch	Esboniwch a gwerthuswch gryfderau defnyddio holiaduron i ymchwilio i bresenoldeb mewn ysgolion.	(6 marc)
AA1, AA2 + AA3: Ydych chi'n cytuno â'r safbwynt hwn? Trafodwch, aseswch	'Mae trosedd yn cael ei achosi gan dlodi.' Ydych chi'n cytuno â'r safbwynt hwn?	(15 marc)
	Trafodwch pa mor ddefnyddiol yw arsylwi cyfranogol mewn gwaith ymchwil.	(12 marc)
	Trafodwch broblem allgáu cymdeithasol.	(9 marc)

Sylwch fod cwestiynau AA3 bob amser yn cael eu hasesu ynghyd â sgiliau eraill. Mae cwestiynau AA3 ar gyfer yr adrannau ar Deuluoedd, Addysg a Throsedd a gwyredd werth 15 marc. Mae'r rhai ar gyfer yr adran ar Wahaniaethu cymdeithasol a haenu cymdeithasol werth 9 marc. Mae'r adran ar Ddulliau Ymchwil yn cynnwys cwestiynau AA3 sydd werth 6 a 12 marc.

Gwneud yn dda yn yr arholiad

AA1 uchel: yn cynnwys gwybodaeth berthnasol fanwl ac yn defnyddio iaith gymdeithasol drwyddi draw.

- Ateb cryfach: 'Cafodd astudiaeth Willis ei chynnal yn Wolverhampton ac roedd yn dangos sut gwnaeth isddiwylliant grŵp o fechgyn dosbarth gweithiol arwain at eu tangyflawniad addysgol nhw.'
- Ateb gwannach: 'Roedd un astudiaeth wedi canfod bod grŵp o fechgyn wedi chwarae o gwmpas yn yr ysgol ac wedi methu. Roedd grŵp arall yn fwy clyfar.'

Does dim rhaid i chi ysgrifennu llawer o reidrwydd, ond dylai beth rydych chi'n ei ysgrifennu fod yn fanwl gywir. Rhowch enw'r cymdeithasegydd, nodwch pryd a ble cafodd yr astudiaeth ei chynnal, a nodwch y prif gysyniadau a'r pwyntiau gafodd eu gwneud.

AA2 uchel: yn defnyddio bôn y cwestiwn yn yr ateb.

- Ateb cryfach: 'Mae astudiaeth Hargreaves yn dangos bod athrawon wedi labelu bechgyn yn y ffrwd uchaf yn bobl lwyddiannus, ac roedden nhw'n llwyddiannus yn yr ysgol. Mae hyn yn dangos y gall labelu effeithio ar lwyddiant addysgol.'
- Ateb gwannach: 'Roedd y bechgyn yn astudiaeth Hargreaves yn llwyddiannus pan roedden nhw'n cael eu labelu'n bobl lwyddiannus.' Mae'n berthnasol, ond does dim cysylltiad â'r cwestiwn.

AA3 uchel: yn dangos dadansoddiad a barn ac yn cynnig sylwadau ar bwysigrwydd ffactorau gwahanol. Dim ond nodi pwynt mae'r ateb mwyaf sylfaenol yn ei wneud: 'Un feirniadaeth yw bod yr astudiaeth yn hen iawn.' Bydd ateb canolradd yn ychwanegu cyd-destun at yr ateb.

- Ateb cryfach: 'Mae astudiaeth Willis yn cefnogi'r syniad bod ffactorau diwylliannol yn bwysicach na ffactorau materol. Eto i gyd, mae'r astudiaeth wedi dyddio. Gallai bechgyn dosbarth gweithiol yr unfed ganrif ar hugain fod yn wahanol iawn ac efallai bod ffactorau materol yn bwysicach heddiw.'
- Ateb gwannach: 'Cafodd astudiaeth Willis ei chynnal amser hir yn ôl ac efallai nad yw'n ddefnyddiol.' Dydy'r enghraifft hon ddim wedi'i gosod yng nghyd-destun y cwestiwn.

Bydd ateb lefel uwch yn ychwanegu esboniad pellach i wneud y pwynt yn fwy trylwyr, a bydd yn gorffen gyda brawddeg debyg i hyn: 'Mae hyn yn dangos bod …' neu 'Felly….'.

- 'Mae astudiaeth Willis yn cefnogi'r syniad bod ffactorau diwylliannol yn bwysicach na ffactorau materol. Eto i gyd, mae'r astudiaeth wedi dyddio. Gallai bechgyn dosbarth gweithiol yr unfed ganrif ar hugain fod yn wahanol iawn ac efallai bod ffactorau materol yn bwysicach heddiw. Efallai na fydd teuluoedd dosbarth gweithiol yn gallu prynu cyfrifiaduron a mynediad i'r Rhyngrwyd, sy'n helpu llwyddiant addysgol yn yr unfed ganrif ar hugain. Felly, mae'n bosibl bod ffactorau materol yn bwysicach heddiw na phan gwnaeth Willis gynnal ei astudiaeth.'

Yn adrannau AA3 Gwerthuso y llyfr hwn, mae nifer o gryfderau a gwendidau'r amrywiol ddamcaniaethau, cysyniadau a syniadau cymdeithasegol wedi'u rhoi, ond bydd angen i chi eu cymhwyso nhw er mwyn dadansoddi a gwerthuso'r cwestiwn arholiad penodol ar y diwrnod. Y mwyaf o gryfderau a gwendidau rydych chi'n eu gwybod, y mwyaf o ddewisiadau sydd ar gael i chi.

▶ Rhoi popeth mewn cyd-destun

Mae cwestiynau sy'n cynnig marciau am werthuso hefyd yn gofyn i chi gymhwyso gwybodaeth. Bydd defnyddio'r ddau sgìl gyda'i gilydd yn eich helpu chi i ennill marciau da. Mae pwyntiau gwerthuso da bob amser wedi'u cymhwyso at y cwestiwn.

▶ Ysgrifennu estynedig o'r safon uchaf

Gwnewch yn siŵr eich bod chi'n trefnu eich syniadau'n glir. Un ffordd dda o wneud hyn yw ysgrifennu paragraff newydd ar gyfer pob prif syniad.

Gallwch chi wella eich arddull drwy gysylltu'r paragraff nesaf mewn gosodiad agoriadol: 'Ar y llaw arall, mae Marcswyr yn pwysleisio pwysigrwydd dosbarth cymdeithasol yn hytrach na rhywedd fel achos trosedd.'

Dylech chi osgoi llunio rhestr. Dim ond marciau am wybodaeth a dealltwriaeth byddwch chi'n eu cael drwy restru ffeithiau yn unig. Y ffordd rydych chi'n cymhwyso'r astudiaethau sy'n bwysig, yn hytrach na nifer yr astudiaethau neu gysyniadau rydych chi'n gwybod amdanyn nhw. Mae'r cwestiynau ysgrifennu estynedig yn chwilio am fwy na gwybodaeth yn unig. Dylech chi gymhwyso, dadansoddi a gwerthuso yn eich atebion.

▶ Amseru

Mae 100 marc ar gael ym mhob papur. Mae'r ddau bapur yn para 105 o funudau yr un, sef cyfartaledd o tua un marc y funud. Fodd bynnag, byddai'n syniad da i chi neilltuo digon o amser i gynllunio ar gyfer y cwestiynau hirach. Gallech chi wneud hyn drwy dreulio llai o amser ar y cwestiynau byrrach un a dau farc, lle na fydd angen i chi ysgrifennu llawer.

Dydy ysgrifennu llawer ddim o reidrwydd yn golygu sgôr uchel. Mae'n bosibl i chi ailadrodd beth rydych chi eisoes wedi'i ddweud a chrwydro oddi wrth y prif bwyntiau. Fydd hyn ddim yn creu argraff ar yr arholwr, sy'n chwilio am ateb clir sy'n mynd i'r afael â'r cwestiwn yn uniongyrchol.

Awgrymiadau

Disgrifiwch ac amlinellwch: Mae cwestiynau sy'n cynnwys y geiriau hyn fel arfer yn chwilio am ddisgrifiad ac maen nhw'n gyfle i chi ddangos eich gwybodaeth a'ch dealltwriaeth. Gall enghreifftiau eich helpu chi i ddangos eich dealltwriaeth.

Diffiniwch: Mae'r cwestiynau hyn yn chwilio am ddiffiniad ac unwaith eto, gallai enghraifft eich helpu chi i wneud hyn.

Nodwch: Mae'r cwestiynau hyn fel arfer yn chwilio am atebion byr sy'n nodi rhywbeth yn gryno. Os ydyn nhw'n cynnwys y gair 'esboniwch' hefyd, mae'n debygol y bydd angen i chi gynnwys mwy o ddisgrifiad.

Weithiau, bydd angen i chi ddangos eich bod chi'n gallu cymhwyso eich gwybodaeth, er enghraifft mewn cwestiwn sy'n gofyn i chi nodi dull ymchwil.

Esboniwch: Yn aml, bydd y cwestiwn yn gofyn i chi roi rhesymau, yn enwedig os bydd y gair 'rhesymau' yn dilyn! Neu'r gair 'pam?' Weithiau bydd angen i chi esbonio gwahaniaeth. Os bydd y cwestiwn yn gofyn am enghreifftiau, gwnewch yn siŵr eich bod chi'n rhoi mwy nag un yn eich ateb.

Trafodwch: Mae'r cwestiynau hyn bob amser yn chwilio am y ddadl a mwy nag un safbwynt ar fater neu gwestiwn.

Aseswch: Yn aml, bydd y cwestiwn yn gofyn i chi werthuso safbwynt neu ddamcaniaeth. Bydd arholwyr yn disgwyl gweld safbwyntiau gwahanol yn ogystal â chryfderau a gwendidau.

Ydych chi'n cytuno? Mae'r cwestiynau hyn yn chwilio am ddadansoddiad a gwerthusiad. Er bod y cwestiwn yn gofyn i chi a ydych chi'n cytuno, bydd atebion cryfach yn osgoi dweud 'Yn fy marn i' ac yn defnyddio iaith niwtral, e.e. 'Byddai'r dystiolaeth yn awgrymu bod…' neu 'Mae'n ymddangos bod y dadleuon yn awgrymu…'.

▶ Faint dylech chi ei ysgrifennu?

- Mae cwestiynau 1–2 marc fel arfer yn gofyn am atebion byr, ac efallai na fydd angen brawddegau llawn ar gyfer rhai ohonyn nhw.
- Mae 4 marc yn aml yn golygu bod angen rhoi dau brif syniad o leiaf, ac mae'n debygol o fod angen ateb o tua 100 gair, wedi'i rannu'n baragraffau.
- Mae 5 marc fel arfer yn golygu cwestiynau gwybodaeth estynedig, y mae angen ateb o tua 125 o eiriau arnyn nhw.

Mae arddulliau ysgrifennu yn amrywio a gall rhai dysgwyr ysgrifennu dadleuon cryno iawn sy'n ennill marciau yn gyflym.

Mae ysgrifennu estynedig yn golygu ysgrifennu estynedig, ac mae angen ymdrech wirioneddol i ysgrifennu ateb o hyd rhesymol. Fodd bynnag, mae rhoi cynnig ar bob cwestiwn yn yr arholiad yn bwysig iawn.

Adolygu effeithiol

Mae sawl arddull adolygu gwahanol ac mae'n bwysig dod o hyd i'r un sydd fwyaf effeithiol i chi. Fodd bynnag, waeth pa strategaeth rydych chi'n ei dewis, gwnewch yn siŵr ei bod yn ffordd weithredol o adolygu. Dydy eistedd yn darllen eich nodiadau ddim yn debygol o fod yn effeithiol a gall fod yn ddiflas iawn! Gall bwrw golwg ar eich nodiadau yn rheolaidd helpu, ond mae angen i chi dreulio amser yn gwneud gweithgareddau penodol a allai gynnwys ailysgrifennu eich nodiadau neu grynhoi cynnwys ar ffurf diagram, er enghraifft.

▶ Cof

Un ffordd hawdd o edrych ar y cof yw ystyried ei fod wedi'i rannu'n ddwy ran. Mae rhan gyntaf y cof yn cynnwys cof gweithio neu gof tymor byr. Dim ond nifer bach o ffeithiau am gyfnod byr yn unig y gall y rhan hon o'r cof ei gadw. Ceisiwch gofio dau rif ffôn symudol ar unwaith – dydy hi ddim yn hawdd iawn a gall wneud i chi deimlo'n ddryslyd.

Gall adolygu wneud i chi deimlo fel hyn hefyd ac efallai byddwch chi'n poeni am faint o gynnwys mae'n rhaid i chi ei gofio. Yn ffodus, mae rhan arall y cof wedi'i chynllunio i'n helpu ni.

Y gyfrinach yw storio gwybodaeth yn rhan arall y cof, sef y cof tymor hir. Mae capasiti'r cof tymor hir yn enfawr ond mae angen gallu adalw'r wybodaeth. Gallwn ni wneud hyn drwy ailadrodd a defnyddio'r wybodaeth yn rheolaidd. Mae'r mwyafrif o bobl yn cofio eu rhif ffôn symudol personol oherwydd maen nhw wedi arfer ei roi i bobl eraill yn rheolaidd. Yr unig rifau ffôn eraill maen nhw'n eu cofio yw'r rhai maen nhw'n eu defnyddio'n aml, fel rhif eu rhieni neu eu cariad!

Mae angen i chi ddod o hyd i ffyrdd o ddefnyddio'r wybodaeth mewn ffordd weithredol er mwyn i chi ei chofio. Mae angen i chi fod yn systematig hefyd a rhannu'r gwaith yn adrannau hawdd eu trin.

▶ Syniadau adolygu

- Mae chwe phrif destun ar gyfer yr arholiad hwn. Ar gyfer pob testun, lluniwch restr o'r prif feysydd a'r geiriau allweddol.
- Gwnewch nodiadau ar sail eich nodiadau dosbarth. Gwnewch nodiadau ar sail y nodiadau o'ch nodiadau, nes eich bod chi wedi crynhoi testun cyfan ar un darn o bapur. Gallwch chi bob amser droi yn ôl at y nodiadau mwy manwl os oes angen.
- Lluniwch gardiau adolygu ar gyfer pob un o'r geiriau allweddol a'r astudiaethau pwysig, fel yr enghraifft isod. Rhowch y gair allweddol neu'r astudiaeth ar flaen y cerdyn, a rhowch ddiffiniad a syniadau cysylltiedig eraill ar y cefn.

Blaen y cerdyn.

FFACTORAU MATEROL

I'w defnyddio gyda thestun "addysg".

Cefn y cerdyn.

Diffiniad – Mae ffactorau materol yn cyfeirio at arian a beth gallwch chi ei brynu gydag arian

Deiet iach Llyfrau Cyfrifiaduron Mynediad i'r rhyngrwyd
Ystafell astudio neu ystafell dawel Tlodi Tripiau addysgol
Addysg breifat Tiwtoriaid preifat

Mae astudiaeth Halsey yn dangos bod ffactorau materol yn bwysig.
Ffactorau eraill i'w cymharu – Ffactorau diwylliannol, Ffactorau ysgol

- Lluniwch bosteri sy'n cynnwys geiriau allweddol ac astudiaethau pwysig.
- Ewch ati i greu mapiau meddwl a diagramau corryn er mwyn cael ciplun gweledol defnyddiol o themâu a syniadau.
- Edrychwch ar gwestiynau enghreifftiol. Defnyddiwch yr enghreifftiau yn y llyfr hwn a defnyddiwch y geiriau bôn yn yr adran hon i greu eich cwestiynau eich hun. Ewch ati i ymarfer cynllunio atebion ac ysgrifennu paragraffau ar gyfer yr atebion. Ar y dechrau, defnyddiwch eich nodiadau i'ch helpu chi. Yna'n raddol, dechreuwch roi eich nodiadau o'r neilltu er mwyn i chi fod yn barod ar gyfer yr arholiad. Yn y pen draw, dyma'r ffordd orau i chi baratoi. Wedi'r cyfan, fyddech chi ddim yn paratoi ar gyfer marathon heb redeg o gwbl.
- Ceisiwch ymarfer ysgrifennu cyflwyniadau dan amodau wedi'u hamseru. Mae hyn yn ffordd dda o drefnu syniadau.

▶ Am ba mor hir dylwn i adolygu?

Wrth adolygu, mae angen cymryd egwyl eithaf rheolaidd. Mae gwersi y mwyafrif o ysgolion yn para 50 neu 60 munud. Ar ôl hyn, mae angen egwyl ar y rhan fwyaf o bobl. Mae hyn yn bwysig oherwydd mae'n rhoi cyfle i'ch ymennydd chi brosesu'r wybodaeth. Felly, ceisiwch adolygu am 40–50 munud cyn cymryd egwyl am 10 munud. Yna gweithiwch eto am 40–50 munud cyn cael egwyl arall. Mae angen digon o gwsg arnoch chi hefyd er mwyn i'ch cof tymor hir chi brosesu'r wybodaeth.

Yn bennaf oll, mae angen i chi ddarganfod beth sy'n gweithio orau i chi.

Deall sut mae'r cynllun marcio yn gweithio

Gallwch chi gael syniad o'r hyn mae'r cynllun marcio yn chwilio amdano drwy edrych yn ofalus ar y marciau sydd ar gael ar gyfer pob cwestiwn.

▶ Cwestiynau AA1

Disgrifiwch ystyr 'diwylliant'. **(2 farc)**

Mae'r cynllun marcio yn caniatáu 2 farc ar gyfer AA1 – gwybodaeth a dealltwriaeth.

Ateb gwannach

Mae diwylliant yn ffordd o fyw i bobl.

Ateb cryfach

Ffordd o fyw sy'n cael ei dysgu a'i rhannu yw diwylliant. Mae'n cynnwys normau, gwerthoedd, credoau, gwisgoedd, dillad a cherddoriaeth. Er enghraifft, mae gan yr Inuit ddiwylliant sy'n seiliedig ar hela a byw mewn amgylchedd garw.

Mae'r ail ateb yn amlwg yn gryfach oherwydd mae'n cynnwys diffiniad mwy clir a manwl. Mae hefyd yn dangos gwybodaeth ddyfnach am beth yw diwylliant, yn ogystal ag enghreifftiau.

Mae'r ddau ateb yn cyfeirio at ddwy ffordd, ond mae'r ail ateb yn cynnwys mwy o fanylion am bob ffordd. Mae hefyd yn dangos gwybodaeth a dealltwriaeth ddyfnach, gan gysylltu syniadau gwahanol am newidiadau mewn strwythurau teuluol. Gallai'r ail ateb gael ei gryfhau ymhellach drwy gynnwys enghreifftiau.

Amlinellwch sut mae strwythurau teuluol wedi newid yn y DU heddiw. **(4 marc)**

Mae'r cynllun marcio yn caniatáu 4 marc ar gyfer AA1 – gwybodaeth a dealltwriaeth.

Ateb gwannach

Mae strwythurau teuluol wedi newid yn y DU heddiw oherwydd plant yw canolbwynt bywyd teuluol bellach. Mae mwy o achosion o ysgaru hefyd, a dydy pobl ddim yn cael cynifer o blant.

Ateb cryfach

Mae strwythurau teuluol wedi newid yn y DU heddiw mewn sawl ffordd. Un o'r prif ffyrdd yw bod maint teuluoedd wedi mynd yn llai. Mae dulliau atal cenhedlu wedi golygu bod teuluoedd yn dewis cael llai o blant. Hefyd, mae'n well gan fenywod gael llai o blant oherwydd mae mwy o fenywod yn dewis cael gyrfa erbyn hyn.

Ffordd arall mae strwythurau teuluol wedi newid yw bod rolau'r gŵr a'r wraig wedi newid. Mae rolau rhywedd traddodiadol, sef gŵr yn ennill y prif gyflog a gwraig tŷ ddomestig, wedi cael eu disodli gan rolau ar y cyd. Mae'r Dyn Newydd wedi ymddangos ac mae'n helpu gyda'r gwaith tŷ. Mae dynion yn ymwneud mwy â gofal plant hefyd, a menywod yn mynd allan i weithio'n amlach.

▶ Cwestiynau AA2

Dydy'r ateb cyntaf ddim wir yn cymhwyso'r wybodaeth at deitl y cwestiwn. Bydd hyn yn ei gwneud hi'n anodd i'r arholwr ddyfarnu unrhyw farciau. Mae'r rheswm sy'n cael ei awgrymu yn un sylfaenol iawn. Mae gan y disgybl wybodaeth am wahaniaethau o ran cyflawniad addysgol grwpiau ethnig, ond nid yw'n gallu ei chymhwyso.

Mae'r ail ateb yn cynnwys o leiaf dau esboniad: ffactorau materol a ffactorau ysgol. Mae hefyd yn dechrau awgrymu ffactorau diwylliannol. Mae'n llawer cryfach ac yn cymhwyso mwy o wybodaeth, gan ddangos dealltwriaeth. Gallai fod wedi ymhelaethu ar y ffactorau diwylliannol ac ychwanegu astudiaethau, gan gynnwys y rheini ar isddiwylliannau gwrth-ysgol.

Esboniwch resymau dros gyflawniad addysgol gwahanol rhai grwpiau lleiafrifol ethnig. **(4 marc)**

Mae'r cynllun marcio yn caniatáu 4 marc ar gyfer AA2 – mae cwestiynau cymhwyso yn gofyn am wybodaeth a dealltwriaeth, ond maen nhw hefyd yn gofyn i'r dysgwr ddefnyddio'r wybodaeth yn fedrus i ateb y cwestiwn.

Ateb gwannach

Mae rhai grwpiau lleiafrifol ethnig yn cyflawni mwy nag eraill. Yn ystadegol, mae plant Tsieineaidd yn cyflawni mwy na phlant gwyn. Mae plant Bangladeshaidd wedi bod yn cyflawni mwy oherwydd maen nhw'n gweithio'n galed.

Ateb cryfach

Mae cyflawniad addysgol yn amrywio rhwng grwpiau ethnig gwahanol. Mae nifer o resymau gwahanol dros hyn. Un o'r rhesymau mwyaf cyffredin yw ffactorau materol. Mae grwpiau lleiafrifol ethnig yn fwy tebygol o fyw mewn tlodi ac felly bydd hyn yn cael effaith arnyn nhw. Mae tlodi yn golygu efallai na fyddan nhw'n gallu fforddio'r pethau hynny sy'n helpu llwyddiant addysgol, fel tripiau, cyfrifiaduron, mynediad i'r Rhyngrwyd neu hyd yn oed lle da i wneud eu gwaith cartref. Mae hyn yn effeithio ar blant gwyn dosbarth gweithiol hefyd, yn enwedig bechgyn.

Ail reswm fyddai ffactorau ysgol fel hiliaeth a labelu. Mae tystiolaeth yn awgrymu bod plant du yn fwy tebygol o gael eu gwahardd o'r ysgol. Roedd achos Stephen Lawrence yn awgrymu bod hiliaeth yn amlwg mewn sawl lle yn y DU, gan gynnwys ysgolion, o bosibl. Hefyd, gallai fod tuedd yn y cwricwlwm tuag at bobl wyn ac efallai na fydd hyn yn helpu grwpiau lleiafrifol ethnig i lwyddo o ran cyflawniad addysgol.

Cwestiwn AA2 + AA3

Esboniwch a gwerthuswch gryfderau defnyddio holiaduron i ymchwilio i bresenoldeb mewn ysgolion. **(6 marc)**

Mae'r cynllun marcio yn caniatáu 3 marc ar gyfer AA2 – cymhwyso a 3 marc ar gyfer AA3 – gwerthuso.

Ateb gwannach

Mae holiaduron yn dda er mwyn darganfod am bresenoldeb mewn ysgolion. Gallech chi eu rhoi nhw i'r plant eu llenwi yn ystod gwersi. Bydden nhw'n gyflym iawn a gallech chi gael llawer yn ôl a darganfod llwyth o wybodaeth. Un cryfder yw na fydden nhw'n cymryd llawer o amser i'w llenwi. Gallech chi lunio graffiau ar sail yr atebion.

Ateb cryfach

Mae holiaduron yn ddull addas ar gyfer darganfod am bresenoldeb mewn ysgolion. Gallai'r atebion gael eu casglu'n gyflym o sampl mawr o rieni, disgyblion ac athrawon. Byddai'r sampl mawr yn helpu i wneud yr ymchwil yn gynrychiadol, sy'n golygu y gallech chi gynnwys pobl o'r boblogaeth gyfan, gan gynnwys grwpiau ethnig a rhywedd gwahanol.

Hefyd, mae'n hawdd ailadrodd holiaduron gan eu bod nhw'n cynnwys cwestiynau safonol. Mae hyn yn golygu ei bod hi'n bosibl eu hailadrodd nhw mewn lleoedd gwahanol gyda lefel uchel o ddibynadwyedd. Gall yr ystadegau gael eu cymharu.

Fodd bynnag, dylech chi hefyd fod yn ofalus wrth ddefnyddio holiaduron i astudio presenoldeb mewn ysgolion. Gallai rhai plant a rhieni ddweud celwydd am bresenoldeb gan nad ydyn nhw am gyfaddef eu bod nhw wedi bod yn absennol o'r ysgol. Mae hyn yn golygu bod holiaduron yn isel o ran dilysrwydd oherwydd dydyn nhw ddim yn dangos darlun go iawn. Os nad yw'r cwestiynau'n cael eu dylunio'n ofalus, gallai hyn arwain at lefel isel o ddilysrwydd hefyd. Efallai na fydd yr ymatebwyr yn gallu rhoi'r ateb maen nhw'n dymuno ei roi. Mae diffyg manylion yn yr atebion hefyd.

Mae diffyg defnydd o derminoleg arbenigol yn yr ateb cyntaf, ond mae'n cymhwyso gwybodaeth a dealltwriaeth berthnasol i esbonio cryfderau holiaduron a sut gallen nhw gael eu defnyddio i ymchwilio i bresenoldeb mewn ysgolion. Mae'n ateb ailadroddus heb unrhyw ddatblygiad. Does dim gwerthuso oherwydd dydy'r ateb ddim yn un cytbwys sy'n dangos y gwendidau hefyd.

Mae'r ail ateb yn cymhwyso gwybodaeth a dealltwriaeth ac yn esbonio'n fanwl gywir gryfderau holiaduron ar gyfer ymchwilio i bresenoldeb mewn ysgolion. Dydy'r cwestiwn ddim yn gofyn yn benodol am wendidau, ond mae'r rhain yn helpu i gryfhau'r elfen werthuso yn yr ateb. Dyma ateb cryf, ond mae diffyg brawddeg glo yma i gysylltu'r ateb â nodweddion penodol y cwestiwn. Gallai hyn wella'r ateb ymhellach.

Cwestiwn AA1 + AA2

Esboniwch resymau pam dylai ystadegau swyddogol am drosedd gael eu trin yn ofalus gan gymdeithasegwyr. **(8 marc)**

Mae'r cynllun marcio yn caniatáu 4 marc ar gyfer AA1 – gwybodaeth a dealltwriaeth a 4 marc ar gyfer AA2 – cymhwyso, sy'n gofyn i'r dysgwr ddefnyddio'r wybodaeth yn fedrus i ateb y cwestiwn.

Ateb gwannach

Dydy'r ystadegau am drosedd ddim bob amser yn wir. Y broblem yw nad yw pobl bob amser yn rhoi gwybod i'r heddlu am droseddau. Efallai bod arnyn nhw ofn, neu efallai eu bod nhw'n meddwl mai mater bach ydyw yn unig, ac nad oes pwynt trafferthu'r heddlu am y peth. Does neb hyd yn oed yn gwybod am rai troseddau, neu does neb yn poeni amdanyn nhw, fel sbwriel. Yn ogystal, dydy'r heddlu ddim yn trafferthu cofnodi popeth oherwydd maen nhw eisiau gwneud i bobl feddwl eu bod nhw'n dda am atal troseddau. Yr enw ar y troseddau nad yw cymdeithasegwyr yn gwybod amdanyn nhw yw ffigur cudd trosedd.

Mae'r ateb yn cael un marc o bedwar ar gyfer pob sgìl. Mae'r ateb cyntaf yn cynnwys dau reswm, sef troseddau nad yw pobl yn rhoi gwybod i'r heddlu amdanyn nhw a throseddau sydd ddim yn cael eu cofnodi. Mae'n dangos gwybodaeth rannol am ystadegau swyddogol am drosedd. Fodd bynnag, does dim llawer o dystiolaeth o iaith na chysyniadau cymdeithasegol, ac eithrio crybwyll ffigur cudd trosedd. Mae rhywfaint o gymhwyso er mwyn ateb y cwestiwn, ond mae hyn yn gyfyngedig iawn.

Ateb cryfach

Mae llawer o resymau pam dylai ystadegau swyddogol am drosedd gael eu trin yn ofalus gan gymdeithasegwyr. Yn gyntaf, y llywodraeth sy'n casglu ystadegau swyddogol am drosedd, ac maen nhw'n dibynnu ar ystadegau'r heddlu ac astudiaethau dioddefwyr. Mae Arolwg Troseddu Cymru a Lloegr yn cael ei gyhoeddi bob blwyddyn. Un broblem yw nad yw pobl yn rhoi gwybod i'r heddlu am bob trosedd, ac nid yw pob trosedd yn cael ei chofnodi. Mae sawl rheswm am hyn, gan gynnwys y ffaith bod dioddefwyr yn credu bod y drosedd yn rhy fach, neu'n teimlo gormod o ofn neu embaras i roi gwybod am y drosedd. Efallai eu bod nhw'n adnabod y troseddwr hyd yn oed. Er enghraifft, efallai bod dioddefwr aflonyddu rhywiol yn teimlo gormod o embaras neu'n rhy ofnus i roi gwybod i'r heddlu. Gallai ymgyrch fel #MeToo effeithio ar y ffigurau wrth i ragor o bobl roi gwybod am y troseddau cysylltiedig.

Fyddwn ni byth yn gwybod gwir ffigur troseddu, a'r enw sy'n cael ei roi ar y ffigur hwn yw ffigur 'cudd' neu ffigur 'tywyll' trosedd. Mae'r heddlu yn aml yn newid y ffordd maen nhw'n cofnodi troseddau ac maen nhw dan bwysau i gadw'r ffigurau yn isel, sy'n effeithio ar gywirdeb yr ystadegau.

Mae ffactorau cymdeithasegol eraill yn effeithio ar yr ystadegau. Er enghraifft, mae'r heddlu yn gwneud penderfyniadau ynglŷn â sut i blismona ardaloedd gwahanol. Gall y rhain fod yn seiliedig ar stereoteipiau a syniadau hiliol. Mae pobl ddu chwe gwaith yn fwy tebygol o gael eu stopio a'u chwilio na phobl wyn. Mae hyn yn effeithio ar y ffigurau trosedd. Mae Marcswyr, fel Frank Pearce, yn honni bod troseddau'r dosbarth llywodraethol yn cael eu hanwybyddu, a bod mwy o bobl yn cael eu harestio am droseddau dosbarth gweithiol neu droseddau coler las. Mae panig moesol hefyd yn effeithio ar y gyfradd arestio oherwydd mae'n annog yr heddlu i ganolbwyntio mwy ar droseddau penodol. Gallai hyn achosi ymhelaethu gwyredd a chynnydd yn y cyfraddau troseddu.

Mae'r ail ateb yn cynnwys llawer iawn o wybodaeth a dealltwriaeth fanwl a pherthnasol o ddau reswm dros drin ystadegau swyddogol am drosedd yn ofalus. Mae tystiolaeth o iaith gymdeithasegol briodol drwyddi draw. Mae'r ateb yn ddigon hir ac mae'n dangos dealltwriaeth dda iawn. Mae'r ail reswm yn fyrrach ond mae'n ennill marciau am ddefnyddio amrywiaeth o gysyniadau cymdeithasegol a'u cymhwyso nhw'n gywir.

Mae'r pedwar marc arall yn ymwneud â chymhwyso ac mae'r ateb yn cyfeirio'n agos at y cwestiwn gan gymhwyso ac esbonio'n gywir pa mor ddibynadwy yw'r ystadegau am drosedd. Dyma ateb cryf sy'n cynnwys digon o ddyfnder i wneud yn dda iawn.

Cwestiwn AA1 + AA2 + AA3

'Mae trosedd yn cael ei achosi gan dlodi.' Ydych chi'n cytuno â'r safbwynt hwn? **(15 marc)**

Mae'r cynllun marcio yn caniatáu 4 marc ar gyfer AA1 – gwybodaeth a dealltwriaeth a 3 marc ar gyfer AA2 – cymhwyso, sy'n gofyn i'r dysgwr ddefnyddio'r wybodaeth yn fedrus i ateb y cwestiwn. Fodd bynnag, mae 7 marc ar gael hefyd am werthuso, gan roi cyfanswm o 15 marc.

Mae angen i ddysgwyr fod yn ofalus nad ydyn nhw'n rhoi gormod o sylw i wybodaeth a dealltwriaeth ac yn anghofio cymhwyso a gwerthuso.

Ateb gwannach

Rwy'n cytuno â'r safbwynt hwn oherwydd mae trosedd yn cael ei achosi gan dlodi oherwydd does gan bobl dlawd ddim digon i oroesi. Yna, maen nhw'n mynd allan ac yn dwyn pethau i gael yr hyn mae arnyn nhw ei eisiau. Dywedodd Merton fod ar bobl eisiau'r Freuddwyd Americanaidd a'u bod nhw'n troi at drosedd pan nad ydyn nhw'n gallu ei chael.

Mae troseddwyr hefyd yn dechrau torri'r gyfraith pan fyddan nhw'n ffurfio gangiau ac mae ganddyn nhw eu ffyrdd eu hun o ymddwyn a gwneud pethau. Mae pobl sy'n byw mewn tlodi yn tueddu i wneud y math yma o beth.

Ateb cryfach

Mae llawer o dystiolaeth yn cysylltu tlodi â throsedd ac yn sicr mae gan ardaloedd tlawd gyfraddau troseddu uwch. Fodd bynnag, byddai cymdeithasegwyr yn ystyried bod achosion eraill yn effeithio ar drosedd hefyd. Bydd y traethawd hwn yn ystyried damcaniaethau gwahanol a'u rhesymau dros drosedd. Bydd y traethawd yn dangos bod achosion eraill, yn ogystal â thlodi.

Byddai meddylwyr y Dde Newydd, fel Charles Murray, yn dadlau bod tlodi yn achosi cyfraddau troseddu uchel. Yn benodol, bydden nhw'n rhoi'r bai ar ddiwylliant tlodi. Diwylliant tlodi yw'r set o syniadau a gwerthoedd mae pobl mewn tlodi wedi'u datblygu. Maen nhw wedi dysgu byw mewn tlodi ac wedi creu ffordd o fyw sy'n eu helpu nhw i ddelio â thlodi. Mae hyn yn cynnwys troseddu, anobeithio am y dyfodol, peidio â rhoi gwerth ar addysg a defnyddio alcohol a chyffuriau fel adloniant rhad. Mae Murray hefyd yn rhoi'r bai ar y llywodraeth am roi budd-daliadau sy'n gwneud i bobl dlawd roi'r gorau iddi oherwydd eu bod nhw'n gwybod y bydd y llywodraeth yn eu helpu nhw. Mae'r safbwynt hwn yn awgrymu bod trosedd yn cael ei achosi gan dlodi neu o leiaf gan ffordd o fyw y bobl sy'n byw mewn tlodi.

Mae safbwynt Merton yn un gwahanol. Roedd Merton yn rhoi'r bai am drosedd ar anomi. Dywedodd fod y pwysau i lwyddo mor fawr fel na all pawb lwyddo. Damcaniaeth straen yw'r enw gwnaeth ei roi ar hyn. Mae'r bobl sydd ddim yn gallu llwyddo yn addasu mewn ffyrdd gwahanol. Bydd rhai yn arloesi a rhai yn troseddu mewn ymgais i lwyddo. Yn ôl y safbwynt hwn, nid tlodi sy'n dylanwadu ar drosedd, ond yn hytrach gwerthoedd y gymdeithas.

Mae pobl eraill wedi datblygu ei syniadau ymhellach ac wedi sôn am bwysigrwydd isddiwylliannau wrth achosi trosedd. Mae grwpiau sydd ddim yn gallu llwyddo yn creu eu hisddiwylliant eu hun a allai gynnwys normau a gwerthoedd troseddol. Yn ôl y safbwynt hwn, sy'n gysylltiedig â Cohen, isddiwylliannau'r gymdeithas sy'n achosi trosedd. Fodd bynnag, rhwystredigaeth statws sy'n achosi i grŵp ffurfio isddiwylliant troseddol. Gallai teimlo bod gennych chi statws isel fod yn gysylltiedig â thlodi.

Mae'r ateb cyntaf yn gwneud rhai pwyntiau sy'n dangos rhywfaint o wybodaeth rannol am y cysylltiad rhwng tlodi a throsedd. Hefyd, mae'n awgrymu rhywfaint o wybodaeth am astudiaeth Merton ond nid yw'n datgelu gwybodaeth fanwl amdani. Mae tystiolaeth gyfyngedig yma o iaith a chysyniadau cymdeithasegol. Dim ond yn rhannol y mae'r esboniad wedi'i ddatblygu, er bod ymgais i gysylltu'r ateb â theitl y cwestiwn. Mae'r dadansoddiad a'r gwerthusiad yn gyfyngedig.

Gallai'r ateb gael ei wella drwy ddefnyddio mwy o dermau technegol ac amrywiaeth ehangach o syniadau.

Mae Marcswyr yn ystyried tlodi ei hun yn rhywbeth sy'n digwydd o ganlyniad i'r gymdeithas gyfalafol rydyn ni'n byw ynddi. Mae'r dosbarth llywodraethol yn farus ac yn cadw'r elw ar ei gyfer ei hun. Mae'n anochel y bydd y rhai ar waelod y pentwr yn byw mewn tlodi. Mae prynwriaeth yn dylanwadu arnyn nhw hefyd. Felly, efallai bydd pobl mewn tlodi yn dwyn er mwyn cael y pethau dydyn nhw ddim yn gallu eu fforddio, ond y mae hysbysebion yn dweud wrthyn nhw bod arnyn nhw eu heisiau.

Ar y llaw arall, mae Marcswyr hefyd yn dweud bod llawer o droseddau'n cael eu cyflawni gan y dosbarth llywodraethol, a'u bod nhw'n gudd gan mai'r dosbarth hwnnw sy'n rheoli'r cyfryngau, yr heddlu a'r llysoedd. Dydy'r math hwn o drosedd ddim yn gysylltiedig â thlodi ac mae'n ymwneud â thrachwant y dosbarth llywodraethol. Troseddau corfforaethol yw'r enw ar y troseddau hyn, ac maen nhw'n cael eu cyflawni gan gwmnïau mawr. Dydy troseddau coler wen ddim yn gysylltiedig â thlodi chwaith, ac maen nhw'n cael eu cyflawni gan bobl o ddosbarth cymdeithasol uwch.

Mae'r ail ateb yn cynnwys gwybodaeth a dealltwriaeth fanwl a pherthnasol o amrywiaeth o syniadau sy'n ymwneud â'r gosodiad bod trosedd yn cael ei achosi gan dlodi. Mae tystiolaeth yma o iaith gymdeithasegol briodol drwyddi draw, a disgrifiadau manwl o'r cysyniadau. Mae'r wybodaeth a'r ddealltwriaeth yn cael eu cymhwyso a'u defnyddio i esbonio'n gywir y syniad o dlodi fel achos trosedd. Mae'r ateb yn cynnwys dadansoddiad da a pheth gwerthusiad o'r cwestiwn. Gallai'r ateb gael ei wella drwy gynnwys paragraff olaf i dynnu'r ateb ynghyd, neu baragraff agoriadol cryfach sy'n dweud wrth yr arholwr beth yw'r gwerthusiad cyffredinol.